国家级一流本科课程配套教材

人力资源管理

HUMAN RESOURCE MANAGEMENT

主　编　陈　颖

副主编　许为宾　梁淑静　刘江花　骆恩全

参　编　杨　月

科学出版社

北　京

内 容 简 介

本书基于组织的使命、核心价值观、愿景和战略，按照组织层面和职能层面的逻辑框架，系统地阐述了人力资源管理的基本原理、实践、方法及技术。内容主要分为两个部分，第一部分为组织层面，简述了人力资源管理的相关概念、理论、发展历程及发展趋势；第二部分为职能层面，具体介绍了人力资源管理的主要职能模块。

本书力求用简洁的语言讲述复杂的理论及现实问题，在讲述理论的过程中，插入鲜活案例。本书可作为供高等学校经济管理类专业的本科生、研究生的教学用书，也可供各类组织管理人员自学和培训使用。

图书在版编目（CIP）数据

人力资源管理 / 陈颖主编. —北京：科学出版社，2025.3

国家级一流本科课程配套教材

ISBN 978-7-03-076361-7

Ⅰ. ①人… Ⅱ. ①陈… Ⅲ. ①人力资源管理-高等学校-教材
Ⅳ. ①F241

中国国家版本馆 CIP 数据核字（2023）第 174301 号

责任编辑：王京苏 / 责任校对：姜丽策
责任印制：张 伟 / 封面设计：楠竹设计

科学出版社 出版
北京东黄城根北街 16 号
邮政编码：100717
http://www.sciencep.com

天津市新科印刷有限公司印刷

科学出版社发行 各地新华书店经销

*

2025 年 3 月第 一 版 开本：787×1092 1/16
2025 年 3 月第一次印刷 印张：18
字数：424 000

定价：78.00 元

（如有印装质量问题，我社负责调换）

前　言

在知识经济时代，人力资源作为最为活跃且积极的特殊生产要素，已成为企业获取持续竞争优势的决定性因素。历史经验表明，无论在国内还是国外，人力资源都具有双重属性，既包含社会属性，又具有经济属性。所有物质资源和信息资源都需通过人力资源的作用方能发挥其效能并实现开发与利用。因此，人力资源的开发和利用，不仅是企业核心竞争力的体现，也是国家综合国力的体现。在全球经济一体化的背景下，国家与国家之间、企业与企业之间的竞争，本质上是人才的竞争。因此，如何有效获取、培养和利用人才已成为企业面临的核心课题。本书深入阐明，只有重视人力资源管理实践，充分发挥其战略导向作用，确保各项管理活动的协调统一，方能有效实现组织战略目标，提升组织竞争优势。

本书立足于组织的使命、核心价值观、愿景与战略，遵循组织层面与职能层面的逻辑架构，系统阐述了人力资源管理的基本原理、实践方法及技术应用。全书内容分为两大部分，共九章：第一部分（第一章）聚焦组织层面，概述人力资源管理的相关概念、理论、发展历程及未来趋势；第二部分（第二至第九章）聚焦职能层面，详细介绍工作分析、人力资源战略与规划、人员招聘与甄选测评、培训与开发、绩效管理、薪酬管理、劳动关系管理及职业生涯管理等核心职能模块。

贵州大学管理学院陈颖副教授在本书中主持大纲编制与统稿工作，许为宾教授协助完善各章内容。各章具体编写成员为：第一章陈颖，第二章刘江花、许为宾，第三章梁淑静、许为宾，第四章陈颖、杨月，第五章刘江花、骆恩全，第六章陈颖、杨月，第七章梁淑静、杨月，第八章梁淑静、骆恩全，第九章刘江花。

本书是贵州大学国家级一流本科课程“人力资源管理”的课程建设成果，本书结合编者多年来从事人力资源管理领域的教学、科研与实践经验而成。与同类教材相比，本书具有以下显著特点。

第一，体现科学完整的理论框架。内容全面先进，观点明确，具有清晰的逻辑结构。从人力资源管理八大基本职能出发，系统安排章节内容，确保涵盖各关键模块要素。

第二，语言表达简洁明了，通俗易懂。力求运用清晰的语言阐述复杂理论和现实问题，并精心选取典型案例辅助讲解，每章结尾设置关键词和思考题，助力读者巩固所学要点。

第三，注重理论与实践相统一。兼顾理论阐述与实践应用，明确各类理论的使用情境和具体实施步骤，帮助读者提升专业技能，实现“学中干”的学习效果。

党的二十大报告指出：“我们要坚持教育优先发展、科技自立自强、人才引领驱动，加快建设教育强国、科技强国、人才强国，坚持为党育人、为国育才，全面提高人才自主培养质量，着力造就拔尖创新人才，聚天下英才而用之。”①教材是教学内容的主要载体，是教学的重要依据、培养人才的重要保障。在优秀教材的编写道路上，我们一直在努力。

衷心感谢科学出版社的编辑们在书稿校对与出版过程中付出的辛勤努力。同时，感谢在本书编写过程中参考借鉴的国内外相关文献作者、各专家学者的研究成果。希望本书出版后，能够对人力资源管理理论研究与实践应用产生积极影响，为人才培养贡献力量。

编　者

2024 年 10 月

① 习近平：高举中国特色社会主义伟大旗帜　为全面建设社会主义现代化国家而团结奋斗——在中国共产党第二十次全国代表大会上的报告.https://www.gov.cn/xinwen/2022-10/25/content_5721685.htm.2022-10-25.

目　　录

第一章

人力资源与人力资源管理概述

第一节　人力资源概述

一、人力资源的含义

（一）资源

人力资源是自然界最为特殊的一类资源。在了解人力资源含义之前，有必要先了解资源的定义和内涵。

资源就是生产资料或生活资料的天然来源。按照《辞海》中的解释，“资源”主要有两层含义：一是指资财的来源，一般指天然的财源；二是指一定区域范围内拥有的人力、物力等物质要素的总称，分为自然资源和社会资源两大类。而在经济学和管理学领域中，资源是指为了创造物质财富而投入生产的一切资源的总和，包括土地、资本、信息、技术、人力等。当前，资源主要有三类，分别是物质资源、人力资源和信息资源。

1. 物质资源

物质资源是自然资源和资本资源两大类型的统称，是人类赖以生存和发展的基础。所谓自然资源就是来自大自然的物质，分为有形自然资源（如土地、水源、矿产、生物等）和无形自然资源（如风资源、光资源、热资源等）。资本资源则是人类为了创造物质财富，对现有的自然资源进行开发和利用的物质资源，如厂房、机器、交通工具等。

2. 人力资源

人力资源是一种无形资源，是相对于有形资源来说的。在知识经济时代，人力资源是所有生产要素中最为活跃且最为积极的一类特殊资源，是企业能够在竞争市场上获得持续竞争优势的决定性因素。国内外的历史经验证明，人力资源具有双重属性，是兼具社会属性和经济属性的特殊资源。一切物质资源和信息资源都必须通过人的作用才能发挥其应有的功能，才能被开发和利用。

3. 信息资源

信息资源是组织在生产及管理过程中所产生的一系列图片、表格、数据、文件等信息类的资源，尤其是在互联网不断发展的现代社会，信息资源的重要性更是不言而喻。信息资源的产生、传递、存储、使用贯穿组织生产和管理的全过程，是组织生存、发展和壮大必不可少的重要资源。信息资源和物质资源相比，具有共享性和无限性的特点。

（二）人力资源

“人力资源”一词最早是美国经济学家约翰·洛克斯·康芒斯（John R. Commons）于1919年和1921年在其《产业信誉》《产业政府》两本著作中提出的。约翰·洛克斯·康芒斯被世人认为是第一个使用人力资源这一概念的人，但是人力资源在当时的含义与现在社会所认为的含义相差甚远。

一般来说，现代社会所认为的人力资源概念是由“现代管理学之父”彼得·费迪南德·德鲁克（Peter F. Drucker）于1954年在他的《管理实践》一书中首次提出并对其含义进行明确界定。他认为人力资源是一种特殊的资源。与其他资源相比，人力资源是蕴藏在人身上的，拥有其他资源所没有的协调能力、融合能力、判断力和想象力。人力资源必须通过有效的激励，才能够加以开发和利用，才能为企业创造可见的经济价值①。

我国最早开始使用人力资源这一概念要追溯到1956年毛泽东为《发动妇女投入生产，解决了劳动力不足的困难》所写下的按语：“中国的妇女是一种伟大的人力资源。必须发掘这种资源，为了建设一个伟大的社会主义国家而奋斗。”②

随着社会的发展，对于人力资源的界定和理解，也见仁见智，本书主要将其分为能力观和人员观两类。

1. 能力观

能力观是从能力的角度来解释人力资源这一概念。这一观点认为人力资源是指人的能力或者潜力，是能够推动社会发展和进步的人类生产力。具体理论列举如下。

（1）人力资源是企业员工天然拥有并自主支配使用的协调力、融合力、判断力和想象力③。

（2）人力资源是在一定的区域范围内，可以被管理者运用，以产生经济效益和实现管理目标的体力、智力与心力等人力因素的总和及其形成基础，包括知识、技能、能力与品性素质等④。

（3）人力资源是指人所具有的对价值创造起贡献作用，并且能够被组织利用的体力和脑力的总和⑤。

2. 人员观

人员观是从人的角度来解释人力资源这一概念。这一观点认为人力资源是一个国家或地区具有劳动能力的人口的总和。具体理论列举如下。

（1）人力资源是指一定社会区域内所有具有劳动能力的适龄劳动人口和超龄劳动人口的总和⑥。

（2）人力资源是指能够推动社会及经济发展的、具有智力和体力劳动能力的人

---

① Drucker P F. The Practice of Management[M]. New York: Harper Brothers, 1954.

② 中共中央文献研究室. 毛泽东文集（第六卷）[M]. 北京：人民出版社，1999.

③ 彼得·德鲁克. 管理的实践[M]. 齐若兰，译. 北京：机械工业出版社，2006.

④ 萧鸣政. 人力资源开发与管理：在公共组织中的应用[M]. 北京：北京大学出版社，2005.

⑤ 董克用. 人力资源管理概论[M]. 3版. 北京：中国人民大学出版社，2011.

⑥ 朱舟. 人力资源管理教程[M]. 上海：上海财经大学出版社，2001.

的总称[①]。

由上可见，能力观更符合当代社会对人力资源的理解。人力资源的本质就是具有劳动行为的人所具备的能力，而人只是能力的载体而已。基于此，本书对人力资源的定义是：人力资源是在一定时期内能够推动组织发展，以更好地实现组织目标，并能够被组织所利用的劳动者的体力和脑力的总和。

（三）与“人力资源”相近概念区分

与人力资源相近的概念主要有人口资源、劳动力资源、人才资源和人力资本。以下将对这几个概念进行区分和比较。

1. 人力资源与人口资源、劳动力资源、人才资源的区别

人口资源是指一个国家或地区在一定时期内所拥有的人口的总量，反映的是人口的数量。人口总量是一个基本的人口底数，在其中拥有智力和体力的那部分才是人力资源。人力资源、劳动力资源、人才资源都基于这一人口底数。

劳动力资源是指一个国家或地区在一定时期内所拥有的具有劳动能力，且在适龄劳动年龄范围内的人口的数量，一般是指 16～60 周岁的具有劳动能力的劳动力。

人才资源是指一个国家或地区在一定时期内所拥有的具有高级技术知识和科学知识、较强的劳动能力，且对组织目标实现有重大贡献的那部分劳动力。相较于人口资源，人才资源更强调人口的质量。

总的来说，人力资源、人口资源、劳动力资源、人才资源这四个概念各有侧重。人力资源着重强调人口的质量，人口资源着重强调人口的数量，而劳动力资源和人才资源既强调人口的质量，又强调人口的数量。从数量这一维度看，这四者存在一个包含的关系，具体如图 1-1 所示。

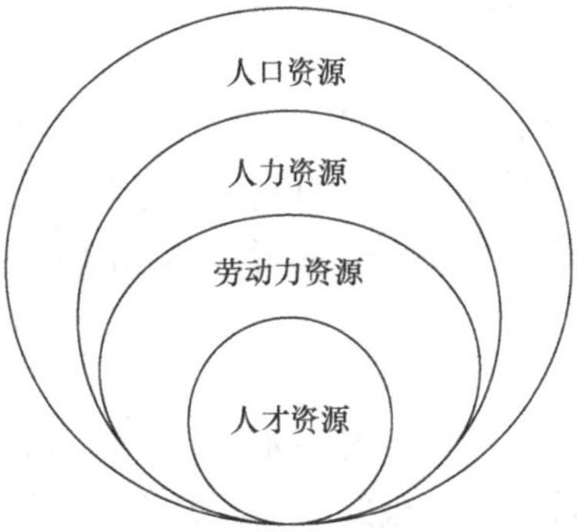

图 1-1　人力资源与人口资源、劳动力资源、人才资源的关系图

2. 人力资源与人力资本的区别

“人力资本”一词最早是美国经济学家西奥多·威廉·舒尔茨（Theodore W. Schultz）提出的。1960 年，他在美国经济协会的年会上以会长的身份做了题为“人力资本投资”的演说，阐述了许多无法用传统经济理论解释的经济增长问题，明确提出了人力资本是

---

① 陈远敦，陈全明. 人力资源开发与管理[M]. 北京：中国统计出版社，2001.

当今时代促进国民经济增长的主要原因，认为人口质量和知识投资在很大程度上决定了人类未来的前景。

人力资源与人力资本是两个既有区别又有联系的概念。它们都以人为研究基础，而且现代人力资源理论大都以人力资本理论为依据，人力资本理论是人力资源理论的重点内容和基础部分，人力资源经济活动及其收益的核算是基于人力资本理论进行的，二者都是在研究将人力作为生产要素在经济增长和经济发展中的重要作用时产生的。但是它们也存在一定的区别，具体如下。

第一，二者研究的角度和焦点不同。人力资源从人力是财富的来源出发，着重研究劳动者潜能与财富之间的关系，关注人力的价值问题。人力资本是从投入和产出的角度，着重研究人力在效益和经济增长中的作用，关注人力的收益问题。

第二，二者研究的内容不同。人力资源既包括未经开发的自然性人力资源，也包括经过教育培训、劳动力迁移及医疗健康等投资而形成的资本性人力资源。人力资本是指通过投资物质资本在劳动者身上所形成的、能够投入到经济生活中并能够创造新价值的资本。人力资本存在于人力资源之中。

第三，二者计量的形式不同。人力资源反映的是存量的概念，而人力资本则兼具存量和流量的概念。人力资本从生产活动的角度看，往往与流量核算相联系，表现为经验的不断积累、技能的不断提高、产出量的不断变化和体能的不断消耗。从投资活动的角度看，又与存量核算相联系，表现为投入教育培训、劳动力迁移及医疗健康等方面的投资在劳动者身上的凝结。

二、人力资源的特点

人力资源作为有别于自然资源的特殊资源类别，必然具备自然资源所不具备的特殊方面。具体来说，人力资源具有以下七个特点。

1. 生物性

人力资源存在于劳动者身上，是一种“活”的资源，与人的生理特征等相关联。一方面，人力资源的产生与人口繁育相关，且对于其能够接受教育和培训也有一定的智力要求。另一方面，人力资源的使用受到劳动者身体状况的生理特征限制。生物性是人力资源最根本的特点。

2. 能动性

能动性是人力资源区别于其他资源最根本的存在。在价值创造的过程中，人力资源是所有生产要素中最为活跃且最为积极的一类特殊资本。人具有主观能动性，能够有目的、有意识地认识世界并改造客观世界。同时，人作为人力资源的载体，其具有的社会意识和主观能动性，能够让人在社会生产中占据主体地位，并充分利用其他生产要素进行生产，以推动经济社会发展。

3. 时效性

人力资源的时效性是指人力资源的形成、开发和使用都受到生命周期的限制。人作为自然的生物有机体，具有其应有的生命周期。在每一个周期，人的劳动能力也有所不同。在幼年期和少年期，受制于生理因素，人的体力供给和脑力供给并不足以支撑其进行价值创造。而步入老年期，人类的智力和体力都在逐渐减弱，并不适宜进行价值创造。因此，只有处于青年期和中年期两个阶段的人才是现实的人力资源，这也是价值创造的最佳时期。生命周期和人力资源的这种倒U形关系决定了人力资源的时效性。在开发和利用人力资源这一生产要素的过程中，应做到适时开发、充分利用，最大限度地发挥人力资源的效用。

4. 可变性

人力资源的可变性是指人力资源在发挥作用的过程中会受到人类生理原因等的影响，不能达到预期的效用。如果劳动者受到有效激励，其便能够充分发挥积极性、能动性和创造性，使劳动效果和价值效益达到最好。反之，则会使劳动效果和价值效益变差。

5. 可再生性

资源分为可再生资源和不可再生资源，人力资源是可再生资源。具体来说，这个资源的再生是基于人口的再生产和劳动力的再生产，并通过教育培训进行知识和技能的更新、创造和发展。但是人力资源的可再生性区别于一般自然生物资源的可再生性，它除了遵循一般的生物学规律之外，还受到人类意识的支配和人类活动的影响。所以人力资源必须进行二次或者多次开发，才能够实现自我更新、提升和创造。

6. 社会性

人总是生存在一定的时代和社会当中，人力资源的社会性表现为人的思想、意识、文化、体力等都是基于一定的社会而产生，且随着经济社会生活的发展而不断变化。受制于时代和社会等因素，社会政治、文化、经济等因素都会影响人力资源的质量。

7. 可开发性

人力资源的可开发性是指人力资源具有投入少、产出多的特点。相较于一般的要素资源，人力资源具有较高的投资回报率。教育培训、劳动力迁移及医疗健康是人力资源投资的三大途径，其中教育培训是最主要的人力资源开发手段。另外，人力资源可以不断地开发和发展，使用过程同时也是开发过程。

第二节　人力资源管理概述

一、人力资源管理含义

人力资源管理属于管理的范畴，因此在界定人力资源管理的定义之前，先简要阐述管理的概念。

斯蒂芬·P. 罗宾斯（Stephen P. Robbins）等认为，管理是一个协调工作活动的过程，以便能够有效率和有效果地同别人一起或通过别人实现组织的目标①。周三多等认为，管理是管理者为了有效地实现组织目标、个人发展和社会责任，运用管理职能进行协调的过程②。当前，绝大多数管理概念都认为管理的目的是实现组织目标。本书借鉴程国平和

① 罗宾斯，等. 管理学[M]. 7版. 孙健敏，等译. 北京：中国人民大学出版社，2004.

② 周三多，陈传明，鲁明泓. 管理学原理与方法[M]. 5版. 上海：复旦大学出版社，2014.

罗玲编著的《管理学原理》中对管理的定义[①]，认为管理是管理者对组织资源进行计划、组织、领导、控制，以有效地实现组织目标的过程。

简要了解管理的概念之后，下面来阐述人力资源管理的概念。

1954 年，彼得・费迪南德・德鲁克界定人力资源的概念之后，人力资源管理的概念也逐渐形成。1958 年，怀特・巴克（E. Wight Bakke）在其《人力资源功能》一书中，首次将人力资源管理作为一种管理活动加以阐述。他认为，人力资源管理是一种具有普遍意义的管理职能，通过对工作场所的个体进行适当的管理，企业所有员工能够有效地工作，并取得最大的发展机会[②]。

雷蒙德・A. 诺伊（Raymond A. Noe）等在《人力资源管理：赢得竞争优势》一书中指出，人力资源管理是指影响雇员的行为、态度和绩效的各种政策、管理实践及制度[③]。

随着人力资源管理理论与实践的不断发展，不同流派的学者从不同的角度对人力资源管理的概念进行界定。具有代表性的几种观点如下。

1. 目的观

目的观是从人力资源管理的目的出发来阐述其含义。大多数学者都认为人力资源管理的目的是更好地实现组织目标。例如，韦恩・蒙迪（Wayne Mondy）和罗伯特・诺埃（Robert Noe）认为，人力资源管理就是利用人力资源实现组织的目标[④]。

2. 过程观

过程观是从人力资源管理的过程或是承担的职能出发来阐述其含义，把人力资源管理看作一个活动过程。例如，劳埃德・拜厄斯（Lloyd Byars）和莱斯利・鲁（Leslie Rue）认为，人力资源管理是用来提供和协调组织中的人力资源的活动[⑤]。

3. 制度观

制度观主要揭示了人力资源管理的实体，认为它就是与人有关的制度、政策等。例如，梁裕楷等认为，人力资源管理是对人力资源进行有效开发、合理配置、充分利用，以及科学管理的制度、法令、程序和方法的总和[⑥]。

4. 主体观

主体观主要是从人力资源管理的主体出发来阐述其含义，认为它是人力资源部门或人力资源管理者的工作，但是持这种观点的人并不多。例如，余凯成和陈维政认为，人力资源管理指那些专门的人力资源管理职能部门中的专业人员所做的工作[⑦]。

5. 综合观

综合观从目的、综合的角度出发来阐述其含义。例如，韩淑娟和赵凤敏认为，人力资源管理是对人力资源的取得、开发、保持和利用等方面所进行的计划、组织、指挥和控制的活动，是通过协调社会劳动组织中的人与事的关系和共事人的关系，以充分开发

---

① 程国平，罗玲. 管理学原理[M]. 4 版. 武汉：武汉理工大学出版社，2019.

② Bakke E W. The Human Resource Function[M]. New York: Harcourt Brace, 1958.

③ 诺伊，等. 人力资源管理：赢得竞争优势[M]. 7 版. 刘昕，译. 北京：中国人民大学出版社，2013.

④ 蒙迪，诺埃. 人力资源管理[M]. 6 版. 葛新权，等译. 北京：经济科学出版社，1998.

⑤ 劳埃德・拜厄斯，莱斯利・鲁. 人力资源管理[M]. 9 版. 李业昆，译注. 北京：人民邮电出版社，2012.

⑥ 梁裕楷，袁兆亿，陈天祥. 人力资源开发与管理[M]. 广州：中山大学出版社，1999.

⑦ 余凯成，陈维政. 人力资源开发与管理[M]. 北京：企业管理出版社，1997.

人力资源，挖掘人的潜力，协调人的积极性，提高工作效率，实现组织目标的理论、方法、工具和技术[①]。

由上可见，综合观更符合人力资源管理的本质。整合国内外学者的观点，本书认为，人力资源管理就是为了实现组织目标，运用各种政策、工具、理论及管理实践等，对人力资源进行有效开发、合理配置、充分发掘、持续保持和有效利用的人力资源的管理过程。

二、人力资源管理的发展历程及发展趋势

（一）人力资源管理的发展历程

人力资源管理从产生至发展到相对完整的理论体系，经历了一个漫长的演变历程。国内外的学者根据人力资源管理的理论和实践，对人力资源管理的发展阶段进行了一定的研究。他们从不同角度对人力资源管理的发展阶段提出了自己的观点，具有代表性的几种观点如下。

1. 六阶段论

（1）从管理的历史背景出发，以美国华盛顿大学的弗伦奇（French）为代表的学者，将人力资源管理的发展划分为科学管理运动、工业福利运动、早期工业心理学、人际关系运动、劳工运动和行为科学与组织理论六个阶段[②]。

（2）我国学者董克用从历史时间的维度出发，将人力资源管理的发展历程划分为萌芽阶段（即工业革命时代）、建立阶段（即科学管理时代）、反省阶段（即人际关系时代）、发展阶段（即行为科学时代）、整合阶段（即权变管理时代）和战略阶段（即战略管理时代）六个阶段[③]。

2. 五阶段论

从人力资源的发展史出发，以罗兰（Rowland）和费里斯（Ferris）为代表的学者将人力资源管理的发展历程分为工业革命时代、科学管理时代、工业心理时代、人际关系时代和工作生活质量时代五个阶段[④]。

3. 四阶段论

从管理的功能出发，以美国科罗拉多大学的韦恩·卡肖（Wayne Cascio）为代表的学者将人力资源管理的发展历程分为档案保管阶段、政府职责阶段、组织职责阶段和战略伙伴四个阶段[⑤]。

4. 三阶段论

（1）从管理的角色出发，以福姆布龙（Fombrun）、蒂奇（Tichy）和德瓦纳（Devanna）为代表的学者将人力资源管理的发展历程分为操作性角色时代、管理性角色时代和战略

---

① 韩淑娟，赵凤敏. 现代企业人力资源管理[M]. 合肥：安徽人民出版社，2000.

② 转引自张健东，钱堃，谷力群. 人力资源管理理论与实务[M]. 北京：中国纺织出版社，2018.

③ 董克用. 人力资源管理概论[M]. 3 版. 北京：中国人民大学出版社，2011.

④ 转引自张健东，钱堃，谷力群. 人力资源管理理论与实务[M]. 北京：中国纺织出版社，2018.

⑤ 转引自陈胜军. HRBP 理论与应用案例[M]. 北京：清华大学出版社，2018.

性角色时代三个阶段[①]。

（2）从管理的目的出发，人力资源管理的发展历程分为现场事务管理、档案业务管理和指导协调三个阶段[②]。

（3）国内学者付亚和与孙健敏将西方人力资源管理的发展历程划分为初级阶段、人事管理阶段和人力资源管理阶段三个阶段。其中，人力资源管理阶段强调人与工作的相互适应[③]。

根据国内外学者的观点，本书认为人力资源管理先后经历了人事管理阶段、人力资源管理阶段和战略性人力资源管理阶段。

第一，人事管理阶段。人事管理是伴随组织的出现而出现的。现代意义上的人事管理是伴随工业革命的产生而发展起来的。早期的管理内容较为简单，仅限于工作分析、人员招募、档案管理与工资福利发放等活动。但是从这一时期开始，人事管理作为一种管理活动为组织所接受，正式进入了企业的管理活动范畴。在这一阶段，20 世纪初以弗雷德里克·温斯洛·泰勒（Frederick Winslow Taylor）为代表，开创了科学管理理论，该理论提出的“劳动定额”“计件工资制度”“工作流程图”等，奠定了人事管理学科的基础[④]。此外，乔治·埃尔顿·梅奥（George Elton Mayo）在美国的霍桑工厂进行了著名的霍桑实验，正式揭开了对组织中人的行为研究的序幕，创立了人际关系学说，推动了整个管理学术界的革命，人力资源管理开始从以事为核心转变为以人为核心[⑤]。

第二，人力资源管理阶段。第二次世界大战之后，资本主义经济高速发展，技术更新周期大大缩短，市场的竞争更加激烈化，促使企业管理进一步向现代管理阶段发展。这一阶段涌现出很多的管理学派，形成了“管理理论的丛林”。不过在这个阶段的很长一段时间里，虽然人力资源管理一词已被世人所熟知，但并没有将人力资源管理和人事管理完全区分开。直到 20 世纪 70 年代中期，人力资源管理才真正成熟起来。在这一阶段，人力资源管理逐渐成为组织管理的核心，人力资源部逐渐开始取代人事部，人力资源管理者在招聘、甄选和培训等问题上开始向企业管理者提供专家意见。

第三，战略性人力资源管理阶段。20 世纪 80 年代以来，人力资源管理理论开始不断成熟，并在实践中进一步得到发展。1978 年，美国学者詹姆斯·沃克（James Walker）在《将人力资源管理规划与战略规划相联系起来》一文中，初步提出将战略规划与人力资源规划联系起来，这是战略性人力资源管理的萌芽[⑥]。1981 年，福姆布龙、蒂奇和德瓦纳在《人力资源管理：一个战略观》中提出具体观点，标志着战略性人力资源管理理论的产生[⑦]。在这一阶段，人力资源管理上升到事关企业发展的战略性地位。

---

① 转引自陈胜军. HRBP 理论与应用案例[M]. 北京：清华大学出版社，2018.

② 转引自陈胜军. HRBP 理论与应用案例[M]. 北京：清华大学出版社，2018.

③ 付亚和，孙健敏. 企业人力资源管理[M]. 北京：企业管理出版社，1995.

④ Taylor F W. The Principles of Scientific Management[M]. New York: Harper Brothers, 1911.

⑤ 乔治·埃尔顿·梅奥. 工业文明的人类问题[M]. 时勘，译注. 北京：机械工业出版社，2016.

⑥ 转引自马雯彦. 基于战略人力资源管理的薪酬管理研究[J]. 现代商业，2021，（26）：97-99.

⑦ Devanna M A, Fombrun C, Tichy N. Human resources management: A strategic perspective[J]. Organizational Dynamics, 1981: 51-67.

（二）人力资源管理的发展趋势

在知识经济时代的各种挑战和冲击下，人力资源管理呈现以下发展趋势。

1. 人力资源管理战略化

现代企业管理者已经开始逐渐认识到，人力资源是企业核心竞争力的源泉和强力支撑，人力资源管理已经上升到了事关企业发展的战略高度，也就是人力资源管理战略化。战略性人力资源管理就是把人力资源管理提升到战略的高度，系统地将人和组织联系起来，建立统一性和适应性相结合的人力资源管理，把人力资源视为企业最重要的资源，强调依靠人力资源管理实现战略目标和建立竞争优势。在战略性人力资源管理活动中，人力资源部门的工作不再局限于招聘、培训等传统性人力资源管理活动，而是将人力资源管理整合到组织目标和企业战略中去，承担起新的职责。今后，战略性人力资源管理的优势地位将日渐巩固，人力资源管理的战略化趋势将日渐明显。

2. 人力资源管理人本化

传统的人事管理强调以事为中心，导致在企业内部等级森严，沟通不畅，员工工作积极性不高，这反倒不利于组织目标的实现。随着信息技术的不断发展，企业中知识型员工日益增多，人力资源管理的方式也发生了变化，表现出人本化的趋势。人力资源管理人本化表现为：以人为中心，将人力资源视为组织中最重要的资源并加以不断的开发和利用，促使员工目标和组织目标得以共同实现。

3. 人力资源管理信息化

科学技术的不断发展给人力资源管理带来了一场前所未有的革命，电子化人力资源管理系统的出现为人力资源管理手段的科学化带来了全新的体验。新的科学技术的出现使人力资源管理信息化成为这个时代发展的必然趋势。通过透明的电子化招聘系统、培训系统、绩效系统等，能够在管理者和被管理者之间建立一座特殊的桥梁，这极大地精减了人力资源管理者的工作内容，使其能够摆脱传统的、复杂烦琐的报表。

4. 人力资源管理国际化

世界经济的全球化使各个国家的资本、人力资源开始跨地区流动，并使跨国公司内部文化的异质性、多元性日趋增强，文化、民族和群体的差异不仅影响着人们之间的沟通，还影响着组织内部工作的互动性。因此，现代人力资源管理工作需要整合不同的文化，并且从不同的文化中获取有利于组织发展的因素，即实现跨文化管理。人力资源管理也因此表现出明显的国际化趋势。此外，随着市场竞争国际化趋势的日益增强，越来越多的企业重视招聘国内外优秀人才，使人力资源在全球进行配置的趋势日趋明显。

三、人力资源管理的功能

虽然功能和职能对应的英文单词均为 function，但人力资源的功能和职能在本质上是不同的。为了避免读者相互混淆，本书对人力资源管理的功能和人力资源管理的职能加以区分是很有必要的。围绕人力资源所展开的管理活动的作用就是人力资源管理的功能。人力资源管理职能的实现是履行人力资源职责的结果。

人力资源管理的功能主要体现在吸纳（选人）功能、开发（育人）功能、激励（用人）功能和维持（留人）功能四个方面。其中，吸纳功能主要是根据人力资源的战略规划，确定组织需要的人才的数量和条件，并通过招聘、选拔、培训、录用等程序为企业招募到最合适的员工；开发功能主要是通过培训、工作丰富化、工作扩大化和员工职业生涯管理等手段，不断开发员工的潜力，使员工的能力能够一直满足组织职位技能的需要；激励功能主要是通过有效的手段和工具，引导员工的行为和态度，使其积极地为实现组织目标而努力；维持功能主要是通过薪酬、绩效、劳动关系管理等一系列管理活动，持续维持员工工作的积极性、创造性和主观能动性，同时为组织和组织员工营造一个良好的氛围。

在这四大功能中，吸纳功能是基础，是其他功能发挥作用的前提。企业只有招募和录用到合适的员工，才能够让其他功能得以顺利实现。激励功能是核心，是人力资源各类管理活动的最终目的。如果不能激励员工，使其获得较高的工作绩效，那么其他功能的实现将会失去意义。开发功能是手段，只有不断开发员工的工作潜能，使员工能力一直满足组织职位技能的需要，激励功能才能发挥其应有的作用。维持功能是保障，如果组织不能将吸纳的人才留下来，开发和激励将失去对象。人力资源这四大功能相互联系，相互补充，缺一不可。

四、人力资源管理的职能

人力资源管理的目标是通过其承担的各项职能及从事的各项管理活动得以实现的。有关人力资源管理的职能，国内外学者各有不同的观点。综合来看，人力资源管理的基本职能活动可以大致分为以下八个方面。

1. 人力资源规划

人力资源规划是为了实现企业的战略目标，根据企业的人力资源现状，科学地预测企业在未来环境变化中的人力资源供求状况，并制定相应的政策和措施，从而使企业的人力资源供给和需求达到平衡，并使企业和个人都获得长期的利益。人力资源规划的主要活动：一是根据组织的发展战略和经营目标，预测在未来一段时期内组织的人力资源需求和供给；二是根据预测的结果，制订平衡供需的计划。

2. 工作分析

工作分析是指以企事业各类劳动者的工作职位为对象，采用科学的方法，经过系统的职位调查、职位信息采集，以及职位分析和职位评价，制定出职位说明书等人事管理文件，为员工的招聘、考核、培训、晋升、调配、薪酬和奖惩提供客观依据的过程。工作分析的主要活动：一是界定组织内各职位所要从事的工作内容和承担的工作职责；二是确定各职位所要求的任职资格。

3. 人员招聘和录用甄选

人员招聘和录用甄选是指在企业总体发展战略规划的指导下，用人单位制订相应的职位空缺计划，并寻找合格员工的可能来源，吸引他们到本组织应征来填补这些职位空缺，同时加以录用的过程。人员招聘和录用甄选的主要活动：一是招聘，是企业以发现和吸引潜在员工为主要目的而采取的做法或活动；二是甄选，是对已经获得的可供任用的人选做出进一步的甄别、比较，从而确定本单位最后录用的人员；三是录用人员的通知，包括试用合同的签订，人员的初始安排、试用、正式录用等。

4. 培训与开发

培训与开发是指组织为实现经营目标和员工个人发展目标，有计划地组织员工进行学习和训练，以改善员工工作态度、增加员工知识、提高员工技能、激发员工创造潜能，进而保证员工能够按照预期标准或水平完成所承担或将要承担的工作和任务的人力资源管理活动。培训与开发的主要活动：一是进行培训与开发需求分析；二是制订培训与开发计划；三是组织实施培训与开发计划；四是进行培训与开发效果评估及反馈。

5. 绩效管理

绩效管理是指为了实现组织发展战略目标，采用科学的办法，通过对员工个人或组织的综合素质、态度行为和工作业绩的全面监测分析与考核评定，不断激励员工提高综合素质，改善组织行为，充分调动员工的积极性、主动性和创造性，挖掘其潜力的活动过程。绩效管理的主要活动：一是构建绩效计划与指标体系；二是绩效管理的过程控制；三是绩效考核与评价；四是绩效反馈与面谈；五是绩效考核结果的应用。

6. 薪酬管理

薪酬管理是在组织经营战略和发展规划的指导下，综合考虑内外部各种因素的影响，确定自身的薪酬构成、薪酬水平、薪酬结构，并进行薪酬调整和薪酬控制的过程。薪酬管理的主要活动：一是确定薪酬水平、薪酬结构和薪酬形式；二是进行薪酬调整和薪酬控制。

7. 劳动关系管理

劳动关系管理是以促进企业经营活动的正常开展为前提，以缓和及调整企业劳动关系冲突为基础，以实现企业劳动关系的合作为目的的一系列组织性及综合性的措施和手段。劳动关系管理的主要活动：一是促进企业劳动关系合作；二是缓和及调整企业劳动关系冲突。

8. 职业生涯管理

职业生涯管理是企业人力资源管理的重要内容之一。职业生涯管理是指组织和员工对个体的职业生涯进行设计、规划、执行、评估、反馈和修正的一个综合性过程。通过员工和企业的共同努力及合作，每名员工的职业生涯目标与组织发展目标相一致，使员工的发展与组织的发展相吻合。职业生涯管理的主要活动：一是职业生涯规划；二是职业生涯开发；三是职业生涯调控。

五、人力资源管理的目标

在理解人力资源管理的目标的时候，应该从最终目标和具体目标两个层次来理解。人力资源管理的最终目标是实现企业的整体目标。人力资源管理是企业管理的一部分，而企业进行管理活动的目的就是实现企业既定的目标。人力资源管理的目标必然也要服从和服务于企业目标。虽然针对不同的企业，其企业目标的具体内容可能有所不同，但是它们最基本的目标应是相同的，即要不断创造价值以满足企业利益相关者的需要。

在实现组织的最终目标的前提下，应该先实现一系列具体目标，两者之间的关系如图 1-2 所示。从价值链的角度来看，人力资源管理的具体目标就是要为企业价值链中的各个环节的实现提供强有力的支撑，具体如图 1-3 所示。

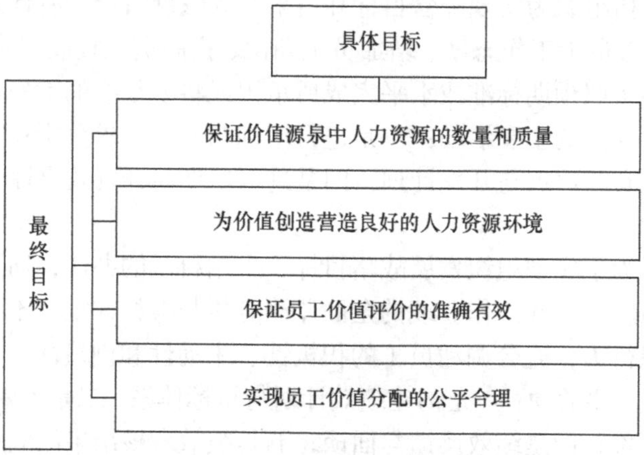

图 1-2　人力资源管理的最终目标和具体目标

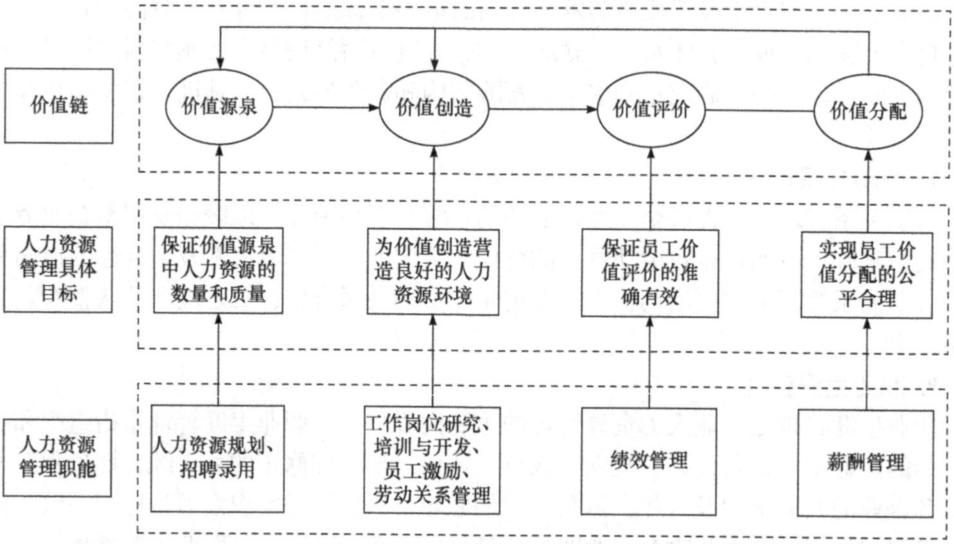

图 1-3　人力资源管理价值链与人力资源管理具体目标和职能之间的关系

从整个价值链来看，价值源泉是价值链的基础和起点。只有保证组织内相应的人力资源，后续价值创造过程才能发生。由于人力资源是所有生产要素中最为活跃且最为积极的一类特殊资源，因此在价值创造之前，必须保证价值源泉中人力资源的数量和质量。组织根据人力资源规划，确定组织所需要的人才的数量和条件，并进行招聘录用，为组织的价值创造提供源泉。接着是价值链中的第二个环节——价值创造，这也是所有环节中最重要的一环。只有通过这一环节，价值才能被创造出来，这一环节需要整合组织中的各类资源，以人力资源为核心，进行价值创造。这一环节的人力资源管理具体目标是：为价值创造营造良好的人力资源环境。为了实现该目标，需要工作岗位研究、培训与开发、员工激励、劳动关系管理等管理职能的配合。然后是价值链中的第三个环节——价值评价。为了更好地进行价值分配，就需要对价值创造的主体在价值创造的过程中所做出的贡献进行公正的评价，这就是人力资源管理的第三个具体目标——保证员工价值评价的准确有效。为了实现该目标，需要绩效管理这一管理职能进行配合。只有通过价值分配，企业各个利益相关者的需求才能得到有效满足，且只有价值创造的主体得到了公正客观的价值分配和价值评价，价值创造的过程才能源源不断地发生。这就来到了人力资源管理的第四个具体目标——实现员工价值分配的公平合理，该目标的实现需要薪酬管理这一管理职能进行配合。总的来说，人力资源管理的目的是通过组建优秀的企业员工队伍，建立健全的企业管理机制，形成良好的企业文化氛围，有效地开发和激励员工潜能，最终实现企业管理的目标。

关 键 词

人力资源；人口资源；劳动力资源；人才资源；人力资本；人力资源管理；人事管理。

本章思考题

1. 什么是人力资源和人力资源管理？人力资源有哪些特点？
2. 人力资源与人口资源、劳动力资源、人才资源及人力资本有何异同点？
3. 人力资源管理的发展表现出哪些趋势？
4. 人力资源管理的发展分为哪几个阶段？每个阶段分别具有哪些特点？
5. 人力资源管理具有哪些功能？
6. 简述人力资源管理的各个主要的职能及其关系。
7. 人力资源管理的目标是什么？

【案例分析】

北山医药集团的难题①

北山医药集团是一家民营企业，从 1990 年建厂以来，在短短的几年时间里，企业由原来仅有 20 多名员工的小作坊式工厂发展成为一个拥有 3000 多名员工，年销售额达 10 多亿元的现代化制药集团。然而，随着企业的发展壮大，特别是制药行业的竞争加剧，北山医药集团面临的人力资源管理方面的问题日益突出：企业的业务不断扩展，但现有的人员已经无法满足新增业务对技能方面的要求，特别是有经验的技术人员与管理干部的匮乏，严重影响了业务的发展。而且，在这个困难阶段，公司的几名重要核心员工被竞争对手“挖”去，使企业的发展雪上加霜。公司高层意识到如果这个问题不认真对待并加以解决，企业在今后更为激烈的市场竞争中将会败下阵来。

为此，北山医药集团聘请人力资源管理咨询专家进行了大规模的调查研究。调查表明：该企业员工对于自己的工资与福利待遇较为满意；企业的高层次人才多采用校园招聘的形式，但招聘人才的条件与专业却是由人力资源部根据情况确定的，员工工作安排的随意性较大，专业不对口的现象较为普遍；企业内部的调动非常频繁，升迁多由高层

① 笔者根据相关资料整理。

管理者仓促决定。因此，员工对自己的职业发展满意度不高，不少人有了离职“跳槽”的想法。

【案例思考】

从人力资源管理职能角度来看，北山医药集团在管理方面的主要症结是什么？具体表现在哪些方面？您认为应该从哪些方面来着手解决这些问题？

第二章

工 作 分 析

第一节　工作分析概述

人力资源管理越来越强调人尽其才，事得其人，人事相宜，以实现组织目标。那么，如何做到“人尽其才，事得其人，人事相宜”呢？首先要做的就是要知道“事”是什么，在事中要进行哪些活动，达成什么样的目标，什么样的人能做这件事，然后才是对人的了解，为事找到合适的人。而对事的了解，就是通常所说的工作分析。

通过工作分析，可以清晰地认识工作本身，进而概括出适合工作人选的特征要求。同时，工作分析也有利于管理者了解每项工作的权重，确定各项资源的投入数量，并可以帮助管理者清晰地了解组织全貌，有机会发现一些隐患问题。成功的人力资源管理实践能给企业创造竞争优势，而工作分析可以提高人力资源管理效率。由此可见，工作分析是人力资源管理的起点，是解决人力资源管理所有活动的基础，与人力资源管理的其他功能，如人力资源规划、招聘与配置、培训与开发、绩效考核、薪酬体系制定、工作设计等项目的顺利开展息息相关。正因为工作分析在人力资源管理体系中位置的基础性和特殊性，才决定了人力资源管理变革中其先行的必要性。

一、工作分析相关术语

在工作分析中有许多术语和概念，弄清楚这些术语和概念有助于我们更好地进行工作分析。

（1）微动作，是指涉及基本的动作。例如，触及、抓起、安置或放下一个物体。

（2）要素，是指工作活动中不便再继续分解的最小单位。两个或两个以上的微动作的集合形成一个要素。例如，秘书接听电话前拿起电话是一个要素，司机开车前插入钥匙也是一个要素。

（3）任务，是指活动中为达到某一目的而由相关要素直接组成的集合，是对一个人从事的事情所做的具体描述。任务是工作分析的基本单位。比如复印文件，复印员必须从事以下具体行动：①启动复印机；②将复印纸放入复印机；③将要复印的文件放好；④按动按钮进行复印。也就是说，复印文件这一任务，是上述四项要素直接组成的一个集合。

（4）职责，是指个体所从事的工作的主要组成部分，它一般由一些相关的任务构成。

例如，薪酬专员的职责之一是“定期进行工资调查”。再如，监控员工的满意度是人力资源部经理的一项职责，这一职责由下列五项任务组成：①设计满意度调查问卷；②进行问卷调查；③统计分析问卷调查的结果；④向企业高层反馈调查的结果；⑤根据调查结果采取相应的措施。

（5）职权，是指赋予完成特定任务所需要的权力。例如，具有支配50万元资金和几十辆车的权限。

（6）职位，即岗位，是指一个人或一组人需要完成的一项或多项相关职责的集合。例如，薪酬专员就是一个职位（岗位）。

（7）工作，也称职务，即由一组职位（即岗位）组成，它们在任务的构成及重要性方面极其相似。

（8）工作族，是组织中相似工作的集合，又称职系、职位族、工作群。例如，大学教师是一个工作族，它是助教、讲师、副教授、教授等工作的集合。再如，企业内所有从事技术工作的职位组成技术工作族，所有从事销售工作的职位组成销售工作族。

（9）职业，是指在跨行业、跨部门基础上的综合层次的工作，它不局限于一个组织内部。例如，警察作为一种职业，是交通警察、刑警、民警等的统称。

（10）职业生涯，是指一个人在其工作生活中所经历的一系列职位、工作或职业。例如，某人刚参加工作时是学校的老师，后来去了政府机关担任公务员，最后又到了公司担任经理，那么老师、公务员、经理就构成了这个人的职业生涯。再如，某人的职业和工作单位虽然没有发生变化，但是他从办事员开始，经过主管、副经理、经理，一直干到副总经理，那么办事员、主管、副经理、经理、副总经理便构成了这个人的职业生涯。

在这些概念中，任务、职责、职权、职位这几个是工作分析中用得最多的。另外，由于职位和岗位这两个概念可以互换，职务和工作也可以互换，且后面两个概念包含前面两个，因此，工作分析、岗位分析，职务分析都可以用来表示同一含义，本书用工作分析一词。

二、工作分析的含义

国内外学者对工作分析做出了许多定义，具体如下。

（1）高培德（Ghorpade）和阿特齐森（Atchison）的定义：工作分析是组织的一项管理活动，它旨在通过收集、分析、综合整理有关工作方面的信息，为组织计划、组织设计、人力资源管理和其他管理职能提供基础性服务[①]。

（2）加里·德斯勒（Gary Dessler）从工作分析的具体目的出发对工作分析做出定义：工作分析就是一道程序，通过这一程序，我们可以确定某一工作的任务和性质是什么，以及哪些类型的人（从技能和经验的角度）适合被雇用来从事这一工作[②]。

（3）萧鸣政的定义：工作分析就是分析者采用科学的手段和技术，直接收集、比较、

① Ghorpade J, Atchison T J. The concept of job analysis: A review and some suggestions[J]. Public Personnel Management, 1980, 9(3): 134-144.

② 加里·德斯勒. 人力资源管理[M]. 6版. 刘昕，吴雪芳，等译. 北京：中国人民大学出版社，1999.

综合有关工作的信息，为组织特定的发展战略、组织规划，以及人力资源管理和其他管理行为服务的一种管理活动[①]。

（4）彭剑锋等的定义：工作分析是人力资源管理的一项核心基础职能，它是一种应用系统方法，是收集、分析、确定组织中职位的定位、目标、工作内容、职责权限、工作关系、业绩标准、人员要求等基本因素的过程[②]。

工作分析的本质就是获取已经存在的职位的详细内容，为解决职位本身存在的问题、人力资源管理其他职能或者组织管理中存在的问题而服务。从这个意义上说，工作分析的概念可以定义为全面了解、获取与职位相关的详细信息的过程。在这个过程中工作分析人员采用各种工作分析方法、工具，直接收集、比较、综合工作相关信息，就职位的基本状况、职责、任务、任职资格等做出规范的描述与说明。

三、工作分析的意义和作用

工作分析最直接的作用就是有助于确保组织中所有的工作任务都得到明确的安排，上下级就员工承担的工作职责和任务达成共识，同时，管理者能够充分了解每一个岗位上的人目前所做的工作，掌握职位之间的职责交叉和职责空缺情况。具体如下。

（1）明确职位职责，使每个职位都有完整清晰的说明书，减少职责不明确、交叉、空白等问题，为工作提供有效的指导。

（2）减少相互扯皮等问题，降低沟通成本，提高工作效率，检查和评估职位设置的合理性。

（3）明确努力和改进的方向，提高工作绩效。

从人力资源管理的角度来看，工作分析可以为人力资源管理的职能活动提供依据。具体如下。

（1）工作分析有助于增强人力资源规划的准确性和有效性。通过工作分析可以明确职位的工作量，从而为职位的增减提供必要的信息。另外，工作分析对各个职位任职资格的要求也有助于企业进行人力资源的内部供给预测。

（2）工作分析可以通过明确的任职资格来帮助企业招聘并甄选到合适的人才。由于工作分析对职位所需的任职条件做了充分的分析，因此在招聘录用过程中就有了明确的标准，减小了主观判断的概率，有利于提高招聘甄选的质量。

（3）工作分析为人员的培训与开发提供了明确的依据。工作分析提供的信息有助于组织找到员工当前的知识和技能与所分析的职位要求的知识和技能之间的差距，合理确定培训需求，使培训工作做到有的放矢。

（4）工作分析为员工的绩效评价提供了客观的标准。通过工作分析，每一职位从事的工作及所要达到的标准都有了明确的界定，这为绩效考核提供了明确的标准，减少了评价的主观因素。

（5）工作分析为制定合理的薪酬奠定了基础。工作分析所提供的工作职责和任务、所需的知识技能及工作条件等信息有助于评价职位在组织中的相对价值，从而保证薪酬

---

① 萧鸣政. 工作分析的方法与技术[M]. 5版. 北京：中国人民大学出版社，2002.

② 彭剑锋，朱兴东，张成露. 职位分析面临的问题及应对策略[J]. 中国人才，2003，（7）：27-30.

的内部公平。

（6）工作分析为员工关系管理提供了可靠的信息。员工关系管理的一个关键内容就是确保员工的劳动安全，通过工作分析得到的关于职位的安全标准、程序和环境等信息，有利于保证员工的劳动安全，进而为员工关系管理提供可靠的依据。

四、工作分析的原则

1. 系统原则

在对某一工作进行分析时，要注意该工作与其他工作的关系及该工作在整个组织中所处的地位，从总体上把握该工作的特征及对人员的要求。

2. 动态原则

要根据战略意图、环境的变化、业务的调整，经常性地对工作分析的结果进行调整。工作分析是一项常规性的工作，它需要定期修订。

3. 目的原则

如果工作分析是为了明确工作职责，那么分析的重点在于工作范围、工作职能、工作任务的划分；如果工作分析的目的在于选聘人才，那么工作重点在于任职资格界定；如果工作分析的目的在于确定薪酬的标准，那么工作重点在于对工作责任、工作量、工作环境、工作条件的界定等。

4. 经济原则

工作分析是一项费时、费力、费钱的事情，它涉及企业组织的各个方面。要根据工作分析的目的，采用合理的方法。

5. 职位原则

工作分析的出发点是从职位出发，分析职位的内容、性质、关系、环境及人员胜任特征，即完成这个职位工作的从业人员需具备什么样的资格与条件，而不是分析在岗的人员如何，否则会产生社会赞许行为与防御心理等不利于工作分析结果的问题。

6. 应用原则

应用原则是指工作分析的结果、工作描述与工作规范，一旦形成职位说明书后，管理者就应该把它应用于企业管理的各个方面。

第二节　工作分析过程

一、准备阶段

工作分析的准备阶段也是问题的提出阶段，在这个阶段要明确：为什么要进行工作分析？工作分析能解决什么问题？这些问题是不是必须要通过工作分析才能解决？具体而言，这一阶段通常有如下工作要完成。

1. 发现工作分析的时机

工作分析的时机是指企业在出现某些变动或问题时，可以通过工作分析来解决。一般来说，当企业出现以下情况时就需要进行工作分析。

（1）组织管理体系、业务流程不畅，造成效率低下。

（2）客户的需求提高，而目前的产品和服务无法满足顾客的需求。

（3）缺乏明确的、完善的、书面的工作说明，人们对工作的职责和要求不清楚，经常出现推诿扯皮、职责不清或决策困难等现象。

（4）虽然有书面的工作说明，但与实际工作的情况不符，难以遵照它去实施。

（5）刚刚进行了组织机构和工作流程的变革或调整。

（6）当需要招聘某个职位上的新员工时，发现很难确定用人标准。

（7）当需要对员工进行培训时，发现难以制订有针对性的计划。

（8）当需要对员工的业绩进行培训时，发现没有根据职位确定的考核标准。

（9）当需要建立新的薪酬体系时，无法将各个职位的价值进行评估。

2. 确定工作分析的目的

工作分析的目的不同，在调查分析中需要了解的信息的侧重点也不同。所以要明确工作分析的具体目标和工作分析成果的具体用途，以此作为构建整个工作分析系统的依据。事实上，工作分析的不同目标导向之间往往是相互交叉的，一个工作分析项目可以实现 2～3 个具体目标。

3. 成立工作分析小组

为了保证工作分析的顺利进行，需要选择合适的人员来进行工作分析。工作分析的人员数量主要根据工作分析的工作量来选择，但一般都应包括工作分析人员（可以是内部人力资源专业人员，也可以是外部专家）、任职者和任职者上级。工作分析人员应该具备的素质：了解工作分析程序，具有人事管理、心理学的一般知识；有较强的观察能力，有相关面谈、访谈经验；文字表达能力比较强，在撰写职位说明书时需要有很强的逻辑性；对被分析的岗位有一定的认识和了解；有责任心、有耐心；有良好的记忆力及理解和分析能力；有较强的沟通能力；在其他组织或本企业中做过工作分析。

4. 对工作分析参与人员进行培训

由于工作分析小组成员不都具备工作分析的理论知识和实践经验，因此需要对小组成员进行适当的培训。培训的内容包括工作分析的目的、流程、方法、工具。其中工作分析的目的和流程是所有参与工作分析的人员都需要了解的，工作分析的方法和工具主要是进行工作分析的人员需要掌握的。在对工作分析小组成员进行培训的过程中，培训者应对工作分析的意义、方法与工具的特点进行详细讲解。讲解完成后，要求小组成员分析一份他们熟悉的但与后期待分析工作无关的工作。这样的话，培训者能更好地了解小组成员对工作分析工具及其流程的掌握情况。

5. 明确工作分析小组成员的工作职责

工作分析小组的工作职责主要包括两个方面：一是在基本步骤中制订更为详细的工作计划，它涉及计划方案的组织与细化，这主要由工作分析专家和人力资源部专员来负责；二是审查与监督计划方案的实施，其中也会涉及工作分析的实施情况，需要各部门主管的参与，并由组织的高层管理者进行审查。各类人员的职责，如表 2-1 所示。

表 2-1 工作分析小组成员的职责

主体	职责
企业的高层领导	（1）相关政策的发布； （2）动员全体员工配合人力资源部的工作； （3）为工作分析的顺利进行铺平道路； （4）工作分析成果的验收
部门主管、人力资源部员工、外部专家	（1）动员本部门员工配合职位信息调查工作； （2）协助人力资源部编制本部门的职位说明书； （3）制订并执行工作分析的实施方案； （4）整体上掌控工作分析的实施情况； （5）设计相关工具（如表单、调查表等）； （6）提供技术上的支持； （7）对内部员工进行工作分析培训； （8）与其他部门的协调和沟通； （9）获取企业高层领导的支持和配合； （10）职位信息的收集、分析、整理
岗位任职者（上级）	尽可能地提供职位信息的全面、详尽的资料

二、调查阶段

调查阶段是工作分析中最重要的一个阶段，这一阶段主要完成以下工作。

（1）制订时间进度表。通过制订时间进度表可以严格控制整个工作分析的时间安排，保证工作分析能够按部就班地进行。

（2）选择职位信息搜集方法。职位信息搜集方法有很多，不同的方法各有利弊，要根据工作分析的目的选择合适的方法来搜集信息，以保证信息搜集的准确性和完备性。

（3）搜集职位的背景资料。职位的背景资料搜集一般都是先于职位信息搜集，通过职位的背景资料可以对该职位有个大致的了解。职位的背景资料包括组织内部资料和组织外部资料。

内部资料主要包括组织结构图、工作流程图、工作配置图、组织原有的职位说明书，具体如下。

第一，组织结构图。组织结构图主要用来描述组织中各个组成部分之间的相互关系，从中可以看到部门或职位之间的关系，每个部门或职位应该向谁负责，每个部门或职位的下属是谁，发生关联的部门和职位有哪些，等等。通过组织结构图，可以很清楚地看到各个职位在组织中的位置。

第二，工作流程图。在工作流程图中，我们可以看出在一项工作活动中，某个部门或职位需要接受来自哪些部门或职位的信息或指令，需要对信息和指令做出哪些处理，需要向哪些部门或职位发出信息或指令，等等。通过工作流程图，可以比较好地了解工作任务及工作中的关联关系，这对现有工作流程的优化和调整是非常重要的。

第三，工作配置图。工作配置图能够清晰地反映组织中现有工作的人员配置情况，有助于工作分析员更好地对诸如一人多岗和一岗多人等问题进行判断和处理。

第四，组织原有的职位说明书。组织原有的对部门/职位的工作职责界定，是理解现有工作的主要任务和职责的导向。但是必须注意，要谨慎地、批判性地接受这些信息，因为它们不可能准确而全面地反映职位的本质。例如，随着时间的推移或者由于技术进步而发生的工作活动的变化，原有部门/职位的职责界定可能已经过时了。

组织外部资料主要包括对标企业中相同或类似岗位的资料及有关职业分类。职业分类是指采用一定的标准，依据一定的分类原则，对从业人员所从事的各种社会职业进行全面、系统的划分与归类。职业分类的基本依据是工作性质的同一性。我国的职业分类大典中将职业分为大类、中类、小类和细类四个层次，依次体现由粗到细的职业类别。

（4）搜集职位信息。通过职位信息搜集方法对职位的相关信息进行搜集，这是整个调查阶段最核心的部分。工作分析要收集的信息的内容可以用6W1H（what、why、who、when、where、for whom、how）来表述。

第一，what是指工作承担者所从事的工作活动，包括：①工作有哪些具体内容；②活动的结果是什么；③工作的标准、要求是什么样的。

第二，why是指岗位设置的作用、意义是什么。

第三，who是指对岗位工作承担者的要求。

第四，when是指任职者完成工作的时间特征是什么。

第五，where 是指任职者的工作环境是什么样的，包括：①工作的自然环境，即是室内还是室外，安全性如何，有无污染、噪声，等等；②工作的社会环境，即是否经常出国，周围的人文环境如何，等等。

第六，for whom是指任职者的工作对谁负责，包括：①哪些工作与哪些人发生关系，向谁汇报和请示；②每项工作的结果与谁有关系；③内部和外部客户是哪个部门，哪个岗位；④可以指挥和监控谁，下属都有谁。

第七，how是指工作承担者如何完成工作任务，包括：①工作的一般程序是什么；②工作中需要使用和操作哪些设备和工具；③工作中需要记录哪些文件，保存哪些资料和记录；④工作中的关键环节是什么。

三、分析阶段

在调查阶段完成后，就要进入信息的分析阶段，这一阶段需要完成以下工作。

（1）整理资料。对调查阶段得到的信息进行进一步的总结、归纳、整理，看是否存在信息的遗漏、缺失，若有需要，返回到上一阶段继续进行调查。通常，在工作分析初始阶段就需要考虑信息收集的完备性问题，尽量避免二次收集。

（2）审查资料。在资料归纳整理后需要核实信息的真伪，检查信息的准确性。如存在疑问需要找任职者本人或其上级进行核实，甚至返回调查阶段再重新进行搜集。

（3）分析资料。在所搜集的资料没有缺失和错误的前提下对职位的所有信息进行分析。这里包括工作名称分析、工作描述分析、工作环境分析和任职资格分析。

1. 工作名称分析

工作名称分析需要强调的是工作名称的准确性，工作名称要符合人们的一般理解，即读者通过工作名称就可以大致了解工作的性质、内容，且工作名称要具有一定的艺术性。

2. 工作描述分析

工作描述分析包括工作任务分析、工作责权分析和工作关系分析。工作任务分析主要是指所承担的工作任务的合理性、饱和度和难易程度。首先，按照工作流程或者不同工作之间逻辑上的一致性对整个工作团队乃至部门、组织的全部工作信息进行梳理，得到部门的工作任务清单，并在得到组织内部确认的情况下，进一步分析部门间的权限关系，确认部门工作任务及权限分配；其次，针对部门内的每一职位，确认其工作任务清单，并根据工作任务的时间消耗和工作任务的相对重要程度判断任务清单中的关键工作任务。

工作责权分析包括对每项任务的责任与权限进行分析，工作责任可以分为管理责任和非管理责任。管理责任包括管理的性质和程度、管理是直接的还是间接的、管理工作的类型和管理对象的熟练程度（不熟练的/半熟练的/熟练的；专业的/业余的）。非管理责任包括可能会损坏的机器产品或设备、损坏的可能性及发生的频率、损坏费用的估计、减少损坏可能性的措施、监督的严密程度、查处问题所需要的时间和任职者的工作失误对他人造成的影响等。

工作权限是指根据该职位的工作目标和工作职责，组织赋予该职位的权限范围、层级与控制力度。工作权限一般包括人事权限、财务权限和业务权限。在这三种权限中，业务权限是每个岗位都具有的，跟岗位的具体职责有关。

工作关系包括组织内关系和社会关系，以及所在组织机构图中的位置、工作地点的生活便利程度、与他人的交往程度等。按照联系的方向分类，可以将工作关系划分为横向工作关系和纵向工作关系。横向工作关系是指与组织内其他部门和岗位的工作关系及与本部门内其他岗位的工作关系；纵向工作关系是指与上下级发生的工作关系。我们在描述横向工作关系和纵向工作关系时，通常要描述一系列项目，包含联系对象、联系内容、联系的频率和联系的方式等。

3. 工作环境分析

工作环境分析包括工作的物理环境、安全环境、地理环境及社会和心理环境。工作的物理环境包括工作场所的温度、湿度、照明度、噪声、振动、异味、粉尘、污秽、气压、辐射等，以及工作人员每日和这些因素接触的时间、频率。工作的安全环境包括可能发生的事故，过去的事故发生率和发生原因，事故对人体的伤害部位和伤害程度，易患的职业病、患病率及危害程度。工作的地理环境指工作所在地的地理位置、交通和生活条件等。工作的社会和心理环境包括工作孤独程度和单调程度等。

4. 任职资格分析

任职资格分析主要是指工作本身对承担工作的人的知识、技能和个人特质的要求，主要包括必备知识分析、必备经验分析、必备能力分析、必备心理素质分析和必备身体素质分析。确定任职资格有三种方法：基于逻辑推导的方法、基于统计数据验证的方法和基于定量化职位分析的方法。

基于逻辑推导的方法又分为以工作为导向的推导方法和以人员为导向的推导方法。以工作为导向的推导方法是从工作本身的职责和任务出发，去分析为了完成这样的工作职责与任务，需要任职者具备什么样的条件。根据工作职责来确定任职资格，是基于“因为要‘做什么’，所以需要‘什么人做’”这个逻辑关系，工作职责是任职资格最本质的来源。但是，这个方法要以对工作职责的梳理为前提，如果工作职责不够准确，那么任职资格也就难以准确。另外，根据工作职责推断任职资格需要有非常丰富的经验，现实中缺乏有效的工具。以人员为导向的推导方法是从任职者获得成功的关键行为或高频、耗时的工作行为出发，去分析其要从事这样的行为，需要具备什么样的素质特点。该方法的前提条件是要获悉优秀任职者的关键行为。

基于统计数据验证的方法包括两种：一是基于组织实证数据；二是基于公共数据资源。基于组织实证数据是指通过建立企业任职资格体系中的各项要素与目标工作的任职者的实际工作绩效的关系，来对任职资格要素进行筛选。这种方法保证了任职资格与工作绩效的高度相关。基于公共数据资源是指借助现有管理学、组织行为学、人力资源管理实证研究中的成熟结论，来判断某职位的任职资格。这种方法成本低，不过仅适用于通用要素，并不适用于特定要素。

基于定量化职位分析的方法主要依赖于定量化问卷所测得的工作维度得分，并根据这些得分与素质之间的相关性来推断职位所需的素质。

分析阶段要遵循以下原则。

（1）对工作活动是分析而不是罗列。分析时应当将某项职责分解为几个重要的部分，然后将其重新组合，而不是对人物或者活动进行简单罗列。例如，对公司前台迅速转接电话的这项职责，经过分析后应当这样描述：“按照公司的要求接听电话，并迅速转接到相应人员那里”，而不应将所有活动都罗列上去，如“听到电话铃响后，拿起电话，放到耳边，说出公司名字，然后……”

（2）针对的是工作而不是人。

（3）分析要以当前的工作为依据。工作分析是为了获取某一特定时间内的职位情况，应当以当前的工作状况为基础进行分析，不能加入对工作的设想。

四、完成阶段

这是工作分析的最后一个阶段，这一阶段的主要任务如下。

（一）编制说明书

工作分析最后要形成职位说明书或职位描述或任职资格说明书。根据工作分析的目的，按照一定的格式来编写初稿。编写职位说明书需要具备以下基本准则。

（1）准确性。有两方面的含义：一是它所说明的工作要求和任职者的资格条件首先应该是正确的，要真实地反映该工作的基本情况和主要特征；二是职位说明书应该是明确的，即要表述清楚，不能含混其词、模棱两可。

（2）完备性。职位说明书应该对该项工作的基本概要、工作职责及任职者资格条件等做一个全面完整的描述，不能有遗漏或省略的地方。

（3）普遍性。主要是为了使不同的工作之间可以相互参照比较。职位说明书的每一项内容最好是被分析的各种工作所共有的，这样不同的工作之间才有可比性，从而有利于确定各种工作的相对价值，为薪酬、考核等提供参考依据。

（4）实用性。职位说明书是人力资源管理的基本依据，所以必须具有实用性，这样便于操作，从而得出可靠的结果。

（5）预见性。由于工作的不断变化发展，职位说明书也要体现出这一变化特点。既要严格、真实地反映工作的现实特征，又要具备一定的柔性或弹性，以便预见未来的变化趋势。

（6）逻辑性。一般来说，按重要程度和所花费的时间来安排各项工作职责，并注意将详尽的职责排列在一起。

（7）简约性。在措辞上，应尽量使用简洁语言；在内容上，要求表达精炼、严谨、合理，如对主要职责的叙述不交叉、不矛盾、条理清晰。

（8）统一性。文件格式最好统一，注意整体的协调与美观。

职位说明书的内容有以下两方面：其一，工作描述。反映职位的工作情况，是关于职位所从事或承担的任务、职责及责任的目录清单。一般包括工作标识与工作概要、工作职责、工作关系、工作权限、工作程序、工作范围、业绩标准和工作环境。其二，任职资格。反映职位对承担这些工作活动的人的要求，是人们为了完成这些工作活动所必须具备的知识、技能、能力和其他特征的目录清单。一般包括显性任职资格（即教育、工作经验、工作技能、培训等要求）和隐性任职资格（即工作能力要求）。

（二）说明书的反馈和修订

精心编制的初稿是确保职位说明书准确无误的基础，因此，必须及时反馈给相关人员（即任职者本人或其上级）进行细致的核实。在反馈过程中，一旦发现任何问题或存在意见分歧之处，都需要立即重新组织讨论，并通过深入交流达成共识，从而进行必要的调整与确定。这一过程可能会经历多次反复，直至最终达成完全一致，形成职位说明书的定稿。

为确保说明书的全面性和准确性，在这个过程中，我们可以有效地应用 ESCII①五步询问法，对工作组成的各个方面进行详尽的检查。该方法能够系统地引导我们发现问题、分析问题，并寻求解决方案，从而确保职位说明书中的每一项内容都经过深思熟虑，准确无误。

此外，职位说明书的生命周期并未随着其编写完成而终结，相反，它还需要经历不断的修订与更新。在社会经济活动的快速变迁中，企业组织系统内部经常会发生职位的增加、撤销，以及更为普遍的职位工作职责和内容的变动。甚至每一次细微的工作信息调整，都可能对职位说明书产生重要影响。因此，将这些变动及时、准确地记录下来，并迅速体现在职位说明书的调整中，显得尤为重要。这不仅能够确保职位说明书的时效性和准确性，还能为企业的组织管理和人力资源配置提供有力的支持。

职位说明书的修订与更新可以按照以下步骤进行。

（1）一般由职位所在部门的负责人填写职位说明书修改表，然后向人力资源部提出申请。此外，当人力资源部认为有必要对职位说明书进行修订时，也可以在与有关部门

① E（eliminate），即可以删除吗？S（simplify），即可以简化吗？C（combine），即可以合并吗？I（improvement），即可以改良吗？I（innovation），即可以创新吗？

协商的基础上，经人力资源部负责人批准后开展此项工作。

（2）由人力资源部组织相关人员进行信息收集，并对职位说明书做出相应的修改，编写出新的职位说明书。

（3）将新编写的职位说明书与管理者和员工进行沟通，并根据有关建议和意见，对职位说明书进行进一步修订。

（4）经过修订的职位说明书经人力资源部与有关负责人审批后正式生效。

（5）及时告知有关部门、管理人员与任职者，并将有关文件存档。

（三）工作分析活动的评价

职位说明书定稿后，工作分析相关人员还需要对整个工作分析活动进行评价，从而找出成功的经验和存在的问题，这将有助于今后更好地进行工作分析。对于工作分析效果的评价，工作分析专员可以从前期准备的效果、过程中的效果及完成后的效果三方面展开。

1. 前期准备的效果

为评价前期准备的效果，工作分析专员可以收集以下问题的答案：工作分析项目做好足够的人员、流程、记录的准备了吗？确定了工作分析的目标和预期会遇到的问题了吗？与各个部门沟通了吗？工作分析计划大家都知道吗？目前组织的现状你了解吗？通过工作分析你想解决什么问题，能够解决吗？你需要大家配合你做什么呢？

2. 过程中的效果

为评价工作分析过程中的效果，工作分析专员可以收集以下问题的答案：工作分析的过程是不是互动的？员工参与度和发言权有多少？编写过程是主管包办的吗？主管有没有提出修正和改进意见？这些意见有没有跟员工沟通，让员工知道？职位说明书出来后，大家是否认同？过程、记录的真实性是否得到监控？

3. 完成后的效果

为评价工作分析完成后的效果，工作分析专员可以收集以下问题的答案：员工是否在仔细阅读职位说明书之后，更加明确了自己的职责？工作分析完成后，组织各个岗位间是否还有职责不清晰之处？员工借此提升了自己的工作绩效了吗？主管借此改进部门管理了吗？公司的整体效率和绩效得到提升了吗？

（四）工作分析结果的应用

职位说明书的最终目的是将其应用到人力资源管理或企业管理中解决实际存在的问题，这是工作分析的终极目的。工作分析结果的应用包括职位说明书的使用培训，以及职位说明书在人力资源管理系统中的具体应用，如招聘、培训、制定薪酬体系、考核、晋升、职业发展等。同时，在应用过程中若发现问题，再次对职位说明书进行调整和修订，这也是一个动态的过程。

第三节 工作分析方法

工作分析的方法依据不同的标准可分为观察法、访谈法、工作日志法、问卷调查法、资料分析法、职位问卷分析法等，具体如下。

一、观察法

观察法顾名思义就是工作分析者通过观察任职者的工作，记录、了解职位信息的过程。观察法在所有方法中是最直观的，“眼见为实”，当然，这里的“眼”并不单指用眼睛看，还包括利用各种仪器、设备、工具去观察、记录任职者的工作状态。观察法观察的是外显的动作，如车间工厂里工人操作机器设备时的动作。观察法不仅可以用于以体力劳动为主的工作，还可以用于我们经常所说的脑力劳动。

在应用观察法时要注意观察者在其中的角色，因为不同的角色会决定观察者在其中所起的作用。通常，在观察活动中，根据是否透露身份和参与程度，观察者扮演着四种不同类型的角色，即完全参与者、参与观察者、观察参与者和完全观察者。

（1）完全参与者，是指观察者不向被观察者透露自己是研究者的身份，却积极参与观察对象活动并进行观察的观察者。

（2）参与观察者，是指观察者向被观察者透露自己的身份，并与被观察者共同参与活动全过程，在互相交往活动中进行观察的观察者。

（3）观察参与者，是指观察者向被观察者透露自己是研究者的身份，并通过参加活动过程进行观察的观察者。

（4）完全观察者，是指观察者与被观察者无关，对被观察者的行为与事件的发展不施加任何影响，也不参与任何活动。

观察法操作简单易行，工作分析人员容易全面、真实地了解工作的内容。但这种方法在工作分析中并不单独使用，这是因为观察法只能观察到外在的活动，内在的思考、心智过程很难被直接看到，因此还需要和其他方法一起使用。另外，观察法可能存在霍桑效应，因而会导致观察到的和实际情况并不相符，因此要尽量避免干扰到被观察者，以保证观察结果的客观性。

二、访谈法

访谈法是所有工作分析方法中应用最广泛的一种，它是指通过访谈的形式来获取职位信息的方法。通常意义上的访谈是一种面对面的口头交流，如我们经常在新闻中看到的名家访谈。但随着现代信息技术的发展，出现了电话访谈、视频访谈、微信/QQ语音等非面对面的访谈形式，这些访谈形式成为面对面访谈的有力补充，特别是在一些特殊环境下发挥了很大作用。

访谈法根据访谈对象的多少可分为个别访谈和集体访谈；根据访谈的时间长短可分为一般性访谈和深度访谈。在工作分析中可以对任职者本人或上级进行个别访谈，也可以同时对多个相同岗位的任职者进行集体访谈。不过，如果对多个相同岗位的任职者进行个别访谈要注意任职者的代表性，这里的代表性主要是指任职者的任职时间和绩效表现，不能选择任职时间过短及绩效表现处于两端的任职者。

在运用访谈法进行访谈时需要注意使用一定的访谈技巧，这里访谈技巧包括提问技巧（即提问的方式、语气、速度，话题的控制等）、倾听技巧、追问技巧等。总之，访谈技巧的目的就是需要在一定的时间、场合下让被访谈者能够提供尽量全面、真实、客观的信息。

为了达到访谈目的，保证访谈效果，通常需要制定一个访谈提纲，列出需要提问的问题（以开放性问题为主），如表 2-2 所示。

表 2-2　访谈提纲示例

一、关于岗位目标
1. 此岗位的工作目标是什么？
2. 此岗位最终要取得什么结果？
3. 从公司角度看，此岗位具有什么意义和作用？
二、岗位地位
1. 公司上级对此岗位作用的评价如何？
2. 此岗位直接为哪个部门或个人效力？
3. 哪些岗位与此岗位同属一个部门？
4. 此岗位一年所需的各种经费（如经营预算、销售额、用于员工本身的开销）是多少？
三、内外关系
1. 你依据怎样的原则、规章制度、先例和人事制度办事？
2. 此岗位的行为或决策受哪个部门或岗位的控制？
3. 在公司内，此岗位与哪些部门或岗位有最频繁的工作联系？有哪些联系？
4. 你是否需要经常会见上司商讨或者汇报工作？
5. 通常，你需要与上司讨论什么问题？
6. 你有下属吗？若有，哪些职位由你管辖？有多少人？分别是谁？
7. 在公司外，此岗位与哪些部门或个人有频繁的工作联系？有哪些联系？
8. 此岗位需要出差吗？频率如何？经常去哪里出差？为什么出差？
四、工作中的问题
1. 你认为此工作给你带来的最大挑战是什么？
2. 你对此工作最满意和最不满意的地方分别是什么？
3. 此工作需要解决的关键问题是什么？
4. 你面临的问题是否各不相同？不同之处表现在哪些方面？
5. 处理问题时有无指导或先例可参照？有哪些处理依据？
6. 你在工作中遇到的问题，在多大程度上是可预测的？
7. 你对哪些问题有自主权？
8. 哪些问题你需要提交上级处理？
9. 你是否经常请求上司的帮助，或者上司是否经常检查或指导你的工作？
10. 你的上司如何指导你的工作？
11. 你是否有机会采取新方法解决问题？
五、工作成果
1. 你的工作中能够取得什么成果？其中最重要的成果是什么？
2. 通常可以用什么标准衡量你的工作成果？
3. 上司对工作任务的完成情况是否起决定性作用？
六、岗位要求
1. 此岗位要求任职者具备哪些专业技术？请按重要程度列出，并以工作中的实例来说明。
2. 通过脱产培训还是在职培训来掌握这个岗位所需的专业技术？
3. 此岗位要求任职者具备哪些知识？请按重要程度列出，并以工作中的实例来说明。
4. 此岗位要求任职者具备哪些能力？请按重要程度列出，并以工作中的实例来说明。
5. 此岗位对任职者的职业道德要求是什么？

访谈法的优点在于可以对工作的相关内容有深层次和详细的了解；应用面广，可简

单迅速地收集各方面的信息；能够增强对有关信息具体而准确的理解；有助于理解单方面观察不易发现的情况和问题；在访谈过程中通过与任职者沟通，可以缓解其工作上的压力。同时，访谈法也存在如下缺点：访谈技巧性强，需专门的培训；费时间、成本高；信息容易被扭曲，存在夸大或弱化工作职责等情况。

三、工作日志法

工作日志法从字面可以理解为一种类似记日记的方式，按照时间顺序把工作内容全面详细地记录下来的一种工作信息搜集方法。通过工作日志法可以获取大量信息，如计划工作的质量、自主权、例外事务的比例、工作负荷、工作效率、工作中涉及的关系等，为工作分析提供一个非常完整的工作图景。

工作日志法的重点在于能否真实、全面地记录工作内容，这就要求记录者必须及时记录工作内容，并且要详略得当，如需要办理的事要写得具体些（如情况如何，要求解决什么问题，解决的方法是什么）。此外，工作日志中还要记述有意义的、有变化的和有些影响的事情，确保结构清晰。工作日志法的记录周期要求连续记录至少一周。工作日志示例见表 2-3。

表 2-3　工作日志示例

××工作日志

填写日期：　　年　　月　　日

首先，感谢您在繁忙的工作中抽出时间配合本次工作分析活动，本次工作分析的主要目的是确定此岗位任职者的培训需求。您填写的工作日志将有助于我们全面界定您所在岗位的主要职责。

在接下来的一个月里，请您如实、及时并且全面地填写工作信息，在填写过程中，请您注意以下几点：

1. 请您每工作半小时，按照工作活动发生的顺序如实地记录工作内容（若任务连续不可间断，在任务完成后请立即填写），切勿在一天工作结束后一并填写。
2. 请您严格按照表格要求进行填写，不要遗漏细小的工作活动，以保证信息的完整性。
3. 请您提供真实的信息，以免损害您的利益。
4. 请您注意保管，防止文件的遗失。
5. 请于本月末将填写的工作日志交至公司人力资源部××。

当您在填写过程中遇到困难时，请及时与我们联系，电话：××××。

再次感谢您的支持与合作！

×××公司工作分析项目组

一、工作日志基本信息

姓名：　　　　年龄：　　　　部门：

职位名称：　　　　直接上级：

填写日期：从　　年　　月　　日　至　　年　　月　　日

二、工作日志内容

工作序号	工作活动名称	工作活动内容	工作活动结果	时间消耗	备注
例：1	复印	协议文件	4 页	6 小时	存档
……	……	……	……	……	……

工作开始时间：　　　　工作结束时间：

填写人：　　　　审核人：

工作日志法的优点在于其所提供的信息完整详细，且客观性强，适用于管理或其他随意性大、内容复杂的职位。同时，工作日志方法也存在如下缺点：由于其使用范围比较小，不适用于工作循环周期较长、工作状态不稳定的职位；记录者不易坚持，而且有些记录者在记录的过程中会出现表功的心态。

四、问卷调查法

问卷调查法是指根据工作分析的目的、内容来设计问卷，并向任职者或相关人员发放问卷，由他们根据工作情况来填写，再由调查者回收问卷，从而获得所需信息的方法。

问卷调查法的关键在于问卷的设计质量，一份设计良好的问卷应该既能保证信息收集的全面性也能保证信息的准确性，全面性来自问卷设计内容的完备，尽量能够概括到工作的方方面面，而准确性很大程度上来自被调查者的作答，这就要求提问方式要简单易懂，尽量避免理解上的误差。

问卷的设计类型可以分为结构型和非结构型。结构型问卷也称封闭式问卷，是把问题的答案事先加以限制，只允许在问卷所限制的范围内进行挑选。结构型问卷包括是否式、选择式、评判式、划记式。非结构型问卷也称开放式问卷，问卷由自由作答的问题组成，是非固定应答题。非结构型问卷往往用于以下情况：一是较深层次的问题研究；二是在研究初期，对所研究问题或研究对象的有关情况还不十分清楚的情况下，采用开放式问卷，来帮助研究人员设计封闭式问卷。通常情况下，对于职位进行问卷调查会将两种方式结合起来使用，示例如下（表 2-4）。

表 2-4 问卷调查示例

尊敬的员工：

您好，非常感谢您在紧张而繁忙的工作中填写本调查问卷，这份问卷是为了更加明确您目前职位的有关信息而设计的，目的不是衡量您的业绩和任务完成情况，它只是分析和描述您工作的一个工具。您填写的完整性和真实性对帮助您明确自身工作的发展方向、完善公司人力资源制度非常重要。

谢谢合作！

×××公司人力资源部

1. 本职位所需教育程度：
A. 初中（含）以下　B. 高中职技　C. 大专　D. 本科　E. 研究生（含）以上
2. 本职位所需外语程度要求：
A. 不需要　B. 书面精通　C. 书面及口语略通　D. 精通
3. 本职位所需汉语表达能力：
A. 不限　B. 普通话口头能力强　C. 书面及口头能力强　D. 极强的文字功底
4. 本职位所需户籍所在地：
A. 本地户口　B. 不限
5. 本职位所需其专业的工作经验：
A. 6 个月以下　B. 6 个月至 2 年　C. 3～5 年　D. 6 年以上
6. 本职位需要的对设备、工具、仪器应用能力：
A. 搬运　B. 操作　C. 操作及维修　D. 软硬件设计
7. 本职位对设备、工具、仪器的责任：
A. 不易损失　B. 有时损失需一般防范　C. 容易损失需密切防范　D. 难免损失需严加防范
8. 本职位对材料、在制品、成本的责任：
A. 不易损失　B. 有时损失需一般防范　C. 容易损失需密切防范　D. 难免损失需严加防范
9. 本职位直接督导范围（人数）：
A. 0　B. 1～4 人　C. 5～10 人　D. 11～20 人　E. 21 人及以上

10. 本职位间接督导范围（人数）：
A. 0　B. 1～20 人　C. 21～100 人　D. 101～300 人　E. 301 人及以上
11. 本职位管理工作中的责任及能达到的程度（一般员工可不答此题）：
A. 要负责分派工作，按规定检查工作成果，达成目标
B. 要能很快熟悉新分派的工作，制订计划
C. 要能解决工作中的矛盾，协调不同部门的活动，达成目标
D. 要能有效分配组织资源，做出最佳激励政策，确保员工与公司的最大利益
12. 本工作所需的行政专业能力：
A. 例行性、重复性工作　B. 例行性工作，偶尔需要个案处理
C. 需要依经验改进新技巧，解决复杂问题　D. 需要调查分析研究解决问题
13. 本工作的责任：
A. 按上级指示工作，上级对结果负责
B. 根据计划进度，安排自己工作，根据内部原则工作
C. 安排计划，分析结果决策可能与上级协商
D. 有下属单位，需要制定公司目标和政策
14. 本工作职能对公司的影响范围：
A. 例行性工作，错误容易发现，错误对公司基本无影响
B. 有限范围内协调工作，错误不易发现，错误对公司有些损害
C. 职责对公司单位功能及本部门任务完成有一定的影响力
D. 负责一个部门以上职能并能在本部门最高主管不在时负责本单位的整体运营
15. 本工作所需的人际关系能力：
A. 普通技巧　B. 良好技巧　C. 高度技巧
16. 所需体力及感官能力：
A. 不限　B. 体力强　C. 敏捷而有力　D. 身体素质强且五官感知力强
17. 所需资料处理能力：
A. 传递　B. 记录整理及传递　C. 依据常规做相关的技术性改进　D. 需调研分析、评估与创新
18. 所需领导力：
A. 无须　B. 一般　C. 较强　D. 极强
19. 所需计划力：
A. 无须　B. 一般　C. 较强　D. 极强
20. 所需创新力：
A. 无须　B. 一般　C. 较强　D. 极强
21. 所需掌握事务能力：
A. 无须　B. 经过长时间可掌握　C. 很快能掌握　D. 一接触就掌握
22. 列出至少 8 条（请按照主次顺序说明，用词要精确，描述清晰）您的主要工作职责，以及每项职责的发生频率、重要程度和所用时间。

编号	主要工作职责	发生频率	重要程度	所用时间

23. 请举例说明您的工作中常发生的关键事件、发生频率及每次的持续时间。

关键事件	发生频率	持续时间

24. 请说明您的服务对象或客户是谁？工作中需要和哪些部门、哪些人合作？频率怎样？

服务对象/客户	需合作部门/人	频率

25. 您的工作还需要哪些特长？需要什么证书？

26. 请描述您的工作地点及工作环境。

工作地点：□办公室 □80%室内 □60%室外 □60%出差 □常年出差

工作环境：

温度 □正常室温 □炎热 □寒冷

光线 □明亮 □一般 □昏暗

卫生 □清洁 □一般 □较脏

危险 □无 □基本无 □比较危险 □很危险

空气 □清新 □普通 □较差 □很差

其他：

27. 您还有其他需要补充说明的吗？

再次感谢您认真阅读本问卷！谢谢配合！

问卷调查法的优点在于调查成本低，能够节省时间和人力，但若想获得高质量的问卷，花在问卷设计上的时间和精力必不可少。同时问卷调查法也存在一定的缺点，如问卷是由被调查者独自填写，缺少沟通交流，因此可能会导致填写者不认真或理解有误，从而影响问卷质量。

五、资料分析法

为了降低工作分析成本，应当尽量利用现有的资料，以便对每个工作的任务、责任、权利、工作负荷、任职资格等有一个大致的了解，为进一步调查奠定基础。资料分析法在工作分析中是指为了获得有关工作的内容，利用现有资料并加以分析，扩展研究深度和广度的研究方法。资料分析法中的资料是指一切与工作相关的资料，从组织结构图，到部门职责，再到与工作相关的文件，如员工生产记录、作业流程说明、ISO（International Organization for Standardization，国际标准化组织）质量文件等都可作为分析的资料。除了这些内部资料外，还可以从外部类似企业相关工作分析结果或原始信息中获取，并作为原始信息加以利用，但必须注意目标职位与“标杆瞄准职位”的相似性。

利用资料分析法要注意以下问题：发现并标出有效信息点、关注缺漏挖掘隐含信息、列举关键信息、恰当使用所获信息。

资料分析法的优点在于能为其他工作分析方法的使用提供第一手资料，而且是一种经济、有效的信息收集方法。但是由于资料分析法是对现有资料的分析提炼、总结，所以通过资料分析法无法弥补原有资料的空缺，也无法验证原有描述的真伪。

六、职位问卷分析法

职位问卷分析法是一种量化的职位信息搜集方法，它的设计理念是开发一种通用的、以统计分析为基础的方法来建立某职位的能力模型，以淘汰传统的测验评价方法。同时，运用统计推理的方法进行职位间的评价，以确定相对报酬。经过多年实践的验证和修正，职位问卷分析法已成为使用较为广泛的有相当信度的工作分析方法，示例见下（表 2-5）。

表 2-5 职位问卷分析示例

使用程度：NA：不曾使用 1：极少 2：少 3：一般 4：相当多 5：非常多
资料投入
工作资料来源（请根据任职者使用的程度，审核下列项目中各种来源的资料）
工作资料的可见来源
书面资料（图书、报告、文章、说明书等）
计量性资料（与数量有关资料，如图表、报表、清单等）
图画性资料（如图形、设计图、地图、描图等）
模型及相关器具（如模板、钢板、模型等）
可见陈列物（计量表、速度计、钟表、画线工具等）
测量器具（尺、天平、温度计、量杯等）
机械器具（工具、机械、设备等）
使用中的物料（工作中、修理中和使用中的零件、材料和物体等）
尚未使用的物料（未经过处理的零件、材料和物体等）
大自然特色（风景、田野、地质样品、植物等）
人为环境特色（建筑物、水库、公路等，经过观察或检查，成为工作资料的来源）

经过实践中大量的统计分析、验证，现行通用的职位问卷分析法共包含 6 个部分，即信息输入、思考过程、工作产出、人际关系、工作环境和其他特征。经过对大量样本进行主成分分析，职位问卷分析法可以聚类为 33 个维度，每个维度由若干工作元素组成，每项工作元素都有与之对应的若干等级量表，通过对这些工作元素的评价，来反映目标职位在各维度上的特征。

信息输入——在完成任务过程中从何处获得工作所需的信息，包括视觉、听觉、感知、知觉等方式，既包括直接的信息感知，也包括对信息的理解和解释，如书面材料的使用，图和新材料的使用等。

思考过程——工作中所需的心理过程，包括判断、推理、决策、信息加工等思维过程，如方案选择、制订项目实施方案等。

工作产出——作为处理传输过程的结果，任职者所运用的明显的体力活动是什么？如键盘的使用、工作过程中的身体活动主要是什么。

人际关系——工作中需要与哪些人发生何种内容的工作联系，即人际活动和职务关系是什么，如谈判活动、劝导活动等。

工作环境——工作发生的自然环境和社会环境，如是否在易受伤害的环境（包括噪声、化学污染、高温）条件下工作，以及工作环境中是否存在压力和消极因素等。

其他特征——与工作相关的其他活动、条件和特征，如着装要求、重复性工作情况。

职位问卷分析法对每个要素项目给出了 6 个评分标准，即信息使用度、耗费时间、适用性、对工作的重要程度、发生的可能性及特殊计分。

职位问卷分析法的优点在于同时考虑了员工与职位两个变量因素，并将各种职位所需要的基础技能与基础行为以标准化的方式罗列出来，从而为人事调查、薪酬标准制定等提供依据。职位问卷分析法的缺点包括：缺乏对特定工作的详细描述；职位行为共同性导致任务差异模糊；可读性不强，适用范围受限；时间成本高，程序烦琐。

第四节 工作分析结果

工作分析最后形成的就是职位描述、职位规范和职位说明书。

一、职位描述

职位描述亦称岗位概述，是对岗位职责内容的制度性阐述，其作用在于为理解职位要求提供框架，是确定工作范围、选聘、考核等的重要依据。职位描述的内容应精确反映岗位所需，务必从理论或实践上证实与职位绩效存在直接关联。职位描述主要包含以下几方面内容。

（1）职位标识。职位标识又称工作识别、工作认定，其作用是将该工作与组织中其他工作区分开，主要包括工作名称、职位代码、所属部门、直接上下级和所辖人数等。

（2）职位概要。职位概要又叫工作综述、工作摘要，是用简练的语言文字阐述工作的总体性质、中心任务和要达到的工作目标，是使该工作与其他工作区分开来的标志性文件。

（3）工作职责。工作职责是组织管理中至关重要的组成部分，它明确了员工在组织内的角色定位、工作任务以及所需承担的责任和拥有的权力。工作职责的描述应既全面又具体，既要概括出主要职责和任务，又要明确责任和权力。通过清晰、准确的工作职责描述，可以帮助员工更好地理解自己的角色定位和工作要求，从而提升工作效率和组织效能。同时，也有助于组织进行绩效考核和人员调配，为组织目标的实现提供有力保障。

（4）工作条件。工作条件指履行工作职责所需的条件，包括物质资源条件和组织协作条件。例如，工作设备和工具、工作信息和场所等。

（5）工作权限。工作权限是指根据该职位的工作目标和工作职责，组织赋予该职位的权限范围、层级与控制力度，包括业务权、人事权、财务权等。

（6）工作联系。工作联系是指任职者与组织内外其他职位或人员之间的关系，包括该职位在组织中的位置及任职者在工作中形成的关系。

（7）绩效标准。绩效标准是在明确界定工作职责的基础上，对如何衡量每项职责完成情况的规定，包括衡量要素和衡量标准两个方面。

通过职位描述，使生产经营活动各个环节在制度化分解的基础上，再以制度化形式联系起来，形成一个结构化的工作秩序，这是有计划分工协作体系的基础。

二、职位规范

职位规范也称任职资格，是对任职资格条件的制度性界定，其作用在于为寻找合适的职位工作者提供依据，是决定职位价值、招募、培训等的重要依据。职位规范的规定要严格界定为工作所要求的，必须从理论或实证上证明与工作绩效有因果关系。同时，职位规范是对应聘者的要求，不是针对现有人员的要求。职位规范的主要内容如下。

（1）身体素质。指承担工作任务的生理条件，可以用年龄、身体状况、体能负荷等指标来衡量；有些职位还要考虑人的身体特点，如弯腰对腰部的要求、站立对足部的要求等。

（2）教育程度。正式的教育程度存在两种不同的度量方法：第一种度量方法是基于完成正规教育的年限与专业；第二种度量方法则侧重任职者实际所达到的教育水平与职业培训。继续教育课程、专业培训以及行业认证等是提升个人教育程度的重要途径。它们共同构成了个人职业发展的基石，为个人提供了不断学习和成长的机会。

（3）工作经验。工作经验包括一般工作经验、相关工作经验、专业工作经验和管理经验。工作经验可以分为社会工作经验和公司内部工作经验。工作经验和教育程度之间存在替代关系。例如，对于同一职位，大学本科毕业具备两年工作经验的人，与大学专科毕业具备五年工作经验的人都同样能够胜任，并且，他们之间并不存在显著的绩效差异。

（4）工作技能。工作技能是指对工作相关的工具、技术和方法的运用。技能包括基本技能和业务技能。基本技能是指完成各种工作时需要具备的通用的操作技能，通常包括公文处理技能、外语技能和计算机操作技能等。业务技能是指运用所掌握的技术完成业务工作的能力。

（5）能力。能力是完成一项计划或者任务所体现出来的综合素质，通常体现在人们完成某些活动之中。常见的能力有学习能力、沟通能力、创造能力、协调能力等。

（6）职业素养。职业素养是指职业内在的规范和要求，是在职业过程中表现出来的综合品质，包含职业道德、职业技能、职业行为、职业作风和职业意识等。

三、职位说明书

职位说明书是上述职位描述和任职资格共同形成的综合性书面文件。职位说明书表达了组织和工作对员工的行为和绩效期望。其中，职位描述向员工传达了在本职位上的主要工作内容的要求，任职资格向员工传达了完成这些工作内容的标准要求及所需的能力要求。职位说明书通常以表格的形式来展现。表 2-6 是某高校系主任的职位说明书示例。

表 2-6 某高校系主任职位说明书

基本信息	职位名称：系主任		职位编号：GSGLX-XZR-01
	所属部门：管理学院		编制日期：×年×月×日
工作关系	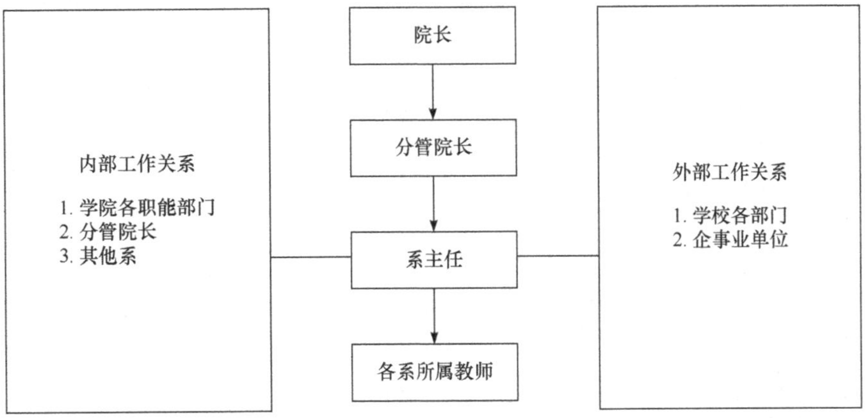		
职位概要	系主任作为教学单位的行政主要负责人，在学院院长和分管院长的领导下全面负责本单位的教学、科研和行政管理工作，保证系的教学、科研、行政管理等各项任务的完成		
主要职责	描述	负责程度	绩效重点
	一、负责制订本系建设发展规划、教育教学改革方案和学年（学期）工作计划及有关管理规章制度等工作	负责	规划、计划、规章制度的科学性
	二、教学管理 1. 组织本系各专业的教学计划、教学大纲、实训、实习指导计划、课程设计、毕业设计等教学文件的制订 2. 根据本学科的发展方向，以及本地区的社会经济需求和上级有关规定，拟订本系各专业的培养计划和教学大纲，经批准后组织实施 3. 负责在每学期末安排落实下学期教师教学任务 4. 负责检查教师的教案、教学日历、作业布置情况，并做记载；组织开学初教师上课和学生注册情况的检查 5. 负责各类须经系主任签字的教学资料的审核和签字 6. 除配合学院进行教学检查和评估外，还应定期不定期地进行检查性听课和填写听课记录，对任课教师进行评分，及时掌握教学动态和教学情况 7. 组织考试命题、阅卷及试卷归档工作，按照学院相关规定，在试题、参考答案的审核单上签字 8. 组织教师针对课堂教学（含理论课程、实验课程）、实践教学（学年论文、毕业论文、社会实践或调查、毕业实习等）、试卷及实验报告专项等进行教学互评 9. 负责组织安排学生的实习实践工作（集中实践环节），联系落实实习单位，制订实习方案，安排指导教师和经费使用，考核和评定学生实习成绩 10. 组织实践性教学，如学年论文、社会调查、创业实践、毕业论文（设计）、毕业实习等	负责	1. 计划的科学性和可行性；与学院发展规划的协调一致性；完备性 2. 教学大纲的科学性；课程设置的合理性；教材的权威性 3. 教学任务落实程度 4. 教案、教学日历的完整性；记载的完备性；上课到位率 5. 审核的严格性 6. 听课的学时数；听课记录的详细程度和完备性；评分的公正性 7. 试题的标准性；出卷、阅卷的差错率 8. 组织到位程度 9. 毕业论文分配的合理性；落实程度；实习经费使用的合理性 10. 实训项目的仿真程度；毕业设计（论文）题目的合理性；与教学要求的符合程度

续表

主要职责	三、专业建设 1. 负责优化、修订专业人才培养初步方案；根据市场需要及人才培养规律探索、设置特色专业方向，制订并执行相应培养计划 2. 广泛征求学生对专业的意见和建议，负责本专业学生的专业教育，指导学生选课 3. 协助学院聘请外部专家、学者开设新技术讲座 4. 根据教育管理部门要求，组织本系教师做好本系专业评估或专业认证工作	负责	1. 人才培养方案制订的科学性和合理性；专业与社会需求的适应性；院级及院级以上教学改革试点或精品专业的数量 2. 指导的到位程度 3. 每学期开设讲座的次数 4. 组织到位程度
	四、课程建设与教学研究 1. 负责制订课程建设规划和具体实施计划 2. 负责对精品、重点课程的组织申报工作，按照标准进行建设，争创各级精品、重点、特色课程 3. 督促已立项精品课程、重点课程、特色课程的建设 4. 按照工作计划组织教师进行教研活动，开展对教学内容、教学方法的改革探讨 5. 组织全系教师进行教学质量工程建设，积极申报各类教研教改项目 6. 组织新开课的教师试讲，确定试讲教师的任课资格，做好教师开课资格的审查，保证教师任课的质量	负责	1. 规划的科学性和可行性 2. 申报院级精品课程的数量 3. 院级或院级以上精品课程的数量 4. 每学期教研活动次数；教改论文的数量 5. 教改项目的申报数 6. 组织落实程度
	五、科学研究与学术交流 1. 研究系有关学科领域和项目的科学技术发展情况，对科研方向、任务提出建议并负责制订系年度科研计划和远期科研规划、实施办法并督促检查落实 2. 带头并组织全系成员积极申报校、市和国家科研基金，开展课题研究 3. 定期组织教师有计划地开展科研活动 4. 负责主持审查本系教研、科研项目的立项申报、成果鉴定、学术论文评价，以及本系学术讨论、对外交流活动等 5. 负责对外出参加学术活动或学术会议的教师建立考评档案；组织多种形式的学术交流活动，对外出教师带回的信息进行探讨	负责	1. 计划的可行性 2. 申报项目的数量 3. 科研活动的次数 4. 审查的规范程度 5. 学术、经验交流活动的次数
	六、师资队伍建设 1. 按照学校的师资队伍建设规划，并根据本系的教学、科研、学科建设需要和人员编制，拟订本系的师资队伍建设规划，确定任期内师资建设目标，并组织实施 2. 定期组织新、老教师进行业务学习、培训与提高，根据本系专业发展要求，调整教师的知识结构分布 3. 鼓励与帮助本系教师专业进修与在职学历提高工作，负责培养对本学院文化有认同感的、忠于职守的、可持续发展的教师队伍	负责	1. 规划的科学性；目标的达成度 2. 学习培训的次数 3. 教师队伍结构的合理程度
	七、实验室建设 1. 负责本系各专业实验室建设规划的制订，并配合主管部门参与建设工作并负责实验室的管理工作 2. 组织全系教师积极探索实验课程和项目设置、实验大纲及教材编写，协助学院搞好实验室硬软件建设	负责	1. 规划制订的科学性 2. 组织到位程度
	八、协助学院相关领导推动毕业生就业工作。组织全系教师向学生积极宣传就业动态、提供就业信息、进行就业教育和就业指导	协办	宣传的力度

续表

主要职责	九、协助学院办公室向本系教师传达相关文件、信息（如监考安排、课程安排、课题申报等）；组织全系教师积极参与集体活动与公益事业（如工会活动、各种讲座等）	协办	1. 信息传递的及时性、准确性 2. 活动参与度
	十、协助学院参与创收工作和专业硕士招生、培养及管理等工作	协办	参与程度
	十一、负责本系教职工病、事假的初审及其他考勤工作	负责	审核的及时性
	十二、负责本系所涉及的教学设备、仪器需求计划的提出及物品的保管、使用和维护等工作	负责	设备仪器的完好性
	十三、负责本系各项经费预算，安排和审批各项经费开支	负责	1. 经费使用的合理性 2. 审批的及时性
	十四、负责完成学院交付的其他临时性教学、科研及学科建设等任务	负责	完成的及时性
权限	工作权限： 1. 制度、计划的制订权 2. 各级别的审核权、批准权 3. 部门内部工作的考核权 费用权限： 1. 教师外出开会经费的管理权 2. 办公室费用的使用权 3. 学生实习经费的管理权		
难点	准确公正地评价		
关键	领导力		
禁忌	个人好恶、个人偏见		
任职资格	内容	必备条件	期望条件
	教育水平	硕士及以上学历	博士及以上学历
	工作经验	担任副教授五年以上，具有一定学术声望和影响力	担任教授三年以上，具有较高学术声望和影响力
	技能与能力	技能：人际关系技能、经费预算技能 能力：协调沟通能力、凝聚力、领导力、执行力	
	个性与品质	为人正直、清正廉洁、办事公正	
工作环境	工作地点：系办公室 工作时间：按照规定工作时间出勤		

在编写职位说明书的过程中，编写人员经常会受到某些主客观因素的影响而产生以下问题。

1. 为了编写而编写

在一些企业中，由于管理流程不规范或管理者本身行为不规范等，企业存在职责不清、工作任务随意性较大、出现问题互相推诿等管理问题，不少企业只关注职位说明书的结果或形式，职位说明书成为现实工作流程的“再现”。职位说明书编写工作的开展应该侧重工作分析的过程，把职位说明书的编写工作作为企业现有职位的一次大盘点或者说是一次业务流程的重组，从而明确各职位的职责与权限，规范工作流程，以实现科学管理的目的。

2. 缺乏专业训练

职位说明书的编写是人力资源管理工作的一项专门技术。不少企业由于缺乏职位说明书编写的专业技能或培训，存在描述不规范、用语不准确等现象，尤其是在职位职责的描述上，它应该是关于一项工作最终要取得的结果的陈述。因此，应准确、清晰地界定职位任职人应承担的责任，所具有的权限和工作必须达到的目标、规范权责利的关系。但不少企业的职位说明书在描述用语的选择上，笼统地使用“负责”“管理”等词语，导致职位职责的描述“千岗一面”，使职位职责描述过小或者过大。

3. 功能错位

所谓功能错位，是指职位说明书的内容与职位说明书的要求相背离，因此在内容上出现错误。比如，有些企业将职位责任制当作职位说明书，其实，企业的职位责任制并非职位说明书，虽然责任制也同样描述了职位员工所应该承担的职责，但是职位说明书还应该包括更多的内容，如任职资格、组织结构关系等。职位说明书由工作描述和工作规范两部分组成，从不同的侧面对职位信息做了全面的约束，不完整的违背职位说明书制定原则的文案，是不能称为职位说明书的。

4. 职责交叉

确切地说，职责交叉本身并非什么问题。因为为适应外部竞争环境，许多企业实行团队化的工作制度，即同一项工作任务需要来自若干不同部门的不同职位任职人员来共同完成，这就出现了职责交叉。正确地处理职责交叉有助于发挥协作效应，取长补短，提高工作效率。但在编写职位说明书的时候，如果不能够明确地界定出每个职位所应承担的职责范围，便会使任职者因为职责混杂不清而无法顺利完成工作，甚至有可能造成职位间相互推诿责任的现象。为了避免这种现象的发生，在收集信息的时候，工作人员就应该注意界定不同职位间的职责范围，在后续编制职位说明书的时候，也要予以关注。

5. 宣传不到位

职位说明书的编写应是一个由上而下的过程，涉及企业的各个层面。编写职位说明书的目的就是要使员工明确自己的工作责任、角色定位及工作所需的基本要求和期望，因此在编制过程中应得到全体员工的支持和参与。但是不少企业或各级管理者把该项工作作为“作业”来应付，并没有与员工充分交流，甚至在职位说明书形成之后，忽视了任职人的“反馈”或“确认”环节，所以作用不大；有的由于宣传不到位，员工不知道职位说明书的作用，有些员工误认为职位说明书编写就是要“定员、定编”，这对员工显然是一种威胁，由此出现员工不理解、不利用、不执行的情况，职位说明书变成可有可无的摆设。例如，在界定任职人资格时，可能会遇到一些老员工因担心自己不符合行业通行标准而感到恐慌的情况。

第五节　工作及工作分析的发展趋势

一、工作的发展趋势

1. 在团队中工作逐渐成为员工主流的工作方式

21 世纪是信息时代，同时也将是团队管理的时代。越来越多的员工开始通过参与和完成若干团队项目体现自身价值，在团队中工作将成为常态。一些团队项目具有短平快、临时性、目的性的特征。如果要针对团队中的职位来开发职位说明书既没必要也不现实，因为团队工作讲的就是协作，责任共担、利益共享，如果非要分清楚各人的工作，也只能用“角色说明书”来代替“职位说明书”。

2. 员工的工作内容越来越难以描述和显化

在信息时代，知识型、创新型员工成为企业组织价值创造的主力军，而此类员工的工作内容变得更加“隐蔽”，体力劳动的投入比例大为缩小，脑力劳动的投入比例大大增加，在脑力劳动中，创造性脑力劳动投入的比例增加，而模仿性脑力劳动的投入比例相应缩小。同时，工作与生活的边界也将变得更加模糊，企业组织越来越难以编制一份职位说明书，来描述和框定员工所从事的工作。

3. 兼职型工作将逐渐成为主要的工作形式

在《未来的工作：传统雇用时代的终结》一书中，作者描述了未来人们的工作方式：管理者需要引导工作而不仅仅是管理员工，管理者要引导工作以最优方式达成目标，这里的最优方式包括工作选择由内部员工、外包公司、人力资源平台（众包模式）、自由工作者、合作伙伴来完成；全职工作制向兼职工作转变，自由工作者将成为劳动力市场的主体，职业安全感向可雇佣能力转变；工作任务变得可分解性、扩散性和脱离性，相应的组织结构和回报方式也在发生变化[①]。

二、工作分析的发展趋势

上面这些变化使工作分析和制定职位说明书变得越来越难，任正非曾经讲到华为研究院一位年轻科学家的故事：他进入华为工作的十几年时间里，没有人知道他在做什么工作，只看到他每天都在玩电脑。然而就是这样一位年轻人，却在一项关键算法上获得了重大突破，助力华为一举成为世界领先的通信技术企业。如果要为这位科学家所在的职位编一份说明书，上面应该写什么内容呢？[②]正是基于上述变化和实际困难，工作分析也要相应地与时俱进进行转变。

1. 从基于职位的工作分析向基于胜任力的工作分析转变

随着组织结构的扁平化和无边界组织的兴起，出现了相对稳定职务的逐渐消失和工作内容的多变性增加等情况。例如，在美国亚马逊公司，即使是在同一职务上，一个人三个月后做的工作也与现在完全不一样。这表明，在亚马逊公司，强调员工更宽的任职资格条件，而不是强调具体的职务描述。正因为如此，陈民科提出基于胜任力的工作分析，将工作分析的重心从职位分析中的工作描述转向任职资格分析，淡化工作描述，强调工作规范[③]。一个具有某些胜任特质的人不仅适合某个职位甚至可以适合某一类职位，从这个角度看，开发某一类工作的胜任力素质模型不仅能够帮助组织从烦琐的具体工作描述中解脱出来，还能够实现人力资源最大程度的开发。

---

① 约翰·布德罗，瑞文·杰苏萨森，大卫·克里尔曼. 未来的工作：传统雇用时代的终结[M]. 毕崇毅，康至军，译. 北京：机械工业出版社，2016.

② 转引自牛彦峰，李娜. “撕掉”岗位说明书[J]. 企业管理，2020，（8）：55-57.

③ 陈民科. 基于胜任力的职务分析及其应用[J].人类功效学，2002，（1）：23-26.

2. 用部门职位说明书代替具体的职位说明书

部门职位说明书与职位说明书的不同在于，它只是规定了各个部门的具体职责而不必再去针对各个职位制定详细的职责范围。由于部门职责通常变化不大，即使职位进行调整也不影响整个部门的工作内容，因而用部门职位说明书来代替职位说明书可以更加灵活地应对未来组织的发展趋势。

3. 强调业务流程，细化流程说明书

随着知识经济的蓬勃发展，传统的以部门结构分明为基础的机械性组织结构正经历着深刻的变革。这种变革的核心在于，以流程为单位的分工逐渐取代了原有的部门划分，形成了一种更加灵活、高效的组织结构。在流程化的组织结构中，原本分散于企业各个部门但具有内在一体化联系的事物被有效地整合在一起。这种整合不仅限于物理上的集中，更重要的是实现了信息、资源和职责的集成。通过这种整合，企业能够形成一系列清晰、连贯的流程，如营销流程、生产流程、订单流程等。与此同时，很多企业在进行工作分析的同时也常常会对业务流程进行一次全面梳理，使工作职责更加清晰。而在进行流程梳理的过程中，可以观察到流程说明书在替代传统工作分析中的职位描述方面具有显著优势。这种替代不仅简化了文档管理，还提高了组织在面对结构调整或业务流程重组时的灵活性和效率。

关键词

工作分析；职责；任职资格；观察法；访谈法；工作日志法；问卷调查法；资料分析法；职位问卷分析法；职位说明书。

本章思考题

1. 工作分析在人力资源管理中的作用如何？
2. 工作分析中各种方法的优缺点是什么？
3. 工作分析的结果可以应用在哪些方面？

【案例分析】

某地市级通信国有企业的工作分析[①]

某地市级通信国有企业经过10多年的发展，目前存在的主要问题是：现有部门岗位设置与岗位编制不明确，导致盲目招聘、部门人浮于事、招聘的人员质量不高；岗位职责不清。员工不清晰自己的工作职责，部分岗位存在“一件事情多人负责，一件事情无人负责；一名员工承担多项工作，有的员工无具体职责”的现象。岗位价值未评估，没有清晰的岗位序列与岗位体系，以及对应的任职资格与薪酬体系，导致骨干员工不清楚职业发展路径而流失。存在劳务员工与正式员工同工不同酬、薪酬差距过大等现象。

为了解决上述问题，该公司决定对现有组织架构、岗位设置进行优化，确定该地市级通信国有企业的岗位设置及岗位编制，从而形成清晰的岗位设置图，进而提升组织的

① 参阅李晶晶. 岗位分析在某地市级通信国企运用实例[J]. 中国中小企业，2020，（6）：98-99.

效能。

一、工作分析的步骤

以该公司运行维护部为试点，基于流程分析，进行岗位分析与岗位评估，发现问题并改进，成熟后全公司推广；人力资源部负责各部门经理的岗位分析培训并提供相关岗位分析与评估的工具；各部门根据岗位分析工具由部门经理主持进行部门各岗位人员岗位分析，形成部门岗位设置图和岗位说明书；由人力资源部根据岗位分析原则进行审核，并与各部门进行沟通，确定各部门岗位设置与岗位编制，岗位分析结果提交高层审议；各部门根据岗位说明书界定各岗位所属系列，并进行岗位评估，确定各岗位的岗位职位类别表及职位规范；人力资源部根据公司整体情况与各部门沟通并对个别岗位进行调整，岗位评估结果提交高层审议；人力资源部通过薪酬体系设计，完善岗位与薪酬对接关系，形成基于职位的薪酬体系；制定薪酬管理规范及操作规范；通过全员竞聘，整合并优化公司人力资源，实现人岗匹配，岗薪相宜；在县（市）区试行的过程当中，由于县（市）区各岗位的性质与目前任职人员的素质等实际情况，操作步骤有所变动。各部门的工作内容由人力资源部承担，整个过程为人力资源部主导，各县（市）区营销单元参与的模式。

二、工作分析的效果

通过实施工作分析，确定了该地市级通信国有企业233个岗位，全员竞聘当中有38人待岗；确定了该企业岗位设置与岗位编制，形成了各岗位的岗位说明书，明确了各岗位的任职资格条件；明确了各岗位的职位类别及职业发展路径；完善了薪酬体系，提高了劳务员工与关键岗位员工的薪酬水平，激发了公司员工的工作积极性。

三、工作分析中存在的问题

1. 岗位分析培训的重要性

在试点做岗位分析的过程当中，运维部一直都非常配合，并且积极主动。这也是试点工作能够顺利结束的重要因素。前期人力资源部也处于摸索阶段，通过学习与借鉴具备了一定的岗位分析的知识与基础，但是与运维部的沟通由于并非处于同一思想界面而显得有些困难。双方通常目的一致，但形成结果却不同，沟通比较累，包括一些术语与词汇的理解均会产生偏差。

中后期通过对岗位分析工作的逐渐熟悉与运维部的不断学习，沟通与配合非常有效和顺利。

综上，在全公司范围内开展岗位分析工作，对各业务部门主管及相关人员进行岗位分析基本知识的培训与渗透非常重要。岗位分析的培训不是原先理解的工具的学习，重要性、目的和效果的学习，或者单纯的方案的理解与学习，而是比较系统的关于岗位分析的基础知识，整个过程等方面的理解与掌握。

2. 现有人员状况与岗位设置的矛盾

根据部门职责设定岗位后，岗位职责明确，任职资格清晰。通过竞聘，达到胜任标准的人员填充岗位，根据岗位说明书工作。这个属于理想状态。

实际情况是部分人员由于工作经历、能力、素质等原因尚不符合岗位要求，部分岗位职责未能有效承担。这样有可能产生其他岗位的经常补位，而导致在实际工作中岗位的工作界面和职责不清，使实际工作与岗位说明书不能有效结合。

这样会产生长期与短期的矛盾。基于企业背景，短期内可能需要对某些不足采取容忍态度，以确保工作的顺利进行；而长期则需要通过培训和指导来提升员工的能力。解决这一矛盾的关键在于部门经理和员工之间的共同认识和重视。

【案例思考】

1. 该公司为什么要进行工作分析?
2. 请根据文中的描述列出工作分析的步骤是怎么样的?

第三章

人力资源战略和规划

第一节　人力资源战略概述

一、什么是企业战略

（一）企业战略与企业战略管理的定义

“战略”一词最早可以追溯到古代的战争和军事活动。战略的原意是指军事谋略，是指挥军队的艺术。随着时代的变迁，人们逐渐将战略的思维方式应用于社会、政治和经济活动等各个方面。

1938 年，管理学家切斯特・巴纳德（Chester I. Barnard）出版了《经理人员的职能》一书。他在对影响企业经营的各种因素的分析中提出了战略因素的构想，被认为是开企业经营战略研究之先河①。

企业战略是确定企业的目标和方向，并采取一定的行动以实现这些目标。企业战略管理是将企业的主要目标、政策和行为依次整合为一个有机整体的过程。企业战略管理过程至少可以划分为定义企业的宗旨和使命、考察企业经营的外部环境、评价企业的优势和劣势、确定企业的发展战略目标和制订企业战略行动方案五个基本步骤。

（二）典型的企业战略管理理论

不同流派的战略管理理论在丰富战略管理研究体系的同时也给人们带来了一定的困惑和无所适从的感觉。1998 年，亨利・明茨伯格（Henry Mintzberg）、布鲁斯・阿尔斯特兰德（Bruce Ahlstrand）、约瑟夫・兰佩尔（Joseph Lampel）在《战略历程》一书中，将各种战略管理理论划分为 10 个学派②。文跃然在《人力资源战略与规划》一书中提出对目前学术界存在的 12 个主要企业战略管理学派：设计学派、计划学派、定位学派、企业家学派、认知学派、学习学派、权力学派、文化学派、环境学派、结构学派、核心能力学派、战略资源学派③。

---

① 切斯特・I. 巴纳德. 经理人员的职能[M]. 王永贵，译. 北京：机械工业出版社，2021.

② 亨利・明茨伯格，布鲁斯・阿尔斯特兰德，约瑟夫・兰佩尔. 战略历程[M]. 魏江，译. 北京：机械工业出版社，2012.

③ 文跃然. 人力资源战略与规划[M]. 2 版. 上海：复旦大学出版社，2017.

（三）企业战略管理的五大基本问题

根据文跃然的观点，本书认为，战略问题可以分为行业选择、产品和业务选择、竞争手段选择和内部管理方式选择四个方面。

1. 行业选择

思考行业选择最基本的方法是迈克尔·波特（Michael E. Porter）于 20 世纪 80 年代初提出的五要素分析法，或者叫作波特五力模型。该方法的基本观点是，判断一个行业竞争力的好坏，关键取决于五种竞争力量即行业竞争结构（行业竞争者与现有厂商之间的竞争）、潜在的竞争参与者、替代产品、上游、下游的相互影响。通过分析比较行业中的这五种竞争力量，能帮助企业做出准确的行业竞争力判断和行业选择（图 3-1）。

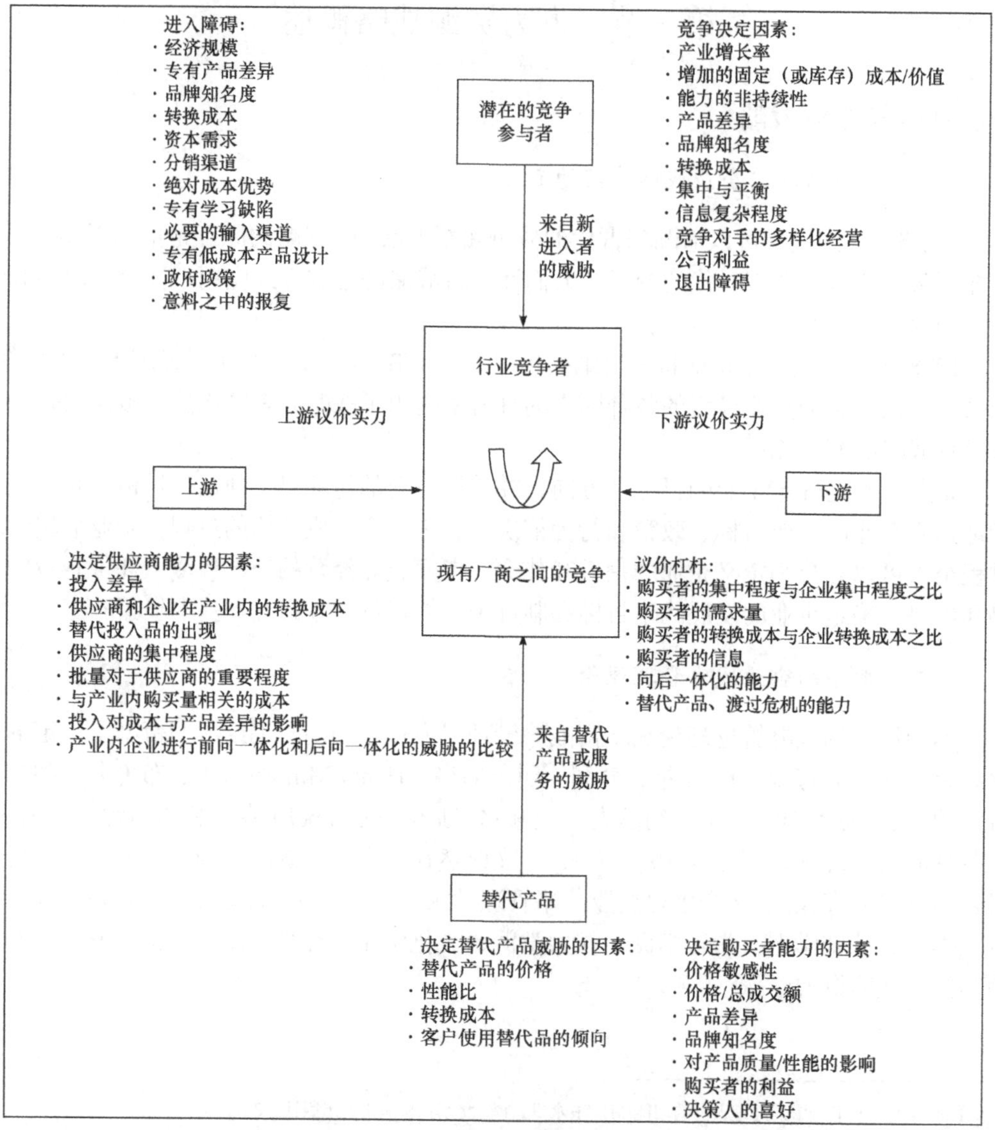

图 3-1　波特五力模型

2. 产品和业务选择

进行产品和业务选择最重要的方法是运用波士顿矩阵来进行分析。该方法是由波士顿咨询集团（Boston Consulting Group，BCG）于 20 世纪 70 年代初期开发的。

波士顿矩阵由两个维度构成四个象限，这两个维度是：产品的市场占有率和产品的市场增长率。矩阵的四个象限代表了业务（产品）被划分成的四种类型，它们分别是明星业务、问题业务、金牛业务和瘦狗业务（图 3-2）。

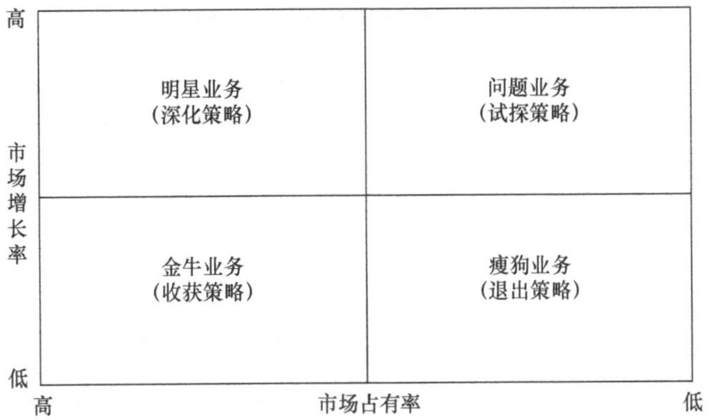

图 3-2　波士顿矩阵

明星业务处于快速增长的市场中，并且占有支配地位的市场份额，是否产生现金流取决于新工厂、设备和产品开发对投资的需要量等；问题业务多是一些投机性的产品，带有较大的风险；金牛业务的特点是能给企业提供稳定的现金流，但未来的增长前景有限；瘦狗业务是没有希望改进其绩效的产品，既不能产生大量现金，也不需要投入大量现金。

波士顿矩阵能帮助企业做出明确的有关业务（产品）选择的战略决策。企业必须对其在行业市场中的竞争地位或是在某个业务（产品）领域中的竞争地位做出明确的判断，即企业要进行竞争定位。通用电气公司提出“数一数二”战略其实就是基于定位所做出的战略决策。

3. 竞争手段选择

常用的竞争手段选择的分析方法是关键竞争要素分析，主要是分析一个行业或一个企业在某种产品或业务（服务）领域中取胜的关键因素，或称之为关键竞争要点。关键竞争要点分析的基本观点如下。

（1）每个行业都有一些独特的竞争要点。

（2）企业在确立战略时需要深入分析和确认本行业或本企业所在产品（业务/服务）领域的竞争要点。

（3）企业在确立战略时，发展出一套适合企业自身特点的关键竞争要素组合是至关重要的。在确定关键竞争要素组合后，企业需要制订具体的实施计划，包括资源配置、组织架构调整、人员培训等方面的内容。同时，企业还需要建立有效的监控机制，定期评估战略的执行情况，并根据市场变化和企业内部情况及时调整和优化关键竞争要素组合。

行业特征、企业的发展阶段，以及企业的性质和类型都会对企业采取的竞争手段产生深远影响。例如，同样是要实现扩张规模的目标，企业在初创阶段通常会采用销售扩张规模的竞争方式，而在发展的成长期或成熟期则可能会采取通过并购扩张规模的竞争方式。

4. 内部管理方式选择

有关企业内部经营管理方式的选择，通常采用的方法是价值链分析法（图 3-3）和流程分析法。本书主要介绍价值链分析法。

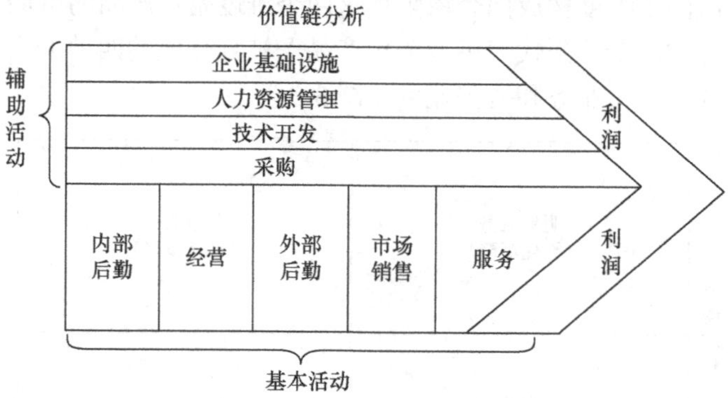

图 3-3　企业的价值链分析

价值链分析法，实际上是通过一个企业运行的所有的价值链，来分析一个企业该如何做好它的内部管理工作。价值链分析法的基本原理是，企业要做好内部管理，最基本的就是要把价值链的每一个环节都做到最好，即把生产、研发、市场、管理等价值链的所有环节都做到最优匹配，形成一个整体的竞争优势。在实际的企业管理应用中，通常是价值链分析法与流程分析法搭配使用。

二、什么是人力资源战略

（一）人力资源战略的定义

学术界和实践界对人力资源管理的理论和实践要求越来越高，如何发挥和实现人力资源管理的战略性功能受到广泛的关注。战略性人力资源管理或者人力资源战略是与传统人力资源管理有着非常大区别的管理理念、管理方法和管理系统。

人力资源作为与市场营销、财务会计、生产制造并列的子系统，对企业总体战略的实现具有重要的意义。然而在现实中，企业战略与人力资源战略之间存在很大的不一致。例如，企业在实行成本领先的整体战略时，可能会采取降低劳动力成本的措施来达到成本最小化的目标；企业为了降低成本而进行裁员时，又会与企业人力资源管理强调对员工的收入稳定、个人发展及为社会就业负责的承诺相悖。总之，在人力资源成为企业竞争力来源的今天，人力资源战略与企业战略的匹配对企业目标的实现具有关键意义。

赵曙明提出对人力资源战略可以有两种理解：一是将它理解为市场定位过程。按照这种理解，有人根据迈克尔·波特对企业战略分类的思路，将人力资源战略划分为成本领先、质量领先和差异化三种战略。二是将人力资源战略理解为一种管理过程，即企业通过人力资源管理实现战略目标的过程，这也可以称为“战略性人力资源管理”或“战略人力资源管理”①。一般而言，对人力资源战略的各种理解在实践中没有本质区别。

① 赵曙明. 人力资源战略与规划[M]. 5 版. 北京：中国人民大学出版社，2021.

文跃然提出从以下五个方面对人力资源战略进行定义，其一，从“目标+手段”的角度来看，人力资源战略是企业对其人力资源管理目标的确认和达成这些目标的手段的系统的思考过程和一整套思考方法；其二，从“问题+方案”的角度来看，人力资源战略是企业对其人力资源主要问题的确认和对这些问题解决之道的系统的思考过程和一整套思考方法；其三，从“双核”的角度来看，人力资源战略是以核心能力和核心人力资源为中心的一个思考过程和思考体系；其四，从竞争优势的角度来看，人力资源战略是指如何利用人力资源帮助企业获得竞争优势；其五，从系统匹配的角度来看，人力资源战略是围绕人力资源管理体系如何匹配企业战略所做的一整套系统的思考及帮助思考的一整套方法论[①]。

戴尔（Dyer）最早对人力资源战略的具体含义进行了界定，他认为人力资源战略是有关人力资源管理的重要决策模式，特别是那些表明主要管理目标和实现目标的途径的决策[②]。本书对人力资源战略的定义为：人力资源战略是企业根据内部和外部环境分析，确定企业整体目标后制订的人力资源管理目标，以及通过一系列人力资源管理职能活动实现企业目标和人力资源目标的过程。

（二）人力资源战略的类型[③]

1. 不同学者提出的典型分类

根据戴尔和霍德（Hoder）的研究，人力资源战略可分为三种：诱引战略、投资战略和参与战略。

根据斯特雷斯（Strace）和邓菲（Dunphy）的研究，人力资源战略可能因企业变革程度的不同而采取以下几种战略：家长式人力资源战略、发展式人力资源战略、任务式人力资源战略和转型式人力资源战略。

舒勒（Schuler）将人力资源战略分成三种类型：累积型战略、效用型战略和协助型战略。

2. 关注点不同的人力资源战略分类

根据关注的重点不同，人力资源战略可以归为四大类：利用战略、聚集战略、促进战略和投资战略，具体见表 3-1。

表 3-1 关注点不同的人力资源战略

人力资源战略	重点关注
利用战略	怎样利用好每一个人，更多的是从挖掘现有人才的角度去思考问题
聚集战略	通过现有人员进行人才的积累
促进战略	企业对个人投资，促进其成长
投资战略	企业在员工身上进行大量投入，同时对员工的期望和要求也非常高，即相互投资

资料来源：孙健敏. MBA 全景教程之三：人力资源管理[EB/OL]. https://v.qq.com/x/page/h08640uz6dk.html[2019-04-26]

① 文跃然. 人力资源战略与规划[M]. 2 版. 上海：复旦大学出版社，2017.

② Dyer J H, Singh H. The relational view: Cooperative strategy and sources of interorganizational competitive advantage[J]. Academy of Management Review, 1998, 23(4): 660-679.

③ 转引自赵曙明. 人力资源战略与规划[M]. 5 版. 北京：中国人民大学出版社，2021.

3. 实施条件不同的人力资源战略分类

根据人力资源战略的特点和实施条件，人力资源战略大致可以分为三种模式：劳动契约型、资源开发型（也叫资历主义）和权变型，三种模式的比较如表 3-2 所示。

表 3-2　实施条件不同的人力资源战略

名称	定义	特点	实施条件
劳动契约型	整个人力资源管理体系建立在以雇佣关系为基础的契约之上，企业与员工之间完全是一种合同关系，或者说是一种契约关系，一切制度都以这个契约为前提	特别强调个人能力，不管过去和未来，只管签约合作的这一段时间，因此晋升得特别快	整个社会的劳动雇佣体系是自由的
资源开发型（也叫资历主义）	通过个人能力的积累达到提高整体实力的目标	稳步晋升，终身雇佣制	劳动力市场非常发达；雇主有充分的选择余地；劳动力供大于求
权变型	把能力和资历结合起来	以上两种类型的结合	文化必须是个人主义的，因为合同是针对个人签订的

资料来源：孙健敏. MBA 全景教程之三：人力资源管理[EB/OL]. https://v.qq.com/x/page/h08640uz6dk.html[2019-04-26]

4. 处于企业生命周期不同阶段的人力资源战略分类

企业是一个生命有机体，有其诞生、成长、壮大、衰退直到死亡的过程，在生命周期的不同阶段，企业的生产经营和人才使用有着不同的特点。企业生命周期通常被划分为创业期、成长期、成熟期和衰退期。各个阶段企业的主要矛盾和特点不同，人力资源战略也不同。

1）创业期的人力资源战略

这一时期人力资源战略的核心是充分发挥创始人的人格魅力、创造力和影响力，注意利用“外脑”，向他人学习，向外单位学习；在工作中发现一批技术型和管理型人才，为以后企业朝规范化、制度化方向发展打下坚实的基础；促进人才组织化，帮助员工设计自己的职业生涯。

2）成长期的人力资源战略

这一时期人力资源战略的核心是完善组织结构，加强组织建设和人才培养，大量吸纳高级人才，让员工从事具有挑战性的工作，丰富工作的内容，承担更多的责任；根据市场法则确定员工与企业双方的权利、义务和利益关系；企业与员工建立共同愿景，在共同愿景的基础上达成一致的价值观；员工对企业的心理期望与企业对员工的心理期望达成默契，在员工与企业间建立信任与承诺关系，实现员工的自我发展和管理。

3）成熟期的人力资源战略

这一时期人力资源战略的核心是激发企业的灵活性，具体措施是：通过建立学习型组织和提供愿景规划激发员工的使命感；通过建立人力资源储备库和采取人才垄断战略，确保企业有稳定的人才队伍；通过职位设计分析和针对性培训，提升员工的专业能力和工作效率；通过多样化的激励手段和制订关键人力资源“长名单”（即企业在关键职位上制订的两三个层级的后备接替人员名单），吸引和保留优秀人才，为企业的持续发展提供有力支持。

4）衰退期的人力资源战略

这一时期的企业有两种前途：要么衰亡，要么蜕变。此时人力资源战略的核心是人才转型，对员工后期发展给予指导，在新的领域进行人才招聘和培训，实现企业的二次创业。

企业在生命周期的不同阶段，其人力资源战略的重心和所采取的措施会有所不同。企业必须根据自身的条件和市场环境，不断调整和优化人力资源战略，才有可能实现可持续发展。

（三）人力资源战略的特点

本书采用适应性和柔性描述人力资源战略的特点。赵曙明提出人力资源战略管理的双重特色——适应性和柔性，它们既适合人力资源系统以满足企业发展战略的需要，又要建立人力资源系统以确保灵活地应对各种战略需求[①]。

人力资源战略管理的根本作用在于推动组织去适应竞争性环境。在稳定且可预测的环境中，官僚体制可以有效地帮助组织达成目标，人力资源的技能开发只在很小的范围内，人力资源系统也只产生小范围的员工行为。在动态且不可预测的环境里，组织需要采取有机的人力资源系统，推动人力资源开发广泛的技能，能在相当广泛的范围内从事工作。在可以实行稳定预测的环境下，一旦获得适应性，柔性就变得相对次要，因为环境在很长一段时间内不会改变。在目前的大环境中，我们面临的是不断变化的、竞争性的环境，组织只有成为柔性的组织才能获得适应性。人力资源战略管理就是制定推动组织朝柔性化方向发展从而达到动态适应的一系列政策和措施。毫无疑问，人力资源战略管理将同时促进组织的适应性和柔性发展。

在企业中存在不同的人力资源管理措施，有的支持组织适应性，有的推动组织柔性发展，有的兼而有之。例如，追求客户服务档次提高的企业可以开发甄选程序，用角色扮演或面谈来充分观察和评价候选人在提供客户服务方面的个人能力。培训也可以提高员工的客户服务技能。此外，企业还可以建立评估和激励系统，对客户服务行为进行评价和奖励。

很多人力资源管理措施重在开发员工技能和规范行为，这同样也可以提高组织柔性。甄选程序的创新有助于企业识别那些具有学习能力并能很快适应新环境的候选人，这无疑也会形成组织的竞争优势。工作轮换、临时性委派都会使员工获得更多的经验，拓展个人技能。类似地，评价及报酬系统具有激励有能力的员工参与到决策过程中来，并对突发性的环境因素采取有效的行动的潜力。

---

① 赵曙明. 人力资源战略与规划[M]. 5 版. 北京：中国人民大学出版社，2021.

三、人力资源战略的构建

（一）由内而外的人力资源战略模式

当前，我国大部分的人力资源管理属于此模式，该模式一般是基于微观视角，即制定人力资源战略时从企业内部出发，如从招聘和甄选、培训和职业生涯设计、绩效考核等职能角度，根据其人力资源现状，确认自己关注的外部目标，设计制定相应的人力资源战略模式。在该模式下，人力资源战略的制定是从内部出发，不同的企业所关注的外部目标层次是不同的，不同的层次对应不同的人力资源战略模式。

1. 关注企业绩效的人力资源战略

该模式以提高整个企业的财务绩效或非财务绩效为目标，强调员工对组织的贡献，主要通过控制目标和管理手段来提高员工的工作绩效，员工的考核和奖励多以工作绩效为标准，目标管理和绩效反馈是企业常用的管理方式。该模式的评价方式主要有传统财务指标、股东价值最大化和平衡计分卡（balanced score card，BSC）三种，其中BSC为基础的评价方式，关注财务、客户、流程、学习与成长四个方面，实现了企业战略与人力资源管理的有机结合。

2. 关注人力资源的人力资源战略

该模式关注企业的人力资源，从资源视角出发，将员工看作企业的一种资源，把员工和人力资源管理看作组织战略实施、组织竞争优势的基础和组织适应性的来源，侧重人力资源管理实践对组织战略的影响，通过人力资源开发和管理来提高员工绩效，建立企业竞争优势。该模式常常通过人力资源管理系统来调动人力资源储备，激发员工积极主动的行为，把人力资源视为最宝贵的资源，对其进行有效和有针对性的开发和规划，使之成为企业获得核心竞争力的重要推动力，从而实现企业目标，最终获得持续竞争优势。

3. 关注人力资源职能的人力资源战略

该模式关注人力资源职能问题，通过对当前人力资源状况的分析，得到人力资源应该达到的期望绩效。该模式侧重对人力资源价值的计量和管理，企业将人力资源视为成本，对其进行投资收益分析，期望得到回报。该模式下的人力资源实践常以财务计量和管理为主，员工激励制度的设计多以人力资源投入和回报为基础，如管理层持股、员工持股计划。

由内而外的人力资源战略构建，是指从企业内部关注点出发，制定人力资源战略，在其三种不同的子模式中，关注企业绩效的人力资源战略模式既考虑了企业宏观层面的问题，又把企业微观视角的员工纳入其人力资源管理体系，是最具代表性的由内而外的战略制定模式。因此，本书主要选取关注企业绩效的人力资源战略模式来举例说明由内而外的人力资源战略模式的构建过程。

1）分析企业人力资源状况

现有组织人员是企业发展的基础，因此在制定人力资源战略时必须对现有的人员状况有充分的认识和全面的了解。通过建立企业人才库，了解企业员工的数量、素质、从业经验、分布状况、目前的利用状况等信息，也可以通过定期的绩效考评和问卷调查，了解员工的工作状况、能力提升状况及个人工作目标等情况。同时跟进企业当前状况和未来规划，预测企业的人力资源需求，找出企业的人力资源差距，并制定相应的实践对策。充分了解现有人员状况和企业的人力资源需求是制定人力资源战略的基础。

2）分析企业的战略和绩效目标

根据企业的行业环境、组织规模、企业文化、发展阶段分析企业的战略目标，并将企业的战略和绩效目标划分为财务、顾客、流程、学习成长四个方面的目标。

3）将企业的整体目标分解到人力资源战略

根据企业的战略，选择相应的人力资源战略，利用目标分解法或关键指标分解法把企业目标分解到人力资源战略目标上，确定员工绩效总指标、员工态度和行为目标、企业文化指标等。

4）将人力资源战略分解落实到具体的人力资源职能和员工行为上

利用目标分解法或关键指标分解法把企业的人力资源战略目标分解到具体员工和部门，建立以员工和团队为基础的横向指标体系，其中部门和团队绩效是由合作程度和效果决定的，主要考查团队协作、团队学习、团队绩效；而员工个人绩效主要考查员工达成目标的方面能否达到企业所要求的职业行为标准，员工个人成长是否与企业的学习成长目标一致。

（二）由外而内的人力资源战略模式

由外而内的人力资源战略模式主要关注企业战略，人力资源战略的制定模式是战略驱动型的。这种模式将企业的宏观战略和环境问题与企业微观的人力资源相结合，力求人力资源战略与企业战略需求相匹配。在人力资源战略制定过程中，首先对企业所处的环境和优劣势进行深入了解；其次确定面临的问题和企业战略需求，在此基础上设计相应的人力资源实践支持企业战略的实施和企业运营。战略性人力资源管理是该模式常用的管理方式，即将传统的人力资源职能放在战略位置，从企业整体出发，确定企业的主要需求和问题，据此组织制定人力资源制度，建立满足战略需求的人力资源系统，这种系统建立的人力资源理念、政策、目标和实践行动相互协调，并与企业战略匹配，能够带来较高的企业绩效。

由外而内的人力资源战略构建是企业战略驱动型的构建方法，一般来说，它与其他战略构建过程的基本步骤类似，具体如下。

1. 企业的环境问题

企业所处的环境是影响企业生存和发展至关重要的因素，只有充分了解其环境，企业才能更好地“嵌入”进去。环境问题分析主要包括宏观环境和企业内部环境两个部分。人力资源战略的宏观环境分析，主要涉及人力资源管理的相关经济、法律、技术、政治、人口统计等方面的环境。例如目前我国的经济环境，作为世界上最大的新兴经济体，经济发展势头好，发展快；我国的法律环境，人力资源相关的法律法规在制定和执行方面还需加强，但是随着我国总体实力的增强，相关法律法规也在以前所未有的速度完善。企业的内部环境分析主要包括组织战略、组织发展阶段、组织结构和组织文化等。总体而言，分析扫描企业环境的目的是识别影响企业和人力资源发展趋势的潜在因素，如我国的技术环境，当前正在逐步由模仿、跟随发达国家，转向自主研发、自主创新，这对企业的人力资源战略提出了新挑战，要求其人才获取由外部获得向内部培养的模式转变，针对技术型、知识型人才开发专门的人力资源战略模式；再如我国独特的文化环境和人口环境，对我国企业设计人力资源战略提出了独特要求，如独特的中国文化，要求人力资源战略需要以“中国式的标准”为原则。

2. 确定企业需要解决的战略问题

根据企业的环境分析结果，识别企业面对的各种可能情境，确定每种情境下企业应该解决的战略问题。这种问题要综合考虑企业所处的行业、发展阶段、企业规模及组织结构等。在制定人力资源战略时，企业需要综合考虑企业的成长问题、顾客导向问题、文化变革问题、全球化和多样化问题及技术革新和产品创新问题等，这些问题共同构成了企业人力资源战略的驱动因素。

3. 分析对企业有重要影响的人力资源问题

人力资源问题主要是指企业内与员工相关的问题，如人才招聘与选拔，核心人员的培训、发展和保留，员工总体特征变化，以及员工态度和价值观，等等。在确定企业人力资源面对的重要问题时，要特别注意环境变化和企业战略调整及相关问题。例如，企业的行业竞争者之间的竞争逐渐聚焦到人才的竞争上，同行业企业之间的人才跳槽现象为企业培训、职业生涯管理提出了新挑战，在制定人力资源战略时，竞争者的人力资源战略是需要考虑的重要因素。诸如此类的人力资源问题的提出，为企业解决问题提供了方案，也为进一步制定人力资源政策、构建人力资源战略提供了依据。

4. 构建人力资源战略

根据上述环境问题、战略问题和人力资源问题的分析结果，选择与企业相匹配的人力资源战略模式和目标，编制相应的人力资源战略计划，并制定与人力资源计划紧密相关的评价标准。首先，人力资源战略模式的选择必须与企业总体战略、职能竞争战略发展阶段等相匹配。例如，如果实施的是收缩型战略，企业的人力资源战略重点需要考虑员工的解雇问题，以及现有员工的情绪稳定问题；如果实施的是低成本战略，则在选择人力资源战略的时候尽量考虑低成本的战略与之相适应。其次，人力资源战略目标的设定必须从企业的总体发展战略和人力资本储备状况出发，把与战略目标相匹配的人力资源需求计划和优化配置作为目标实现形式，将人力资源战略展望和前进方向转化为具体的各项职能活动目标。最后，人力资源战略计划要包括目标、行动计划和预算三个部分，并且要制定相应的评价标准。

5. 在企业内传达、沟通并实施人力资源战略

企业人力资源战略要取得成功，不仅取决于能否构建一个与企业相匹配的人力资源战略，更取决于其在组织内能否成功实施。人力资源部门在制定人力资源战略后，应该及时向企业高层汇报，并由企业高层管理人员向公司的其他部门传达、沟通人力资源计划，并协助计划在整个企业内顺利实施和评价。

总之，由内而外的人力资源战略模式，主要是从企业的微观视角出发（企业员工），将企业的人力资源管理职能与企业中的人/人力资源相匹配。其中，关注企业绩效的模式，阐述了人力资源职能、企业中人和企业宏观绩效问题之间的联系；关注人力资源的模式，将人力资源活动与人力资源问题和人力资源绩效相匹配，并不直接与诸如企业绩效类的宏观问题挂钩；关注人力资源职能的模式，从企业当前的人力资源职能状况出发，分析得到期望人力资源绩效，也没有直接与企业宏观问题挂钩。由外而内的人力资源战略模式是从宏观的企业环境和企业整体战略出发，将人力资源职能与微观的企业中的人相联系，是“企业战略驱动型”的人力资源战略。

第二节　人力资源规划概述

一、什么是人力资源规划

（一）人力资源规划的定义

很多学者都对人力资源规划的概念做出过自己的阐述，他们都有自己的原则、趋向和研究框架。但是，不管形式上如何多样化，这些概念基本上可以划分为两大流派，即战略导向流派和操作导向流派①。

1. 战略导向流派

斯坦纳提出，人力资源规划的目标是通过维持和提高组织的能力，以及增强员工对组织目标的贡献，最终实现组织的目标。

林奇提出，人力资源规划的两个目的：一是保证对现有员工的最佳应用；二是在技能、人数、年龄等各个方面为公司未来发展提供人员保障。他主要关注的是采用正确的战略，在正确的能力和技术层级上，获得正确的员工数量，达到正确的目标，最终实现公司目标。

麦克贝思强调人力资源规划的重点是建立在“控制”这个基础上的，充当的是“警察”的角色，检查公司的员工数目、结构等方面是否最为合适。

近代以来，关于人力资源规划的观点发生了变化，其中最为显著的是将政策、制度与日常的决策体系结合起来，并强调各个方面如培训、开发、招聘等的互动。布拉默姆总结了这种观点，并指出人力资源规划实际上关注的是如何使人力资源的使用更加有效，并且要关注现在的决策对未来的影响。

2. 操作导向流派

操作导向流派倾向于把人力资源规划看作一个持续的过程。

沃克提出，人力资源规划是在变化的环境下分析组织的人力资源需求，并且开展相应的工作以满足这样的需求的一个过程。

维特尔、布拉克和马西斯提出，人力资源规划是一个过程，目的是帮助管理者决定怎样使组织从现有的人力资源状况转变成它需要的人力资源状况。

本尼森、卡森强调人力资源规划是一个过程而不是一个结果，人力资源地图能够让规划者和他们的管理团队综合考虑不同的问题和持续变化的外部环境。

史密斯认为，人力资源规划是一个动态的过程，其关键在于不断更新信息框架以支

---

① 转引自文跃然. 人力资源战略与规划[M]. 2 版. 上海：复旦大学出版社，2017.

撑组织决策。通过这个过程，企业可以更好地预测和适应外部环境的变化，降低员工短缺或盈余带来的风险，从而实现企业的长期发展目标。因此，企业应该高度重视人力资源规划工作，将其视为企业运营中的重要组成部分。他还指出，人力资源规划这个过程包括三个主要的步骤，即需求预测、供给预测、设计供给和需求之间的互动关系，使组织能力得到最佳利用。

总的来说，操作导向流派强调创造最合适的信息框架，这个框架能够帮助组织做出如何利用资源，尤其是人力资源，来达到组织目标的最佳决策。这个框架中的信息是评估未来组织实现目标的各种可能性路径的重要管理工具。

国内学者对人力资源规划的定义总结下来主要有以下五个方面[①]。

第一，人力资源规划就是要在组织和员工的目标达到最大一致的情况下，使人力资源的供给和需求达到最佳的平衡。

第二，人力资源规划是组织科学地预测、分析自己在环境变化中的人力资源的供给和需求状况，制定必要的政策和措施，以确保自身在需要的时间和需要的岗位上获得各种所需的人才（包括数量与质量两个方面），并使组织和个体获得长期利益的各种活动的总和。

第三，人力资源计划是指根据企业的发展规划，通过企业未来人力资源的需要和供给状况的分析及估计，对职务编制、人员配置、教育培训、人力资源管理政策、招聘和选择等内容进行的人力资源部门的职能性计划。

第四，人力资源规划作为一种战略规划，着眼于为未来的企业生产经营活动预先准备人力。通过持续和系统的分析，企业可以准确预测未来的人力资源需求，并开发出与企业组织长期效益相适应的人事政策。

第五，人力资源规划是指为了实施企业的发展战略，完成企业的生产经营目标，根据企业内部环境和条件的变化，运用科学的方法对企业人力资源需求和供给进行预测，制定相应的政策和措施，从而使企业人力资源供给和需求达到平衡。

从以上各种定义与概念，我们可以发现人力资源规划的含义是在不断变化和发展的，一般来说，人力资源规划可以分为狭义的人力资源规划与广义的人力资源规划。狭义的人力资源规划是指对可能的人员需求、供给情况做出预测，并据此储备或减少相应的人力资源。它以追求人力资源的平衡为根本目的，主要关注的是人力资源供求之间的数量、质量和结构的匹配。广义的人力资源规划是指根据组织的发展战略、目标及组织内外环境的变化，预测未来的组织任务和环境对组织的要求，以及为完成这些任务，满足这些要求而提供人力资源的过程。它既包括人力资源数量、质量与结构的系统规划与安排，也包括实现人力资源战略目标的策略与相应职能的系统安排。它的作用可等同于人力资源管理战略，是企业竞争战略的有机组成部分。人力资源规划是一种活动，它从战略的角度出发去探索和掌握人力资源系统的发展运动规律，并运用这些规律去规定和控制未来时期人力资源系统的运动状态。

① 赵永乐. 人力资源规划[M]. 3 版. 北京：电子工业出版社，2018；彭剑峰. 人力资源管理概论[M]. 上海：复旦大学出版社，2003；赵永乐. 人力资源规划[M]. 3 版. 北京：电子工业出版社，2018.

（二）人力资源规划的类型[①]

企业人力资源规划的种类繁多，根据不同标准可划分出人力资源规划的不同种类。大致可以从规划的时间、规划所涉及的范围和规划的性质上来划分。

从规划的时间上，人力资源规划可分为三种：短期规划一般为 6 个月至 1 年；长期规划为 3 年以上；中期规划介于二者之间。企业人力资源规划的期限长短，主要取决于企业环境的确定性、稳定性，以及人力资源素质高低的要求。如果经营环境不确定、不稳定，企业对人力资源的素质要求不高，可以随时从劳动力市场补充所需劳动力，那么企业就可以制订短期人力资源规划；反之，企业就必须制订较长期限的人力资源规划。

从规划所涉及的范围上，企业的人力资源规划可分为企业总体人力资源规划、部门人力资源规划、专项任务或工作的人力资源规划。企业总体人力资源规划是有关计划期内人力资源开发利用的总目标、总政策、实施步骤及总体预算的安排，它与企业的战略直接相关，是实现企业战略目标的人力资源保证；部门人力资源规划是总体人力资源规划目标的细分规划，是总体人力资源规划在各个部门的分解，是有关部门的人力资源开发利用的目标、政策、实施步骤及部门预算的安排；专项任务或工作的人力资源规划主要包括人员补充计划、人员使用计划、人才接替计划及提升计划、教育培训计划、薪资计划、劳动关系计划等，是总体规划的展开和具体化。

从规划的性质上，可分为战略性人力资源规划和战术性人力资源规划。战略性人力资源规划具有全局性和长远性，是人力资源战略的表现形式；战术性人力资源规划指具体的、短期的，具有针对性的业务计划。

（三）人力资源规划的特点[②]

1. 动态性

人力资源规划的本质在于对企业人员的需求及供给进行动态的预测和决策。它以组织的战略目标为基础，如果组织的战略目标发生改变，那么人力资源规划也要随之变化，表现出动态性。对于企业来说，也就是意味着人力资源规划要能够预测企业长期的人力资源需求和内外部的供给，确保企业在规划期内在重要的岗位上获得所需的合适人员，实现企业的发展战略，同时满足员工个人发展的需求。面对日新月异的信息技术革命、复杂多变的市场需求，企业必须适时调整经营理念和管理措施，改变对于人力资源规划的一些旧观念，不能再把人力资源规划理解为简单的、静态的信息收集和相关的人力资源政策的设定工作，而应该把人力资源规划看作一个动态的过程经常加以关注。

2. 系统性

作为一种战略规划，人力资源规划所考察的对象是企业中最重要的资源，涉及企业经营的方方面面，是一个紧密联系的复杂系统，具有系统性的特点。为了企业能良性运转，必须使企业以人力资源为中心的各项工作处于相互协调的状态中，同时人力资源规

---

① 赵曙明. 人力资源战略与规划[M]. 5 版. 北京：中国人民大学出版社，2021.

② 赵永乐. 人力资源规划[M]. 3 版. 北京：电子工业出版社，2018.

划必须与企业的经营战略保持一致，一方面要为企业的整体战略服务；另一方面要与企业各个层次的经营计划相互协调、保持平衡。所以，系统性是人力资源规划的重要特点。从系统论角度看，系统性的特点要求人力资源部门要能够统筹全局，综合分析，提出科学的规划思路，要考虑全方位、整体性，从各个层面、各个维度考察在企业全面管理中的人力资源管理，立足于全局，着眼于长远发展，摆脱各种落后观念的束缚，制订出驾驭整体和指导全局的系统性人力资源规划。

3. 超前性

规划的性质本身就决定了它的超前性，人力资源规划也是这样一种超前性规划。它为企业将来的人力资源管理活动指明了方向，提供了指导。企业如果希望取得人力资源管理上的成功，则需要通过人力资源规划来帮助确定其人力资源管理政策、系统和实践。作为超前性规划，人力资源规划需要把握未来，预见趋势，未雨绸缪，超前决策，在外部变化到来之前，预计可能出现的各种情况并做出权变的对策。为了实现超前性规划，人力资源规划者必须依靠团队智慧对未来发展趋势和规律进行科学把握，而不能仅凭个人经验和直觉。尤其对中长期人力资源规划来说，涉及时间较长，不确定因素很多，而中长期人力资源规划的作用和影响也比短期人力资源规划的作用和影响深远。这就需要人力资源管理者加强超前性战略思考和做好可行性论证，对可能出现的问题、后果和对策进行充分估计。

4. 独特性

不同企业应该根据自身的独特性、行业特点、发展阶段以及战略目标来制订符合自身发展需求的人力资源规划。独特性的人力资源规划要满足各自企业不同发展战略而产生的独特需要，尤其满足企业内不同层次、不同个性员工的需要，要满足员工独特的物质利益和精神需要。面对激烈的市场竞争，每个企业都必须打造符合自身独特优势的人力资源规划和人力资源管理策略，以应对各种挑战，实现既定的战略目标，并在激烈的市场竞争中巩固其人力资源基础。

（四）人力资源规划的作用①

1. 确保企业对人力资源的需求

组织的生存和发展与人力资源的结构紧密相关。在静态的组织条件下，人力资源的规划并非必要。因为静态的组织意味着它的生产经营领域不变、所采用的技术不变、组织的规模不变，也就意味着人力资源的数量、质量和结构均不发生变化。显然，这是不可能的。对于一个动态的组织来说，人力资源的需求和供给的平衡就不可能自动实现，因此要分析供求的差异，并采取适当的手段调整差异。由此可见，预测供求差异并调整差异是人力资源规划的基本职能。

2. 实现人力资源管理职能的保证

人力资源规划是人力资源管理各项职能实现的信息基础，可以使企业及时预见未来人力资源的潜在问题，为各种人力资源活动提供准确的信息和依据，从而保证人力资源

---

① 赵曙明. 人力资源战略与规划[M]. 5版. 北京：中国人民大学出版社，2021；赵永乐. 人力资源规划[M]. 3版. 北京：电子工业出版社，2018.

管理职能在未来变幻莫测的环境中也能有效地运行。例如，对于人力资源的招聘选拔来说，人力资源规划规定了招聘和挑选人力资源的目的、方法和原则；对于人力资源的使用来说，人力资源规划可以改善人力资源分布不均衡状况，控制企业现有结构人员匹配中知识、技能、个性、年龄、性别等方面的种种不合理配置，促进人力资源的合理使用，降低用人成本。可以说，人力资源规划的成败直接关系着人力资源管理工作整体的成败。一个缺乏科学细致的人力资源规划的企业，可能会在人力资源政策上遇到较为严重的问题，导致人力资源管理职能无法充分发挥其作用。

3. 企业管理的重要依据

在大型和复杂结构的组织中，人力资源规划的作用是特别明显的。因为无论是确定人员的需求量、供给量，还是职务、人员及任务的调整，不通过一定的计划显然都是难以实现的。例如，什么时候需要补充人员、补充哪些层次的人员、如何避免各部门人员提升机会的不均等的情况、如何组织多种需求的培训等。这些管理工作在没有人力资源规划的情况下，避免不了出现"头痛医头、脚痛医脚"的混乱状况。因此，人力资源规划是组织管理的重要依据，它会为组织的录用、晋升、培训、人员调整，以及人工成本的控制等活动，提供准确的信息和依据。

4. 有助于控制人工成本

人力资源规划对预测中长期的人工成本有重要的作用。人工成本中最大的支出是工资，而工资总额在很大程度上取决于组织中的人员分布状况。人员分布状况指的是组织中的人员在不同职务、不同级别上的数量状况。当一个组织年轻的时候，处于低职务的人多，人工成本相对较低，随着时间的推移，人员的职务等级水平上升，工资的成本便有所增加。如果再考虑物价上升的因素，人工成本就可能超过企业所能承担的能力。在没有人力资源规划的情况下，未来的人工成本是未知的，难免会出现成本上升、效益下降的趋势，因此，在预测未来企业发展的条件下，有计划地逐步调整人员的分布状况，把人工成本控制在合理的支付范围内，展望是十分重要的。

5. 为人事决策提供参考依据

人力资源规划的信息往往是人事决策的基础，如采取什么样的晋升政策、制定什么样的报酬分配政策等。人事政策对管理的影响是非常大的，而且持续的时间长，调整起来也困难。为了避免人事决策的失误，准确的信息是至关重要的。例如，一个企业在未来某一时间缺乏某类有经验的员工，而这种经验的培养又不可能在短时间内实现，那么如何处理这一问题呢？如果从外部招聘，有可能找不到合适的人员，或者成本高，而且也不可能在短时间内适应工作。如果自己培养，就需要提前进行培训，同时还要考虑培训过程中人员的流失风险。显然，在没有确切信息的情况下，决策往往难以做到客观和全面，甚至可能忽略一些关键的问题和挑战。

6. 有助于调动员工的积极性

人力资源规划对调动员工的积极性也很重要。因为只有在人力资源规划的条件下，员工才可以看到自己的发展前景，从而去积极地争取。人力资源规划有助于引导员工职业生涯设计和职业生涯发展。

（五）人力资源规划的原则

1. 战略性原则

人力资源规划是企业在一定时期内指导和规范人力资源管理工作的纲领性文件。因此，人力资源规划的制定必须始终贯彻企业战略的思想，从战略高度思考和谋划人力资源队伍发展及人力资源管理工作的全局。

2. 系统性原则

系统性原则要求把人力资源规划工作视为一项系统工程，以企业整体目标的优化为目的，同时厘清各子系统之间具有的内在联系，协调整个人力资源规划方案中各个组成部分的相互关系，以保证后续人力资源管理各项工作能够顺利进行。

3. 服务性原则

人力资源规划本身就是人力资源战略的具体文本化，而人力资源战略又是企业总体发展战略的一部分。

4. 人本性原则

员工是人事管理对象中唯一一个具有能动性的资源要素，他们是企业生存和发展的决定性因素。对人管理的成败关乎企业的命运。人本性原则就是要求在人力资源规划的制订和实施过程中，坚持以人为本的理念，在注重企业目标实现的同时，关注员工的全面发展。

5. 动态性原则

面对不断变化的企业内外环境，必须果断放弃陈腐的静态规划观念，将人力资源规划看作一个动态的过程，加以动态性管理。

（六）人力资源规划的程序

人力资源战略与规划是一项系统工程，在制订人力资源战略与规划时，企业可以分为如下几个步骤。

1. 环境分析

人力资源战略与规划的第一步就是要对企业所处的环境进行分析，并做出评价。企业在进行环境分析的时候，必须仔细考察企业的内部环境和外部环境，以获取可能对企业未来人力资源管理产生影响的信息。

内部环境包括企业的研究与开发、制造、市场营销、人力资源和其他对企业的绩效产生影响的方面。企业内部的资源包括资金、技术、人力资源等，这些是企业在进行内部环境分析的时候必须要考虑的问题。此外，组织结构、文化、员工等也是企业内部环境的关键组成部分。

企业的外部环境主要包括外部宏观环境和对企业产生影响的竞争者、供应商、顾客等市场主体。企业在对外部环境进行分析时，首先要全面了解如人口结构、法律、政策、社会和技术变化趋势等宏观环境，其次还要注意对竞争环境进行分析。企业需要通过对竞争环境的分析，鉴别竞争对手的行动对自身的威胁和影响。例如，当竞争对手的新产品推出速度加快时，企业需要加大新产品的研发和销售力度并鼓励员工的创新精神等。

2. 制定人力资源战略

人力资源管理系统包括人力资源规划、配置与开发、评估与奖励、员工关系等子系统。人力资源战略本身也正是通过这些子系统体现出来的。人力资源作为企业竞争优势的来源在企业中占有重要的地位。人力资源战略作为企业战略的一个子系统，对企业战略的实现起着至关重要的作用。企业有不同的人力资源战略选择，如技能战略、产业战略、工资战略等。每种战略有不同的适用范围，企业可以根据自身的情况选择不同的人力资源战略。

3. 进行人力资源供给和需求预测

确定了人力资源战略以后，企业便可以根据人力资源战略进行相应的人力资源规划。要进行人力资源规划，企业首先要对现有的人力资源状况进行清楚的分析；其次，根据自身的发展战略，对未来的人力资源需求做出正确的预测，找到未来理想的人力资源状况与现在的差距；最后，根据劳动力市场的现状对未来的人力资源供给做出正确的预测，确定未来的劳动力市场能否给企业发展提供合适质量和数量的人力资源。

4. 制订人力资源规划方案

当目前的人力资源状况和未来理想的人力资源状况存在差距时，企业需要制订一系列有效的人力资源战略与规划方案。在员工过剩的情况下，企业可能需要制订一系列的人员裁减计划；在员工短缺的情况下，则可能需要在外部进行招聘，而如果外部劳动力市场不能保证有效供给，企业则需要考虑在内部通过调动补缺、培训、工作轮换和晋升等方式增加劳动力供给。一个完整的人力资源规划方案通常包括人员补充规划、分配规划、晋升规划、教育培训规划、工资规划、保险福利规划、劳动关系规划和退休规划。

5. 人力资源规划的实施

在人力资源规划实施的过程中，要加强监督、检查和控制，在外部环境和内部条件没有明显变化的情况下，要保证人力资源规划得到有效实施，发现不严格执行规划等问题要及时加以纠正。人力资源规划实施后，还要对结果进行汇总和评价，积累经验，以指导未来的人力资源规划工作。在评价人力资源规划时，需要将执行结果与规划内容进行比较，找出两者的差距，并分析产生差距的原因，如是规划本身的问题还是执行中的问题，并针对问题采取有效解决措施，以使下一轮的人力资源规划工作水平得到提升。

6. 人力资源战略与规划的评价和控制

人类预测理性具有有限性，在具体实施人力资源战略与规划的过程中，内外部环境的混沌变化可能导致最初制订的人力资源规划不能真正有效地达到企业预期追求的目标和要求。因此，必须建立一套科学的评价和控制体系，利用评价结果对最初的人力资源规划进行主动调整，以适应变化的内外部环境，修正企业在人力资源规划实施中的偏差，最终保证人力资源规划的持续滚动发展。因此，对人力资源规划进行系统化的评价和控制就成为一项对企业利害攸关的重要工作。

开展人力资源战略与规划的评价和控制工作的基本目的是保证企业最初所制订的人力资源规划及其具体实施过程动态实时地相互适应。对人力资源战略与规划的评价和控制的基本内容包括选择人力资源规划关键环节中的关键监控与评估点、确立和控制基准和原则、监测评估关键控制点的实际变化及变化趋势、选择实施适度的控制力和正确的控制方法、调整偏差。人力资源战略与规划的评价和控制工具一般包括人力资源管理信息系统、预算法和定量分析等。

（七）人力资源规划的方法①

1. 经理判断法

经理判断法是最常用的预测方法之一，这种方法要求经理认真分析他们未来一段时间的工作量或业务量，然后确定他们需要的人员数量。这种方法适用于发展较稳定的企业的中短期人力资源规划。

2. 经验预测法

经验预测法也称比率分析法，即根据以往的经验对企业的人力资源需求进行预测。这种方法适用于较小型的稳定企业，其操作方法是根据企业的经营计划、劳动定额或每名员工的生产能力、销售能力、管理能力等进行预测。

3. 德尔菲法

德尔菲法是指专家对影响企业某个领域发展的因素（如企业将来对劳动力的需求）达成一致意见的结构化方法。该方法适用于大型企业对中长期规划的预测。

德尔菲法的目标是通过综合专家的意见预测某一领域的发展趋势。具体来说，就是由调查者作为中间人，将第一轮预测中专家单独提出的意见集中起来并在整理和归纳之后再反馈给他们，使他们有机会修改自己的预测并说明修改的原因。

4. 趋势分析法

趋势分析法是一种定量的分析方法，其基本思路是首先确定企业中的哪个因素与劳动数量和结构的关系最为密切，然后找出这个因素随聘用人数变化的趋势，由此推断出未来的人力资源需求。这种方法适用于人力资源部分析人力资源需求。

5. 现状规划法

现状规划法假设当前的职务设置和人员配置是相互匹配的，既没有职务空缺，也不需要扩充人员总数，企业的人员需求取决于人员退休等情况的变化。这种方法简单、易操作，适用于对短期人力资源规划的预测。现状规划法的计算方法为：人力资源需求 = 退休人数 + 辞职/辞退/重病人数。

6. 驱动因素预测法

驱动因素预测法是指通过分析某些与企业本质特征相关的因素对企业业务量的影响，进而分析出企业对人员的需求量。这种方法是找出驱动因素，并根据这些因素来预测人力资源的需求。该方法适合预测企业对操作人员的需求。

7. 管理人员接替法

管理人员接替法是指对现有管理人员的状况进行调查、评价后，列出未来可能的管理者人选，其又被称为管理者继承计划。该方法是把人力资源规划和企业战略结合起来的一种较有效的方法，适用于对管理人员供给的预测。

---

① 乔继玉. 人力资源规划操作指南[M]. 北京：人民邮电出版社，2021.

8. 马尔可夫模型

马尔可夫模型是用来预测等时间（一般为一年）间隔点上各类人员分布状况的一种动态预测技术。该模型最早在荷兰军队里使用过，之后扩展到企业。马尔可夫模型可以和任何预测人力资源需求的方法一起使用，它适用于对人力资源供给的预测，企业可根据供求状况及时制订人力资源规划方案。

9. 技能清单法

技能清单法是对每名员工的技能、潜力、资格、教育水平、智力和培训进行记录的一种方法。这种方法适用于了解员工的工作能力。

二、人力资源战略与人力资源规划的紧密联系

从总体上看，企业战略过程对人力资源战略与人力资源规划过程具有制约和限制作用。具体而言，企业战略制约人力资源战略，企业的一般经营计划制约人力资源规划，企业的预算方案制约人力资源的行动方案。由于企业的一般战略计划制约企业的一般战术计划，而企业的一般战术计划又制约企业的预算方案，因此在人力资源战略与人力资源规划中，人力资源战略制约人力资源规划，而人力资源的战术计划制约具体的人力资源管理行动方案。因而，人力资源管理的目标既要与企业的长远战略目标相一致，又要与企业的短期目标相一致。

人力资源战略与人力资源规划作为企业战略整体框架的一部分，与企业战略和人力资源管理战略的其他职能如招聘和选拔、薪酬、考核等是密切相关的。传统的人力资源规划主要关注确保企业在适当的时间、地点，聘请合适数量和质量的员工，它更多地偏重定量分析和人力资源规划的模型，目的是保证在适当的时间和适当的岗位上寻求适当类型的劳动者，也就是偏重处理和解决“硬”问题。而人力资源战略与人力资源规划除了解决“硬”问题之外，也注重解决“软”问题，即更明确地将重点放在创建和形成企业文化上，以明确整合企业目标和员工价值、信念和行为。当“硬”人力资源规划被批判缺少广度和偏重员工数量时，相应的“软”部分就会适应整个人力资源管理的主旨。要使人力资源战略与人力资源规划发挥效力，就应该将它与不同层次的企业战略联系起来[①]。

三、大数据时代的人力资源规划

著名质量管理专家戴明说过：“我们信赖上帝，但所有其他的皆需要数据。”这说明了数据对于企业管理的重要性。托夫勒在其《第三次浪潮》一书中最早提出了大数据这一概念，并将其称为“第三次浪潮的华彩乐章”[②]。近年来，随着“云”技术的发展，大数据引起了人们越来越多的关注。

随着移动互联网技术的普及，每个人都被纳入互联网之中，并随之产生海量的数据。大数据这一信息大爆炸时代的产物已开始在通信、调查统计、商业零售、管理咨询、刑侦等多个领域得到广泛运用，未来的应用价值更是不可估量。从人力资源的角度来看，

① 伍双双. 人力资源开发与管理[M]. 2 版. 北京：北京大学出版社，2004.

② 转引自罗斯・斯帕克曼. 大数据与人力资源：Facebook 如何做人才战略规划[M]. 谢淑清，译. 杭州：浙江大学出版社，2019.

技术的发展为员工学习、培训以及企业的人力资源管理带来了深刻的变革。随着数字化转型的加速，企业员工越来越频繁地接触和使用各种技术设备进行学习和发展，这不仅改变了传统的学习模式，也促使人力资源部门重新审视和优化其管理策略。数据分析，特别是大数据技术的应用，在这一过程中扮演着至关重要的角色。因此，处理和利用好人力资源的成本收益数据、招聘流失数据、绩效报酬数据等复杂庞大的信息群成为摆在企业人力资源规划管理者面前一个巨大的机遇和挑战。企业的人力资源规划管理者必须重新审视和思考这些具有较大规模和速度的数据，通过对大数据的整理和挖掘，理解更广泛的人力资源变化趋势，并把这些数据作为人力资源规划决策的依据，指导人力资源规划的政策导向和具体应对措施的改进。

伴随大数据时代的到来，人力资源规划需要精确的数据化预测、分析，然而传统人力资源分析软件只能提供结构化数据，大量的非结构数据、图文难于获取，因此必须借助大数据分析技术。通过大数据分析技术，企业不仅可以有效地测量和分析人力资源管理效果，而且能为企业在人力资源战略问题和人力资源对策问题或者某一类具体规划上提供决策依据，并能够借助分析指标更精确地掌握企业人力资源发展趋势。简言之，通过大数据分析，人力资源规划管理者可以将几乎所有细节量化，从而对公司人力资源动态变化尽在掌握，做出更加理性的决策，进而提升决策质量和规划效果，而其中的关键在于掌握数据的全面性、准确性、及时性、动态性、权威性，并能够充分运用且转换成创造人才价值、提升企业利益的人力资源规划方案。

大数据具备 4V 的特征，即规模性（volume）、高速性（velocity）、多样性（variety）和真实性（veracity）。大数据的这些特征对人力资源规划管理者提出了新的要求，即面对海量数据，人力资源规划管理者进行综合分析对比的把控能力要求必须提高。人力资源规划管理者必须学会借助大数据，结合关联指标进行“剥洋葱”式的分析，将企业的业绩和财务指标与人力资源规划指标有效连接起来，通过云计算、大数据等新信息模式来改进人力资源规划流程，减少规划的层级。人力资源规划管理者必须学会通过大数据分析预测未来，对企业的人力资源需求和供给进行正确的判断，学会使用基于大数据的商业智能工具来帮助人力资源规划从主要凭借经验的模式逐步向依靠事实数据的模式转型。

目前，国内真正把人力资源规划和企业发展战略、财务绩效很好结合的企业并不多，大多数企业还没有足够重视人力资源统计数据的收集和分析，没有真正将人力资源数据分析和企业发展战略有效联系起来。但是一些大型企业或跨国集团已经开始了人力资源规划大数据平台的搭建，这样不仅使各级子公司和分公司可以独立处理人力资源事务，集团还可以进行实时监控，保证数据的及时性、准确性和真实性。同时，通过数据化平台的建设，企业可以实现从招聘管理到薪酬管理、培训管理、绩效管理等各个模块的数据化管理，既节约了大量人力成本，又实现了数据的统一、规范和共享。但对于中小型企业来说，这种靠自身实力搭建的大数据平台（如 OA、SaaS 等），其投入的人力、物力及维护成本都过于庞大，一般难以实现，所以目前许多企业都开始借助外力来实现大数据时代的人力资源规划管理。

【拓展阅读】

技术如何改变未来的工作方式？①

技术会影响人们的工作方式，这并不是一个新的概念，只要去看看工业革命的兴起及随后的衰落，便可以了解技术对工作的影响了。现在和过去最大的差异就是变化速度的改变。另一个不同之处在于，过去技术进步创造出了很多新的就业机会，而现在并没有像过去那样创造出更多的就业机会。人工智能（artificial intelligence，AI）已经发展到可以取代重复劳动力的程度了。换句话说，我们现在所处的时代，新开发出来的技术完全可以自主运行。近年来，技术进步的步伐明显加快了，关于技术将如何影响工作的最大不确定因素就是这些变化将何时开始出现，并如何影响社会、劳动力市场和组织的工作方式。

2017 年 1 月，麦肯锡全球研究院公布了一项为期两年的综合研究结果，该研究公布了技术进步可能对工作场所、劳动力和整个社会造成的潜在影响。报告中关于自动化如何影响特定工作和职业的最显著的发现是，在未来 10～50 年内，全球可能只有约 5%的职业由于自动化而变得多余。但在日常工作与生活中，人们将深刻感受到自动化的影响。该研究表明，如果按任务分解工作，60%的职业中将至少有 30%的工作主体由人类转向机器；本质上更具有物理性或常规性的工作，以及涉及数据收集的任务将是最有可能成为因机器而变得多余的工作。这一统计数据在美国和英国等发达国家影响尤其显著。比如在美国，这些职业占经济中所有生产力的 51%，这相当于每年有 2.7 万亿美元用以支付这些工作的费用。

有充分的证据表明，由于机器学习和 AI 的出现，工作场所和整个社会产生了巨大的变化，但我们何时会看到这种影响的结果？简单来说，这些技术的进步已经开始对某些行业和组织产生了显著的影响。例如，根据美国劳工统计局的统计数据，自 2000 年以来，已经有近 500 万个工作岗位消失，其中很大一部分是因自动化和技术进步导致的。

此外，有两个因素导致工作环境的改变速度呈指数变化：一是零工经济，它使就业市场上的自由职业者人数增加；二是新技术，它使以前由人类执行的许多工作变得多余。自动化不会一蹴而就地取代所有工作岗位，但会逐步接管一定比例的日常事务，尤其是那些重复性高、规律性强的工作。

组织需要确保制订正确的规划，以便在组织内实现自动化时降低其造成的不良影响。需要思考的问题包括：新技术会创造新的工种还是使当前工作岗位变得多余；新技术是否会导致更多的培训；组织目前的培训和发展计划是否足够成熟，是否能够适应新技术所需的培训水平；目前的劳动力统计特征如何；如果新技术将导致失业，那么应对那些失业的员工采取哪些援助方式；被新技术取代的员工是否有机会在组织中担任新的角色。

① 参阅罗斯·斯帕克曼. 大数据与人力资源：Facebook 如何做人才战略规划[M]. 谢淑清，译. 杭州：浙江大学出版社，2019.

第三节　人力资源规划的预测与分析

一、人力资源需求预测

（一）人力资源需求预测的影响因素

影响人力资源需求的因素很复杂，既有经济环境，社会、政治和法律环境，劳动力市场，技术革新与进步，消费需求变化及外部竞争者等外部因素，也有企业战略、企业经营状况、企业管理水平和组织结构、现有人员素质流动情况及工作时间变化等内部因素。

1. 外部因素

1）经济环境

经济环境不仅影响企业未来的发展趋势和社会经济发展状况，对企业人力资源需求也有很大的影响。这里所说的经济环境既包括国家或地区的经济状况、行业的经济状况，也包括世界的经济状况。特别是在经济全球化的今天，企业越来越多地参与到世界范围的竞争中，各国经济状况都可能对一国企业的人力资源需求和配置产生直接或间接的影响，经济周期的变化也会影响人力资源需求。目前，我国处于经济转型过程中，经济转型对人力资源需求产生了显著的影响，如经济转型带来企业文化的变革，进而会影响人力资源及企业绩效。经济转型也对企业提出了新的目标，即企业在产品、组织结构及人才方面都得有所创新，人力资源需求预测针对这一新的要求，要对企业现有员工组织模式和人才结构进行优化，寻求有助于实现自主创新的员工。经济转型对人力资源需求影响最大的是企业的国际化发展趋势，在经济全球化和区域经济一体化背景下，企业需要通过全球性的招聘，以及“买”或“借”的方式吸引高质量的人才，对人才的定位更高，人才的流动性更大，人力资源需求预测的范围大大延伸，预测的环境更加动态化和复杂化，加大了人力资源需求预测的难度。总之，在经济转型条件下，对人力资源需求预测提出了更高的要求，要在尽可能大的范围寻找企业最需要的人。虽然经济因素对人力资源需求的影响较大，但是可测性较差，只能据此做一些宏观层面的分析。

2）社会、政治和法律环境

社会、政治和法律环境包括社会习惯、法律法规、国家政策和行政体制等方面的因素。政局的动荡会影响人力资源需求，进而影响企业的人力资源规划。法律法规的变更也会影响人力资源需求，如户籍管理政策和档案管理办法的变更、大学毕业生就业政策的变更、农民工就业政策的变更、社会保障法规的变更、环境保护法规的变更等都会引起人员流动及供求的变化，进而影响人力资源规划。例如，《中华人民共和国劳动合同法》（简称《劳动合同法》）、《中华人民共和国就业促进法》（简称《就业促进法》）、《关于促进以创业带动就业工作的指导意见》、《国务院办公厅关于切实做好当前农民工工作的通知》和《国务院关于进一步做好普通高等学校毕业生就业工作的通知》等的实施都会影响企业人力资源规划。

从表面上看，雇佣关系建立在一系列人力资源管理政策和实践的基础上，但雇佣关系必须首先遵守有关的法律法规和行政命令。这些因素虽然容易测量，但对企业的真正影响却难以确定。比如国家的一项法规从颁布到执行有一段滞后期，在此期间很难不折不扣地执行。然而这些因素对人力资源需求的影响有时却很明显，如国家制定了扶持高科技产业的政策，会导致对计算机信息类人才的需求增加。

3）劳动力市场

劳动力市场是企业获取合格人才的潜在场所，而企业员工的能力在很大程度上决定着企业能否顺利地实现自己的目标，因此劳动力市场是人力资源管理必须考虑的一个重要的外部因素。劳动力市场是随时变化的，这也引起企业内部劳动力质量和数量的变化。劳动力市场是影响企业人力资源需求的一个重要因素，企业只有对劳动力市场进行分析，才能准确地进行人力资源需求预测。

4）技术革新与进步

技术革新与进步对人力资源需求的影响较大。市场竞争推动技术进步，技术创新和升级换代通常伴随对技术水平低的工人的需求减少，对有技能的工人的需求增加。技术的创新和升级经常在不同行业中出现，不同技术也需要不同类型、不同专业的人力资源。例如，第二次工业革命大大提高了劳动生产率，对人力资源（主要是低技能的工人）的需求锐减，而相应要求大批能熟练使用现代机器的工人出现。现在，信息技术、生物技术革命，特别是移动互联网已经对我们的社会经济生活各方面产生了巨大的影响，它们既会直接影响企业的人力资源需求，也会通过人们对企业产品或服务需求的改变对企业人力资源需求产生间接影响。

5）消费需求变化

随着社会的进步和经济的发展，人们的消费观念和消费结构正在日益发生变化，对产品和服务的需求日益多样化。面对变化多样的消费需求，企业必须做出战略上的调整，以生产出适销对路的产品和提供更加便捷的服务。这些势必会导致企业内部技术和组织的变化，从而影响人力资源需求的变化。所以，这也是人力资源需求预测时需要考虑的因素。

6）外部竞争者

竞争者一直是影响企业人员需求的一个重要因素。一方面，竞争者之间可能相互争夺人才，直接影响企业的人力资源配置和需求；另一方面，竞争对手的易变性，导致社会对企业产品或劳动力的需求产生变化，这种对产品或劳动力的需求变化必然引起企业人力资源的需求变化。特别是在人才紧缺的地方，竞争对手的人才政策对企业的人才有很大的影响，企业更需要有针对性地进行人力资源需求预测，并开展人员招聘活动。

此外，不同的地区由于经济发展不同，人力资源需求也不一样。典型的是，中国的东部沿海地区经济发达，对高级经营管理人才和技术人才有更高的需求，而西部地区随着经济发展步伐的加快，对人才的需求也会越来越旺盛。地区因素在对人力资源需求产生影响的同时，对人力资源的供给也会产生影响，而且地区因素对人力资源供给的影响更显著。

2. 内部因素

1）企业战略

企业战略是影响人力资源需求的重要因素，企业的战略目标规划为企业规定了发展方向和目标，决定了企业发展速度及企业发展需要什么人来完成。由于战略的实施一般需要较长的时间，因此在制定企业战略时，既要考虑现有的人员状况，也要为未来的发展储备人才，要么进行培训开发，要么从外部招聘。战略一旦制定，就会对企业未来的人力资源需求和配置产生决定性影响。如果企业希望发展壮大，采取扩张性战略，进入新的市场或扩建部门机构或成立分公司，则将来需要的具备一定素质的员工数量就会增加。因此，战略规划和组织计划制约及规定着人力资源规划，并对人力资源需求预测提出要求。

2）企业经营状况

企业经营状况也是影响人力资源需求的重要因素。如果企业经营状况较差，则需要分析现有人员的配备是否合理，甚至涉及减员问题。与企业经营状况有关的影响企业人力资源需求的具体指标有企业的工作任务（如销售量和销售额）、完成工作量的决定因素等。举例来说，企业如果希望生产量或销售量增加一倍，那么完成工作所需的人数必然也要相应地增加，但不能简单地增加同样的倍数，而要考虑企业的生产率和管理效率等因素。

3）企业管理水平和组织结构

企业的管理水平是指企业组织、管理生产经营活动的技术和方法所达到的先进程度。管理水平高，则企业可以充分利用现有人员，但是管理水平的高低首先取决于管理人员的素质。管理水平高，自然对高水平管理人员的需求就较大。此外，现有组织高层发生重大变化时，组织战略及人事政策都会随之改变，自然也会影响人力资源需求。

组织结构对人力资源需求也会产生影响。随着组织趋于扁平化，管理幅度增加，员工跨层升迁的机会也就有所减少，同一级别的人员供给相对过剩。对一般员工的需求减少，对具有较高管理能力的高层管理人员的需求增加；对现有员工的需求减少，而对从外部招聘新人的需求增加。组织结构对人力资源需求的影响，还体现在要求员工有更高的素质、能学习适应新角色等方面。

4）现有人员素质流动情况

人力资源需求预测其实不仅仅是预测未来所需的人才，判断企业是否合理使用现有的人力资源显得更重要——判断现有的人员要看能否满足企业增加产量、提高效率的需要，能否适应市场竞争的需要。如果现有的人员配置合理，则相对来说，现有工作对人力资源的需求就不太重要，企业就可以更多地着眼于未来。此外，企业还应考虑组织中人员因为辞职、调动、升迁或终止合同而产生的流动比例或流动频率等因素。人员流动对企业来说成本相当高，这些成本包括离职成本、重置成本和培训与开发成本等，对于专业技术人员和管理人员来说，这些岗位的流动成本可能还要高得多。人员流动性对人力资源需求预测提出了更高的要求，一方面可能是由于前期的人力资源需求预测不到位而带来的问题；另一方面也要求面向未来做出更合理的预测。

5）工作时间变化

在工作总量既定的前提下，工作时间的长短与所需的人员数量呈反比例关系，员工平均工作时间越长，企业所需的员工数量越少。因此，影响工作时间长短的因素都会间接地影响企业的人力资源需求。

另外，员工对工作的满意度、领导方式、企业的福利和社会保障水平、薪酬制度、绩效考核机制等也会对企业的人力资源需求产生影响。

（二）人力资源需求预测的步骤

人力资源需求预测涉及现有人员的需求、预测期内的人力资源需求和预测期内可能的人员变动情况，应遵循以下 8 个步骤。

（1）进行现有人力资源盘点，按照工作分析的要求确定应有的职务编制和人员配置，并统计出具体的人员需求。

（2）与各部门经理沟通，修正人员需求数据。

（3）综合第一条和第二条，汇总得出现实人力资源需求数据。

（4）按照企业战略和人力资源规划要求，核定各部门在预测期内的工作总量。

（5）根据各部门预测期内工作量的增长幅度，核定出各部门要增加的岗位及人数。

（6）综合第四条和第五条，得出未来增加的人力资源需求数据。

（7）根据历史数据，对未来可能发生的人员流失情况进行统计和预测，并得出预测期内需要补充的人力资源数据。

（8）将第三条、第六条和第七条的数据汇总，得出企业总体人力资源需求预测数据。

（三）实施人力资源需求预测

1. 人力资源需求定性预测

人力资源需求定性预测的方法有很多种，较为简单的方法有流程图预测法和形态分析预测法，较为复杂且相对准确的方法是德尔菲预测法。

1）流程图预测法

流程图预测法是一种逻辑推理方法，在进行预测时，需要将预测的各种有关因素按照时间序列或发展过程用流程图的方法进行描述。这样就可以一眼看出预测对象的发展趋势和相关因素的影响，进而可以推测其下一步的发展趋势。图 3-4 所示是关于企业销售人员的发展流程，从中可以推出销售人员的发展趋势。

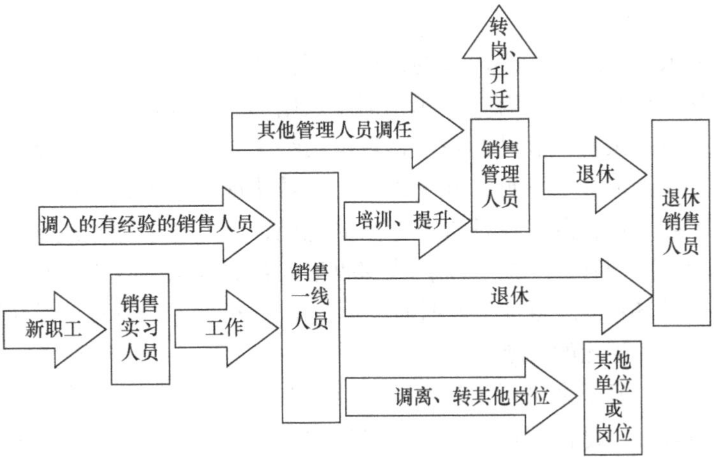

图 3-4　企业销售人员发展流程图

流程图预测法在使用时，要分析预测对象活动的规律和方式，注意按照时间序列来体现流程中各个环节，并且在绘制流程时要注意所描述的环节之间的因果和递进关系。流程图具备直观性和系统性，明确表达了人力资源发展的趋势。由于流程图预测法一般比较简单，只是对现实人力资源工作的简单临摹，不能对企业发展过程中的一些关键问题给出明确的结论，通常只用于人力资源发展预测的早期辅助说明。

2）形态分析预测法

形态分析预测法是使用二维矩阵表格对所预测的人力资源进行预测分析。在表中列出有关的人力资源和相关的企业经营活动，以分析在不同的生产经营状态中所需要的不同人力资源（表 3-3）。

表 3-3　某产品不同生产方案人力资源投入分析表

人力资源 经营活动	产品研发	小批量生产	大批量生产	自动化批量生产
产品设计员	强	中	不需要	不需要
工艺设计员	强	强	中	不需要
生产技术员	不需要	强	中	弱
技师	强	强	弱	强
工人	强	强	中	弱

从表 3-3 的分析中可以发现，在产品研发期间需要较强的产品设计员、工艺设计员、技师和工人，而生产技术员则不需要；但是产品进入小批量生产时，则需要较强的工艺设计员、生产技术员、技师和工人，而产品设计员只需要一般水平的人员就可以。同样，对其他不同类型的生产方案所需要的不同类型人员也可以做出对应的分析。

利用形态分析预测法，可以对企业各种生产经营方案所需要的不同类型人力资源进行分析，进而可以进一步对这些不同类型的人力资源所需要的具体数量进行分析。

3）德尔菲预测法

人力资源需求定性预测用得较多的是德尔菲预测法。德尔菲预测法在应用中需要向相关专家函询某一预测对象的有关问题，请专家用书面形式发表自己的意见，然后将这些意见综合整理成几条有代表性的建议，再反馈给相关专家，就这几条建议进一步征求意见。通过反复地函询征求意见，几轮过后，将看法逐渐集中，得出明确的预测结论。整个函询过程匿名进行，既广泛征求了专家的意见，又节省了预测成本的支出，并避免了会议预测法的专家相互影响的弊端，能够收集到各类专家的真知灼见。通常函询专家人数一般不得少于 50 人，而且函询返回率不得低于 60%，否则预测结论就缺乏广泛性和代表性，不能保证预测的准确。

德尔菲预测法一般至多进行四轮就要结束。在第一轮预测中，专家的回答是没有限制的，专家的回答可以是任何形式。第二轮预测则要求专家在综合所有专家回答的基础上重新预测，并说明预测的理由。在第三轮和第四轮的预测中如果没有超出上下四分位点范围以外的答案，就不必说明回答的理由。如果第三轮专家回答意见集中在上下四分位点之内就不必再进行第四轮预测。使用德尔菲预测法进行人力资源需求预测的过程如下。

第一，确定人力资源发展预测的内容和目标。

第二，组成预测工作小组。小组成员任务主要是选择专家组成员，设计调查表，向专家邮寄、收集、处理调查表，得出最终预测结果。

第三，设计调查表。根据预测对象和目的设计调查表。

第四，组织专家组。选择并邀请专家组成专家组，向专家说明调查目的、预测目标，并征求各位专家意见。

第五，发调查表。将调查表和背景资料寄给专家，要求专家在熟悉背景资料以后回答调查表中所列问题。

第六，处理调查表。收回调查表后，对调查表进行综合处理，编制新的调查表。新的调查表内容为前一次专家回答问题的中间值和上下四分位点值。中间值代表了专家的集中意见，上下四分位点值之间的间距表示了专家回答问题的波动区间。中间值可以采用专家的平均值或多数专家的意见，上下四分位点是将专家意见按顺序排列好以后，在 75%和 25%处的专家意见分别是上下四分位点值。在将专家意见按顺序排列以后,可以按 100%～75%、75%～50%、50%～25%和 25%～0 分成四个区间,那么 75%～25%就成为一般专家意见的集中区,通常称为上下四分位区间。利用上下四分位统计处理方法可以排除极端数据，即专家的极端意见。在第二次以后的调查表中除给出上一次的调查处理结果以外，还向专家提出新的问题，要求专家对其做出回答，并给出相应的理由。

第七，第二轮调查。将新的调查表寄给专家，并收回问卷，进行综合处理。专家在以后的咨询中可以改变以前的意见，也可以坚持原先的意见，但是都需要给出回答问题的理由。这一点是和第一次回答的不同之处。

第八，再次调查。一般需要进行第三次调查，程序同第六步和第七步。如果预测结果分歧较大，可以按第三轮形式再进行一次调查。

第九，对预测结果进行整理和分析。预测结果一般使用表格、图形和文字说明形式表述。

2. 人力资源需求定量预测

在人力资源需求预测中可以采用数学模型进行定量预测，数学模型主要分为静态模型和动态模型两类，一般的人力资源发展预测应用静态模型就可以满足预测需要。本部分只介绍一些简单易行的定量预测技术。

1）类推预测法

类推预测法也称参照类比法，这种预测方法主要用于进入新的行业，一切从头开始的企业。由于企业本身没有在该行业的经营历史，没有人力资源需求先例，对所需要配备的各种人力资源类型不熟悉，因此就需要按照该行业同类型同规模人力资源配备情况进行类推预测。例如，现在某企业准备进入电缆行业，但对电缆行业所需要的人力资源配备情况并不了解，要确定所需要的员工总数，可以选择两家经营情况较好和本企业规模相近的电缆生产企业进行人力资源需求配备调查。然后结合调查结果，再根据本企业的技术特点、市场定位、现有人力资源结构等进行人力资源发展预测分析。

2）基数叠加预测法

基数叠加预测法主要是将影响到人力资源发展变化的各种因素都挑选出来后，根据各种因素在人力资源发展中的影响大小，确定其权重大小。可以构造一个简单的预测模型如下：

$$R = R_0\left(1 + T_1 + T_2 + T_3 + \cdots + T_n\right) \tag{3-1}$$

模型中的 R_0 为当前实际值，T_1，T_2，T_3，…，T_n 分别为各类影响因素的影响系数。影响系数可以由专家预测获得，也可以通过对历史数据的统计分析得到。

例如，某企业 2017 年底有研发人员 68 人，预计到 2018 年，有以下一些因素对研发人员队伍发展产生影响：招聘外部各类人员，将使科研队伍增加 20%；企业自己培养员工，将使工程技术队伍增加 30%；退休和病假等因素，将使研发队伍减少 10%；辞职和辞退等因素，将使工程技术队伍减少 14%；提拔为中层以上领导，使研发队伍减少 4%；人员调动使队伍减少 8%。这样，2018 年该企业的研发人员队伍人数为：

$$R = 68\times\left(1 + 0.20 + 0.30 - 0.10 - 0.14 - 0.04 - 0.08\right) = 68\times1.14 \approx 78\text{（人）}$$

基数叠加预测法简单实用，只要对影响因素分析得全面合理，对影响系数权重估计得准确无误，就可以得出较为满意的预测结果。因此，该方法在人力资源发展预测中使用较多。

3）比例分析预测法

有时对某一个预测对象进行预测时，发现该预测对象数量的变化与某些因素具有相对固定的比例关系，而这些因素的数量在预测年度内已经确定。此时，就可以采用比例分析预测法对预测对象进行预测。

比例分析预测法的应用，首先要将和预测对象相关的因素找出，然后确定两者之间的关系。例如，年销售增加额与新增加的销售人员之间存在一个比例关系，或一项新产品的开发与研发人员的数量等。注意，这种比例关系是相对固定的。也就是说，其比例系数应该是相对不变的。

比例分析预测法由于应用简便，在人力资源发展预测中也得到了广泛的应用。例如，某企业要求从 2010 年到 2020 年，企业销售额增加 2000 万元，按照 15∶1 的比例数，则需要新增销售人员约 134（2000 ÷ 15）人。

4）相关分析方法

相关分析方法是基于预测对象的背景资料，使用数学方法来确定人力资源发展预测对象与相关因素相关度的一种数理统计方法。相关分析方法主要是分析人力资源的发展是否与其周边环境因素存在相互依存的关系。在进行相关分析时，所采用的方法主要有相关图分析方法和相关系数方法。本部分主要介绍相关图分析方法。

相关图分析方法是一种简单有效的相关分析方法。该方法将人力资源发展预测对象和一组相关因素的每对数据标在平直角坐标图上。根据这些数据点在图上的集散程度和趋势，来分析人力资源发展预测对象与某一有关变量之间是否存在相关性和相关度的大小。

例如，对某企业销售人员数和企业销售额之间的关系可用相关图（图 3-5）表示。从图 3-5 中可以发现，企业销售人员数和企业销售额之间具有很强的线性相关性。

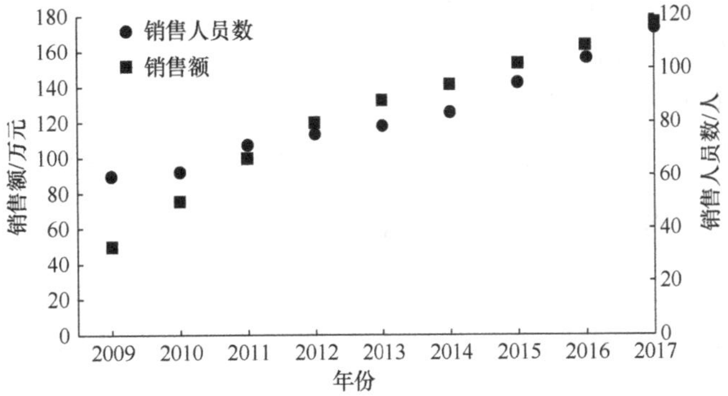

图 3-5 某企业 2009—2017 年销售人员数和销售额关系图

5）模型分析方法

在人力资源发展预测模型中最常用的模型是线性回归预测模型，如果将时间序列预测模型中的时间参数作为特殊的变量看待，那么线性回归预测模型就有时间序列预测模型、一元线性回归预测模型和多元线性回归预测模型三种。在采用线性回归预测模型之前，必须收集足够数量的预测对象数据与相关因素的数据，然后按照时间序列制作相关图。如果这些数据在坐标图上呈现直线或基本类似直线的形态，就可以采用线性回归预测模型来进行人力资源的预测，否则就需要采用相对复杂的非线性回归预测模型。

如果人力资源发展预测对象与某一变量的直线相关趋势成立，就可以建立人力资源预测的一元线性回归预测模型，即：

$$R = a + bx \qquad (3\text{-}2)$$

公式中，R 为人力资源发展预测对象；x 为自变量，即相关因素数据；a 和 b 为模型参数。根据 R 和 x 的已知样本数，可以利用最小二乘法求得参数 a 和 b 的估计值 $\hat{a}$ 和 $\hat{b}$ 。

$$b = \frac{n\sum x_i R_i - \sum x_i R_i}{n\sum x_i^2 - (\sum x_i)^2} \qquad (3\text{-}3)$$

$$a = \frac{\sum R_i - b\sum x_i}{n} \qquad (3\text{-}4)$$

这样就可以得到用于预测人力资源的一元线性回归预测模型，如下：

$$\hat{R} = \hat{a} + \hat{b}_x \qquad (3\text{-}5)$$

例如，某企业人力资源总数如表 3-4 所示，现在根据这些数据预测企业在 2018 年和 2021 年所需的人力资源总数。

表 3-4 某企业人力资源总数

x（年度）	2010	2011	2012	2013	2014	2015	2016	2017
R（人力资源总数）	165	168	170	176	181	184	190	198

从表 3-4 中可以发现企业的总人数是逐年增加的，年度和人力资源总数呈现明显的线性关系，因此可以利用一元线性回归模型（3-2）来进行预测。这里的自变量 x 就是时间（年度），因变量 R 就是需要预测的人力资源总数。利用式（3-2）来建立函数模型。而要得到准确的预测函数必须先求出系数的估计值 $\hat{a}$ 和 $\hat{b}$ 。

本例中的 n 值是 8，因此计算：

$$\sum x_i = x_1 + x_2 + x_3 + \cdots + x_8 = 1+2+3+4+5+6+7+8 = 36$$

$$\sum x_i^2 = x_1^2 + x_2^2 + x_3^2 + x_4^2 + x_5^2 + x_6^2 + x_7^2 + x_8^2 = 1^2 + 2^2 + 3^2 + 4^2 + 5^2 + 6^2 + 7^2 + 8^2 = 204$$

$$(\sum x_i)^2 = (x_1 + x_2 + x_3 + \cdots + x_8)^2 = (1+2+3+4+5+6+7+8)^2 = 1296$$

$$\sum R_i = 165+168+170+176+181+184+190+198 = 1432$$

$$\sum x_i R_i = 1\times165 + 2\times168 + 3\times170 + 4\times176 + 5\times181 + 6\times184 + 7\times190 + 8\times198 = 6638$$

将计算结果代入式（3-3）和式（3-4），可以求得：

$$b = \frac{n\sum x_i R_i - \sum x_i R_i}{n\sum x_i^2 - (\sum x_i)^2} = \frac{8\times6638 - 36\times1432}{8\times204 - 1296} = \frac{1552}{336} \approx 4.62$$

$$a = \frac{n\sum R_i - b\sum x_i}{n} = \frac{1432 - 4.62\times36}{8} = \frac{1265.68}{8} \approx 158.2$$

由此，可以得到人力资源总数的线性预测模型为

$$R = a + bx = 158.2 + 4.62x \tag{3-6}$$

由于 2018 年和 2021 年对应的顺序号分别为 $x = 9$、$x = 12$，因此将其代入式（3-6）中，可以得到 2018 年和 2021 年相应的预测值为：

R（2018 年）$= 158.2 + 4.62 \times 9 = 199.78 \approx 200$（人）

R（2021 年）$= 158.2 + 4.62 \times 12 = 213.64 \approx 214$（人）

二、人力资源供给预测

人力资源供给预测是指为了满足企业未来对人员的需求，根据企业的外部因素和内部因素，选择适当的预测技术，对企业未来从外部和内部可获得的人力资源的结构、数量和质量进行预测。首先，预测供给是为了满足需要，不是所有的供给都要预测，只预测企业未来需要的人员；其次，人员供给有外部和内部两个来源，因而必须考虑内外两个方面；再次，应该选择适合的预测技术，用较低的成本达到较高的目的；最后，需要预测出供给人员的数量和质量。

（一）人力资源供给预测的步骤

人力资源供给预测是一个复杂的过程，要结合企业的需求预测综合分析。一般情况下，人力资源供给预测可以采取如下 7 个步骤。

（1）核查企业现有人力资源总体供需状况。

（2）按照企业的职务调整政策和历史员工调整数据，整理出需要调整的岗位要求。

（3）与各部门经理沟通本部门需要的人事调整情况。

（4）将第二条和第三条的情况汇总，得出企业内部人力资源供给预测数据。

（5）分析影响外部人力资源供给的各种因素。

（6）得出企业外部人力资源供给预测数据。

（7）将企业内部人力资源供给预测和企业外部人力资源供给预测汇总，得出人力资源供给预测数据。

（二）内部人力资源供给预测

对于内部人力资源供给预测，也要从定性和定量两个方面进行。通常的做法是先摸清企业现有人力资源的总体供需状况，找出供需的差距，然后进行具体的人员调配。常用的方法有员工技能清单、企业员工供需现状核查、企业岗位接替模型和马尔可夫模型。

1. 员工技能清单

员工技能清单是用来反映员工基本能力情况的表格（表 3-5），这些基本能力情况主要包括员工的学习经历、工作经历、资格证书、已经通过的考试、主管的能力评价等。建立员工的基本工作能力与职业发展动向的基本记录是十分重要的。员工技能清单可用于晋升人员的选择与确定、管理人员的接替计划、对特定岗位的工作分配、工作调动、培训、职业生涯规划和组织结构分析等。员工技能清单能真实地反映企业内部人力资源供给的基本情况，可以用来帮助人力资源规划人员估计现有员工调换工作岗位的可能性，帮助决定哪些员工可以胜任并能够到空缺岗位中去。

表 3-5　员工基本情况调查表

姓名		部门		科室		工作地点		填表日期	
入职日期		出生年月		职务		职称			

类别	学校种类	毕业日期	学校	专业
高中				
中专				
大专				
大学				
硕士				
博士				

工作单位	起始时间	结束时间	担任的工作

续表

培训背景	培训主题		培训起止时间		培训机构
技能	技能种类	证书	发证单位		发证时间
志向	是否愿意到其他部门工作	否	是	愿去部门	
	是否愿意承担其他类型工作	否	是	愿承担工作	
	是否愿意接受工作轮换	否	是	愿轮换工作	
需要接受何种培训	改变现有技能和业绩	培训内容			
	提升所需要的经验和能力	培训内容			
主管评价					主管签字

2. 企业员工供需现状核查

企业员工供需现状核查是摸清企业当前人力资源状况的通用方法。首先要对企业的所有工作岗位归类，然后再根据实际情况设计表格，填写每类岗位中不同层次人员的供需情况，最后进行分类核实。

现状核查法是一种静态的人力资源供给预测技术，因不能及时地动态反映企业战略发展而导致对人力资源需求发生变化。现状核查法只适用于小型企业短期内的人力资源供给预测，而对于大型企业或长期的人力资源供给预测就不能够胜任。

当然，企业的人员现状还可以用表格的形式表示出来。例如，人力资源供需现状分析图可以用供需情况分析表（表 3-6）来表示，并且从表中还可以了解不同岗位在规划期需要进行调整的具体情况。例如，在营销类中的最高层中现有数为 12 人，需求数为 8 人，差异数为正 4 人，即该岗位在规划期可以调剂出 4 人。而工程技术类的最高层却需要补充 3 人。

表 3-6 企业供需情况分析表 单位：人

项目	管理类	营销类	工程技术类	操作类
现有数	4	12	7	2
需求数	5	8	10	2
差异数	–1	4	–3	0
现有数	8	12	16	8
需求数	10	14	16	6

续表

项目	管理类	营销类	工程技术类	操作类
差异数	–2	–2	0	2
现有数	36			15
需求数	32			16
差异数	4			–1
现有数				13
需求数				11
差异数				2

3. 企业岗位接替模型

在人力资源管理中，由于要对一些重要的或关键的岗位出现的空缺能够及时进行补充，或者计划地为关键岗位准备后续人才，形成人才储备，因此需要设计企业岗位接替模型（图 3-6）。企业岗位接替模型表明了每个岗位可能的接替状况，它综合地记录了每个候选人员的现职表现、晋升潜力、工作能力、工作经历、工作绩效和所需要改进之处等内容。企业岗位接替模型可以检验每个备选人员是否达到了提升的要求，从而遴选出每个关键岗位的接替人选。

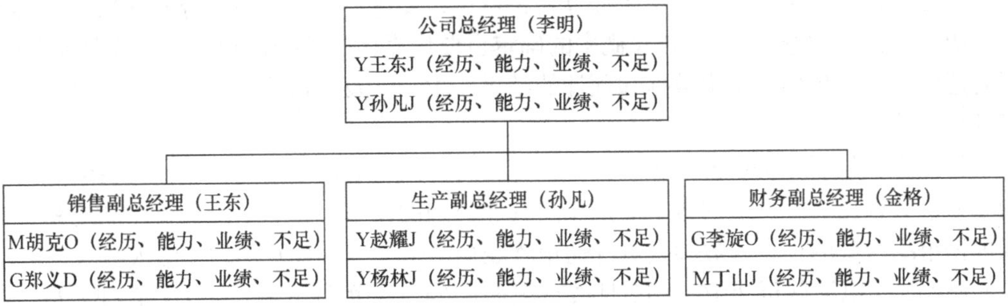

现职表现说明：Y-优秀、M-满意、G-有待提高
晋升潜力说明：J-具备条件、D-需要锻炼、O-不确定

图 3-6　企业岗位接替模型

企业岗位接替模型主要用于确认特定职位的内部候选人。建立岗位接替模型的步骤是：首先，进行岗位分析，明确不同岗位对承担者的具体要求；其次，确定一位或几位较易达到这一岗位要求的候选人，或者确定哪名员工具有潜力，经过培训后可以胜任这一工作；最后，把各岗位的候补人员情况与其职业生涯规划综合起来考虑。

例如，在图 3-6 中可以发现现任公司总经理是李明，接替他的人选主要有王东和孙凡两人。至于两人中由谁来接替，还需要根据两人的经历、能力、业绩，以及存在的不足等因素进行对比后才能决断。王东和孙凡现职表现都是优秀，而且都具备了晋升条件。如果王东接替了总经理一职，就需要有人来接替王东晋升以后所产生的销售副总经理一职。而可以接替销售副总经理的人选有胡克和郑义两人，他们二人无论是现职表现还是晋升潜力都有待提高，这时可以考虑从赵耀和杨林中挑选一人来接替王东，因为他们二人都具备晋升的潜力，当然还要看他们二人的专业背景和工作经历等。利用这种企业岗位接替模型就可以有序地实现企业关键岗位的人员接替。

4. 马尔可夫模型

对企业内部人力资源的供给预测，实际上就是对人力资源在当前状况下，依据人力资源自身发展规律，对今后某一阶段所可能达到状况的预测。在企业内部人力资源供给预测中，常用马尔可夫模型来预测各个层次或各种类型人员的未来分布情况。

马尔可夫模型是一种运用统计学原理预测组织内部人力资源供给的方法。思路是通过具体的历史数据，找出组织过去人事变动的规律，并由此来推测未来的人事变动。马尔可夫预测方法的最大特点就是其所具有的无后效性，即系统在将来的状态只和现在有关，而与以前的状态无关，其基本的思想就是通过对系统当前数据信息的分析，得到系统在当前状态的初始分布，同时通过对系统在下一状态的数据信息的分析得出系统在两个状态之间发生各种转移的概率大小，并具体求出基于初始状态的转移概率，从而较为准确地、有效地预测出系统在将来不同状态的相关数据。

应用的条件：马尔可夫模型应用的基础是无后效性和平稳性。在预测时是假定系统的转移趋势已经确定的概率矩阵，因此转移概率的确定和转移趋势对预测结果的准确与否具有十分重要的影响。最重要的是要求转移趋势确实是比较平稳的，即要求影响系统状态的外界条件不发生大的变化，如果系统的外界因素发生了较大的改变，说明转移概率发生变化，就得按照新变化重新计算转移概率；要进行有效人力资源发展预测，必须做好历史数据的调查和分析，转移概率的确定也要依靠历史数据得到的相关数据来进行，同时还要根据收集到的历史数据和预计的结果，主动、及时地采取相应的措施进行经营管理的决策和实施。

具体步骤如下：①根据历史资料，计算出每类的每名员工向另一类或另一级别的平均概率；②根据每类员工的每个级别流向其他类别的概率，建立一个人员变动矩阵表；③根据组织年底的种类人数和人员变动矩阵表预测下一年度或几年的供给人数。

例如，某电厂截至 2016 年 12 月共有职工 1274 名，可以分为三大类：管理人员、运行人员、检修人员，分别有 232 人、462 人、580 人；截至 2017 年 12 月共有职工 1248 名，管理人员、运行人员、检修人员分别有 230 人、454 人、564 人。近些年人员流动相对稳定。根据历年数据构建一次人员转移概率矩阵：

$$P=\begin{bmatrix}0.94 & 0.04 & 0\\ 0.01 & 0.95 & 0.02\\ 0 & 0.03 & 0.95\end{bmatrix}$$

由 2016 年 12 月和 2017 年 12 月的职工人数可计算该电厂有 2%的管理人员、运行人员和检修人员因离退休、辞职等原因离职。

以该电厂 2016 年底的各类职工人数为初始值，根据上述人员转移概率矩阵，预测第二年及以后各年的企业供给人数。

通过对该电厂 2014 年、2015 年和 2016 年这三年人员的计算，该电厂内部各层次之间的人员流动情况趋于稳定。该电厂从外部获得人力资源主要来源于两个方面：一是各高校的应届大中专毕业生；二是军队的转业人员，已经过正规的专业培训和学习。根据实际到该电厂报到的人数看，每年该电厂大约从外部获得人员共 20 人，其中，管理人员 3 人，运行人员 7 人，检修人员 10 人，即：

$$R(t)=\left[r_1(t),r_2(t),r_3(t)\right]=[3,7,10]$$

企业的人员供给数由下面公式求得：

$$N(t)=N(t-1)P+R(t) \tag{3-7}$$

据此可以推算今后几年的人力资源供给情况：

$$N（2017 年）=[226\ 459\ 570]$$

$$N（2018 年）=[220\ 455\ 561]$$

$$N（2019 年）=[214\ 451\ 552]$$

由上面的计算结果可以得到表 3-7 所示的预测结果。

表 3-7　某电厂各类人力资源供给预测结果　　单位：人

供给预测	管理人员	运行人员	检修人员
2017 年	226	459	570
2018 年	220	455	561
2019 年	214	451	552

已知的 2017 年管理人员、运行人员、检修人员的数量为 230 人、454 人、564 人，而根据马尔可夫矩阵预测的管理人员、运行人员、检修人员的数量为 226 人、459 人、570 人，两者比较可知预测误差分别为 1.74%、1.10%和 1.06%，误差较小，企业应用马尔可夫矩阵进行预测是可行的。马尔可夫模型预测的结果显示，该电厂的人力资源供给是有规律可循的，各类人员供给均出现下降趋势，应及早规划新的人力资源供给渠道，增加人员数量，弥补人力资源供给不足。

（三）外部人力资源供给预测

1. 外部人力资源供给预测的影响因素

外部人力资源供给预测主要是预测未来几年外部劳动力市场的供给情况。它不但要调查整个国家和企业所在地区的人力资源供给状况，而且还要调查同行业或同地区其他企业对人力资源的需求情况。对人力资源外部供给进行预测时，要从定性和定量两个方面进行考虑，通常需要考虑的影响预测因素有全国性因素、地域性因素、人口发展趋势因素、科学技术发展因素、政府政策法规因素、劳动力市场发育程度因素，以及劳动力就业意识和择业心理偏好因素等。

（1）全国性因素。影响人力资源供给的全国性因素主要包括宏观经济走势、行业经济增长预期、预期失业率。

宏观经济走势。如果宏观经济走势平稳，企业经营环境良好，则人力资源供给波动不大；如果宏观经济走势出现波动，则人力资源供给也会出现波动。如果出现利好因素，宏观经济增长较快，企业开工充足，人力资源需求旺盛、失业率低，这时人力资源供给不充分。反之，经济下滑，失业率高，人力资源供给充足。

行业经济增长预期。主要考虑企业所处行业的经济增长情况。如果预计行业经济增长率将提高，那么其他相关企业对人力资源的需求也会增加，这会导致人力资源的供给减少。

预期失业率。主要通过预期失业率来了解本企业可以从劳动力市场获取人力资源补充情况。一般情况下，失业率越低，人力资源供给越少。

此外，全国性因素还包括该国全国范围内的人才供需状况、国家关于该类职业在就业方面的法规和政策、全国范围内该职业从业人员的薪酬水平和差异、全国相关专业的大学生毕业人数和分配情况等。这些因素直接影响到企业可以从劳动力市场获取的人力资源情况。

（2）地域性因素。主要包括企业所在地的人力资源现状、企业所在地对人才的吸引程度、企业自身的吸引程度。

企业所在地的人力资源现状。主要包括企业需要人才的类型、市场供给情况、同类企业对该类型人才的需求情况、本企业所需要的人力资源从外部获取的难易程度等。

企业所在地对人才的吸引程度主要分析企业所在地对人才的各种吸引因素，如经济环境、居住环境、人文环境、社会治安环境和开发开放程度等。

企业自身的吸引程度。企业自身的吸引力是企业能否获取人力资源补充的根本原因，主要包括企业薪酬和福利对人才的吸引程度、工作的前景和企业发展目标等。

（3）人口发展趋势因素。我国人口的现状直接决定了企业外部现有的人力资源供给可能性，其中影响最大的因素有人口政策、人口规模、人口年龄、人口素质和劳动力参与率等。企业在分析这些人口因素时，特别要注意对本地区人口状况的分析，尤其适龄劳动人口的规模。只有清楚了解了本地区的劳动人口规模和数量后，才能做出正确的供给总量和结构预测。

（4）科学技术发展因素。科学技术的发展对人力资源供给结构和数量都有很大的影响。当前，科学技术发展很快，它对人力资源供应预测产生很大影响：一方面，技术进步使资本有机构成越来越高，资本对劳动的替代率增加很快，使大量的劳动密集型产业受到冲击，许多蓝领工人面临失业，而与此同时，企业对掌握高新技术知识的创新型人才需求量大增；另一方面，当新技术出现，旧的技术被淘汰的时候，只熟悉旧技术的人员供给就会增加。

（5）政府政策法规因素。在经济出现波动的时候，政府会通过政策法规来引导和规范就业，企业外部人力资源的供给肯定会受到有关政策的限制。同时，各地方政府为了各自经济的发展，为了保护本地劳动力的就业机会，也会颁布一些相关的政策法规。例如，颁布实施的《劳动合同法》对新一轮的招聘将会产生较大影响。这些法律法规是进行企业外部人力资源供给预测时必须考虑的因素。

（6）劳动力市场发育程度因素。劳动力市场发育状况，对企业劳动力外部供给预测影响很大。发育良好的劳动力市场有利于劳动力的自由流动，并能形成由劳动力价格引导劳动力合理流动的机制。但此时，对由市场供给的人力资源总量和结构的预测将十分困难。

（7）劳动力就业意识和择业心理偏好因素。在预测外部人力资源供给时不能简单地从数量上进行预测，还需要考虑劳动力就业意识和择业心理偏好。例如，一些城市失业人员宁愿失业在家，也不愿从事一些脏、难、险、累的工作；再如，应届大学毕业生普遍存在对职业期望值过高的现象，希望能进国家机关、三资企业（即在中国境内设立的中外合资经营企业、中外合作经营企业、外商独资经营企业三类外商投资企业）工作，而不愿意到厂矿企业从事一般岗位的工作。

2. 外部人力资源供给渠道分析

我国企业的人力资源外部供给主要渠道有大中专院校和技术职业学校的应届毕业生、复员转业军人、城镇失业人员和农村富余人员、其他组织在职人员。

（1）大中专院校和技术职业学校的应届毕业生供给较为明确，容易预测。这些人员的供给时间集中在夏、秋两季，近几年的供给数量、专业、规格、学历层次等信息均可从各地教育主管部门或统计部门获取。

（2）复员转业军人通常是由国家进行指令性的计划安排，其数量和素质的预测也较为容易。

（3）城镇失业人员和农村富余人员的供给预测相对来说比较困难，这些人员的供给预测不仅要考虑其实际存在的数量，还要考虑这些人员的就业心理因素、国家的宏观经济导向、国家的就业政策、国家对农村富余劳动力在城镇就业的限制性措施，甚至国家的惠农支农政策等因素的影响。由于这些人员的获取途径主要来自劳动力市场，因此对这类人员的供给预测实际上就是对当地劳动力市场供给的预测。

（4）其他组织在职人员。对于其他组织在职人员的预测需要考虑诸如社会心理、工作压力、个人择业心理、组织本身的经济实力，以及同类组织相同人员的工资、福利、保险等因素。企业应在可能提供的待遇前提下，通过与其他组织的对比来科学地预测这类人员的供给量。

三、人力资源需求与供给的平衡分析

完成人力资源需求和供给情况预测后，就需要对人力资源的供需状态进行评估，然后对包括结构失衡和数量失衡的供需失衡进行调整。

（一）人力资源供求平衡分析

人力资源的需求和供给平衡需要在对人力资源的现状和人力资源的升迁、平调及补充的情况下，利用人员核查方法进行综合平衡的分析。分析方法的综合分析图，如图 3-7 所示。

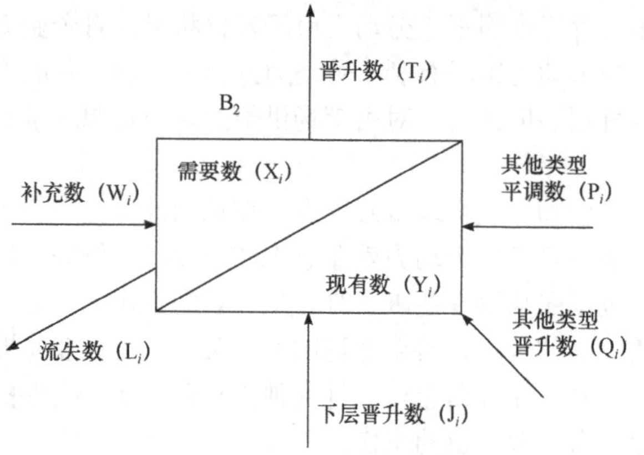

图 3-7 综合分析图

在图 3-7 中，B_2 表示 B 职务系列中的第 2 层次的综合平衡情况；X_i 表示在 B_2 这一职务层次中所需要的人员；T_i 表示从 B_2 晋升到上一职务层次的人员数；Y_i 表示在 B_2 这一职务层次中现在拥有的人员数；J_i 表示从 B_2 下一层次晋升到 B_2 层次的人员数；P_i 表示从与 B_2 处于同一层次其他职务系列平调到 B_2 的人员数；Q_i 表示从低于 B_2 层次的其他职务系列晋升到 B_2 的人员数；W_i 表示外部补充数；L_i 表示流失到企业的外部数，其中补充和流失均用特定箭头表示。

现在某电子企业的四个职务系列的职务岗位需求与供给现状综合分析图如图 3-8 所示。以管理类为例，A_1 职务岗位需求人员为 8 人，而现有人员只有 7 人，缺口为 1 人。A_2 职务岗位的人员供需平衡。A_3 职务岗位的供给小于需求人数 4 人。要使 A 职务系列的人力资源供需平衡，必须进行调整，可以选择的调整方法如下。

（1）由于 A_1 的职务岗位较为重要，可以考虑从企业内部补充。故 A_1 职务岗位的一个空缺可以由 A_2 职务岗位上的人员进行递补，使原来平衡的 A_2 产生一个岗位空缺。此时，可以考虑两种方案：一是由外部人员补充，那就要将所需人员的具体要求列入外部补充规划中；二是由企业内部其他相关人员进行补充，则要将所需人员的具体要求在调配规划中予以考虑。

（2）如果 A_1 职务由 A_2 中人员进行递补，那么 A_2 的空缺则由 A_3 中人员进行递补。此时，在 A_3 中将产生无法由本职务系列人员进行递补的 5 个岗位空缺。如果考虑从本企业人员中进行递补，只有从和 A_3 相同等级的 D_3 职务岗位上的人员中进行平调，或从低于 A_3 的 D_4 职务岗位上的人员中进行职务外系列人员的晋升，才能完成 A 职务岗位的人员供需平衡。

（3）在进行人力资源供需综合分析时，应该考虑企业可以采用的晋升政策、同级平调的可能性和外部供给的可能与成本分析。例如，由于人的知识结构和工作经历不同，可能管理类人员可以到营销类任职；技术类人员可以到管理类和操作类任职，但操作类人员不可以到技术类任职等。最终生成需求与供给现状综合分析图（图 3-8），根据综合分析图进行各种具体的人力资源业务规划。

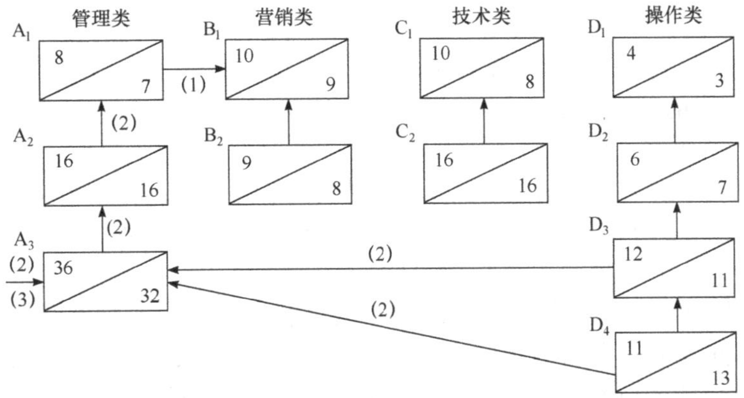

图 3-8 某企业职务岗位需求与供给现状综合分析图

从图 3-8 可见，对 A 职务系列进行人力资源综合平衡分析以后，初步可以确定：A_1需要向 B_1平调 1 人，因此 A_2需要向 A_1晋升 2 人，使 A_2产生 2 个空缺，需要由 A_3向 A_2晋升 2 人，以填补空缺，使 A_3产生 6 个空缺，这 6 个空缺可以从 D_3平调 2 人，从 D_4外系统晋升 2 人，还有的 2 个空缺只能从企业外部补充。

（二）人力资源供求失衡调整政策

在整个企业的发展过程中，从总量上看，企业的人力资源供求失衡是一种常态，真正意义上的供求完全平衡是没有的。平衡是一种状态，平衡不是相等，而是供给和需求在结构和数量上处于一种均势。从结构上看，企业所需的人员结构与供给结构总会有这样或那样的偏差，常常是企业急需的人员由于供给不足招聘不到，而不太需要或根本不需要的人员供给过剩。综合结构和总量两种因素，企业经常处于人力资源供求失衡状态。企业处于人力资源的供需失衡状态，可以分为结构性失衡、供不应求和供过于求等几种情况（表 3-8）。

表 3-8 企业发展不同阶段的人力资源供需状态

企业发展阶段	人力资源供给状态	人力资源需求状态
成长期	供给不足	人力资源需求旺盛
成熟期	结构和数量失衡可能同时存在	需求数量稳定，职位调整、自然减员、补充空缺
衰退期	供给过剩	人力资源需求减少

实现人力资源供需平衡是人力资源规划的目的之一，无论人力资源需求预测还是人力资源供给预测都是为了实现未来一段时间的人力资源供需平衡。人力资源的供给趋于平衡的过程，也是人力资源有效配置和流动的过程，还是检验人力资源规划具体实施的过程。只有尽力实现人力资源的供需平衡，企业才能提高人力资源使用效率，开源节流，降低人力资源成本。

实现企业的人力资源供需平衡就是要通过增员、减员、人员结构调整、人员培训等各种办法和途径，使人力资源供需失衡达到供需平衡的状态。

人力资源的供不应求、供过于求和结构性失衡是在人力资源规划中需要解决的人力资源失衡问题。根据这些人力资源供求不平衡的具体原因和特点，采用不同的调整方法。

1. 供不应求的调整方法

（1）人力资源的内部招聘。内部招聘是指当企业出现职务空缺时，从企业内部调整员工到该岗位，以弥补空缺的职位。内部招聘可以节约企业的招聘成本，丰富员工的工作，提高员工的工作兴趣。但对于比较复杂的工作，内部招聘的员工可能需要一段时间的培训。

（2）聘用临时工。聘用临时工是企业从外部招聘员工的一种特殊形式。聘用临时工可以减少企业的福利开支，而且临时工的用工形式比较灵活，企业在不需要员工的时候，可以随时与之解除劳动关系。企业产品季节性比较强或企业临时进行专项生产时采取临时招聘的方式比较合适。

（3）延长工作时间。延长工作时间也称加班制，在企业工作量临时增加时，可以考虑延长工人的工作时间。延长工作时间具备聘用临时工的优点，节约福利开支，减少招聘成本，可以保证工作质量。但长期延长工作时间会降低员工的工作质量，而且延长工作时间也受到政府政策法规的限制。

（4）内部晋升。当较高层次的职务出现空缺时，这时有内部晋升和外部招聘两种手段，企业一般优先考虑提拔企业内部员工。因为在许多企业里，内部晋升是员工职业生涯规划的重要内容，对员工有较大的激励作用。而且，内部员工比较了解企业的情况，比外部招聘人员能够更快地适应工作环境，能够提高工作效率，同时节省了外部招聘成本。但是如果企业缺乏生气，可以适当考虑从外部招聘人员，以增加企业内部活力。

（5）管理人员接替计划。管理人员接替计划的具体做法就是按照岗位接替模型，由人力资源部门对企业的每位管理人员进行详细调查，并确定哪些人有权利升迁至更高层次的位置。然后制定相应的企业岗位接替模型，列出企业重要管理岗位可以替换的人选。

（6）技能培训。对公司现有员工进行必要的技能培训，使之不仅能适应当前的工作，还能适应更高层次的工作。这样，就为内部晋升政策的有效实施提供了保障。如果企业即将进行经营转型，那么企业应该及时对员工进行新的工作知识和工作技能培训，以保证企业在转型后，原有的员工能够符合职务任职资格的要求。这一措施的最大好处是防止企业的冗员现象和保持人力资源队伍的稳定。

（7）扩大工作范围。当企业某类员工紧缺，在人才市场上又难以招聘到相应的员工时，可以通过修改职位说明书，扩大员工的工作范围或责任范围，从而达到增加企业工作量的目的。需要注意的是，扩大工作范围必须与提高待遇相对应，不然会造成员工的不满情绪，影响企业的生产活动。扩大工作范围可以与企业的业务流程重整结合使用，在调整过程中，利用先进的管理技术或操作技术在扩大员工的工作责任时减轻员工的工作量。

（8）提高技术水平。当市场工资上升时，企业可以考虑提高技术含量，以降低企业对人力资源的需求。采取各种激励措施，鼓励员工对自身工作岗位进行各种技术改革，提高岗位的技术含量，以解决人力资源的供不应求。当然，提高技术改革水平还需要与员工技术培训相结合。

（9）返聘。在企业急缺人员或企业需要某些退休员工来支持时，可以考虑对退休或即将退休的员工进行返聘。

（10）外部招聘全日制员工。当企业生产工人或技术人员供不应求时，从外部招聘可以较快地得到熟练的员工，及时满足企业生产的需要。在调整关键岗位员工的时候，如果企业有内部调整、人员晋升等计划，则应该优先考虑启动这些计划，其次才考虑外部招聘。

2. 供过于求的调整方法

（1）减少人员补充。减少人员补充是人力资源供过于求时最常用的方式。当企业出现员工退休、离职等情况时，对空闲岗位不进行人员补充，这样做可以在一定程度上通过营造不那么紧张的工作氛围来减少企业内部的人员供给，从而达到人力资源供求平衡。但采取减少人员补充的方式往往数量有限，而且难以得到企业所需要的员工。

（2）增加无薪假期。当企业出现短期人力资源过剩的情况时，采取增加无薪假期的方法比较适合，这样做可以使企业暂时减轻财政上的负担，而且可以避免企业需要员工时再从外部招聘员工。

（3）裁员。裁员作为一种人力资源调整手段，在某些情况下被视为一种"没有办法的办法"，但其有效性也是不容忽视的。裁员可以帮助企业迅速减少人力成本，优化组织结构，提高运营效率。但是，裁员也会带来一系列负面影响，包括降低员工信心、挫伤积极性，以及潜在的企业形象损害。因此，在实施裁员之前，企业必须慎重考虑并制订周密的计划。

3. 结构性失衡的调整方法

实际上，在制定人力资源平衡措施的过程中，不可能是单一的供不应求或供过于求，人力资源往往出现结构性失衡。可能是高层次人员供不应求，而低层次人员供过于求。企业应该根据具体情况，对供不应求和供过于求的员工采用相应的调整方法。制订出合理的人力资源规划，使各部门人力资源在数量和结构等方面达到协调平衡。这里有一点需要注意的是，如果企业不是缺乏生气，应以内部调整为主，把某类富余职工调整到需要人员的岗位上。如果企业组织比较僵化，应招聘一些外部员工，给企业带来一些新的生产技术和新的管理措施等，这时应以外部调整为主。

四、人力资源规划实务的常见参考工具[①]

人力资源规划实务的常见参考工具主要有人力资源净需求评估表、按类别的人力资源净需求表、管理人员需求预测表、人力资源规划表、现实人力资源需求预测表、未来人力资源需求预测表、未来人力资源流失预测表和整体人力资源需求预测表（表 3-9 至表 3-16）。

① 乔继玉. 人力资源规划操作指南[M]. 北京：人民邮电出版社，2021.

表 3-9　人力资源净需求评估表

人员状况		第一年	第二年	第三年	……
需求	1. 年初人力资源的需求量				
	2. 预测年内需求的增加				
	3. 年末总需求				
	4. 年初拥有的员工人数				
	5. 招聘人数				
	6. 人员损耗				
	其中：退休				
	调出或升迁				
	辞职				
	辞退或其他				
	7. 年底拥有的员工人数				
净需求	8. 不足或有余				
	9. 新进人员损耗总计				
	10. 该年人力资源净需求				

表 3-10　按类别的人力资源净需求表

人员类别（按职务分）	现有人员	计划人员	余缺	预期人员的损失							本期人力资源净需求
				调职	升迁	辞职	退休	辞退	其他	合计	
高层管理者											
中层管理者											
部门主管											
一般员工											
……											
合计											

表 3-11　管理人员需求预测表

主要工作种类	当前人力	预计增加人力	每个工作种类预期人员流失				总需求
			晋升	辞职	辞退	流失率	
高层管理人员							
中层管理人员							
基层管理人员							
合计							

表 3-12　人力资源规划表

项目	第一年	第二年	第三年	……	备注
1. ××行业增长预测					
2. 公司年业务收入					
3. 公司利润率预测					
4. 员工总人数计划					
5. 各职位人数计划 其中：高层领导 部门经理 部门主管 员工					
6. 各部门人数计划 其中：总经理办公室 行政办公室 信息资源部 计划财务部 人力资源部 预算合同部 材料设备部 开发部 工程管理部 资金管理中心 上市办公室 其他					

表 3-13　现实人力资源需求预测表

部门	目前编制	人员配置情况			人员需求
		超编	缺编	不符合岗位要求	
合计					

表 3-14　未来人力资源需求预测表　　　　年　　月　　日

预测内容	第一年	第二年	第三年	第四年	第五年
增加的岗位及人数					
备注					

表 3-15　未来人力资源流失预测表　　　　年　　月　　日

预测内容	第一年	第二年	第三年	第四年	第五年
退休人员					
离职人员					
其他					
岗位及人数					
备注					

表 3-16　整体人力资源需求预测表　　　　年　　月　　日

项目	当前年	第一年	第二年	……
××部门	现实人数：	期初人数：	期初人数：	
	现实需求：	需增加岗位和人数：	需增加岗位和人数：	
	—	流失人数预测：	流失人数预测：	
	总需求：	总需求：	总需求：	
××部门	现实人数：	期初人数：	期初人数：	
	现实需求：	需增加岗位和人数：	需增加岗位和人数：	
	—	流失人数预测：	流失人数预测：	
	总需求：	总需求：	总需求：	
总计	现实人数：	期初人数：	期初人数：	
	现实需求：	需增加岗位和人数：	需增加岗位和人数：	
	—	流失人数预测：	流失人数预测：	
	总需求：	总需求：	总需求：	

关键词

企业战略；人力资源战略；人力资源规划；人力资源供给预测；人力资源需求预测。

本章思考题

1. 什么是企业战略？企业战略如何影响人力资源战略与规划？
2. 影响人力资源需求的主要因素有哪些？
3. 如何进行人力资源供给预测？如何进行人力资源需求预测？
4. 人力资源战略与规划对企业有什么意义？
5. 人力资源规划常用的方法有哪些？
6. 在大数据时代，人力资源规划的工作内容有哪些转变？

【案例分析】

华为技术有限公司：抢占人才高地，垄断后备人才[①]

华为技术有限公司（以下简称华为）成立于1987年，曾经是一个名不见经传的民营企业，但在短短的十年间便迅速发展成为利润率高、研发投入率最高的中国电子信息百强企业之一。究其成功的原因，其中一个重要的因素便是华为按照战略规划目标，制订了相应的人力资源规划并进行了大规模的相关人才储备。华为创始人任正非经常这样讲："华为唯一可以依存的是人，认真负责和管理有效的员工是华为最大的财富。"

华为创立之初仅有十余人，后逐步增加到百余人。20世纪90年代中期以后，华为在确定了"华为将长期专注于通信网络从核心层到接入层整体解决方案的研究开发，同时以标准的中间件形式向用户提供开发的业务平台，并关注宽带化、分组化、个人化的网络发展方向"的战略发展方向之后，又进行了人力资源的战略规划，开始了大规模的人才引进和储备。1998～2000年，华为平均每年的员工增长人数在3000～4000人，居国内首位。到2001年，华为已有员工15 000余人，其中85%具有本科学历，45%具有硕士、博士和博士后学历，员工平均年龄只有27岁，这是一个年轻的团队。从人员结构看：科研人员占40%、市场营销和服务人员占35%、生产人员占10%、管理及其他人员占15%。

2001～2006年，华为实施了为期5年的新人力资源战略规划，中心思想是"人才投资——汇聚精英"，聘请了人力资源咨询公司进行持续不断的人才投资，以及人力资源结构的优化，使人数稳健地达到了6万多人，分布在全球100多个分支机构，服务全球用户超过10亿人。

华为的起步时期是在20世纪八九十年代，此时国内正处于计划经济和市场经济并存的"双轨制"的改革阶段，中国经济改革进入了实质性的阶段。这一时期是人才比较稀缺的时期，当时教育体制下大学生的数量也是很少的，华为能在当时就比较有先见地进行人才储备，一方面是为了企业的发展需要，另一方面也是进行"人才垄断"，制约竞争对手的人力资源发展，一定程度上制约了竞争企业的发展。

华为的人力资源战略集中体现在对人才战略规划上。华为长远的人才战略：人才储备构想主要明确了科研人员对电子信息产业的重要性，这样针对人才结构的战略性的设计，合理地调整了人才结构，使企业各部门均衡发展，同时对企业人力资源的需求进行了大胆的前瞻性预测分析，进行未雨绸缪的人力资源规划；人才与精英的引进和储备使公司整体的人才素质达到了比较高的高度，保证了公司强大的人才队伍的后备支持，保证着公司的发展不会受到人才因素制约的同时，满足了企业在急速扩张中的人才需求；引进的人才普遍比较年轻，这也有利于华为内部人力资源的长期发展。华为从创立之初的十余人到现在已经发展成为有万余人的知名企业，规模也是一步一步地从小企业发展成为现在的大企业，人才战略的人力资源规划一直被企业坚定不移地实施着，这也是华

---

① 参阅胡八一. 人力资源规划实务[M]. 北京：北京大学出版社，2008；黄勇荣. 人力资源战略与规划精选案例评析[M]. 北京：科学出版社，2017.

为成功的一个重要因素。对比来讲，一些企业即使制定了很好的人力资源战略与规划，也不见得会去使之有效地实施，更不见得能长期坚持，而且并不是所有的企业都能长此以往的几十年持续不断地执行组织的人力资源战略与规划，这也是值得中国其他企业学习的。

【案例思考】

1. 当前形势下应该怎样进行很好的“人才垄断”？
2. 怎样看待华为的人员结构？

第四章

人员招聘与甄选测评

第一节　员工招聘概述

一、招聘的含义与目标

员工招聘其实就是根据人力资源规划和工作分析的相关要求，从组织内部或者外部为组织吸纳人力资源的过程。员工招聘其实也是员工招募、甄选和录用的总称。招募是录用的基础和前提，录用是招募的目的。招聘的目的就是找到最合适的人，及时弥补组织职位空缺，以适应组织发展的需要。

有效的招聘活动是指组织或招聘者在适宜的时间段内采取适宜的方式，实现人、职位、组织三者的最佳匹配，以达到因事任人、人尽其才、人尽其用的互赢共生目标。所以，良好的招聘活动必须满足 6R 基本目标。

（1）恰当的时间（right time）。就是在恰当的时间完成招聘工作，及时为组织补充所需的人员。这也是招聘活动需要满足的最基本的目标。

（2）恰当的范围（right area）。就是在最合适的范围内开展组织招聘工作，这一范围只要能够为组织吸纳到足够的合适人选即可。

（3）恰当的来源（right source）。就是要通过恰当的来源招聘目标人员，不同的职位对员工的要求是不同的，因此要针对那些与空缺职位匹配程度较高的人员。

（4）恰当的信息（right information）。就是在招聘之前对所缺职位的相关职责内容、任职资格要求，以及企业的相关情况做出全面而准确的描述，使应聘者能够充分了解相关信息，从而对自己的应聘活动做出准确的判断。

（5）恰当的成本（right cost）。就是在保证招聘质量的前提下，以最小的成本为组织完成招聘工作。

（6）恰当的人选（right people）。就是把最合适的人吸引过来参与企业的招聘，这包括数量和质量两个方面的要求。

二、招聘的意义

招聘工作是企业吸纳人才的主要手段，在企业管理活动中占据着极其重要的地位，其意义如下。

1. 招聘工作是企业吸纳人才的基本途径

一般来说，组织的人力资源一直处于不断变动当中，组织内部的人员变动（如升职、离职、降职、退休等）及组织内的人力资源向社会流动等多种因素，均会导致组织中的人力资源发生变动。招聘工作作为企业人力资源开发的基础，一方面直接关系到组织人力资本的获取与提升，另一方面直接影响组织人力资源开发管理等其他环节工作的开展。

2. 招聘工作有利于为企业创造竞争优势

相较于其他资本而言，人力资本具有较高的投资回报率。而在现代的市场竞争中，归根到底就是人才的竞争，一个组织拥有什么样的人才，很大程度上决定了其在竞争市场中的地位。招聘活动会为企业配置新的人员，并带来全新的管理思想和工作模式。这些新的元素不仅有助于企业的持续发展和竞争优势的构建，还能为企业注入新的活力和创新能力。

3. 招聘工作有利于企业文化的建设

有效的招聘能够使组织获取到那些认可组织价值观、在组织中能找到适合自己兴趣和能力的职位的员工，这有利于提高员工对组织的忠诚度，营造良好的组织氛围，进而增强团队的凝聚力，提高士气。

三、招聘的原则

招聘活动除了要为组织招聘到合适的人才以外，还是一项经济社会活动，同时也是一项政策性较强的工作。基于此，招聘工作应当坚持以下基本原则。

1. 全面原则

应聘人才应该从品德、知识、能力、智力、过去的经验积累等进行全面的考试和考查。因为一个人是否能够胜任一份工作是由多种因素决定的，故应该尽可能地采取全方位、多角度的评价方法，客观地衡量申请者的优劣势及与企业、职位的匹配度。

2. 公平原则

公平原则是指对于所有的应聘者要一视同仁，不得人为地制造各种不平等的限制或者条件（如性别歧视）和各种不平等的优先优惠政策，努力为有志之士提供公正平等的竞争机会，不拘一格地招聘、甄选、录用人才。

3. 公开原则

公开原则是指组织应该把相关的招聘信息，如招聘的人数、时间、任职资格及测评的方法等，向所有的应聘者和社会公告周知，公正公开地进行。

4. 效率优先原则

效率优先原则是指招聘活动要尽可能地以最小的成本为组织录用到最合适的人才。通过选择合适的招聘渠道及考核手段，在保证招聘质量的同时，尽可能地节省招聘费用。

5. 双向选择原则

双向选择原则是指组织根据职位说明书自主选择组织所需要的员工，同时员工根据自己的需求自主地选择企业和岗位。在组织招聘的过程中，要充分考虑应聘者的需求，主动创造能够吸引他们的条件，使其主动愿意为企业工作。

6. 遵守国家法律的原则

在招聘过程中，企业应该严格遵守《中华人民共和国劳动法》（简称《劳动法》）及相关劳动法的规定，坚持平等就业、双向选择、公平竞争，反对种族歧视、年龄歧视、信仰歧视，尤其是对弱势群体、少数民族和残疾人等应该给予关心和保护。严格控制未成年人就业，保护妇女儿童合法权益。

四、招聘与人力资源管理其他职能的联系

招聘作为人力资源管理的一项基本管理活动，是人力资源进入组织或是具体职位的重要入口，它的有效实施是整个人力资源管理系统正常运转的前提。招聘活动与人力资源管理其他职能之间的联系主要有如下几个方面。

1. 与工作分析之间的联系

工作分析的结果就是职位说明书，是组织制作招聘广告的依据。一份好的职位说明书，可以明确职位的工作职责、工作范围、任职条件及工作规范等信息，从而为员工招聘提供客观的标准，有利于降低招聘的主观成分，提高招聘活动的质量。

2. 与人力资源规划之间的联系

一方面，招聘工作的完善能够实现人力资源规划所制订的关于所需人员数量和质量的目标；另一方面，人力资源规划作为招聘活动的前置工作之一，规定了所需人力资源的数量和质量，为招聘工作的开展提供了依据。

3. 与员工培训之间的联系

招聘为员工培训与开发提供了相关信息。招聘活动为组织吸纳了新的人才，而招聘到的员工的素质是组织进行培训活动的依据。反过来，培训和开发活动的多少为招聘工作提供了有力支撑，从而更有利于帮组织吸纳人才。

4. 与绩效管理之间的联系

招聘质量的高低会直接影响员工个人乃至组织整体的绩效。一方面，如果组织开展的招聘活动质量较高，为组织吸纳了高质量的人才，这会有效提高员工个人和组织整体的绩效水平。另一方面，绩效管理工作也会影响招聘活动的进行。在绩效管理的过程中，通过绩效评价，可以发现员工在能力、态度上是否存在不足，这样就可以在下次招聘活动当中甄选那些能够弥补现有员工素质不足的新员工。

5. 与薪酬管理之间的联系

招聘到的员工的综合素质及其绩效水平会直接影响员工的薪酬水平。具有竞争力的薪酬水平是企业能够招聘到优秀员工的关键，这在一定程度上为组织的招聘工作的顺利完成提供了强有力的支撑。

第二节　员工招聘程序

员工招聘和甄选测评是一个复杂、完整而又连续的程序化过程。招聘工作有两个前提：一是根据企业的人力资源规划进行人力资源需求预测，从而确定企业所空缺的职位

类型、人员数量、招聘时限、招聘方式等内容；二是职位说明书为人员的甄选和录用提供评判依据，同时也让应聘者可以更加了解岗位的相关信息。

员工招聘的程序是指从出现职位空缺到候选人正式进入企业的整个过程，具体包括根据人力资源规划和职位说明书确定招聘计划、员工招募、员工甄选、员工录用、招聘评估等环节。

一、确定招聘计划

（一）分析招聘需求

一般来说，内部招聘都是在企业内部进行的，所以制订招聘计划大多都是针对外部招聘。所以在制订招聘计划之前，首先要分析企业的招聘需求。

第一步，相关部门提出所缺职位的信息，包括所缺员工人数、任职资格、职位所属层次等，填报表格之后正式向人力资源部门提出申请。

第二步，人力资源部门分别与各个部门进行深入的沟通，了解各部门的运营状况、业务发展需求以及现有人力资源的配置情况。通过这些沟通，人力资源部门能够初步判断各部门是否存在人员短缺或过剩的问题。在确定存在人员短缺的情况下，人力资源部门会进一步评估是否可以通过内部调动来解决这一问题。这包括考察是否有员工具备跨部门工作的能力，或者是否有员工愿意并能够接受调动到新部门。如果内部调动可行，人力资源部门会与相关部门和员工进行沟通，制订调动计划，并确保调动的顺利进行。除了调动外，还可以考虑通过加班、雇用临时工等临时性措施来缓解人员短缺的问题。在经过内部调动等解决方案的尝试后，如果仍然存在人员缺额，人力资源部门会在核定后上报给上级主管部门和领导审核批复，最终确定企业的招聘需求。

（二）制订招聘计划

在招聘需求确定之后，人力资源部门则需要与缺员的部门主管共同商定，以针对不同部门的员工需求，制订招聘计划。

1. 确定录用人数和招聘规模

（1）确定录用人数。为了保证企业人力资源结构的合理性，每个年度的招聘人数要大致保证均衡。录用人数的确定要兼顾录用后的员工配置的问题。

（2）确定招聘规模。招聘规模是指企业开展招聘活动旨在吸引多少应聘者前来。一般来说，企业是通过招聘录用的金字塔模型来确定招聘规模的，也就是将整个招聘录用的过程分为若干个阶段，以每个阶段通过的人数与参加人数的比例来确定招聘的规模，具体如图 4-1 所示。

招聘规模的确定取决于两个因素：一是企业招聘录用的阶段，阶段越多，招聘的规模也就越大；二是各个阶段通过的比例，这一比例的确定需要参考企业以往的历史数据和同类企业的经验，每一阶段的比例越高，招聘的规模就越大。

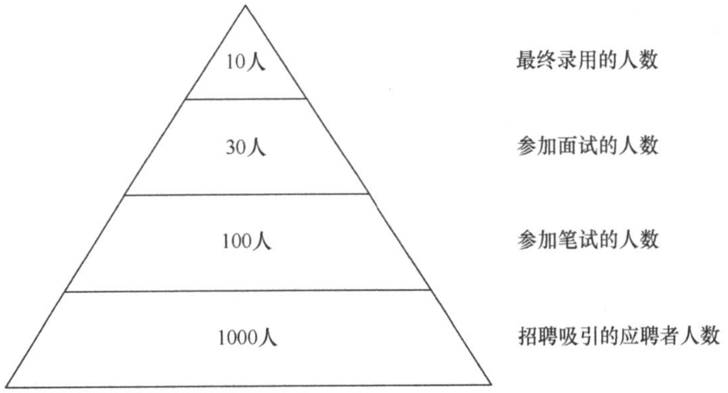

图 4-1　招聘录用的金字塔模型

2. 确定招聘时间、地点、经费预算和宣传策略

（1）确定招聘时间。有效的招聘计划应该精准地估计从候选人应聘到雇用之间的时间间隔。由于招聘活动本身需要耗费一定的时间，再加上甄选测评、录用和岗前培训的时间，因此填补一个空缺职位往往需要相当长的时间。为了避免企业因为缺少人员而影响企业的正常运作，企业要合理地确定自己的招聘时间，以保证能及时填补职位空缺。

一般来说，招聘周期确定的具体公式为：招聘日期 = 用人日期 – 准备周期 = 用人日期 – 培训周期 – 招聘周期。其中培训周期是指员工从接受岗前培训到培训结束的时间周期；招聘周期是指从接受应聘者申请，到员工甄选测评直至最后录用的全部时间周期。

（2）确定招聘地点。为了节省招聘成本，企业应该将其招聘的地理位置限制在最能产生效果的劳动力市场上。企业在聘请高级管理人才的时候，一般是通过猎头公司在全国范围内进行招募，而招聘普通技术工人则是在企业所在地的劳动市场就近招募。

（3）确定招聘经费预算。招聘成本的计算也是评估招聘效果和效率的重要评价指标之一，其包括内部成本和外部成本。一般来说，企业的招聘成本大多来自企业内部，内部成本一般由以下几种费用构成：一是人工费用，包括招聘人员的工资、福利、差旅费、生活补助、加班费用等；二是业务费用，包括通信费、专业咨询和服务费、广告费、资料费、办公用品费等；三是其他费用，包括设备折旧费、水电费、物业管理费等。外部成本所占的比例相对较小，主要是由于一些外部招聘环境变化而产生的成本投入附加值。

（4）确定招聘宣传策略。企业在进行招聘活动的过程中，要采取相应的宣传策略，积极地进行企业形象和组织文化的宣传工作，不仅需要让应聘者了解岗位薪酬、岗位职责、岗位晋升渠道等信息，还需要让其充分了解企业的组织文化、管理方式等。

二、员工招募

招募主要是利用各种传播工具发布职位信息，鼓励和吸引人员参加招聘。在员工招募的阶段，主要有确定招聘渠道和方法、发布招聘信息和接受应聘者申请等内容。

（一）确定招募渠道和方法

员工招募的渠道总的来说有两种，即内部招募和外部招募。二者相辅相成，对企业人力资源的获取具有同等重要的作用。

1. 内部招募的渠道

内部招募是指通过内部晋升、工作调换、工作轮换、人员重聘等渠道，从企业内部人力资源储备中选拔出合适的人员补充到空缺或新增的岗位上去的活动。内部招募的渠道主要有内部晋升、工作调换、工作轮换和人员重聘等。

1）内部晋升

从企业中提拔合适的人到空缺的岗位上，这是最常见的内部招募渠道。一方面，从企业内部晋升员工可以给其升职和发展的机会，能够激励员工奋发向上，并且有利于企业加强组织文化建设和建立稳定的核心团队；另一方面，从企业内部晋升员工补上空缺岗位，对于企业而言，省时省力省费用，且员工也对企业的业务工作较为熟悉，能够较快地适应新工作。

2）工作调换

工作调换也称“平调”，是在内部找寻合适人选的一种基本方法。这样做的目的是要填补工作空缺。内部调用应遵循以下原则：①尽可能事前征得被调用者的同意；②调用后更有利于工作；③用人之所长。

3）工作轮换

工作轮换和工作调换既相似又不同。工作调换从时间上来讲往往较长，而工作轮换则通常是短期的，有时间界限的。另外，工作轮换往往是两个以上、有计划地进行。工作轮换可以使企业内部的管理人员或普通人员有机会了解企业内部的不同工作，给那些有潜力的人员提供以后可能晋升的条件，同时也可以减弱部分人员由于长期从事某项工作而产生的烦躁和厌倦等感觉。

4）人员重聘

企业经常会将被解雇、提前退休或是已退休的员工再召回来工作。这部分员工很熟悉组织内部的工作，他们既能快速进入工作状态，为此企业节省大量培训费用，同时又能让企业以较少的代价获取有效的激励，使企业的凝聚力得以加强。

2. 内部招募的方法

1）推荐法

推荐法既能用于内部招募又能够用于外部招募，它是由企业员工根据企业的需要推荐其熟悉的员工，供用人部门和人力资源部门进行选择和考核。推荐人对用人单位和被推荐者比较了解，使被推荐者更容易获得企业与岗位的相关信息，便于其决策，也使企业更容易了解被推荐者，因而这种方法较为有效，成功的概率较高。

2）工作布告法

工作布告法是企业中最常用的一种内部招募的方法，它是通过向员工通告现有的工作空缺，从而吸引相关人员来申请这些空缺岗位。公告中应该包括空缺职位的各种信息，如工作内容、资格要求、工作时间及薪酬等级等，具体如表 4-1 所示。

表 4-1　工作公告示例

工作公告

公告日期：
结束日期：
在＿＿＿＿＿部门中有一全日制职位＿＿＿＿＿可供申请。此职位对/不对外部候选人开放。
薪酬水平：最低　　中间值　　最高
职责：（参见所附的职位说明书）
所要求的技能和能力：（候选人必须具备此职位所要求的所有技能和能力，否则不予考虑）
1. 在现在/过去的职位上表现出良好的绩效，其中包括：
——有能力准确、完整地完成任务
——能够及时地完成工作并坚持到底
——有同其他人合作共事的良好能力
——能进行有效的沟通
——可靠、良好的出勤率
——较强的组织能力
——解决问题的态度和方法
——积极的工作态度：热心、自信、开放、乐于助人和献身精神
2. 可优先考虑的技术和能力：
（这些技术和能力使候选人更具有竞争力）

员工申请程序如下：
1. 电话申请可拨打电话＿＿＿＿＿，每天下午 3：00 之前，＿＿＿＿＿除外。
2. 确保在同一天将已经填好的内部工作申请表与截至目前的简历一同寄至＿＿＿＿＿。
对于所有的申请人将首先根据上面的资格要求进行审查。
筛选工作由＿＿＿＿＿负责。
机会对于每个人来说都是平等的！

资料来源：加里·德斯勒. 人力资源管理[M]. 6 版. 刘昕，吴雯芳，等译. 北京：中国人民大学出版社，1999

工作布告法的目的在于让企业中的全体员工都了解到哪些职位空缺，需要补充人员，这种方式可以体现企业在招募人员方面的透明度与公平性，有利于提高员工士气。布告法就是将这些信息以布告的形式，公布在企业中一切可以利用的墙报、布告栏、内部报刊上，尽可能地使员工都能获取这一信息，所有对此岗位感兴趣并具有在此岗位任职能力的员工均可以申请此岗位。一般来说，布告法经常用于非管理层人员的招聘，特别适合普通职员的招聘。布告法的优点在于让企业员工了解到此类信息，为企业员工职业生涯的发展提供更多机会；缺点在于这种方法花费的时间较长，可能导致岗位较长时间的空缺，影响企业的运营。

3）档案法

档案法是内部招募的另一种方法。企业的人力资源部门拥有员工的人事档案资料，从中可以了解到员工的各种信息，用以帮助用人部门和人力资源部门寻找合适的人选补充空缺的岗位。尤其是建立了人力资源管理信息系统的企业，在挑选员工方面更为便捷，并可以在更大范围内进行挑选。

3. 外部招募的渠道和方法

外部招募是指从企业外部吸收申请者，有多种渠道和方法。普遍采用的方法有广告招募、网络招募、推荐招募、校园招募、借助职业介绍机构招募和通过猎头公司招募人才等。

1）广告招募

广告招募是企业从外部招募人员的最常用的方法之一。通常的做法是在一些大众媒体上刊登出单位岗位空缺的消息，吸引对这些空缺岗位感兴趣的潜在人员应聘。采用广告的形式进行招募，工作空缺的信息可以迅速发布，能够在一两天就传达给外界，同时有广泛的宣传效果，可以展示企业实力。广告招募的总体特点是信息传播范围广、速度快，应聘人员数量大、层次丰富，组织的选择余地大。在决定广告内容时，企业必须要注意维护和提升其对外形象。

2）网络招募

网络招募是一种新型的招募方式。企业可以利用网络发布招聘信息，求职者也可以在网上搜索相关的招聘信息。网络招募已经成为很多企业使用的一种手段，同时也有越来越多的求职者上网搜寻就业机会。

企业主要通过两种方式进行网络招募：一是在企业网站上建立一个招募渠道，由企业自己进行应聘者资料的获取和筛选；二是委托专业的招聘网站进行招募，最后再进行验证测试。

采用互联网招募的方式，可以从某种程度上满足企业的要求，因为网络招募有如下优点：一是成本较低，方便快捷，选择幅度大，涉及范围广；二是不受时间和地点的限制；三是使应聘者求职申请书、简历等重要资料的存储、分类、处理和检索更加便捷化和规范化。

事实上，网络招募很大程度上也可以与报纸、杂志、广播电视、印刷品等一起构成广告媒介，这些媒介分别有自己的优缺点及适用范围和适用情形，企业应当根据具体的情况来选择最为合适的媒体。具体的如表 4-2 所示。

表 4-2　各种广告媒介的比较

媒体类型	优点	缺点	适用范围	适用情形
报纸	成本低、广告大小可以灵活选择、发行量大、发行广泛	制作质量差、针对性不强、容易被忽视、容易出现招聘竞争	潜在的竞争者集中在某一区域，并且通常阅读报纸找工作	特定地区招聘、短期内需要得到补充的岗位、流失率较高的行业
杂志	针对性强、印刷质量好、保存时间较长、版面大小可以灵活选择	发行地域分散、发行时间较长	招聘的职位比较专业、招聘没有时间限制、招聘的范围较广	应聘者地区分布较广、应聘者集中某专业领域、职位空缺不迫切
广播电视	容易留下深刻印象、灵活性强、传递信息更主动	时间较短、费用较高、不能选择特定的应聘者	需要迅速引起人们的注意、某一地区有多种类型的潜在应聘者	需招聘大量人员、公司需要在招聘的过程中扩大公司的影响力
印刷品	容易引起应聘者的兴趣，并引发他们的行动	宣传力度有限、有些印刷品可能被人丢弃	在特殊场合比较适用（如展会、招聘会等）	适用于与其他形式的招聘活动配合使用
网站	费用低、速度快、不受时间和地点的限制、传播范围广	信息过多、容易被忽视、不上网的潜在应聘者可能没看到招聘信息	全球范围内的招聘	适用于有机会使用网络和电脑的人群

3）推荐招募

通过企业的员工、客户、合作伙伴等熟人推荐人选也是组织招募人员的重要来源。熟人推荐的招募方式，其优点是对候选人的了解比较准确、成本较低、招募效率高、应聘人员素质高、可靠性高等；缺点是随机性大、甄选范围有限、可能存在偏见、可能引发内部矛盾等。

4）校园招募

校园招募也称上门招募，即由企业单位的招聘人员通过到学校参加毕业生交流会等形式直接招募人员。对学校毕业生最常用的招募方法是一年一度或一年两度的供需洽谈会，供需双方直接见面，双向选择。除此之外，有的企业则自己在学校召开招聘会，在学校中散发招聘广告。有的则通过定向培养、委托培养等方式直接从学校获得所需的人才。

校园招募的优点是企业能够招聘到足够的高素质人才，刚毕业的应届毕业生没有经受过社会的磨炼，可塑性强，薪酬成本较低；缺点是应届毕业生缺乏经验，有的对工作的期待值较高，离职率较高。

5）借助职业介绍机构招募

职业介绍机构是指帮助企业招募员工，同时又尽力帮助个人找到工作的一种组织。职业介绍机构一般有公共和私营之分。

职业介绍机构是用人单位和求职者之间的桥梁，为用人单位推荐人，为求职者推荐工作，同时也举办各种形式的人才交流会、座谈会等。职业介绍机构的优点是招募时间短，应聘者众多，不易在企业中形成裙带关系；缺点是招募费用高，且招募者对应聘者了解不够，不一定有合适人选。

6）通过猎头公司招募人才

猎头公司是我国近年来为适应组织对于高层次人才的需求与高级人才的求职需求而发展起来的。对于高级人才和尖端人才，用传统的渠道往往难以获取，但这类人才对企业的重要性不言而喻。因此，猎头服务的一大特点是推荐高素质人才。猎头公司一般都会建立自己的人才库。优质高效的人才往往是猎头公司最重要的资源之一，对人才库的管理和更新也是他们的日常工作之一，而搜寻手段和渠道则是猎头公司专业性服务最直接的体现。但是这类中介机构的费用不菲，一般是职位年薪的30%～40%。

4. 内部招募和外部招募的优劣势比较

内部招募和外部招募作为企业获取人才的两种主要途径，各自具有独特的优势和局限性。企业在选择招募方式时，需要综合考虑多种因素，包括招聘计划、经营状况、招募职位的急迫程度等。内部招募和外部招募的优缺点比较如表4-3所示。

表4-3　内部招募和外部招募的优缺点比较

项目	内部招募	外部招募
优点	（1）对备选对象了解全面，知根知底，能够做到用其所长，避其所短； （2）备选对象对组织熟悉，适应期短，能够很快进入角色； （3）给内部人员带来希望，有利于提高员工的积极性； （4）费用低	（1）来源广泛，选择空间大； （2）避免“近亲繁殖”，减少拉帮结派； （3）外来者可给组织带来新思想、新方法、新活力； （4）对应聘者的条件苛刻，可节省培训时间和费用，但招聘费用高
缺点	（1）容易造成“近亲繁殖”，形成错综复杂的关系网，出现拉帮结派的现象； （2）思维定式，不利于创新； （3）可能在组织中造成矛盾，落选者可能离开组织； （4）内部备选对象范围狭窄	（1）对备选对象了解可能不够全面和准确，其真实的人品和能力可能不符合组织的要求； （2）对内部员工的晋升努力产生一定影响； （3）备选对象对组织不熟悉，适应期长，进入角色慢； （4）费用高

（二）发布招聘信息

企业在发布招聘信息的时候，要注意招聘信息的发布范围、招聘信息的发布时间及招聘对象的层次等。

1）招聘信息的发布范围

首先，招聘信息的发布范围取决于需要招聘对象的范围，招聘信息的发布范围越广，来企业参加招聘的应聘者自然也就越多，因此企业招聘到合适员工的概率就会越大，但是由此产生的招聘费用也就越多，因此要在保证招聘质量的前提下花费最少的费用。

2）招聘信息的发布时间

在各项条件允许的前提下，招聘信息应该越早发布越好，这样给招聘者和应聘者都预留出时间。对于招聘者而言，可以有效地缩短招聘的时间进程；对于应聘者而言，可以有更多的人获取到相关信息，从而来参加企业的招聘。

3）招聘对象的层次

招聘对象的层次性是指企业在招聘某一岗位时，通常会根据该岗位的特点和要求，有针对性地面向社会的某个特定层次。这种做法有助于企业更精准地定位到符合岗位需求的候选人，提高招聘效率和成功率。

（三）接受应聘者申请

在应聘者获取到相关信息且有意愿去该组织之后，应该向企业提出应聘申请。一般来说应聘者申请分为两种：一是直接填写纸质申请表；二是登录企业的官方招聘网站按流程直接填写提交。在收到应聘者的求职申请之后，还应当进行初步筛选，剔除掉那些明显不符合企业招聘需求的人员，以减少企业进行甄选录用的工作量。

三、员工甄选

员工甄选毫无疑问是招聘环节中最为重要的一环，其目的是为企业排除掉不合乎职位要求的应聘者，最后甄选出最符合企业要求的员工。如果不能有效地从众多应聘者当中挑选出最优秀且最适合的员工，就会直接或者间接地给企业带来时间、金钱和效率上的损失。职位说明书则是企业进行员工甄选的基础，为招聘者和应聘者提供了一个清晰、具体的参照标准。职位说明书详细描述了某个职位的职责、任职要求、工作条件、所需技能、教育背景、工作经验以及其他相关要求。这些信息为招聘团队提供了明确的指导，使其能够根据职位要求来评估应聘者的匹配程度。

四、员工录用

员工录用阶段主要涉及对甄选测评合格的员工进行背景调查、通知被录用者进行体检、发送录用通知、签订劳动合同等过程。

1. 背景调查

背景调查可以提供较为准确的信息，从而帮助企业做出科学的利用决策。背景调查内容应该以简明、实用为原则。内容简明是为了控制背景调查的工作量，降低调查成本，缩短调查时间。内容实用是指调查的项目必须与工作岗位息息相关，避免查非所用。一般来说，背景调查的项目分为两类：一是一些通用项目，如应届生的毕业证、学位证、荣誉证书、任职资格证书等材料的真实性；二是与职位说明书相关的工作经验、技能及过往业绩等信息。

2. 体检

体检通常是在选拔过程结束后，有录用意向但尚未正式发送录用通知之前的一个重要步骤。进行体检的主要原因有三：一是确定应聘者的身体素质是否符合企业职位的要求；二是建立应聘者的健康记录，这对于未来满足保险或雇员赔偿要求至关重要；三是降低缺勤率和事故。

体检是录用前一个不可避免的环节。一些对健康状况有特殊要求的职位在招聘的过程中尤其要对应聘者进行严格的体检，否则可能会给企业带来麻烦。

3. 发送录用通知

在背景调查和体检均合格后，企业会向应聘者发送正式的录用通知。录用通知通常会明确职位、薪资待遇、工作地点、入职时间等关键信息。这是企业与应聘者之间达成初步雇佣协议的重要文件。

4. 签订劳动合同

签订劳动合同是员工录用的最后一步，也是企业与员工之间建立正式雇佣关系的法律凭证。劳动合同应明确双方的权利和义务，包括工作内容、工作时间、薪资待遇、社会保险、劳动保护、违约责任等条款。在签订劳动合同时，企业应确保合同内容符合法律法规要求，并充分尊重员工的权益。

五、招聘评估

招聘工作的最后一步是招聘评估。对招聘工作及时地进行评估，有助于发现招聘过程中所存在的问题，从而适时地对招聘工作进行调整，进而提高下一轮的招聘质量。招聘活动评估主要是从以下几个方面进行。

1. 招聘成本效益评估

招聘成本效益评估是招聘过程所必不可少的一个环节，它是指对招聘中的费用进行调查、核实，对照预算进行综合评价的过程。招聘成本效益评估是鉴定招聘效率的一个关键指标，主要的评价指标有人均招聘费用、成本效益评估和招聘收益成本比等。

人均招聘费用的相关指标计算公式如下：

$$\text{人均招聘费用} = \text{招聘总费用}/\text{录用总人数}$$

$$\text{招聘总费用} = \text{招聘费用} + \text{考评费用} + \text{录用费用} + \text{安置费用}$$

成本效益评估的相关指标计算公式如下：

$$\text{总成本效益} = \text{录用人数}/\text{招聘总成本}$$

$$\text{招募成本效益} = \text{应聘人数}/\text{招募期间的费用}$$

$$\text{选拔成本效益} = \text{被选中的人数}/\text{选拔期间的费用}$$

$$\text{录用成本效益} = \text{正式录用人数}/\text{录用期间的费用}$$

招聘收益成本比的相关指标计算公式如下：

招聘收益成本比 = 新员工为组织创造的总价值/招聘总成本

2. 招聘人员评估

企业通过对各类人员招聘数量情况的统计指标进行评估，能够分析员工数量上满不满足需求的相关情况，从而为人力资源规划的修订提供依据。招聘人员评估包括招聘人员数量评估和招聘人员质量评估，其中，招聘人员数量评估是对招聘需求、岗位配置及人力资源规划的量化分析与确定；招聘人员质量评估是对员工的工作绩效、工作行为、工作潜能等进行评估，这是对招聘的工作成果与方法的有效性检验的一个重要方面。招聘人员质量评估既有利于改进招聘的方式方法，又能为企业的培训开发、绩效评估等人力资源管理职能提供重要的信息和依据。

招聘人员数量评估的相关指标计算公式如下：

应聘率 = 应聘人数/计划招聘人数 × 100%

录用率 = 录用人数/应聘人数 × 100%

完成率 = 录用人数/计划招聘人数 × 100%

到位率 = 到职人数/录用人数 × 100%

招聘人员质量评估的相关指标计算公式如下：

录用合格比 = 已录用胜任岗位人数/实际录用总人数

录用基础比 = 原有人员胜任岗位人数/原有人员总数

第三节　人员甄选测评的方法与技术

人员甄选测评活动涉及企业的人员结构，进而影响企业的生存能力、发展能力和适应能力。员工甄选测评的方法主要有人才测评的信度和效度、笔试、面试、心理测试、评价中心技术等。

一、人才测评的信度和效度

（一）信度

信度是衡量人才测评工具质量的一个重要指标。若测评工具的信度不理想，测量结果就无法被认为是应试者的一致、稳定和真实的行为表现，测量就没有任何意义。

信度主要是指测量结果的可靠性或一致性。接受测量时应试者的行为可能会因各种原因而产生变动，偏离其真实行为，这就会导致测量结果产生误差。测量结果的可靠性与测量结果受误差影响的程度密切相关。误差大，分数的可靠性就会降低。信度是说明测量结果可靠性或一致性的指标。

（二）效度

效度是衡量人才测评质量的另一个重要指标，效度的作用比信度的作用还重要。如果一个评价工具的效度很低，那么不论信度有多高，这个评价工具都没有应用价值。

效度通常是指正式测试结果与未来工作绩效相关的程度。也就是说，有效的测试结果应该是能够准确地预测测试者未来的工作绩效，即甄选结果与以后的工作绩效考评得分是密切相关的，两者之间的相关度越高，说明测试越有效。

二、笔试

（一）笔试概述

笔试是一种主试通过笔试设问、应试者进行笔试作答的静态测评方式。应试者在主试的监督下，按照规定的程序和时限，以文字、符号、图表等形式，现场或网络上解答主试的笔试问答。

在当前的人才选拔中，笔试的主要作用是淘汰不符合职位要求的应试者。不论是国家公务员考试还是企业毕业季的公开招聘，同一职位可能有几十人甚至上千人参与报名竞争，对于用人单位而言，通过简历初步筛选及笔试二轮筛选，可为企业淘汰一批明显不符合职位素质要求的应试者，帮助企业用最低的成本招聘到最适合的人才。

（二）笔试的题型

一般来说，笔试的题型可分为客观性试题与主观性试题。

1. 客观性试题

客观性试题是指能够进行客观判分的试题。客观性试题的优点在于题量大、覆盖面广、信度高，评分客观、准确、效率高；缺点在于难以考查应试者组织材料、文字表述、发散思维等高层次的认知能力，反映不出应试者解题的思维过程。

笔试中最常见的客观性试题有判断题、单项选择题、多项选择题等，填空题、匹配题有时也会采用。

2. 主观性试题

主观性试题是与客观性试题相对应的试题类型的总称，又称非客观性试题。主观性试题的优点是可以从总体上对具体知识、能力等素质进行综合考查，应试者能够较充分表述自己的见解，在一定程度上反映出应试者解答问题的思维过程，提高知识的探查深度；缺点是考试的覆盖面窄，评分因人而异、因时而异，可能不够准确和客观。

笔试中最常见的主观性试题有计算题、简答题、论述题、案例分析题、辨析题、写作题、申论题等。

三、面试

（一）面试概述

面试是企业最常用也是必不可少的测试手段。在现代社会，企业越来越注重员工的实际能力与工作能力，而不是单纯地注重知识的掌握程度，因此，面试在人员选择环节当中起着非常重要的作用。

面试就是考官与应试者面对面地进行信息沟通，考官测评应试者是否具有与职位相匹配的知识、能力和个性品质的一种人事测评手段。

面试作为一种人才测评手段，具有多种特点，突出表现在以下四个方面。

第一，直观性。面试是考官和应试者直接接触的一种测评活动，通过面试，招聘单位会对应试者形成一个直观印象，这种直观印象对用人单位的最终雇用决策具有很重要的影响。

第二，灵活性。面试的方式和内容具有较大的灵活性。一方面，应聘者求职职位的不同导致面试的内容有所不同，面试可以根据职位的不同特点，灵活地采取不同的方式考查应试者；另一方面，虽然面试的题目是提前设计好的，但考官可以根据现场的实际情况和获取到信息的多少，来确定面试问题的多少。

第三，互动性。互动性是笔试和面试的最大区别，面试中考官和应试者会进行相关信息交流。考官会根据面试者的问题回答、神情举止等情况，及时变换提问的方式和问题，而面试者也会根据考官的提问，充分发挥自己的主观能动性。面试者的行为会影响考官的评价，考官的信息反馈又会影响面试者的表现，两者是互相影响的。

第四，主观性。面试的评价往往有较强的主观性，不像笔试有明确的评分标准。面试的结果会受到考官个人的主观印象、知识经验、情感等主观因素的影响，可能会出现不同的考官给予同一面试者的面试分数有较大差异的情况。

（二）面试的题型

面试的题型较多，常用的有三种：智能性问题、情境性问题和行为性问题。

1. 智能性问题

智能性问题主要是考查应试者对一些事物和现象的理解与分析判断能力。这类问题通常以一些较为复杂的社会热点问题为主题，考查应试者的综合分析能力。智能性问题的功能主要是考查面试者思维的逻辑性和严密性，以及思维的深度和广度。

2. 情境性问题

情境性问题是创设一种假设性的情景，考查应试者会怎么做。情境性问题的优点是情境性问题可以根据具体职位进行预设，可以针对性地考查该职位所应该具备的知识或能力；缺点是面试者所说的和其在实际工作中所做的可能会有差异。情境性问题可以考查面试者的能力和个性品质，包括组织协调能力、应变能力和情绪稳定性等。

3. 行为性问题

行为性问题关注的是面试者过去的行为。行为性问题的基本假设是，在类似的情境下，一个人过去的行为表现是预测其未来表现的一个良好依据。行为性问题主要是通过面试者描述过去所做的事情，考查其能力和个性适应方面的胜任情形。每一个行为性面试问题都应该遵循 STAR 原则[①]。

四、心理测试

（一）心理测试概述

心理测试，是指通过一系列心理学的方法来测量面试者的智力水平和个性方面差异

---

① 所谓的 STAR 原则就是情景（situation）、任务（task）、行动（action）和结果（result）。

的一种科学方法。心理测试可以帮助企业了解应试者的潜力及心理活动规律，可以通过心理测试了解一个人的实际能力，这样决策者就能将适当的人安排在适宜的岗位上。

（二）心理测试的类型

一般来说，按照功能进行分类，心理测试主要有以下几个类型。

1. 能力测验

从心理测验的观点看，能力可分为实际能力和潜在能力。实际能力是指个人当前“所能为者”，即代表个人已有的知识、经验与技能，是正式与非正式学习或训练的结果。潜在能力是指个人将来“可能为者”，它代表了个人在给定学习机会时的潜在发展空间。有人把测量潜在能力的测验称作能力倾向测验。能力测验又可进一步分为普通能力测验与特殊能力测验。前者即通常所说的智力测验，主要测量的是个体的一般智力水平，包括观察力、记忆力、想象力、思维力等。后者则专门用于测量个体在特定领域或技能方面的能力，如音乐、美术、体育、书写、飞行等。

1）实际能力测验：智力测验

智力测验一般可以分为两类：一是个体测验；二是团体测验。个体测验即主试在同一时间内只能对一个应试者进行测试，而团体测验则是众多应试者可以同时受测的测验。目前比较知名的测验是韦克斯勒智力量表和瑞文推理测验。

韦克斯勒智力量表是世界上非常有影响力且应用十分广泛的智力测验。韦克斯勒（Wechsler）自 1939 年发表第一个成人智力量表（又称韦氏成人智力量表）后，又陆续推出了适用于儿童的智力量表和适用于幼儿的智力量表，并进行了多次修订和完善。在韦氏成人智力量表中，每个分测验均可单独记分。所有分测验的原始分数都要转化成平均数为 10、标准差为 3 的标准分数。将各个分测验的标准分数相加，便可得到言语量表和操作量表的得分，以及总分数，再将这些分数转换成离差分数，即可得到言语智商分数、操作智商分数和总智商分数。这些智商分数可与同一个年龄组的常模团体进行比较，以便明晰应试者在同年龄组中的相对位置（表 4-4）。

表 4-4　韦氏成人智力量表

测验	分测验	主要测量功能	有无时限
言语量表	知识	知识广度、学习及接受能力、材料记忆能力、日常事务认识能力	无
	领悟	一般知识、判断能力、运用实际知识解决新问题能力、抽象思维能力	无
	算术	数学计算的推理能力、主动注意能力	有
	相似性	逻辑思维能力、抽象思维能力、概括能力	无
	数字广度	注意力、短时记忆能力	无
	词汇	言语理解能力、抽象概括能力、知识范围、文化背景	无
操作量表	数字符号	一般学习能力、知觉辨别能力及灵活性、动机强度	有
	图画填充	视觉辨认能力、视觉记忆能力、视觉理解能力、智力的一般因素	有

续表

测验	分测验	主要测量功能	有无时限
操作量表	木块图	空间关系辨认能力、视觉结构分析和综合能力、视觉运动协调能力	有
	图片排列	分析综合能力、因果关系观察能力、社会计划性、预期力、幽默感	有
	图形拼凑	局部与整体关系处理能力、概括思维能力、知觉组织能力、辨识能力	有

瑞文推理测验是英国心理学家瑞文（J. C. Raven）于 1938 年设计的一种非文字智力测验。在 1947 年和 1956 年，瑞文分别对该测验进行了小规模的修订。另外，为了扩大该测验的使用范围，瑞文于 1947 年编制了适用于更小年龄的儿童和智力落后者的瑞文彩色推理测验，以及适用于高智力水平者的瑞文高级推理测验。瑞文推理测验的编制在理论上依据斯皮尔曼（Spearman）的智力二因素论。该测验共有 60 道题目，依次分为 A、B、C、D、E 共 5 组，每组 12 道题。从 A 组到 E 组，难度逐步增加，同时每组内部的题目也是由易到难排列。每组内部的题目解题思路基本一致，但各组间的解题思路有差异。瑞文推理测验的构成是：每道题目都有一定的主题图，但每张大的主题图都缺少一部分；大主题图下有 6～8 张小主题图，其中有一张小主题图可填补大主题图的缺失部分，从而使整个图案合理、完整。应试者的任务是：从每题下面给的小主题图中找出适合填补大主题图的一张，并把该小主题图的序号填在答卷纸内相应题目序号下面。记分方式：对照标准答案表为应试者记分，每答对一题给一分。先分别计算 A、B、C、D、E 各组的分数（各组满分为 12 分），然后把 5 项分数加起来即可得到测验总分（满分为 60 分）。

2）职业能力倾向测验：潜在能力测验

能力倾向是指经过适当的训练或被置于适当的环境下完成某项任务的可能性，而不是当时就已经具备的现实条件。换言之，能力倾向是指一个人能学会做什么，即一个人获得新知识、技能和能力的潜力。

职业能力倾向测验可以有效地测量某人的某种能力，从而预测此人在一定的职业领域中成功的可能性，或者筛出在该职业领域中没有成功可能性的个体。人们编制了许多针对不同职业领域的能力测验，用于人员的选拔、安置和职业设计。例如，公务员录用考试把对应试者的行政职业能力的评价作为一个重要方面，它有利于帮助人事部门了解应试者从事行政工作的能力与差异，从而避免在选人过程中可能出现的“高分低能”现象，提高选人用人的准确性。

职业能力倾向测验所考查的全部都是客观题，其考查内容主要分为五大模块，即言语理解与表达（阅读理解、逻辑填空）、数量关系（数字推理、数学运算）、判断推理（图形推理、演绎推理、类比推理、事件排序）、资料分析（文字资料分析、表格资料分析、统计图形分析）和常识判断。

3）特殊能力测验

特殊能力测验实际上是一种特殊能力倾向测验，它与智力测验不同。智力测验测量更多的是一个人当时所具有的能力；而特殊能力则不仅测量一个人身上已具有的能力，还测量一个人在某方面的潜在能力。例如，美术能力测验是一种特殊能力测验，它测量的并不是一个人目前是否具有美术水平，而是该个体在未来有没有潜在的美术能力，以及以后在美术方面能否有所成就。目前世界上比较著名的特殊能力测验有飞行能力测验、音乐能力测验、美术能力测验、文书能力测验、机械能力测验、操作能力测验和多种能力倾向测验。

2. 成就测验

成就测验并不完全等同于我们通常所说的“考试”，尽管它们在形式上可能有所相似。成就测验是一种标准化的评估工具，旨在测量个体在特定学习领域或技能上的成就水平。它通常针对特定的教学内容或课程目标而设计，用于检测应试者对相关知识和技能的掌握程度。成就测验和智力测验、能力倾向测验具有明显区别。但无论是成就测验还是能力测验（包括能力倾向测验），所测得的都是个人在其先天条件下经由学习的结果。不过成就测验多是测量有计划的或比较确定的情境（如学校）中学习的结果，而能力测验，特别是能力倾向测验则是测量较少控制的或不太确定的情境中获得的结果，也就是在个人生活中经验累积的结果。

3. 人格测验

人格测验主要用于测量性格、气质、兴趣、态度、品德、情绪、动机、信念、价值观等方面的个性心理特征，亦即个性中除能力以外的部分。每种人格理论都假定个体存在差异，并假定这些差异是可测量的。测量就是在特定情况下对个体行为和与某特定刺激有关联的行为进行系统的观察。通常将人格测验分为自陈式量表、投射测验，以及其他人格测验（如评定量表）等。

1）自陈式量表

自陈式量表主要指自陈式人格问卷或人格调查表，又称结构化人格测验。该量表由牵涉个人特质、思想、情感、行为的真假或多项选择题组成，它要求受测者根据自己的经验、态度选择一个答案。自陈式量表主要有明尼苏达多相人格测验（Minnesota multiphasic personality inventory，MMPI）、加州心理测验（California psychological inventory，CPI）、艾森克人格问卷（Eysenck personality questionnaire，EPQ）、卡特尔十六种人格因素问卷（sixteen personality factor questionnaire，16PF）、爱德华兹个人爱好量表（Edwards personal preference schedule，EPPS）、瑟斯顿气质量表（Thurstone temperament schedule）、田纳西自我概念量表（Tennessee self-concept scale，TSCS）等。

2）投射测验

投射测验是指主试给被试提供一种模棱两可的多义刺激物，然后要求被试在极短的时间内立即做出反应。由于刺激与反应之间相隔的时间极短，被试根本无法进行全面而周到的思考，所以在回答问题的过程中常常把自己的真实情绪、情感、态度、需要、动机、观点、信念和个性特点等心理活动，投射在个人的反应之中，主试通过专业性的分析，就可以看出被试的心理状态和个性心理特征。此外，投射测验也可以用来考查人的智力、创造力、解决问题的能力等。目前，比较知名的投射测验包括洛夏测验、主题统觉测验（thematic apperception test，TAT）、儿童统觉测验（children’s apperception test，CAT）、贺兹曼墨迹技术、填句测验、画人测验（draw a person test，DAP）。

3）其他人格测验

其他人格测验主要有词汇联想测验、形容词检核表、态度量表，还有发展较晚的场独立和场依存测量、内外控制感测量等。校核表是一种相对简单的人格测验，它比人格问卷、评定量表更易编制。校核表有自我报告和观察者报告两种，它要求受测者圈出适合评价自己或他人的词或短语。通常认为评定量表的测量效果优于校核表，但不如人格问卷准确。态度量表在设计和结构上与评定量表相似。场独立和场依存测量主要反映个体知觉或认知能力特征，即从复杂的、易混淆的整体中区分部分的能力。那些不受干扰、较好解决问题的受测者属于场独立；而完成任务困难，易受干扰的受测者属于场依存。内外控制感测量主要评价个体的认知态度，即认为自己的行为是受自我或内部因素控制还是受外部因素控制，认为行为受自我或内部因素控制的人为内控，认为行为受外界因素控制的人为外控。

五、评价中心技术

评价中心技术是现代测评的一种主要形式。它是指把应聘者放置在一个相对隔离的一系列模拟情景当中，采用一定的技术和方法，观察和分析候选人在模拟情景下的心理、行为、表现及工作绩效，它是测量面试者管理技术、管理能力和潜能等的一个综合、全面的测评系统。评价中心技术是在工作情景模拟的基础上发展起来的，以测评管理者的素质为中心思想的一组标准化的评价活动。常见的评价中心技术有无领导小组讨论、公文筐测验、演讲、管理游戏和角色扮演。

（一）无领导小组讨论

1. 无领导小组讨论概述

无领导小组讨论是评价中心技术中最常用的一种测评方式。无领导小组讨论的操作方式是让一定数量（5～7人为宜）的面试者在既定的情境下或围绕给定的问题开展讨论。所谓无领导，即在讨论的过程中，所有面试者的地位是平等的，没有一个人处于领导地位，而考官和面试者不参与讨论过程，他们只是在面试开始前介绍前置情景或将要讨论的问题，并给他们规定要达到的目标及时间限制等。无领导小组的目的是考查面试者的组织协调能力、领导能力、人际交往能力、对资料的利用能力、辩论说服他人能力及非语言沟通能力等，同时也考查面试者的自信心、进取心、责任感、灵活性，以及团队精神等个性方面的特点及风格。

2. 无领导小组讨论的优缺点

无领导小组讨论的优点：一是给面试者一个充分展现其才能和人格特征的舞台，无领导小组讨论能够让面试者在动态的环境下充分展现自身的能力和个性，从而有利于考官充分了解每一个面试者；二是可以同时考查若干个面试者，对于考官而言，可以在统一环境下更加清晰直观地比较各个面试者，且操作起来比较灵活。

无领导小组讨论的缺点：一是基于背景材料的不同小组讨论的气氛和基调可能完全不同，有的小组气氛过于活跃，有的小组气氛过于沉闷。面试者的表现过多地依赖同一小组中其他成员的表现。如果一个健谈的人碰到一个比他更活跃的人，将会显得他是比较沉闷的人，反之则反，这将会导致绝对评价标准变成相对评价标准，失去了其公允性。

二是无领导小组讨论对应试题目的要求较高，题目的好坏可能直接影响对面试者评价的准确性和全面性，同时这种评价方式对考官和评价者的要求也较高，评价标准不易掌握。

（二）公文筐测验

公文筐测验能有效地测量计划、决策和授权等方面的能力，而无领导小组讨论更适合测量沟通、人际合作等方面的技能。就测量对象的层次来说，公文筐测验更适合测量中高层管理人员；而工作取样法更适合测量基层管理人员和工人。在实践中，我们一定要注意每种测评方法的独特功能，这样才能起到事半功倍的效果。

1. 公文筐测验概述

公文筐测验又称公文处理测验，在这项测验中，应试者通常扮演某一管理者或领导者的角色，然后处理一系列信函或文稿，包括通知、报告、电话记录、办公室的备忘录等。这些材料通常都放在办公桌的文件筐内，公文筐测验因此得名，材料的具体内容因应试者拟任职位要求的不同而不同。例如，如果是选拔科级职位的人员，问题可能仅涉及理解并遵循上级指示、安排日常事务性工作、协调和执行等；而对于应聘局级职位的人员，问题可能涉及很广，如人事安排、财政支出与控制、组织机构的调整、公共关系等。所有这些信函与文稿都要求应试者写出处理意见或做出决定，这些材料的数量可多可少，一般不少于 10 份且不多于 30 份，同时要给予一定的时间限制，以使应试者产生一定的心理压力，如必须在赶飞机或参加一个重要的会议前做完；要在 1～3 小时内把这些材料处理完毕；等等。在处理材料的过程中，一般没有其他人的协助，而且所设情景要使应试者能单独工作（如在星期天或晚上），这样就必须通过书面表达而不使用电话。但在人员允许的情况下也可以派一个秘书或助手供应试者吩咐调遣，在对应试者进行评价时也将他使用这个秘书或助手的情况作为一个评价指标。有时在应试者处理完这些材料后，评价者还要对其进行采访，要求说明为什么要这样处理，对于不清楚的地方，应试者要予以澄清。

评价中心技术的预测效度是现有各测评方法中最高的，而公文筐测验是评价中心技术中用得最多的一种测评工具。

2. 公文筐测验的优缺点

与结构化面试等方法相比，公文筐测验具有以下优点：一是测评情景具有很高的仿真性。公文筐测验的一个最大特点是测评情景与实际工作情景很相似，应试者不是进行角色扮演或回答应该怎么做，而是测评情景几乎就是他们实际的工作情景。二是考查的内容范围广。在公文筐测验中，测评应试者的依据是文件处理的方式和理由，是静态的思维结果。因此，除了必须通过实际操作的动态过程才能体现的要素，任何背景知识、业务知识、操作经验及能力要素都可以包含于文件处理之中。文件的内容和种类可以多种多样，故该测验能对高层管理人员进行较为全面、客观的评价。三是开放性强。在公文筐测验中，应试者作答的自由度很高，主动发挥的空间很大；应试者面对的不是封闭性问题，而是可以灵活处理的各种开放性问题。四是操作实施比较简便。公文筐测验只要求应试者对各种书面材料（包括背景信息和测验材料）进行处理，不涉及人与人之间复杂的互动行为，应试者的作答也是以书面形式完成的。所以，评价者只需经过一定的培训即可胜任。五是具有较高的效度。由于公文筐测验的测评方式与拟任职位的工作方式的相似性很高，因此测评结果可以很好地预测应试者未来的绩效。

任何测评方法都有其局限性，公文筐测验也不例外。公文筐测验有以下缺点：一是由于在公文筐测验的实施过程中，评价者与应试者之间通常没有互动交流，因此此法难以测量应试者的口头沟通、人际协调等方面的实际能力。二是要编制一个好的公文筐测验并不容易，它不仅需要编制者具有一定的相关工作经验和丰富的测量学知识，而且要花费大量的时间和精力。三是公文筐测验的评价很难。文件的处理对于不同的组织往往具有不同的评价标准，因为机构性质和价值理念等因素的不同，文件处理的标准也会有差别。同时，不同评价者之间的一致性也难以保证，故公文筐测验很难大规模推广使用，一般也只在选拔高级管理人员和官员时才使用此方法。

（三）演讲

演讲是应聘者按照给定的材料组织并表达自己的观点和理由的过程。通常，拿到题目，面试者稍作准备之后，进行一个5～10分钟的正式演讲。有时演讲结束后，考官还会就演讲问题稍做提问。

这类方法通常考查面试者思维的敏捷性、条理性、整体性及说服能力和自信心等。此种方法操作简单，成本较低，但仅通过演讲考查一个人的综合能力尚不全面，因此这类方法往往与其他方法结合使用。

（四）管理游戏

1. 管理游戏概述

管理游戏是评价中心技术中的一种，是指以游戏的形式完成某项工作任务的面试方法。管理游戏可以考查面试者的综合管理能力。

管理游戏的形式与无领导小组讨论有些类似，但有两点重要的区别：一是管理游戏除文本材料外还需要配备在游戏中所需要用的和可能使用到的各种道具；二是相对于无领导小组讨论而言，管理游戏面试者的活动范围更自由，有时候主试也会参与其中。管理游戏的分类如表4-5所示。

表4-5 管理游戏的分类

类型	主要内容
会议游戏	主要着眼于如何提高会议的效率，如何进行有效的沟通和交流；讨论会议主题，分析存在的问题，并提出有效合理的办法解决问题，从而保证会议的质量和效果
销售游戏	进行行业的有效调查和预测；进行有效的学习和交流；确定市场目标，采取合理、准确的销售手段，保证和提高市场占有率
创造力游戏	以创造一个和谐、宽松、自由的工作环境和学术氛围为基础，使被测评者的新思维、新点子能够进行碰撞和交流，从而形成和发展为新的思想和见解
破冰游戏	打破僵局，使不熟悉的成员之间增强了解和信任，在最短的时间内熟悉彼此；增强团队意识，实现更好的沟通和交流
团队建设游戏	模拟团队目标，使各个成员之间互相信任，彼此愿意奉献，增强团队的团结力和凝聚力，营造和谐的团队环境

续表

类型	主要内容
压力缓解游戏	着眼于如何使成员在高度压力的环境下，减轻心理负担，缓解压力，进行有序的工作，保持良好的心态，以避免出现职业倦怠和其他心理问题
激励游戏	模拟了解员工的心理；考虑用良好的绩效手段满足员工的需求，以提高员工的创造力和工作激情，使员工更好地服务于团队，实现组织成长和员工自我成长的双赢
客户服务游戏	使成员培养一种服务和客户第一的意识，站在客户的角度上，研究客户的需求和心理；无论从产品研发、生产、销售还是售货服务方面，都以客户为导向，从而增强市场控制力和竞争力

2. 管理游戏的优缺点

管理游戏的优点：一是能够突破实际工作情景时间与空间的限制；二是其形式具有趣味性且真实感强，管理游戏所模拟的情景更接近于实际情况，能够帮助应试者更快、更深刻地了解错综复杂的组织内部之间的相互关系。

管理游戏的缺点：一是游戏对于环境和道具的要求较高，致使实施成本较大，同时相对于其他评价方法而言，该方法会耗费更多的时间；二是对主试的要求较高，组织的难度较大，操作不便，难以观察。

（五）角色扮演

1. 角色扮演概述

角色扮演是一种情景模拟活动，即根据被试可能担任的职务，编制一套与该职位实际情况相似的管理活动，将被试安排在模拟的、逼真的工作环境中，要求被试处理任何可能出现的问题，用多种不同的方法测量被试的心理素质、潜在能力等。角色扮演作为一种评价中心技术，不仅可以用于人员甄选，还可以用于培训，以帮助员工发展和提高个人技能。

2. 角色扮演的优缺点

角色扮演法的优点：一是可以充分调动被试的参与积极性。被试为了获得考官较高的评价，会充分展现自我，施展自己的才华。二是角色扮演具有较高的灵活性，从测评的角度看，角色扮演的形式和内容丰富多样，能让被试施展其真正的才能。三是角色扮演这种测评技术是在模拟的情境下进行的，因此，被试在做出决策的过程中可以尽可能地按照自己的意愿去完成，不必考虑实际工作中的决策失误会带来的工作绩效的下降或失败等问题。它是一种可反馈、可反复的行为。四是可以增强被试之间的交流，培养人们之间的沟通、自我表达和认知等社会交往能力。

角色扮演法的缺点：一是如果没有精妙的设计能力，在情景和角色的设计上可能出现简单化、表面化等现象。二是评价结果容易失真。如果被试因为自身的原因不愿意接受角色扮演这种形式，或是没有进入角色，或是刻意模仿行为和模式化行为，那么可能会导致测评不出真实的结果。三是对考官及其合作者的要求很高。在角色扮演中，另一位被试的表现可能会影响施测的标准化。

第四节 人才测评的程序

人才测评的根本目的是实现人岗匹配，真正做到事得其人、人适其事、人尽其才、才尽其用。人才测评作为一种专业化的活动，与其他技术性活动一样，有其必须要遵守的规范和流程，在真实的测评当中，只有认真遵守这些规范和流程，才能保证测评活动的信度和效度。

一、测评方案设计

一份好的测评方案必须要考虑测评的目的、预算、指标和候选人数量等因素。只有合理地考虑这些因素，才能更好地确定应该采取何种测评方法和测评工具，进而形成一份有效的测评方案。

1. 测评目的

首先是测评的目的，即用人单位需要明确此次人才测评的目的是什么，为什么要展开此次人才测评，想要通过人才测评解决什么问题或是完成什么目标，等等。人才测评目的的不同直接决定不同的测评指标，测评指标的不同直接关系着使用何种测评工具和方法。

人才测评一般用于企业内部普查和企业外部招聘。针对企业内部普查，其相对于企业外部招聘而言需要更多更为复杂的测评方案设计，因为企业内部普查需要筛查出企业现存的人员问题，全方位地诊断员工的优劣势，精准地为员工提供个人发展报告及为企业提供组织发展报告，以帮助企业不断建立竞争优势。所以企业内部普查往往需要雇佣外部测评专家，运用心理测试、面试、无领导小组讨论、360 度评估和公文筐测验等多种测评方法和技术。而针对企业外部招聘，一般员工招聘采用履历筛选、笔试、情景模拟测验、无领导小组讨论和面试即可，对于高级管理人员或是高级技术人员，则需要更有针对性和更复杂的测评工具和方法。

2. 测评预算

测评预算的多少直接关系着人员测评的精度。一般情况下，用人单位招聘一名员工的预算越多，往往使用的测评方法也越丰富，最后的测评结果也会越好。然而预算问题往往与企业高层管理者的认识有很大的关系，如果高层管理者认为人才测评不是很重要，不值得花费太多的费用，那么相应的测评预算就会很低，反之测评预算将会很高。

3. 测评指标

熟知每一个岗位的胜任素质和胜任特征是进行人才测评的基础，这可以保证人才测评具有针对性和准确性。近年来，许多大型企业都在构建符合公司实情的员工胜任力模型，而这些胜任力模型的确定可以极好地为选定合适的测评指标提供基础。一般来说，测评指标在 7 个以内效果最好，超过 7 个将很难对要素进行区分。

4. 候选人数量

候选人数量也是在设计测评方案的时候所需要考虑的一大因素。一般来说，如果候选人的数量较多，运用较少的测评技术就能进行很好的区分，即可以达到很好的测评结果。相反，如果候选人数量较少，用较少的测评技术可能并不能将这些候选人进行有效的区分，则需要用更多的测评技术和工具。初步筛选相对来说较为容易，但当要从最后的一批人中录用1～2人时，测评的精度要求更高，同时录用决策的风险更大。

5. 预期结果

预期结果也是在设计测评方案的时候所需要考虑的一个因素。如果只是基于胜任素质和胜任能力对候选人进行简单的排序，这时对测评结果的要求不高，相应的，对测评方案设计的要求也不高。但如果需要根据测评的结果对每一位候选人提供职业发展建议报告的时候，则对测评方案的设计和要求很高。

6. 组织实施

在测评方案设计之前，还需要考虑测评的组织实施情况。如果在组织实施的过程中，考评人员的数量较少，那么就不能分多个组对所有的候选人同时进行测评，测评则需要很多天才能完成。在此种情况下，测评试题的保密性相对较差，则需要事先设计多套难度大体相当的测评试题。比如大学的期末课程考试，由于正常考试和补考存在一定的时间差，因此出于对测评试题的保密性，在考试前，老师都会提前准备难度和题量都大体相当的A、B卷。

二、测评的组织与实施

在测评方案设计完成后，就可以进入组织实施阶段，在组织实施阶段可以分为两部分进行，分别是测评实施前的准备阶段和测评实施的过程控制阶段。

（一）测评实施前的准备

1. 材料准备

在测评实施前，组织部门需要提前准备好测评过程中可能用到的各种材料，这些材料包括测评试题、答题纸及评分表等。测评试题包括笔试试题和面试试题，一般来说，面试试题包括结构化试题和非结构化试题。而评分表是考官记录应试者在测试过程中的语言和行为表现的专用表格。在测试结束后，考官常常要在评分表上对应试者的表现进行评价。

2. 测评场地布置

每一种测评技术的实施对场地都有一定的要求，如需要在光线充足、环境安静、场地宽裕、色调温和的地方开展测评，不能让应试者产生视觉刺激或空间上的压抑感等。在一般的测评项目中，应试者通常要参加几个测试，所以在布置测试场地的时候，应该在每个测评室外的显著位置标明该房间的测试项目，如“面试室”“小组讨论室”等。如果需要用多个功能相同的房间，那么还需要对房间进行编号，以便应试者能够快速准确地找到测评场地。如果条件允许，还可以设立专门的引导人员对应试者进行引导。如果参与测试的人数过多，则最好可以设立候考室。

3. 考官培训与分组

在测评实施的过程中，通常需要考官对应试者的表现和行为进行观察和评价，这就对考官提出了一定的要求，因此需要在测评实施前对考官进行培训和分组。一般来说，考官是企业的高层管理人员和人力资源管理人员。高层管理人员能够从战略高度评判应聘者与企业的匹配程度，而人力资源管理人员能够准确地理解不同岗位所要求的典型行为表现。

另外，所有参加测试的考官均需要接受组织系统的培训，培训可以让考官准确理解岗位的胜任素质、典型行为表现和评价标准，以保证所有的考官使用统一的评价尺度对应聘者进行评估。培训一般由人力资源部门负责，且由人力资源部负责召集所有的考官，集中向他们说明测评的目的、测评维度、施测过程中的观察和记录要求、评价程序、出现分歧的解决办法、评价要求等。系统的考官培训可以有效地提高测评的信度和效度。

（二）测评实施的过程控制

1. 测评时间控制

由于不同的应试者之间会有个体差别，所以不同的应试者的答题时间就会有所不同。但针对一般招聘笔试而言，时间是预先确定的。当测试的项目是基于培训和职业规划与发展时，对答题没有完成的应试者应该适当放宽时间要求。需要特别指出的是，在心理测验当中，如果应试者没有完成所有的题目，往往测验结果将会无法统计，应试者的个性特点将不能通过测验描述出来，这将会给考官对应试者的综合评价带来困难。

2. 考官评价控制

许多测评项目包括无领导小组讨论、面试、角色扮演法等，往往在测试结束后，需要考官及时根据自己的观察记录对应试者的行为表现进行评价。首先由考官单独评价，然后集体讨论，对应试者在每个测试维度上的行为表现进行定性评价。如果考官对应试者的评价未能达成一致性意见，那么持不同意见的考官就需要互相陈述评价的理由，应试者在测试过程中的行为表现可以作为行为证据来支持考官的评价意见。如果考官的观察记录存在差异，那么需要调用录像资料进行确认，然后进行讨论，最后确定评价结果。

在企业测评实践中，一般留给考官评价的时间比较短，这会直接影响各考官发表自己的见解。一个有效的处理方法是，为了让考官能够对应试者的评价基本达成一致性意见，考官可先采用集体讨论的方式，找出每个测评指标的表现最佳者与最差者，然后结合评价标准分别给表现最佳者与最差者打分，确定出该指标的分值区间，最后由各考官根据集体讨论的原则，再结合各维度上的分值区间独立打分。

三、测评报告撰写

一般在测评结束后，需要根据测评过程中所记录的材料，撰写一份完整的测评报告。

测评结果一般包括个体测评数据分析和群体测评数据分析。在测评实践中，通常需要对应试者在各个评价中的得分进行统计分析，然后对应试者形成总体的评价。

关键词

招募；甄选；猎头公司；笔试；面试；心理测试；评价中心技术；无领导小组讨论；公文筐测验；管理游戏；角色扮演。

本章思考题

1. 什么是招聘？招聘的目的是什么？
2. 招聘的意义是什么？它与人力资源管理其他职能具有什么样的关系？
3. 员工招聘有哪些步骤？每个步骤需要做些什么工作？
4. 员工招聘需要遵循哪些原则？
5. 招募的渠道和方法有哪些？简述每一种渠道及方法的优缺点。
6. 员工甄选测评的方法和技术有哪些？
7. 什么是心理测试？心理测试有哪些类型？
8. 什么是评价中心技术？评价中心技术包含哪些技术和方法？
9. 什么是无领导小组讨论？它有何优缺点？
10. 什么是公文筐测验？它有何优缺点？
11. 什么是管理游戏？它有何优缺点？
12. 什么是角色扮演法？它有何优缺点？
13. 人才测评方案的设计需要考虑哪些相关因素？
14. 人才测评的程序是什么，请简要阐述。

【案例分析】

丰田公司的全面招聘体系①

丰田公司以“看板生产系统”“全面质量管理”体系名扬天下，但其行之有效的“全面招聘体系”鲜为人知，正如许多日本公司一样，丰田公司花费大量的人力、物力寻求企业需要的人才，用精挑细选来形容一点儿也不过分。

丰田公司全面招聘体系的目的就是招聘最优秀的、有责任感的员工，为此公司做出了极大的努力。丰田公司全面招聘体系大体上可以分成六大阶段，前五个阶段招聘要持续5～6天。

第一阶段：丰田公司通常会委托专业的职业招聘机构进行初步的筛选。应聘人员一般会观看丰田公司的工作环境和工作内容的录像资料，同时了解丰田公司的全面招聘体系，随后填写工作申请表。1个小时的录像可以使应聘人员对丰田公司的具体工作情况有个大致了解，初步感受工作岗位的要求，同时也是应聘人员自我评估和选择的过程，许多应聘人员知难而退。专业招聘机构还会根据应聘人员的工作申请表和具体的能力及经验做初步筛选。

第二阶段：评估员工的技术知识和工作潜能。通常会要求员工进行基本能力和职业态度心理测试，评估员工解决问题的能力、学习能力、潜能及职业兴趣爱好。如果是技术岗位工作的应聘人员，则需要进行6个小时的现场实际机器和工具操作测试。通过前

① 参阅佚名：招聘案例集锦[EB/OL]. https://wenku.baidu.com/view/a08991518ad63186bceb19e8b8f67c1cfad6eeb0.html [2019-03-09].

两个阶段的应聘者的有关资料转入丰田公司。

第三阶段：丰田公司接手有关的招聘工作。本阶段主要是评价员工的人际关系能力和决策能力。应聘人员在公司的评估中心参加一个4小时的小组讨论，讨论的过程由丰田公司的招聘专家即时观察评估，比较典型的小组讨论可能是应聘人员组成一个小组，讨论未来几年汽车的主要特征是什么。实地问题的解决可以考查应聘者的洞察力、灵活性和创造力。同样在第三阶段应聘者需要参加5个小时的实际汽车生产线的模拟操作。在模拟过程中，应聘人员需要组成项目小组，负担起计划和管理的职能，比如，如何生产一种零配件，人员分工、材料采购、资金运用、计划管理、生产过程等一系列生产考虑因素的有效运用。

第四阶段：应聘人员需要参加一个1小时的集体面试，分别向丰田的招聘专家谈论自己取得的成就，这样可以使丰田的招聘专家更加全面地了解应聘人员的兴趣和爱好，他们以什么为荣，什么样的事业才能使应聘员工兴奋，更好地做出工作岗位安排和职业生涯计划。在此阶段也可以进一步了解员工的小组互动能力。

第五阶段：通过以上四个阶段，员工基本上被丰田公司录用，但是员工需要参加一个25小时的全面身体检查。了解员工的身体一般状况和特别的情况，如酗酒、药物滥用的问题。

第六阶段：新员工需要接受6个月的工作表现和发展潜能评估，新员工会接受监控、观察、督导等方面严密的关注和培训。

【案例思考】

1. 为什么说丰田公司的招聘体系是一个全面的招聘体系，具体表现在哪里？
2. 丰田公司是如何把招聘工作与未来员工的工作表现紧密结合的？

第五章

培训与开发

第一节　人员培训与开发概述

一、培训与开发的内涵

1. 培训与开发的概念

培训是企业向员工提供工作所必需的知识与技能以成功完成工作的学习过程。

开发是依据员工需求与组织发展要求，对员工的潜能进行开发和对其职业发展进行系统设计与规划的过程。

培训与开发是两个既有重叠又有区别的概念，重叠在于两者的出发点是一样的，都是要通过提高员工的能力来提升员工的工作业绩，进而提高企业的整体绩效；实施的主体都是企业，接受者都是企业内部的员工；两者使用的一些方法也是相同的。

培训与开发之间也存在一定的区别：一是两者的侧重点不同。培训关注的是现在，开发更关注未来，侧重员工的个人发展、职位升迁等方面。二是时间不同。培训通常是个短期的过程，开发是一个长期的过程。三是两者的目标有所区别。培训为当前工作做准备，目标明确、清晰，开发通常是为未来变化做准备，目标比较模糊。

培训与开发的目的都是向员工传授更为广泛的技能，使员工的技能由单一技能转向多重技能，以适应不断变化的客户需求与组织发展的需要；强化员工对组织的认同，提高员工的忠诚度，培养员工的客户服务意识，提高员工的适应性和灵活性，使员工与组织同步成长。

2. 战略性人员培训与开发

随着战略人力资源管理的兴起，人力资源管理的各项职能也开始逐渐具备战略特性。通常意义下的人员培训与开发也在向战略性培训与开发转变。战略性培训与开发是指企业在分析外部环境和内部条件的基础上，为获得长期的人力资源竞争优势和企业的长远发展，而形成的人员培训与开发的目标、使命，以及为了实现这个目标而制订的长期的、全局性的行动计划。与以往的培训相比，战略性培训更强调与组织的使命、核心价值观、愿景与战略等协调一致，要求管理者树立整体与全局观念，在了解组织运作原理和各部门之间关系的基础上，提高员工与组织使命及战略要求相一致的能力，以顺利实现组织的职能与发展目标。

战略性培训与开发首先要体现组织战略，然后根据不同的战略选择，组织采用不同的培训与开发手段（表 5-1）。

表 5-1　不同的竞争战略的选择

竞争战略	对员工的要求	对培训与开发战略的要求	培训与开发活动
成本领先战略	降低员工成本，提高产量	员工对节省成本有高度的认同感	岗位培训、通用技能培训
差异化战略	依赖于员工专业能力和创造性	留住高技能员工，培养创新型员工	专业技能培训、团队学习创新
集中化战略	集中做一个细分市场，重视质量	员工熟练掌握技术，严防随意性和不确定性	组织文化培训、团队合作项目

（1）成本领先战略。成本领先战略力争使总成本降到行业最低水平。此战略要求尽量降低每名员工的单位产出成本，以此来提高产量。可通过岗位培训、通用技能培训来实现成本节约。

（2）差异化战略。差异化战略强调与竞争者相比别具一格，显现独到之处。当企业采用差异化战略时，必须具备吸引高水平员工、有创造性的员工和专家的条件。为此，必须通过专用技能培训、团队学习创新来留住人才、培养人才。

（3）集中化战略。集中化战略强调集中于一个细分市场。例如，某公司早期采用集中化战略，专注于经营过桥米线，为此在华南、华中、华东三地成立训练中心，采用阶梯式的培训方式，通过十二大系统课程，分设初级、中级、高级课程进行全方位训练，实现自身造血与供血功能，培养所需人才，同时启动组织文化培训与团队合作项目。

战略性培训与开发的过程如下：首先，在组织战略下选择培训与开发战略；其次，将其具体化为策略，开展一系列实践活动；最后，利用培训评估与信息反馈调整修正组织战略，往复循环。其中，对培训的评估不仅要关注员工的知识、技能、动机和行为规范等，还要聚焦组织的运营效率和客户满意度等。

二、培训与开发的意义

1. 提高员工的职业能力

员工培训的直接目的就是要发展员工的职业能力，使其更好地胜任现在的日常工作及未来的工作任务。在能力培训方面，传统上的培训重点一般放在基本业务技能的层次上，但未来的工作需要员工拥有更广博的知识，培训员工学会知识共享，创造性地运用知识来调整产品或服务的能力。同时，培训使员工的工作能力有所提升，为其取得好的工作绩效提供了可能，也为员工提供了更多晋升和提高收入的机会。

2. 有利于企业获得竞争优势

面对激烈的国际竞争，一方面企业需要越来越多的跨国经营人才，为进军国际市场做好人才培训工作；另一方面员工培训可以提高企业新产品研究开发能力。员工培训就是要不断培训与开发高素质的人才，以获得竞争优势，这已为人们所认识。尤其是人类社会步入以知识资源和信息资源为重要依托的新时代，智力资本已成为获取生产力、竞争力和经济效益的关键因素。企业的竞争不再单纯依靠自然资源、廉价的劳动力、精密的仪器和雄厚的财力，而主要依靠知识密集型的人力资本。员工培训是创造智力资本的途径。智力资本包括基本技能（完成本职工作的技术）、高级技能（如怎样运用科技与其他员工共享信息、对客户和生产系统了解）及自我激发创造力。

3. 有利于改善企业的工作质量

工作质量包括生产过程质量、产品质量与客户服务质量等。毫无疑问，培训使员工素质、职业能力有所提升，将直接改善企业工作质量。培训能改进员工的工作表现，降低成本；培训可增加员工的安全操作知识，提高员工的劳动技能水平，增强员工的岗位意识，增加员工的责任感，规范生产安全制度，增强安全管理意识，提高管理者的管理水平。因此，企业应加强对员工敬业精神、安全意识和知识的培训。

4. 有利于高效工作绩效系统的构建

在 21 世纪，科学技术的发展导致员工技能和工作角色的变化，企业需要对组织结构进行重新设计。今天的员工已不是简单地接受工作任务，提供辅助性工作，而是参与提高产品与服务质量的团队活动。在团队工作系统中，员工扮演许多管理性质的工作角色。他们不仅具备运用新技术获得提高客户服务与产品质量的信息、与其他员工共享信息的能力，还具备人际交往技能和解决问题的能力、集体活动能力、沟通协调能力等，尤其是培训员工学习使用互联网及其他用于交流和收集信息的工具的能力，这些可使企业工作绩效系统高效运转。

5. 满足员工实现自我价值的需要

在现代企业中，员工的工作目的更重要的是“高级”需求，即自我价值的实现。培训不断教给员工新的知识与技能，使其能适应或能接受具有挑战性的工作与任务，实现自我成长和自我价值，这不仅使员工在物质上得到满足，而且使员工得到精神上的成就感。

三、培训与开发的原则

为了保证培训与开发的方向不偏离组织预定的目标，员工的培训与开发必须遵循以下原则。

1. 战略原则

企业必须将员工的培训与开发放在战略的高度来认识。员工培训有的能立竿见影，很快会反映到员工工作绩效上；有的可能在若干年后才能收到明显的效果，尤其是对管理人员的培训。因此，许多企业将培训看作只见投入不见产出的“赔本”买卖，往往只重视当前利益，安排“闲人”去参加培训，而真正需要培训的人员却因为工作任务繁重而抽不出身，结果就出现了所学知识不会用或根本不用的“培训专业户”。针对上述问题，企业必须树立战略观念，根据企业发展目标及战略制订培训规划，使培训与开发与企业的长远发展紧密结合。

2. 理论联系实际，学以致用原则

员工培训应当有明确的针对性，从实际工作的需要出发，与职位特点紧密结合，与培训对象的年龄、知识结构、能力结构、思想状况紧密结合。目的在于通过培训让员工掌握必要的技能以完成规定的工作，最终为提高企业的经济效益服务。只有这样，培训才能收到实效，才能提高工作效率。

3. 知识技能培训与企业文化培训兼顾的原则

培训与开发的内容除了文化知识、专业知识、专业技能的培训内容外，还应包括理想、信念、价值观、道德观等方面的培训内容，而后者又要与企业目标、企业文化、企业制度、企业优良传统等结合起来，使员工在各方面都能够符合企业的要求。

4. 全员培训与重点提高相结合的原则

全员培训是一种有计划、有步骤地对在职所有员工进行的培训活动，它是提高全体员工素质的重要途径。为了最大化培训投入的回报率，培训必须有所侧重。在企业中，管理和技术骨干，特别是中高层管理人员，往往对企业的兴衰有着重大影响。他们的决策能力、管理能力及专业技能直接关系到企业的运营效率和竞争力。因此，这些人员应该成为培训的重点对象。通过系统的培训，可以进一步提升他们的专业技能和管理能力，使他们能够更好地应对复杂多变的市场环境，带领企业稳健发展。同时，对于有培养前途的梯队人员，也应该有计划地进行培训与开发。这些人员是企业未来的希望，通过培训可以挖掘他们的潜力，提升他们的综合素质，为企业的持续发展储备人才。

5. 培训效果的反馈与强化原则

培训效果的反馈与强化是不可缺少的重要环节。培训效果的反馈指的是在培训后对员工进行检验，其作用在于巩固员工学习的技能、及时纠正错误和偏差，反馈的信息越及时、准确，培训的效果就越好。强化则是指由于反馈而对接受培训人员进行的奖励或惩罚。强化目的一方面是奖励接受培训并取得绩效的人员；另一方面是加强其他员工的培训意识，使培训效果得到进一步强化。

四、培训与开发的分类

（一）根据培训与开发的对象划分

根据培训对象的层次，可以把培训与开发分为高级培训、中级培训、初级培训，如果再结合培训对象其他的特点，则可以更细致地把培训与开发分为以下四种主要类型。

（1）新员工培训。新员工培训是指对刚进公司的新人进行培训。不管员工之前有没有工作经验，在进入一个新的企业后，他就是一个新人。他需要在最短的时间内掌握企业的基本情况、规章制度、企业文化、工作任务等，这也是企业宣传自身的一种方式。

（2）岗上培训。岗上培训主要针对的是转岗员工、新员工及岗位技能需提升的老员工。岗上培训是对从事某一个岗位工作所需的知识、技能及工作态度等方面的培训，也是给员工提供一些思路、想法及主要技能的传授方式。岗上培训根据员工级别的不同，可分为基层员工培训、技术人员培训和管理人员培训等。

（3）员工职业生涯开发。职业生涯开发主要是针对员工的开发问题，如在职教育、实战训练、心理咨询、规划工作等，这些能帮助员工建立符合自身情况的职业生涯规划，让个人目标与企业目标相结合，开启双赢模式。

（4）管理者开发。管理者开发主要针对管理人员及潜在的管理人员。一般这种开发可以通过情景模拟、研讨会、角色扮演、实战经验分享等方式，让受训者建立多维的思维方式及管理心态，掌握先进的管理技能，从而改善管理业绩。

（二）根据培训与开发的工作关系划分

（1）脱产培训。脱产培训主要是让员工脱离现有的岗位，去专业的机构或者教育学院去学习，这种情况下，员工没有工作压力，能全身心地投入到学习中去，有利于知识水平的提升，但缺点也很明显，如培训成本较高。

（2）在职培训。员工一边工作一边培训，这种方式的培训内容主要是跟实际工作相关的，这种培训相对来说成本较低，也不会影响员工的工作，但规范性较差，学习到的系统性知识并不全面。

（三）根据培训与开发的主题内容划分

（1）知识点培训。知识点培训是指以业务知识为主要内容的培训，简单来说就是认知学习。这种学习包括记忆、推理、行为规范、图案辨识、规则等，这些都是可传授性知识。

（2）技能培训。技能培训主要是指对员工做好本职工作、处理实际问题技巧方面的能力培训与开发。比如有些人其实有谈判方面的潜质，但他自己可能并不知道或者缺少引导的力量，那么企业在培训与开发的时候，就要结合员工个人的实际情况，做好培训与开发课程，让有这方面潜质的员工发挥相关特长，从而运用到工作中解决实际问题。

（3）态度培训。工作态度与员工的工作绩效有直接关系，其培训的内容比较多也难以客观评定。例如，职业操守、价值观、人际关系处理、责任心、利益关系处理等，这些都是可以作为态度学习的内容，但难点就在于这方面的实际考查是一个长期的过程，有时只有在特定的情况下才能检验出培训的效果。

（四）根据培训与开发的组织模式划分

1. 职能模式

职能模式是指人力资源培训与开发部门作为企业职能部门之一，根据组织战略要求，对各部门的培训需求做出响应，提供相应的培训，培训师可以是企业内部人员，也可以聘请外部专家。在这种模式下培训与开发基本是由企业自己独立完成。

2. 大学模式

大学模式有两类：一是基于人力资源部的学院；二是基于企业的大学。第一类模式下，培训活动开发项目由企业培训部门负责管理，由培训部门组织专家、安排培训活动、提供培训服务。第二类模式下，企业自己办研究院或大学，学员必须按规定完成课程。现今社会企业大学发展迅速，已成为一种新常态。企业大学具体的运行模式比较多，如华为大学的校长同时也是人力资源部的负责人；海尔大学从属于海尔集团及人力资源开发中心；惠普商学院、通用电气的克劳顿维尔管理学院则和企业的其他部门一样是独立的。

3. 合作模式

合作模式有校—企联合培养、产—学—研联合培养及校—企—政联合培养，其中产—学—研模式应用最多。产—学—研，即企业、学校、科研机构等相互配合，发挥各自优势，形成强大的研究、开发、生产一体化的先进系统并在运行过程中体现出综合优势。产、学合作不仅发挥了高校科技、人才、校舍的优势，也利用了企业基础设施、资金的优势，相互促进，将产、学“两张皮”变成“一张皮”，真正做到以产助学，以学兴产。国外一些企业在进行员工培训时，很注意与高校的联合与协作。美国教育理事会的调查证实，早在1984年美国就有半数的高校在企业里开设课程。例如，著名的贝尔实验室就与麻省理工学院、斯坦福大学等37所高等院校合作，借助高校培训研究生。在法国，企业职工在高校学习的形式分为三种：为期3个月至一两年的“长期进修班”，主要针对企业的需要，进行从一个技术领域转到另一个技术领域的长期培训；为期一周至数周的“短期培训班”，在企业内部开设，主要针对某一专业领域出现的新技术、新知识组织培训；为期一两年的“晋级培训班”，为受训人员提供担任更高一级职务所需的知识。

4. 外包模式

外包模式是组织将人力资源的部分或全部培训业务交给外部的专业机构的模式。在培训部门编制有限，员工需要学习的知识不断更新，对培训服务的需求又日新月异的情况下，企业要加强与外部培训机构的合作。例如，企业可以把基本技能的培训外包给教育或培训机构，也可以与外部机构共同开发企业所需的专门培训课程。随着全球化进程的加速和跨国公司的进入，一些世界著名的管理培训公司如美国管理协会亚太培训中心等已经进驻中国。这些机构带来了先进的培训理念和方法，为中国企业提供了更多的培训选择。同时，国内也涌现了一批小型的培训公司，它们灵活多变，能够根据企业的实际需求提供个性化的培训服务。

五、培训与开发同人力资源管理其他职能的关系

培训与开发同人力资源管理的其他各项职能活动之间存在密切的联系，主要表现在以下五点。

（1）同职位分析的关系。通过职位分析可以得到职位所要求的任职资格，这是培训与开发的重要依据之一。同时，职位之间的差异造就了员工工作性质的差异，因此培训与开发要具有针对性。

（2）同人力资源规划的关系。培训与开发属于人力资源业务规划之一，在其指导下，培训与开发才能更有计划，才能更好地发挥出它的价值。同时，培训与开发能够提升人力资源的质量，从而满足人力资源规划中“质”的需要。

（3）同招聘甄选的关系。招聘甄选是人才的“选”，培训与开发是人才的“育”。很多时候选择的人才并不能满足组织的所有要求，因此要通过进一步的培训与开发实现。反过来，若招聘时人员的素质和能力已经很高，则培训与开发时的工作就会轻松很多。因此两者存在相互作用。

（4）同绩效管理的关系。绩效的提高是培训的目的之一，提高到什么程度则是培训与开发的力度问题，而检验培训与开发的成果的重要依据就是绩效有没有提升。在选择培训与开发的内容之前的绩效就是一个参考，它决定了培训的内容，但重要的还是培训之后的绩效提高程度。

（5）同员工关系管理的关系。一个成功的企业离不开齐心协力，万众一心。通过培

训特别是态度方面的培训，可以增强员工的归属感，促进其认同企业文化，增强员工之间的凝聚力和向心力。

第二节　培训需求分析

一、培训需求分析的内容

培训需求分析是指在规划与设计每项培训活动之前，由培训部门采取各种办法和技术，对组织及成员的目标、知识、技能等方面进行系统的鉴别与分析，从而确定培训必要性及培训内容的过程。培训需求分析就是采用科学的方法弄清谁最需要培训、为什么要培训、培训什么等问题，并进行深入探索研究的过程。它具有很强的指导性，是确定培训目标、设计培训计划、实施培训的前提，是现代培训活动的首要环节，是进行培训评估的基础，对企业的培训工作至关重要。

几种常见的产生培训需求的情况有：①员工工作岗位变动时；②员工的各种能力需要提升时；③生产安全需求提高时；④企业市场扩张时；⑤企业招聘新员工时；⑥增加新业务、进入新领域时；⑦解决特定问题时；⑧组织、规章制度变革时；⑨技术革新、引起新系统或流程时；⑩企业改进工作绩效时。

归纳一下，培训需求分析可以从组织、工作和员工三个层次来进行。

（一）组织层面的培训需求分析

组织层面的培训需求就是从宏观环境角度，包括从组织所处的环境、组织的目标、组织的战略、组织的文化、组织架构及职能等方面分析和找出组织存在的问题与问题产生的根源，以确定培训是不是解决这类问题的有效方法。进行组织层面培训需求分析主要从以下几方面考虑。

1. 组织面临的市场环境分析

组织面临的市场环境分析即分析较大范围和较长时间内，对组织的经营活动产生影响的宏观因素，以及组织及其产品市场所在地的各种微观环境因素。具体如下。

（1）政治与经济环境因素。政治与经济环境是指组织及其产品市场所在地的政治与经济形势、政治与经济的未来发展趋势、正在执行的方针政策等。例如，加入世界贸易组织、对组织涉及的行业产生影响的政策出台等。这些是进行组织层面培训需求分析时首先要考虑的宏观因素，要对其中能影响组织目前和未来的经营活动的因素进行充分深入的分析。

（2）法律环境因素。法律环境是指组织及其产品市场所在地的法律体制，以及正在执行（尤其刚出台）的法律法规和各种规章制度。凡是能影响组织目前和未来的经营活动的，都是进行组织层面培训需求分析时必须考虑的因素，要进行充分深入的分析。

（3）文化与科技环境因素。文化与科技环境包括经营管理观念发展变化，生产和管理技术的研究与开发潮流，与本组织密切相关的新技术、新工艺、新原料、新发明的开发、推广和应用，等等。例如，从主要对上级负责到主要对顾客负责、从产品数量意识到产品质量意识、从控制为主到授权为主等观念的转变，以及终身雇佣制到合同制管理的转变。这些是进行组织层面培训需求分析时需要考虑的重要因素，要进行充分深入的分析。

2. 组织发展方向与运作经营分析

（1）发展目标与发展战略。任何组织都会根据环境与自身的实际制定未来一个阶段的组织发展目标与发展战略。比如以后公司要开 500 家门店，那么是否需要培养一批店长，这就是需求；如果要将销售业绩提升到 200%或更高，那么就需要加强招商、销售等方面的培训。究竟组织目标对组织的人才队伍建设提出什么要求，组织未来是否会发生战略转型、重组或兼并，组织发展战略的变化对组织的人力资源带来什么影响，这些影响能否通过培训得到解决等问题，都必须在组织层面的培训需求分析中得到明确的答案。这是进行组织层面培训需求分析的重中之重。

（2）生产经营活动。主要分析组织当前或未来一个阶段开展的生产经营活动所用的机器设备、工艺流程、技术专利、能源原料等。通过分析，要明确维持这种生产经营活动需要怎样的员工数量、员工类别和员工素质，这种需要与组织现有的人力资源有何差距，这种需要如何通过培训得到满足，等等。

（3）组织结构。从长远来看，组织总是处于发展变革之中。组织的内部机构设置、管理和监督层次、决策机制及劳动组织方式等，哪些地方是薄弱环节亟待充实加强，哪些地方进行了变革或即将进行变革，这两个问题在进行组织层面的培训需求分析时要剖析清楚。同时，还要进一步剖析：解决这两个问题需要人力资源提供怎样的支持，以及哪些支持通过培训可以得到有效解决。

（4）组织文化。组织文化是组织在长期的生存发展中形成的，为组织多数成员共同遵循的基本信念、价值标准和行为规范。进行组织文化方面的培训可以加深员工对组织文化的认识与认同，从而在日常的工作行为中有所体现，如公司打造的是一个以分享、付出为主题的文化氛围，那么在设计培训时则需要围绕此去开展。分析组织文化时要着重分析组织文化中是否出现了需要在员工中大力推广的新元素；员工尤其新员工对组织文化的认识与认同程度如何；是否需要开展规模较大的培训教育。

3. 组织的财务状况分析

培训是一种投资行为，需要投入成本。如果培训投入超出组织的财力承受能力，培训费用没保证，那么培训计划和实施就是一句空话。因此，进行组织层面的培训需求分析时，必须附带进行组织的财务状况分析，明确整体上能用于培训的费用额度，以便培训计划与实施能量力而行，真正做到准确而有效。

（二）工作层面的培训需求分析

工作层面的培训需求分析需要综合考虑工作标准、岗位能力及员工在实际工作中的环境等多个方面。从公司整体来看，需要收集哪些岗位对公司业绩影响最大；从部门或个人来看，要收集该岗位完成业绩影响最大的能力要求项是什么，因此，工作层面的培训需求分析得主要考虑以下几点：①工作的复杂程度，也就是工作对思维的要求；

②工作的饱和程度，也就是工作量的大小和工作的难易程度，以及工作所消耗的时间长短等；③工作内容和形式的变化，即从公司整体发展的角度分析部门工作内容和形式的变化。

工作层面的培训需求分析过程包括三个环节：①确定需要并分析工作的复杂程度、饱和程度及内容形式的变化；②优化主要的工作内容，确定执行标准，寻找绩效缺口；③明确胜任工作所需要的知识、技术和能力。在这一过程中，根据职位说明书，对职位工作进行分解，采用“工作—职责—任务”分析方法，逐一罗列工作内容，确定完成每项任务所应具备的理论、能力与素养，并明确其中可通过员工培训提升的部分，再评估理论知识、专业技能及职业素养对完成工作的影响程度，明确员工培训的侧重点，按照先后顺序满足岗位需求，制订有层次、重点突出的培训计划。

（三）员工层面的培训需求分析

员工层面的培训需求分析就是了解员工的工作现状、状态、学习意愿，与绩效问题有关的工作的详细内容和标准，以及达成工作所应具备的知识和技能。分析的内容包括工作所包含的任务、完成每项任务需要掌握的技能，以及每项工作应达到的绩效标准。可以通过工作分析、绩效评价和对基层主管人员的调查得到分析所需要的信息。分析的重点在于确定培训的内容，即员工要达到满意的工作绩效必须掌握什么。

企业组织中有各级管理人员、技术人员及一线操作人员，不同职工间存在年龄、学历、工作经验上的差别。企业要结合岗位要求，开展员工个人绩效评估，根据评估结果、员工岗位工作成效等资料，明确员工行为和期望绩效间的差距，与员工面对面地交流，分析差距出现的原因。在原因分析中，综合考虑部门组织配置、岗位工作任务、员工个人能力等要素，分析差距出现的内部原因与外部原因，前者包括激励机制不足与员工个人能力不足；后者是指企业环境限制。根据确认的原因，组织员工培训，提升员工个人能力，并适当调整企业内部环境，为岗位工作落实提供条件。

员工层面的培训需求可以采用行为分析法。行为分析法又称差距分析，着眼于员工现在的表现，判断其是否按要求做事。有三种行为分析技术①。

1. “哦，那么”行为分析

在要求进行培训时，开始用一些以“哦，那么”开头的非正式问题来对员工进行行为分析，以下是一个参考案例。

经理：“我希望你为我们部门进行一次关于时间管理的培训。”

培训师：“哦，请多告诉我一些信息。”

经理：“好的，我希望你下周为我的团队培训。”

培训师：“那么，如果我下周为您的团队进行时间管理方面的培训，您希望取得怎样的效果呢？”

经理：“我希望部门的每名员工都能更灵活地工作而不是‘一根筋’地工作。”

---

① 巴贝切特. 培训需求评估——方法、工具和技巧[M]. 刘子熙，译. 北京：中国工信出版社，2016.

培训师："哦，我了解了。那么'更灵活地工作'的定义又是什么呢？"

经理："每名员工能更加有条理地完成自己的工作。"

培训师："现在员工工作时没条理吗？"

经理："可能是吧，我不确定每个人都是有条理的，但是有很多重复性劳动。"

培训师："那么，您希望时间管理培训帮助员工减少重复性劳动，对吗？"

经理："正是如此。"

培训师："那么，是什么造成了重复性劳动呢？能不能给我一个最近的例子？"

通过这样一种非正式的对话可以确定真正需要解决的问题在哪里，是否可以通过培训解决，培训的关键点是什么。

2. 可以-不可以/愿意-不愿意行为分析

这也是一种非正式的行为分析技术，主要从被培训者的能力和意愿角度来进行分析（表 5-2）。

表 5-2　可以-不可以/愿意-不愿意行为分析表

项目	可以完成	不可以完成
愿意完成	1. 可以/愿意 （1）寻找其他导致缺陷行为的原因； （2）提供时间和其他资源； （3）提供培训	2. 不可以/愿意 （1）提供技能培训； （2）进行在岗培训； （3）可能缺乏资源、设备、工具等； （4）寻找其他原因
不愿意完成	3. 可以/不愿意 （1）与其讨论不端正的态度； （2）告知其结果； （3）提供反馈； （4）提供指导； （5）加以督促	4. 不可以/不愿意 （1）提供技能培训； （2）加以督促； （3）与其讨论不端正的态度； （4）告知达成目标的好处； （5）调查其他可能的问题

3. 正式行为分析工具

可以从以下几个方面考虑。

（1）行为分析或差距分析。这是不是一个技能缺陷？如何解决缺陷？培训是不是解决缺陷的恰当途径？

（2）可行性分析。为什么要进行培训？此次培训的收益是否大于现存缺陷造成的损失？

（3）需求分析。为什么要进行培训？缺陷是否与业务需求相关？

（4）目标分析。在模糊期望的背后，需要对具体行为做怎样的改进？

（5）工作/任务分析。什么是完成任务最佳、最正确的途径？如何将这份工作/任务拆解为可教授的内容？

（6）目标人群分析。谁是培训对象？你对培训对象的哪些了解将有助于设计个性化培训？

（7）关联性分析。何时进行培训？成功的培训还需要哪些其他要素？

利用正式行为分析工具可以很好地了解员工层面的培训需求（表 5-3）。

表 5-3 正式行为分析工具表

个人的			环境的			信息的		
现实的能力	情感的动机	智力的技能/知识	资源	诱因	流程或方法	任务预期	使命	信息流
缺乏精力；不够灵活；缺乏毅力；做事不够周全；缺乏专注；缺乏学习新技能的能力	缺乏内部奖励机制；缺乏个人目标；缺乏动力；个人价值观与任务冲突	缺乏基本技能；缺乏与任务相关的技能；缺乏策略/流程方面的知识；缺乏支持技能的相关知识	缺乏员工；缺乏原材料；缺乏供给；缺乏设备；缺乏场地；缺乏支持性服务；能源不足	没有加强积极的行为；加强了消极的行为；消极行为和负面结果没有联系	过期的材料；不合理的截止日期；模糊的报告结构；无法进入决策流程；非工作导向的行为；大量的文书工作；烦琐的流程	任务要求前后不一致；时间要求冲突；任务布置不充分；任务过分复杂；重复布置任务；罕见的任务	没有指导方针；冲突的指导方针；一直变化的指导方针；冲突的任务布置；任务目标与公司使命不符	一直变化的信息；缺乏信息；缺乏准确数据；缺乏最新数据；缺乏完整数据；缺乏反馈；缺乏监督

二、培训需求分析的步骤

（一）培训需求调研计划

培训需求调研计划包括成立需求分析项目小组、确定调研的内容和对象、选择调研方法、开发调研工具、明确参与人员的分工和制订调研时间计划和费用预算等。

调研对象可从组织、任务、个人三个层面来考虑。组织层面包括公司领导、业务部门高管、自己的上级；任务层面包括需求提出部门、人力资源部、目标学员上级、与任务相关的部门和单位；个人层面包括目标学员、与学员工作相关人员。

调研方法有文档分析法、问卷调研、一对一访谈、小组访谈、观察、关键事件法等，其中常用的方法是文档分析法、问卷调研法和一对一访谈法。几种调研方法各有其优缺点和适用情形，在实施调研过程中可根据实际情况灵活组合调整。从实践经验来说，通过与企业高管、业务部门主管等关键人群进行一对一访谈能挖掘更多、更准确的培训需求，是比较有效的方式，但同时对访谈者的访谈技巧要求很高。问卷调研和其他的调研方式可作为补充和参考信息。

另外，在设计访谈提纲和调研问卷时，应明确调研内容。即希望通过调研收集哪些信息、这些信息对后续的需求分析和计划制订有哪些帮助作用，以此删除无关或不必要的问题，以免浪费时间和资源，影响调研效果。

（二）收集需求信息

制订培训需求调研计划后，需具体实施以收集培训需求信息。在这个阶段，通常可能出现以下问题。

第一，被调研人员不予配合，或者应付了事。思想认识不统一，培训部门和业务部门对培训需求调研的目的、内容、方法认识不统一，导致协作困难。

第二，调研方法和工具欠合理。调研的过程中发现调研工具不够严谨甚至漏洞百出，使被调研者不知道如何配合或由此产生抵触情绪，无法准确地获取所期望的信息，这与最初工具的设计与开发密切相关。

第三，调研流程不顺畅。例如，调研时间的安排不合理、沟通反馈的机制和流程不顺畅。

第四，人员能力不匹配。调研人员的访谈能力、数据统计分析能力、沟通能力等不足，影响了需求调研的顺利开展和分析结果的准确性。

以上问题需要在制订调研计划时进行周密的考虑，并提前做好相关的风险防范措施，提升调研人员的专业能力。

（三）开展培训需求分析

根据前面培训需求分析的三个层面来开展培训需求分析。需要注意的是，三个层次之间并不是完全独立的，组织分析是确保培训符合组织的整体目标与战略要求。通过组织分析确定哪些部门和部属需要培训，为培训提供可利用的资源及获得管理者和同事对培训活动的支持。任务分析能确定工作岗位的各项工作任务，并定义各项任务的重要性、频繁度和困难度，明确完成该项任务所需要的知识、技能和态度等培训内容。人员分析是分析现有绩效水平与完成任务的标准要求之间的差距，或员工现有技能水平与期望水平的差距，确定谁需要培训，以及需要怎样的培训。

（四）形成需求分析报告

制订分析报告的目的在于描述培训需求分析的过程和结果。通常，较为正式的培训需求分析报告应该包括对调研目的和背景的描述、调研方法和工具、调研效率、调研数据的统计呈现、调研数据的分析结果，以及培训计划制订的指导建议。

完成需求分析报告后，根据需要向管理层和员工进行呈现。呈现的目的或步骤包括提供信息、获得反馈、寻求意见、获得管理层的认同感，获得参与未来培训活动的承诺。在呈现时，需借助金字塔原理等工具梳理呈现内容，做到结论鲜明、论据充分、逻辑清晰。

第三节　培训的组织与实施

培训的组织与实施包括制订培训计划、选择培训内容、选择培训方法和实施培训。

一、制订培训计划

1. 培训目标

培训目标是培训方案实施的导航灯。有了明确的培训总体目标和各层次的具体目标，培训指导者就确定了施教计划，积极为实现目标而教学。对于受训者来说，只有明确了学习目标，才能少走弯路；只有将培训目标与培训方案有机结合起来，才能使培训达到理想的结果。根据上述培训需求分析可以得到组织层面的培训目标和个人层面的培训目标。

2. 培训内容

在明确了培训目标后，接下来就需要确定培训内容。尽管具体的培训内容千差万别，但一般来说，培训内容包括知识培训、技能培训、观念和态度培训等。究竟该选择哪个或哪几个层次的培训内容，应根据各个培训内容层次的特点和培训需求分析来决定。

3. 培训资源

培训资源可分为内部资源和外部资源，主要是指培训的师资力量。内部资源包括组织领导、具备特殊知识和技能的员工；外部资源包括专业培训人员、学校、研讨会或学术讲座等。在众多的培训资源中，选择何种资源，最终要由培训内容及可利用的资源来决定。

4. 培训对象

根据组织的培训需求分析，不同的需求决定不同的培训内容，从而大体上确定不同的培训对象，即受训者。在具体的培训需求分析后，根据需求确定具体的培训内容，从而了解哪些员工缺乏哪些知识或技能，培训内容与缺乏的知识及技能相吻合者即为本次受训者。从培训内容及受训者两方面考虑，最终确定受训者。

5. 培训日期

在做培训需求分析时，确定需要培训哪些知识与技能，并根据以往的经验，对这些知识与技能培训做出日程计划安排。看大致需要多少时间，以及培训真正见效所需的时间，从而推断培训提前期的长短，最终确定培训日期。

6. 培训方法

组织培训的方法有多种，如讲授法、演示法、案例研究法、研讨法、视听法和角色扮演法等。为了提高培训质量，实现培训目标，往往需要各种方法配合起来，灵活使用。

7. 培训场所及设备

培训内容及培训方法决定培训场所及设备。培训场所有教室、会议室、工作现场等，如以技能培训为内容，那么最适宜的培训场所应为工作现场，因为培训内容的具体性要体现信息传授的具体性，而许多工作设备是无法推进教室或会议室的。培训设备包括教材、笔记本、笔、模型，有时还需幻灯机、录像机等。

8. 培训预算

在上述内容的基础上制订培训预算，包括受训者的工资；受训者的交通、饮食及其他各项开支；受训者因参加培训而减少工作的损失；购买、租用器材、场地、教材及训练设备的费用；负责培训的管理人员和主管的工资和时间；外聘讲师、教师、演讲者、培训机构的酬劳；等等。

二、选择培训内容

不同培训对象需要从不同角度进行能力与素质开发，为此必须在培训内容和形式上进行专门设计，以提高培训工作效率。与此相应，形成了培训工作的不同类型。

1. 按培训内容分类

（1）知识培训。通过这方面的培训，员工能够具备完成本职工作所必需的知识，包括基本知识和专业知识；员工可以了解公司的基本情况，如公司的发展战略、目标、经营状况、规章制度等，使其能够较好地参与公司活动。

（2）技能培训。通过这方面的培训，员工可掌握完成本职工作所必备的技术与能力，包括一般技能和特殊技能，如业务操作技能、人际关系技能等。

（3）态度培训。员工的态度对员工士气及公司绩效影响较大。此类培训可以树立起公司与员工之间的相互信任、培养员工的团队精神以及塑造员工价值观，是提升员工士气和公司绩效的有效途径。

2. 按培训对象分类

（1）高层管理人员培训。培训内容主要是战略决策与领导艺术，包括如何分析环境变化，选择竞争方式；如何指导下属就职，完成特殊委派；如何转变管理体制和促进组织发展；等等。

（2）经理培训。培训内容包括决策计划技能和交流协作技能，主要有时间管理、项目管理、辅导员工、制定工作目标和指导下属等。

（3）主管培训。培训内容包括基本人际交流技能、执行政策、辅导员工、时间管理等。

（4）普通员工培训。培训内容包括各种专业技术和操作方式培训、处理紧急情况的技能培训、计算机技能培训等。

（5）新员工上岗培训。主要目的是向新录用的人员介绍企业的一般情况（如组织结构、各部门职能、公司历史、主要的政策法规、今后发展方向及职工的权利义务与责任等），以增进新进人员对本企业的了解与信心。

3. 按培训地点分类

（1）企业内培训。在企业的培训部或部门的统一安排下，利用企业内设的培训教室，在工作时间外利用企业的生产设备、仪器所进行的培训活动被称为企业内培训。培训人员可由专职教员担任或外请。在岗培训是企业内部培训的方式之一，其特点在于受训者不离开工作岗位，或以目前担任的工作为媒体而接受训练。培训方式有多种，如接受主管经理、督导员、领班或同事的业务指导，出席有关会议、见习或代理工作、工作轮换等均属在岗培训。

（2）企业外培训。培训的地点不在自己企业内，而是委托社会培训机构代理，或选送职工至企业外接受培训。各企业可以充分利用有关院校的教育资源开展企业外培训，也可利用社会上的专题讲座和报告会、参观考察等活动作为企业外培训的项目，培训时间可根据需要采用全日式、间日式或兼时式。

三、选择培训方法

企业培训的效果在很大程度上取决于培训方法的选择，企业培训的方法有很多种，不同的培训方法具有不同的特点，其自身也是各有优劣。

1. 讲授法

讲授法属于传统模式的培训方法，指培训人员通过语言表达，系统地向受训者传授知识，期望这些受训者能记住其中的重要观念与特定知识。这种方法要求培训人员应具有丰富的知识和经验；讲授要有系统性，条理清晰，重难点突出；讲授时语言清晰，生动准确；必要时运用板书，尽量配备必要的多媒体设备，以加强培训的效果；讲授完应留有适当的时间与受训者进行沟通，用问答方式获取受训者对讲授内容的反馈。

讲授法的优点在于运用方便，可以同时对多人进行培训，经济高效；有利于受训者系统地接受新知识；容易掌握和控制学习进度；有利于加深理解难度大的内容。讲授法的缺点在于学习效果易受培训人员讲授水平的影响；由于主要是单向性的信息传递，缺乏培训人员与受训者之间必要的交流和反馈；学过的知识不易被巩固。因此，讲授法常被运用于一些理念性知识的培训。

2. 工作轮换法

工作轮换法是一种在职培训的方法，指让受训者在预定的时期内变换工作岗位，使其获得不同岗位的工作经验，一般主要用于新员工。这种方法要求在为员工安排工作轮换时，考虑培训对象的个人能力及其兴趣、态度和职业偏爱，从而选择与其合适的工作；工作轮换时间长短取决于培训对象的学习能力和学习效果，而不是机械地规定某一时间。

工作轮换法的优点如下：能丰富培训对象的工作经历；能识别培训对象的长处和短处；企业通过工作轮换可以了解培训对象的专长和兴趣爱好，从而更好地开发员工的所长；能增进培训对象对各部门管理工作的了解，扩展员工的知识面，为受训者以后完成跨部门、合作性的任务打下基础。工作轮换法的缺点如下：员工在每个轮换的工作岗位上停留时间太短，所学的知识不精；由于此方法鼓励“通才化”，适合于一般直线管理人员的培训，不适用于职能管理人员。

3. 工作指导法或教练法

工作指导法或教练法是由一位有经验的技术能手或直接主管人员在工作岗位上对受训者进行培训，如果是单个的一对一现场个别培训，则称为师带徒培训。培训人员的任务是教给受训者如何做，提出如何做好的建议，并对受训者进行鼓励。这种方法并不一定要有详细、完整的教学计划，但应注意培训的要点：一是关键工作环节的要求；二是做好工作的原则和技巧；三是须避免、防止的问题和错误。这种方法应用广泛，可用于基层生产工人。要求培训前要准备好所有的用具，搁置整齐；让每个受训者都能看清示范物；培训人员一边示范操作一边讲解动作或操作要领，示范完毕，让每个受训者反复模仿实习；对每个受训者的试做给予及时的反馈。

工作指导法或教练法的优点是能在培训人员与受训者之间形成良好的关系，有助于工作的开展；一旦有员工调动、提升，或退休、辞职时，企业能有训练有素的员工顶上。工作指导法或教练法的缺点是不容易挑选到合格的培训人员，有些培训人员不愿意倾尽全力，所以应挑选具有较强沟通能力、监督和指导能力，以及宽广胸怀的人担任培训人员。

4. 研讨法

研讨法按照费用与操作的复杂程序又可分为研讨会与小组讨论两种方式。研讨会多以专题演讲为主，中途或会后允许受训者与培训人员进行交流沟通，一般费用较高。小组讨论法则费用较低。研讨法培训适于管理人员的训练或用于解决某些有一定难度的管理问题。该方法要求每次讨论要树立明确的目标，并让每一位参与者了解这些目标；要使受训者对讨论的问题产生内在的兴趣，并启发他们积极思考。

研讨法的优点在于强调受训者的积极参与，鼓励受训者积极思考，主动提出问题，表达个人的感受，有助于激发学习兴趣；讨论过程中，培训人员与受训者之间，受训者彼此之间的信息可以多向传递，知识和经验可以相互交流、启发，取长补短，有利于受训者发现自己的不足，开阔思路，加深对知识的理解，促进能力的提高。据研究，该方法对提高受训者的责任感或改变工作态度特别有效。研讨法的缺点在于运用时对培训人员的要求较高；讨论课题选择的好坏将直接影响培训的效果；受训者自身的水平也会影响培训的效果；不利于受训者系统地掌握知识和技能。

5. 案例研究法

案例研究法是指为受训者提供员工或组织如何处理棘手问题的书面描述，让其分析和评价案例，提出解决问题的建议和方案的培训方法。案例研究法为美国哈佛大学管理学院所推出，目前广泛应用于企业管理人员（特别是中层管理人员）的培训。目的是帮助他们学习如何在紧急状况下处理各类事件。

案例研究法通常是向受训者提供一则描述完整的经营问题或组织问题的案例，案例应具有真实性，不能随意捏造。案例要和培训内容相一致，受训者以小组的形式来完成对案例的分析，做出判断，提出解决问题的方法。随后，在集体讨论中发表自己小组的看法，同时听取别人的意见。讨论结束后，公布讨论结果，并由培训人员对受训者进行引导分析，直至达成共识。

案例法的优点是受训者参与性强，使其变被动接受为主动参与，将受训者解决问题能力的提高融入知识传授中，有利于使其参与企业实际问题的解决。教学方式生动具体，直观易学，容易使受训者养成积极参与和向他人学习的习惯。案例法的缺点是案例的准备需时较长，且对培训人员和受训者的要求都比较高；案例的来源往往不能满足培训的需要。

6. 模拟法

模拟是以实际情况为模型的一种经过精心设计的练习，受训者可以参与其中并得到反馈。模拟法发生错误的风险和代价很高（如飞行员培训），对缺乏直接的、可以看得见的反馈（如管理决策制定）的工作特别有用。模拟被经常用于管理培训，如商业游戏、角色扮演、拓展训练等。

（1）商业游戏。商业游戏是对实际管理问题的一种模拟。商业游戏的具体形式多种多样，但一般都在游戏中设计若干角色，参加者各自扮演不同的角色，在一定的情境和规则下完成一系列的仿真活动。例如，一种典型的决策竞赛游戏：首先给定当前的经济条件、市场状况、生产设备、人员和资金情况，在指定的时间内，要求比赛者就推销、研究和开发、人力资源、服务、生产设备等方面如何运用资金做出决策。然后将决策信息输入计算机，计算机经过模拟运行后输出结果，包括新的市场供求情况、各小组（公司）的库存情况、股价变化情况等。把结果反馈给比赛者后，让他们在规定时间内做出新的决策并输入计算机，形成新的结果。如此循环往复，具体轮次视比赛时间而定。比赛一般持续 3～4 小时，有时可以更长一些。比赛后一般召开评比会，由裁判评论各组的决策和效果。每组检查自己的决策并且推测其效果，对同一种情况下其他组所做出的决策进行评价。全体参与者的讨论有助于总结收获，强化学习效果。

（2）角色扮演。指在一个模拟的工作环境中，指定参加者扮演某种角色，借助角色的演练来理解角色的内容，模拟性地处理工作事务，从而提高处理各种问题的能力。该方法比较适用于训练态度仪容和言谈举止等人际关系技能，如询问、电话应对、销售技术、业务会谈等基本技能的学习和提高。适用于新员工、岗位轮换和职位晋升的员工，主要目的是让他们尽快适应新岗位和新环境。这种方法要求教师要为角色扮演准备好材料及一些必要的场景工具，确保每一事项均能代表培训计划中所教导的行为。为了激励演练者的士气，在演练开始之前及结束之后，全体学员应鼓掌表示感谢。演练结束后教员针对各演练者存在的问题进行分析和评论。角色扮演法应和授课法、讨论法结合使用，才能产生更好的效果。

（3）拓展训练。拓展训练包括一系列的练习，如让一组受训者翻越一堵高墙而不借助任何设备，利用一些油桶、竹竿和绳子自制成船并通过一片水域。每次练习之后，培训者将练习中的行为和受训者的工作环境相联系，使受训者获得改进工作的启发。

综上，模拟法的优点是真实性强，表演者身临其境，可在模拟实践中加深对工作现实和管理原理的领会及对工作技巧的把握；缺点是费时较多。

7. 企业内部网络培训法

企业内部网络培训法是指企业通过内部网，将文字、图片及影音文件等培训资料放在网上，形成一个网上资料馆、网上课堂，供员工进行课程的学习。这种方式信息量大，新知识、新观念传递优势明显，特别为实力雄厚的企业所青睐，也是培训发展的一个必然趋势。

企业内部网络培训法使用灵活，符合分散式学习的特点，受训者可灵活地选择学习进度、学习的时间和地点以及学习内容，这样便节省了受训者集中培训的时间与费用。在网络培训方式下，培训内容易修改，且修改培训内容时，无须重新准备教材或其他教学工具，费用低。网络培训还可充分利用网络上大量的声音、图片和影音文件等资源，增强课堂教学的趣味性，从而提高受训者的学习效率。网络培训要求企业建立良好的网络培训系统，同时，一些如人际交流的技能培训就不适用于网络培训方式。

四、实施培训

（一）准备阶段

在准备阶段要明确培训活动参与者的职责和任务。培训活动参与者通常包括培训组织者、培训人员、受训者等。不同类型的培训参与者在培训活动中发挥着不同的功能与作用，要使企业培训活动更有成效，就必须使各培训参与者明确自己的职责，并协同合作。

1. 培训组织者

培训组织者是指为适应企业内外部环境的发展变化，满足员工职业发展需要，由企业设定的专门对培训工作实施一系列有组织的管理训诫行为的专职岗位人员。培训组织者主要负责本企业员工培训的计划、组织、控制、监督等管理性工作。培训组织者应非常了解本企业员工，清楚员工的培训需求和适合员工的培训方法。培训组织者具体的职责有拟定企业年度、季度、月度培训计划，组织执行企业各层面的培训活动，建立并完善培训管理制度，进行培训费用的预算与结算，不定期开展培训需求调查，培训结束后进行培训效果评估，组织开发培训课程与教材；协助构建适应“互联网+”时代的 E 化培训体系，帮助并监督各部门培训工作的执行情况；等等。

2. 培训人员

培训人员是指在企业培训活动过程中具体承担培训任务，向受训者传授知识与技能的人。培训人员在企业培训活动中处于非常重要的地位，其素质、意愿、能力及方法的选择直接关系到培训效果。培训人员的主要职责包括设计培训课程及内容，以及培训活动的实施、组织与管理。

1）设计培训课程及内容

培训人员在企业整体战略和经营目标方面与企业的领导者达成默契，并与其他部门建立广泛而密切的联系，在争取最广泛支持的基础上，为受训者设计培训课程及选定培训内容。具体包括培训需求分析、目标的确定、课程体系的设计、培训方式的选择、培训课程和活动的检验及最终培训结果的评估等。这些是培训人员在传统意义上的角色职责，也是最基本的工作任务。

为提升培训课程及内容的有效性，培训人员在深入分析企业培训计划的基础上，还需进行受训者的需求、现状、培训环境等方面的调查的工作，以确定符合员工需求、能解决现实问题的培训内容。为此，培训人员在培训工作开展前，应与员工广泛接触，以获得他们最真实的培训需求。

2）培训活动的实施、组织与管理

培训工作的质量如何，与培训人员和培训活动的实施、组织与管理息息相关。若培训人员在上述活动中无法保证质量，那么培训工作可能前功尽弃。培训人员开展培训活动，除进行课堂教学外，还可带领受训者到工作现场观察具有较高效率人员的工作示范，让受训者认真揣摩学习并从旁加以解说分析，指出其工作效率高的根本原因和关键所在，然后针对受训者工作中的不足之处，提出改进方法；与此同时，培训人员还可为受训者提供一些必要的条件，安排自学内容，让受训者能够在业余时间里充实自己。

3. 受训者

受训者，即企业培训活动中接受培训的人。每次培训活动内容不同，受训者也不同。企业中的受训者一般包括新入职员工、一线基层人员（生产、销售、服务）、技术人员、管理及后勤服务人员、中高层管理人员等，但不论是哪类受训者，在培训活动中，都应认真履行以下职责。

1）积极配合培训前期工作

受训者应积极配合企业培训管理人员，认真做好培训工作的前期准备。一方面，认真细致、实事求是地分析自己在工作和知识技能上存在的不足，根据企业的相关规定，向培训管理者提出自己的真实培训需求，如培训内容、培训时间、培训方式等；另一方面，应认真阅读并理解预发的相关培训资料，从而为培训工作的开展打下基础。

2）积极参与培训活动

在受训过程中，受训者应积极参与培训中安排的所有活动，遵守培训要求，钻研培训内容，认真完成培训人员和培训管理者布置的学习任务和相关活动任务，积极配合培训人员开展培训、咨询工作。

3）做好培训总结工作

培训活动结束后，受训者应积极配合培训管理者，认真对培训人员、培训活动等进行水平与质量评价，以促进下一期培训活动的开展。另外，受训者还应对自己此次的培训活动进行经验总结，以此提升自己的学习质量。

4）积极实践培训内容

培训结束回到工作岗位后，受训者应将培训内容与自己岗位工作相结合，自觉实践所学习的工作技能、态度意识等相关内容，并以此使自己达到新的工作标准。

除了明确参与培训的各类人员的职责之外，培训前的准备工作还包括以下事项。

（1）培训场地的安排和布置，确保视听设备使用正常。

（2）发放培训通知，包括培训时间、培训地点、培训内容、培训人员姓名、培训纪律、培训时需要用到的材料、培训完成后的检验等。培训当天引导受训者报到并在签到表上签名、入座，发放与培训有关的资料。

（3）安排主持人介绍培训的课程及培训人员姓名。告知培训的详细情况，明确培训地点、培训会议领导、培训课程演讲顾问，做好培训动员。强调培训的纪律及本次培训活动的意义，调动受训者的学习动机和积极性。

（二）实施阶段

首先，由参与培训的领导发表讲话，以引起受训者的重视，最大限度地利用此次培训帮助受训者解决在工作过程中遇到的问题；其次，主持人介绍本次培训的主题、目标、内容、形式，以及后勤安排和管理规则；最后，对培训的日程安排和培训的课程做简要介绍。

此外，在培训过程中还要安排专业人员进行录像；安排巡场人员巡场，若在培训中发现出现了意想不到的问题，如培训偏题、培训冷场等应及时与培训人员沟通并采取相关解决措施。

（三）结束阶段

培训结束后要整理培训资料，包括受训者完成情况、培训人员布置的任务、受训者提交的培训心得和整体培训学习的记录等，根据这些资料进行培训评估测评，并将结果公布给受训者。

第四节　培训效果评估

培训效果评估是在受训者完成培训任务后，对培训计划是否完成或达到的效果进行的评价和衡量。

一、培训效果评估的重要性

培训效果评估在组织中的重要作用体现在以下几方面。

（1）通过评估可以对培训效果进行正确合理的判断，以便了解某一项目是否达到原定的目标和要求。

（2）通过评估可以了解到受训者知识技术能力的提高或行为表现的改变是否直接来自培训本身。例如，提升员工管理决策的培训班，选择同样水平的两个小组，其中一个小组参加培训，培训结束后，可以把同一个决策案例交给受训小组和未经过培训的小组进行讨论决策，如果两个小组得出的决策分析和解决办法相同或类似，那就说明受训小组的决策能力没有什么提高，其决策能力并不是直接来自培训本身。

（3）通过评估可以找出培训的不足，总结教训，以便改进今后的培训。

（4）通过评估往往能发现新的培训需求，从而为下一轮的培训提供重要依据。

（5）通过评估可以检查出培训的费用效益。

（6）通过评估可以客观地评价培训人员的工作。一般来说，培训的效果反映了培训人员的水平和对待培训的态度。对培训效果的监测评估，有助于培训人员进行自我检查，进一步端正态度，从而不断提高培训质量，同时也可以正确地对培训人员进行绩效评估。

（7）通过评估可以为管理者决策提供所需的信息。

二、培训效果评估的形式

（一）非正式评估和正式评估

（1）非正式评估。非正式评估是指评估者依据自己的主观想法来进行判断，而不是用事实和数字来加以证明。虽然非正式的培训评估是建立在评估者的主观看法上，但有时能够发挥很大的作用，尤其是要就受训者之间的关系，以及受训者对待评估的态度做出评估时。要把这些问题数据化，再对这些数据进行客观的分析，是一件既复杂又浪费时间和精力且不切实际的事情。这时采用非正式的评估比较适合。这种非正式评估一般不需要记录有关信息，但有时可记下某些注意到的、认为对评估有价值的信息，如受训者的有关表现、态度和一些特殊困难等。

非正式评估的优点在于它能够在受训者不自觉的自然状态下对其进行观察，这就减少了一般评估给受训者带来的紧张和不安，从而增强了信息资料的真实性，以及评估结论的客观性和有效程度。此外，非正式评估还方便易行，几乎不需要什么额外的时间和资源。

（2）正式评估。在一些正式的场合，尤其当评估结论要被高级管理者用来作为决策的依据，或者为了向特定群体说明培训的效果时就需要进行正式评估。正式评估往往要有详细的评估方案、测度工具和评判标准。它尽量剔除主观因素的影响，使评估更具有信度。

需要注意的是，即使在一些正式的评估中，也并不是完全排除了评估者的主观因素，如要对受训者在培训中的满意度，以及他们工作态度的变化等问题做出评价时，评估者的主观因素就很重要。作为一名评估者，应该分清楚哪些是正式的，哪些是非正式的；

哪些是主观的，哪些是客观的。

正式评估的优点在于在数据和事实的基础上做出判断，使评估结论更有说服力；更容易将评估结论以书面形式表现出来，如记录和报告等；可将评估结论与最初计划进行比较核对。

（二）建设性评估和总结性评估

（1）建设性评估。建设性评估就是在培训过程中以改进而不是以是否保留项目为目的的评估。如果评估结论表明培训并不是按培训人员的期望运转，就可以对培训项目做出适当的调整，如改变培训形式等。建设性评估常常是一种非正式的主观评估。

培训过程中的建设性评估可作为培训项目改进的依据。建设性评估还可以帮助受训者了解自己的进步，从而产生某种满足感和成就感。这种满足感和成就感在受训者后一阶段的学习中将会发挥巨大的激励作用。

评估频率的问题主要是针对建设性评估提出的，指进行两次连续评估之间所间隔时间的长短。时间越短，频率越高；时间越长，频率越低。进行建设性评估不要太频繁，也不要让受训者有简单乏味和重复学习的感觉，否则就无法发挥它的激励作用。如果受训者对频繁的评估感到厌烦，甚至因此憎恨培训，测试的时间甚至超过学习、工作的时间，评估就显然是失败的。

（2）总结性评估。总结性评估是指在培训结束时为对受训者的学习效果和培训项目本身的有效性做出评价而进行的评估。这种评估常常是正式的和客观的。总结性评估关注整个项目期间受训者获得的改进。评估者是否能够全面评估受训者所学习的全部内容，对于一个长期培训而言，这个问题往往十分突出，为了解决这一问题，评估者不得不定期地对受训者进行间隔不长的阶段性测试。

需要注意的是，培训目标和预期培训效果从头到尾必须清晰，这不仅是对于培训人员而言，同时也包括受训者在内。在培训之前，可以通过书面测试或小型座谈会的形式，使受训者了解培训目的。

三、培训评估模型

培训评估模型采用的是美国人力资源管理专家唐纳德·柯克帕特里克（Donald Kirkpatrick）1959 年在其博士论文中提出的四个维度的评估模型，该模型也被称为柯氏四级评估模型或柯克帕特里克四级评估模型。该模型包括以下四个递进层次。

（1）反应层效果评估，是指受训者对培训的印象，如培训满意度测量、学员参与度、培训内容相关性等。培训满意度测量的是受训者对培训项目的总体评价，其中又可分为更具体的硬件和软件指标，如培训基地师资情况、教学内容、学习氛围、课程时间、学习环境、学习辅助环节等多维度的满意度。学员参与度指的是受训者在培训项目中的投入程度。受训者在培训过程中的投入程度影响着他们的培训效果。“参与度”可以通过一些指标去衡量，如受训者出勤率、课程作业完成情况、课堂师生互动情况、受训者之间的互动等。这一维度可以通过日常课堂观察和问卷调查方式进行衡量。培训内容相关性指的是培训内容与受训者自身知识结构、工作内容的相关性。该维度考查的是受训者感知到的培训项目与自身的关联性，关联度越高越能激发受训者学习投入的兴趣。

反应层效果评估一般在培训课程结束后，通过电话、问卷、观察及访谈等方式，对培训进度及时间安排、培训人员教学技巧运用、培训课程内容安排、培训教材的质量、培训场地的舒适度、培训设备的使用等进行评估。为了提高评估的效度，反应层效果评估一般采用问卷调查方式来进行，以避免参与调查的受训者因隐私问题而做出违心的判断。设计问卷时，一般应注意以下几点：问卷所涉及的内容应能基本涵盖培训组织工作的方方面面；所设计的题目选项应具有区别度；尽量能将反馈意见书面化；调查项目应是当前最迫切需要解决的问题；评估调查完成之后应能与受训者进行再次沟通确认。

（2）学习层效果评估，是指受训者对培训内容的掌握程度，他们在接受培训以后知识和技能是否有所提高及有多大程度的提高。学习层主要有五个维度，即知识、技能、态度、自信、承诺。它们测量的层次不同。知识强调的是“我知道这个东西”（I know it）；技能强调的是“我现在就能做好”（I can do it right now）；态度强调的是“我相信培训内容在工作中是有用的”（I believe this will be worth while to do on the job）；自信表达的是受训者在参与培训后对效果的自信状态，即“我认为我能在工作中运用得到”（I think I can do it on the job）；而承诺表达的是受训者想要将所学知识技能运用到工作中的情感，即“我打算在工作中实际运用”（I intend to do it on the job）。

学习层效果评估可以采取考试法、演讲法、讨论法、角色扮演法、实际操作等方式，在培训结束后即可进行。学习层效果评估主要是通过了解受训者在培训活动结束后知识、技能或态度等方面的变化情况来评估培训效果。若培训后，受训者的知识、技能或态度等有明显的提升，则说明培训效果良好。与反应评估相比，学习评估更复杂，所花费的时间和成本也相对更高。

一般来说，学习评估可通过纵向对比和横向对比两种方式来评估培训效果。纵向对比即在培训活动开始前和培训活动结束后，采用试卷或其他测量工具分别测验受训者的知识、技能或态度的状况，然后通过对比分析来衡量培训效果。纵向对比的评估对象是所有受训者。在设计纵向对比所需要的试卷时，要注意应紧紧围绕培训项目的具体目标，并且要与培训内容保持一致。另外，还要注意评估实施的时间分别为培训开始前和培训结束后。横向对比则应事先设定试验组和参照组，通过对比这两组人员的知识、技能或态度的变化情况来评估培训效果。其中试验组为参与此项培训项目的人员，参照组可为接受过此项培训的人员也可为没有参与过培训的人员。选定参照组人员时，应注意保证参照组与试验组具有相同的特征，如具有相同的工作内容、工作时间等。

（3）行为层效果评估，是指受训者在接受培训以后工作行为的变化，也可以看作对学习成果的运用，在工作中是否改进了以前的行为，是否运用了培训的内容。实际上评估的是知识、技能、态度的迁移。可以从知识运用深度、知识技能运用持续时间、知识运用范围和自主专业发展行为等四个维度衡量学员在培训过程中学习到的知识、技能，以及形成的情感态度价值观能否真正运用到实际工作中。

知识运用深度指的是在培训项目中学习到的知识与技能在实际工作中的发挥效果，即受训者受到培训的知识与技能能否真正运用到实际工作中，并究竟能起到多大的作用。知识技能运用持续时间测量的是受训者在培训中学到的知识，这些知识运用到实际工作中能维持多长时间，培训效果在时间变化过程中的消退速度如何？知识运用范围指的是培训项目中学习的知识与技能是否能够突破个人，实现迁移，示范辐射，并向组织中的其他人进行知识扩散。这一指标主要用来衡量培训的知识技能更新是否能对组织其他人形成学习效应，这些已经受过培训的受训者是否能对其他成员起到示范与引领作用。自主专业发展行为指的是受训者参与培训项目后，是否能养成促进自身专业化发展的学习习惯和行为，自身能否形成终身学习和自主学习的理念和习惯。

行为改变的影响因素有很多，以行为评估来分析培训效果时要对以下情况有清醒的认识：有些受训者已经具备了行为改变的能力，但因缺乏足够的预期回报而没有将改变付诸实施；有些具备了改变行为的能力也拥有足够的可预期回报，但缺乏行为改变的条件，而造成行为最终未改变；有些具备行为改变的能力，也拥有其他条件，但仍难以完成行为改变。总之，一定要记住行为的改变需要一定的基础。受训者的行为在培训之后若没有改变可能并不是培训没有效果，或许只是培训并不是合适的方法。

行为层效果评估与学习层效果评估类似，一般也采用对比的方式进行。开展评估工作时，应注意要给受训者行为改变充足的时间。另外，为确保评估的准确性和客观性，在培训前后都要对试验组和参照组进行数据采集。为了提高效度，也可适当增加评估的次数。数据来源不仅可来自受训者本人，也可来自日常工作中与受训者有紧密联系之人。

（4）结果层效果评估，是指受训人员或者企业的绩效的改善，经过培训，员工和企业的绩效是否得到了改善和提高。结果层效果评估的项目主要包括企业利润、企业生产成本、顾客满意度等指标。

结果层效果评估一般在培训结束后半年或一年后进行，可通过对企业生产产品的数量、质量、效率、成本等指标进行评估，采取趋势线分析、专家评估及全方位满意度调查测量等方式开展。进行结果层效果评估时，既可通过对反应层效果评估、学习层效果评估和行为层效果评估等三层次的优化和完善来进行，也可通过调查和收集一些受训人员行为变化的实际事例、数据或者证据来弥补结果层效果评估自身的不足。

需要注意的是，在实际运用柯氏四级评估模型时大多数企业组织仅能从前三个层次进行评估，最后的结果层效果评估很难做到，其原因在于影响员工绩效结果的因素有很多，很难将培训产生的效果从其中完全剔除出来。因此，在进行培训效果的评估时要有选择地进行评估，并非所有的培训内容都要做到四级评估，大部分培训评估只需做到行为层效果评估即可。因为对受训者及其上级而言，最为关注的是能否学到工作当中实用、好用的方法和技巧，是否能够把工作做得更快、更好。由于人们必须先改变工作习惯才能带来结果上的改善，所以，如果能展示出工作中的行为的改变，就足以展示出培训的价值了。也就是说，如果第三级评估所期望的关键行为得到了改变，其培训效果自然得到了满足。

第五节　新员工的培训与开发

新员工的培训与开发主要是指新员工的导向培训，是指企业通过预先规划的各种活动，使新员工快速适应企业环境并成为企业合格一员的培训。新员工的导向培训是招聘活动的延续，在成功招聘到一个合格员工后若不能对其进行导向培训，则很可能会使其对组织心生不满、失望，从而流出组织，最终导致招聘的失败。从这个意义上说，新员工的培训与开发满足的是新员工对组织的期望，即被组织的接纳程度、对组织的了解程度和自身未来的发展程度。

一、新员工培训与开发的目标

（1）帮助新员工尽快实现“组织社会化”。组织社会化是指将新员工转化为企业有效成员的过程，它包括为新员工有效地完成工作做好准备、了解熟悉组织，以及建立工作关系等。新员工的社会化过程是一个不断给其灌输企业所期望的态度、标准、价值观，以及行为模式的过程。只有当新员工完成“组织社会化”的全过程，他们才能全力地为企业做贡献。

（2）帮助新员工了解企业、熟悉工作内容。新员工刚进入企业时面对的是一个完全陌生的环境，让新员工了解企业，对于企业和员工个人来说都是必要的。企业在新员工培训中，通过员工手册、职位说明书、必要的参观活动和定期的技能培训，向其提供与其有关的规章制度，使其明确相关的工作职责、职业运作程序，从而掌握一定的操作技能。

（3）培养新员工对企业的归属感。不论企业的筛选和录用工作做得有多好，都难以在刚开始就使新员工完全适应企业文化。这就需要在新员工培训与开发过程中，通过对新员工进行价值观和行为准则的灌输，使其适应工作环境，认同企业文化，并让它们指导其的思维方式、行为规范，从而快速将新员工转变成为真正的“企业人”。

（4）使新员工了解自身未来发展，降低主动流失率。新员工在刚来到公司时，通常不了解自己的努力和发展方向，把握不住职业生涯机会。而对个人职业生涯设计不明朗，经常会导致他们离职。在这种情况下，高效的新员工培训与开发就显得尤为重要，它可以让新员工了解企业对员工的职业生涯设计，使个人的职业计划目标与组织目标协调一致，使新员工明确自己的职业发展道路和发展方向。这样，新员工就会关注自己的成长机会，消除不必要的流动打算，脚踏实地地考虑“自家”的发展问题。

二、新员工培训与开发的主要内容

（1）企业概况培训。企业概况培训的目的是使新员工明确在企业中进行信息沟通、提交建议的渠道，使新员工了解和熟悉各个部门的职能，以便在今后的工作中能准确地与各个有关部门进行联系，并随时就工作中的问题提出建议或申诉。

（2）企业文化培训。企业文化培训的目的是让新员工了解自己加入的企业有什么样的历史，有什么样的价值观，倡导什么样的精神，这对新员工有强烈的导向作用。企业文化培训可以通过回顾企业的基本情况，带领新员工参观公司并介绍相关部门，帮助新员工解读关于企业发展历程、未来规划、目标愿景、规章制度、团队情况、员工职责等知识，帮助新员工全面了解企业。同时，让新员工了解企业未来的战略规划愿景，企业的核心价值观如企业的行为逻辑、处理哲学、思维方式等。

（3）职位说明培训。职位说明培训主要是对职位说明书中所包含的内容，如本职位的工作内容、职责权限、工作流程、工作规范、所属部门目标，以及和其他岗位、部门之间的关系，工作绩效考核的具体标准和方法，常见的问题及解决办法、工作时间和合作伙伴或服务对象、请求援助的条件和方法、加班要求、规定的记录和报告、设备的领取与维护等的培训。职位说明培训的目的是要向新员工说明本职位所涉及的薪酬、福利、绩效考核、晋升与调动、交通、事故、申诉等人事规定。

（4）法律文件和规章制度培训。这里的法律文件主要是指劳动合同，公司的身份卡、钥匙、考勤卡，社会保障等方面的文件。规章制度包括员工守则、考勤请假制度、薪酬福利制度、社会保障制度、劳动关系制度等，让员工在工作中自觉地遵守公司的规章，一切工作按公司制定出来的规则、标准、程序、制度办理。

第六节　基于胜任力模型的员工培训与开发

20 世纪 50 年代初，美国国务院认为以智力因素选拔外交官的效果不甚理想。许多表面上很优秀的人才，在实际工作中的表现却令人失望。麦克利兰博士应邀帮助美国国务院设计了一种能够有效预测实际工作业绩的人员甄选方法。在项目实施过程中，麦克利兰应用了奠定胜任力构建方法基础的一些关键理论和技术。例如，抛弃对人才条件的预设前提，从第一手资料出发，通过对工作表现优秀与工作表现一般的外交官的具体行为特征的比较分析，识别出能够真正区分工作业绩的个人条件。

1973 年，麦克利兰提出胜任力的概念并建立了胜任力冰山模型，从品质和能力层面论证了个体与岗位工作绩效的关系。他认为，个体的态度、价值观和自我形象、动机和特质等潜在的深层次特征，将某一工作（或组织、文化）中表现优秀者与表现一般者区分开来。这些区别特征或者素质后来被称为胜任力，是决定工作绩效的持久品质和特征。例如，绩效出众者具有较强的判断能力，即能够发现问题，采取行动加以解决，并设定富有挑战性的目标等。麦克利兰的冰山模型将行为、知识、技能等看得见的特征视为冰山在水面上的可见部分，将动机、价值观等潜在的深层次特征视为冰山在水面下的不可显见的特质①。

以往的培训是以工作分析为基础的，分析得出的范围比较狭窄，局限在知识、技能等表象的内容上。而胜任力理论则从分析一般绩效者与优秀绩效者的特征出发，涵盖的内容比较广泛，尤其包括以工作分析为基础的需求评价方法所不能发现的一些潜在内容。而且，胜任力理论从绩效差异分析入手，使分析结论与绩效具有很好的表面效度。所以，可以借助这一新的理论改进现有培训的需求分析技术与方法，进而开发与之相应的培训方法和培训效果评价技术，为促进企业绩效的提升提供一种新的思路和方法。

一、胜任力模型构建

胜任力模型是对员工核心能力进行不同层次的定义，以及相应层次的行为描述，以

① McClelland D C. Testing for competence rather than for “intelligence”[J]. American Psychologist, 1973, 28(1): 1-14.

确定关键能力和完成特定工作所需求的熟练程度。在胜任力模型中，通常将胜任力分为核心胜任力和专业胜任力两大类。核心胜任力是指针对组织中所有员工的基础且重要的要求，适用于组织中所有的员工。而专业胜任力是指根据员工所在的职位群，或是部门类别不同而需要的专业知识、技巧及能力，它是针对某一具体组织职能工作者的要求。

组织中不同职位要求员工具备的胜任力内容和水平不尽相同，在不同组织和不同行业中，即使是相同或类似的职位，员工的胜任力也会有所差异。组织需要根据“人员—职位—组织”相互匹配的原则，从组织的愿景、使命、目标和战略发展要求出发，对组织中的不同工作职位的胜任力要求做出全面细致的分析与描述，以确保胜任力模型满足组织需要的要求。

胜任力模型的构建可以按照以下四步进行。

（1）战略核心能力推导与职位划分，即职责与能力要求相近的职位组成的职位群，如职能序列，财务、经营等职种包含会计、企业综合管理员等职位。

（2）确定建模对象，即筛选重点职位进行优先考虑。以公司战略实现关键流程上的关键职位和公司战略工作群组中的职位为优先对象。如果选取所有的职位进行建模，工作量太大，建模对象的参考价值也随之减少。

（3）胜任力模型建模。依据员工所在的职位群和部门类别的不同，以及为完成某类部门职责和岗位职责，员工应具备的综合素质的不同，确定专业胜任力和核心胜任力的具体内容。可以应用行为事件访谈法（比较不同绩效员工之间的胜任力差异）、专家小组法、问卷调查法等对信息进行搜集、整理并进行编码、对比分析，根据不同的主题进行特征归类，并根据频次的集中程度，估计各类特征组的大致权重，以确认胜任力模型库。

具体而言，首先，明确企业的发展战略目标，分析某类岗位的基本目标，确定模型建立的战略目标基础；其次，根据年度绩效排名情况，筛选出绩效优秀者（绩效排名前30%的人员）和绩效普通者（绩效排名后70%中随机抽取同绩效等量的人员），根据事先制订的访谈提纲，通过双盲访谈的方式，进行行为事件访谈；再次，根据访谈内容，提炼胜任力要素，统计胜任力要素出现频次，通过对比绩优、普通两组样本胜任力要素出现频次的显著与否，建立胜任力模型；最后，验证并得出某类岗位的胜任力模型。

（4）设计胜任力模型体系，即对任职资格管理流程、管理制度、表单及胜任力测评等内容进行完善。胜任力模型的建模需要实施者掌握一定的访谈技巧，以在短时间内获得最为有效的信息。

确定胜任力的内容后，还需对其进行定义及具体的等级与行为表现的描述，下面，本书将以灵活性为例进行分析。

首先，对灵活性进行界定：具有适应不同环境、不同个性或不同人群，并有效工作的能力。灵活性是一个重要的职场素质，它要求我们能够理解和欣赏不同的观点，适应环境的变化，并在保持一致性或开放态度之间找到平衡。其次，给出灵活性的不同等级标准（表5-4）。

表 5-4 灵活性的不同等级标准

等级	行为表现
承认灵活性的必要	面对新信息或相反证据，愿意改变观点或看法，理解他人的意见
灵活地运用标准	适当改变规则或正常程序以适应具体情况，从而完成任务和/或达到公司目标
采取一定的战术	根据情况做出决定；为适应情况或某人而采取行动
采取特别的战略	为了适应情况对计划、目标或项目做出全面改变；为了某种具体情况的需要，对自己或客户单位做出小的或暂时的变化

二、构建基于胜任力模型的培训内容

基于胜任力的培训与开发内容主要体现成员现有水平与当前及未来要从事的职位胜任力要求之间的差距。表 5-5 呈现的是通过胜任力建模方法得出来的某公司的销售人员胜任力，并将这些胜任力作为对销售人员进行培训的内容基础。

表 5-5 基于胜任力建模方法的某公司的销售人员胜任力 单位：分

胜任力要素	优秀营销人员胜任力要求	营销人员胜任力现状	差距	培训需求优先级
抗压能力	3.50	1.89	1.61	★★★
分析总结	3.67	2.10	1.57	★★★
地方资源整合	3.75	2.20	1.55	★★★
产品业务知识	3.58	2.14	1.44	★★★
自我反省	3.58	2.18	1.40	★★★
发掘商机	3.25	1.96	1.29	★★
上进心	3.50	2.24	1.26	★★
积极主动	3.92	2.66	1.26	★★
销售能力	3.33	2.08	1.25	★★
服务意识	3.75	2.83	0.92	★
责任心	3.58	2.68	0.90	★

资料来源：周文扬. 基于胜任力模型的中国移动 XC 分公司营销人员培训优化[D]. 杭州：浙江工商大学，2021

注：表中的分值是通过优秀 4 分，良好 3 分，合格 2 分，一般 1 分评分得到的

在得到培训内容的优先级之后，就可以根据内容来选择培训课程，如哪些是必须要培训的，哪些是可以作为选择性内容进行培训的，每一内容采用什么形式进行培训，培训时间、培训频次等，最后构建针对销售人员的培训体系。

对于员工的胜任力评分，为了尽可能地客观与便于操作，采用自评加互评的方式，可以部门科室为单位，要求每位员工参照《人员胜任力评级标准》，对每项胜任力要素进行评分，并对同部门科室的其他员工进行评分，以所有评分的平均分作为该员工胜任力评分。需要注意的是，为了避免同科室员工为了获取高分，不顾事实，互打高分的现象，在发放评分问卷前，须避开告知发放问卷的真实目的，着重指出该次测评旨在量身测量出每位人员的真实水平，为后续针对性培训提供参考，请员工慎重对待，依据客观事实参与测评。

基于胜任力的培训体系不仅能够有效提升员工的个人能力和绩效，满足当前业务需

求，更重要的是，它能够为组织的长期发展提供坚实的人力资源支撑，确保组织在快速变化的市场环境中保持竞争力和可持续发展能力。另外，培训体系的实施也要满足员工自我发展的需求，提升其在组织内的职业竞争力，明确组织内人事部门、其他各部门员工的责任与权利。培训体系作为组织的一种管理体系，除了人事部门的组织、公司的资源支持外，还需要组织内参与者及其部门的配合。

关键词

培训与开发；培训需求；案例分析法；角色扮演法；工作轮换；新员工导向培训。

本章思考题

1. 常用的培训方法有哪些？各种方法的优缺点是什么？
2. 新员工培训的目的和内容是什么？
3. 培训评估模型的主要内容是什么？

【案例分析】

株洲车辆有限公司开展“微群+岗培”在线授技的探索①

2020 年初暴发的全球性新型冠状病毒疫情（简称新冠疫情）影响着各领域也包括岗培变革。中国中车集团有限公司（以下简称中车集团）很快推出了“高铁工匠大讲堂”“Tech 钛客”在线授技。中车株洲车辆有限公司（以下简称株辆公司）也进行了“微群+岗培”在线授技探索。

一、初期在线授技实践的成效与不足

（一）平台运作

株辆公司“微群+岗培”在线授技的主要成效：一是可以有限地提供在线选课、在线学习，不受时空限制，满足了部分员工个性化、多样性培训需求；二是对接部分培训计划管理、培训项目管理，使工作效率有了一定的提升；三是统筹开发了主要工种培训课件、考试题库，统一了培训师资、设施等资源配置。但初期的“微群+岗培”在线授技弊端也显示了出来，如只能开展少量临时性培训，难以开展高个性化、高针对性培训；难以适应“小批量、多品种”的生产经营方式；等等。

（二）优化氛围

株辆公司“微群+岗培”在线授技优化了员工的学习氛围：一是改变了员工的学习模式，提高了学习资源的利用率；二是通过创新培训管理模式，提高了员工的工作效率；三是让员工能随时随地开展学习或接受培训，不断提升自身素质。

---

① 参阅曹安毅. 基于“在线授技”的大型国企技能岗培变革——株洲车辆有限公司开展“微群+岗培”在线授技的探索[J]. 中国培训，2020，（11）：83-84.

（三）开发资源

株辆公司“微群+岗培”在线授技平台中有6个大类共200多个PPT课件，可以指导员工按图索骥，充分利用学习资源。

二、“中车集团-株辆公司培训部-技能大师工作室”三位一体“云技岗培”体系与岗培变革

初期的在线授技很难跟上生产经营变化，而拓展升级，打造的“中车集团-株辆公司培训部-技能大师工作室”三位一体“云技岗培”体系（以下简称三位一体“云技岗培”体系），则可以迎刃而解，使在线授技升级高效化。

（一）三位一体，功能拓展

三位一体“云技岗培”体系共三个层次。第一个层次是中车集团e-learning远程培训系统，主要突出高端制造，推广特殊制造工艺和绝技，属于大趋势战略级培训。第二个层次是株辆公司培训部，主要突出主工种，进行特殊工种系统专业理论知识讲解，配套工种培训课件，员工可自己申请，在线选修专业培训课件或文档。第三个层次是技能大师工作室，主要突出新产品制造工艺，以及新技能、新标准、新设备和新材料知识的讲述，内容覆盖所有关键、特殊工种工序，员工可在线学习培训课件或文档，属于必修课。三位一体“云技岗培”体系三个层次是互补的，功能各自拓展，并驾齐驱。

（二）三位一体，功能创新

第一，功能创新本着“精准、务实、高效”的原则，服务公司高质量发展。

第二，功能创新除了精工细作外，还可以在三位一体“云技岗培”系统进行在线“云练兵”。例如，株辆公司培训部、技能大师工作室共同在体系平台上设立定期技能比武擂台。“云练兵”可以团队对抗，也可以个人攻擂，如开展别开生面的在线答题竞赛，通过拉力赛、抽签赛等方式引导班组团队和全体员工学技术、练本领，争优秀。

第三，培育学习力文化，除了定期举办在线“云练兵”外，日常还可在三位一体“云技岗培”系统创新开展趣味技能学习，如从三位一体“云技岗培”知识题库中按照中车集团、株辆公司培训部、技能大师工作室各一定比例，随机抽题，设定班组、个人答题。员工可通过手机回答问题，回复正确即可抽奖。此外，多种形式的在线“云练兵”采用网络自动积分排名，评出季度冠军、半年冠军和总冠军，优胜班组由株辆公司授予学习型班组，个人授予学习标兵。

（三）三位一体，功能升级

第一，辨才功能。每年结合生产运行情况，分工种选取部分岗位，挑选各车间在线“云练兵”中涌现出来的优秀员工，作为参加中车和省市比赛选手。

第二，储才功能。建立株辆公司新技能人才库，优先向中车集团、株洲市、湖南省推荐拔尖技能人才，壮大队伍。

第三，激才功能。激发员工潜能，对“云练兵”中的“黑马”授予特别奖。

三、三位一体“云技岗培”体系机制

三位一体“云技岗培”体系必须有科学的管理机制做保障，如信号技术保障机制、管理运作机制、培训服务机制，株辆公司的早期实践也证明了这一点。

（一）信息技术保障机制

三位一体“云技岗培”体系运作，建立信息技术保障机制是第一位的。网络在传统培训中只是学习辅助工具，其主要功能是辅助员工学习，帮助培训师更好地完成培训任务。三位一体“云技岗培”体系从理论上改变了传统观念，注重学习效果，利用理念和模式的创新，颠覆了传统培训和学习方式，逐步形成高效、适应时代发展的新型学习方式。一方面，三位一体“云技岗培”体系提高了员工对数字资源的利用率，使员工能够第一时间内知晓并利用不断更新的网络资源。另一方面，学习必须有强大技术保障。三位一体“云技岗培”虽然拥有海量的数字资源和众多的资源库，但是要想真正地便于资源搜索，还需要技术部门将这些资源根据文本性质进行分类，建立符合职业特点的搜索引擎和数据库。同时，要建立科学的模块平台、微信公众号、微课堂等，便于员工学习交流互动。因此，三位一体“云技岗培”信息技术保障机制是关键。

（二）管理运作机制

第一，株辆公司建立了智能化在线岗位练兵制度，出台了《“云技岗培”平台运作管理办法》，对各类员工提出在线学习内容、时数等要求，进一步推动了“云练兵”标准化和规范化。

第二，株辆公司制定了相关考核办法。首先，以练兵学习点击次数及练兵考试合格率为主要指标，对各车间、各部室在线练兵组织情况进行考核，并将相关指标与单位年度业务考核及评先挂钩。其次，要求各单位对工序班组在线练兵的组织情况进行考核，层层传递压力，把在线练兵的要求落实到位。

（三）培训服务机制

三位一体“云技岗培”平台的运作还要出台培训服务机制。一是技术部门、培训部门对员工进行有关指导服务，培养其数字化意识，使其掌握正确的学习方式方法，安全有效地从平台上获得数字信息；二是对员工进行宣传教育；三是教育员工不能因为三位一体“云技岗培”平台数字资源丰富而变得越来越“懒”，流于形式地复制粘贴，这会阻碍其技能的提升，能力不提升，也意味着失去职业发展力。

【案例思考】

1. 株辆公司的“微群+岗培”在线授技培训有何特点?
2. 未来的在线培训模式还会有什么样的新趋势?

第六章

绩 效 管 理

第一节　绩效管理概述

一、绩效的含义与性质

（一）绩效的含义

绩效是组织的使命、核心价值观、愿景和战略的重要表现形式，也是决定组织竞争成败和可持续发展的关键因素。除了“绩效”一词外，也有人用“业绩”“效绩”等相近词汇来表述这一概念，但这些词汇大多强调行为活动的结果，忽略行为活动的过程，因此相关意思表述得不够完整和准确。“绩效”这一概念不仅强调了工作活动的结果，也强调了导致结果的工作活动过程。

从管理学的视角来看，绩效是组织期望的结果，是组织为实现其目标而展开的在不同层次上的有效输出，它包括个人绩效和组织绩效。组织绩效的实现应该是在个人绩效实现的基础上，但个人绩效的实现并不一定能够保证组织绩效的实现。只有当组织绩效按照一定的逻辑关系被层次分解到每一个工作岗位和每一个人的时候，才能有效地保证组织绩效的实现。

有关绩效的定义，主要有三种观点：第一种观点认为绩效是结果；第二种观点认为绩效是行为；第三种观点认为绩效是结果和行为的统一，且这一观点关注员工素质及员工未来的发展。本书认同第三种观点，并认为绩效是组织及个人的履职表现和工作任务完成情况，是组织期望为实现其目标而展现在组织不同层面上的工作行为及其结果。这一定义既突出了结果导向，也体现了员工为了达成目标所表现出的工作行为及过程。

一般来说，企业对于不同类型的员工有不一样的导向，即对于结果和过程的侧重点不同。对于快速发展的企业而言，其更看重结果，而对于发展相对稳定的企业，则更看重过程。不同绩效观的优缺点如表 6-1 所示。

表 6-1　不同绩效观的优缺点比较

项目	优点	缺点
注重结果	（1）鼓励员工重视产出，容易在组织中营造“结果导向”的文化与氛围； （2）员工的成就感强，以“胜败论英雄”； （3）在未形成结果前不会发现不正当行为	（1）当出现责任人不能控制的外围因素时，评价失效； （2）无法获得个人活动信息，不能进行指导和帮助； （3）容易导致短期效应

续表

项目	优点	缺点
注重过程	能及时获得个人活动信息，有助于指导和帮助员工	（1）成功的创新者难以容身； （2）过分强调工作的方法和步骤； （3）有时忽视实际的工作成果

（二）绩效的性质

（1）多因性。绩效的多因性是指员工绩效的优劣不是取决于某一因素，而是受制于主客观多种因素。

（2）多维性。绩效的多维性是指需要从多个维度和多个方面去分析和评价绩效。通常，企业在进行绩效评价的时候，会综合考虑员工的工作业绩、工作态度和工作能力等情况，而且这几个维度又分别包括许多具体的评价指标。

（3）动态性。绩效的动态性是指绩效会随着时间的推移而发生变化。因为时间关系，原本较好的绩效表现可能会变差；原本较差的绩效表现也有可能会变好。其中的原因是，绩效是多因性的，并且这些因素都处于不断变化中，因此绩效也会随之发生变化。

（三）影响绩效的主要因素

研究表明，员工的绩效主要受技能、激励、环境和机会四种因素的影响，它们之间的关系表示为：绩效 = f（技能、激励、环境、机会）。

此公式也说明，绩效是技能、激励、环境和机会四种变量的函数。

（1）技能，分为员工的工作技巧和能力水平，主要体现为天赋、智力、经历、教育、培训等。员工的技能并不是一成不变的。企业一方面通过甄选阶段为组织招聘到拥有合适技能的员工；另一方面，企业可以通过培训和教育等手段，引导员工去学习相关知识，以提升自身的技能。

（2）激励，主要是通过改变员工的工作积极性来发挥作用。因此企业必须在充分了解员工的需求及个性、特质之后，采取有效的激励手段，只有这样，才能使员工的工作积极性得以充分调动，从而在企业中能发挥真正的作用。

（3）环境，分为企业内部环境和企业外部环境。企业内部环境包括工作场所的条件、领导者的风格、薪酬政策、企业文化及政策等因素。企业外部环境包括社会政治情况、经济状况及市场竞争的激烈程度等。

（4）机会。不同的人抓机会的能力不同，对机会的认识也不同。对于一个有准备的员工，一个合适的机会可能会让其创造相对于旧岗位而言几倍的绩效。然而，与前面三种影响因素相比，机会是一个相当偶然的因素。

二、绩效管理的含义与特征

（一）绩效管理的含义

组织的绩效是通过系统的管理活动实现的。组织、管理和绩效是三个密不可分的概念。组织是管理活动及其绩效的载体，管理是组织借以创造绩效的手段，绩效是组织实施管理的目的。

绩效管理作为人力资源管理体系的一大模块，是通过管理者与员工之间达成关于目标、标准和所需能力的协议，在双方相互理解的基础上使组织、群体和个人取得较好工作结果的一种管理过程，它涉及目标设定、标准制定、能力匹配、绩效反馈和管理指导等多个环节。通过有效的绩效管理，组织可以确保员工的工作活动和工作产出与组织战略目标保持一致，从而推动组织的持续发展和成长。

（二）绩效管理的特征

（1）绩效管理最主要的目的是防止员工绩效不佳和提高员工绩效。

（2）绩效管理强调通过沟通辅导的过程，提高员工绩效。

（3）绩效管理是一个过程，它不仅仅关注最终的结果（即绩效），还非常重视达成这些结果的过程。这个过程并非仅限于一年一度的绩效评估，而是要求管理者在日常工作中持续追踪和管理员工的绩效。

（4）绩效管理并不是简单的任务管理，它是根据组织的战略目标而制定的，绩效管理与组织战略目标的实现息息相关。

三、绩效管理的目的

只有明确绩效管理的目的，才能让组织更好地开展这一管理活动。根据相关理论和实践，本书归纳绩效管理的目的有如下几点。

（1）为员工提供绩效评价反馈信息，帮助员工改进工作绩效。一般来说，员工愿意了解自己的绩效表现，这不仅仅是为了自身的工作满足感，也有利于员工了解自身的长处和短处，从而弥补能力的不足，通过提高绩效表现和技能去提高自身的报酬水平。工作绩效评价可以为员工提供绩效反馈信息，有利于员工在实际的组织工作活动中认识到自身的潜力并充分予以激发，从而改进工作绩效。管理者也可以根据组织中员工的绩效情况来确定组织未来一段时间的培训方向和主题，为培训方案的设计和实施奠定基础。

（2）为企业实施薪酬激励和员工晋升提供依据。绩效评价可以为企业甄别高绩效员工和低绩效员工提供依据。除此之外，在组织中，员工绩效与其薪酬、奖金和晋升等息息相关。只有公平合理的绩效考核体系，才能让员工的工作付出得到有效且合理的回报，才能真正起到激励员工的作用。

（3）建立员工业绩的档案材料，以便将来帮助组织进行人事决策。提拔优秀员工、淘汰落后员工、为工资调整提供依据、为员工培训确定内容、为员工调动确定方向，并确定在招聘员工时应该重点考查的知识、能力、技能和其他品质等这些人事决策都离不开工作的绩效评价标准。

四、绩效管理的地位与功能

（一）绩效管理的地位

绩效管理是一个综合性的管理体系，在人力资源管理当中处于核心地位，贯穿企业管理的始终。首先，组织的绩效目标是由公司的发展战略所决定的，绩效目标要体现公司的战略导向。组织结构和管理控制是部门绩效管理的基础，工作分析是个人绩效管理的基础。其次，绩效考核结果对人员配置、培训开发、薪酬管理等有重要影响。

（二）绩效管理的功能

1. 绩效管理对企业的功能

（1）诊断功能。绩效管理是企业各个职能和业务部门主管的基本职责，在绩效管理目标明确的前提下，不仅需要对组织中各个成员的活动进行跟踪，反馈绩效管理活动信息，而且要及时发现企业中存在的共性问题，采取科学的方法对其进行诊断，从而为企业的变革和发展提供依据。

（2）监测功能。一个有效的绩效管理体系的运行可以显示企业从高层到基层员工的工作情况，甚至包括劳动环境、生产条件等硬件条件和企业文化、领导者领导风格等软件方面的实际运行情况。在企业绩效管理过程中，需要企业对组织内各种资源（包括人力、物力、财力等）进行合理配置、高效利用、及时检测和监督，并通过良好组织、协调和控制机制来实现预定的绩效目标。

（3）导向功能。绩效管理的基本目标是不断改善企业氛围，提高企业整体效率和经济效益，促进员工和企业的共同发展。要达到这一目标，各级管理人员需要充分发挥绩效管理的导向功能，积极主动地与员工进行绩效沟通和面谈，激励和引导下属，使员工朝着一个共同的目标去努力，进而更好地实现企业的战略目标。

（4）竞争功能。企业的绩效管理与薪酬管理息息相关。绩效评定结果为优秀的员工不仅会得到企业的薪酬奖励，还会获得职位晋升；绩效表现不好的员工则会受到一定程度的批评和处罚。不过，无论是奖励还是处罚，都会对员工的工作表现有影响，从而在企业中形成良好的竞争格局。这种员工之间相互比赛和竞争，势必有助于企业的发展和目标的实现，使企业和员工双方都受益。

2. 绩效管理对员工的功能

（1）激励功能。一个公正合理的绩效管理体系，可以给予员工工作表现最为公正的评价，肯定员工的工作业绩，能够使员工在工作中获得满足感和成就感。通过鼓励先进、鞭策落后、带动中间等相关举措，可以对员工的工作行为进行有效激励。

（2）发展功能。绩效管理的发展功能主要有两点：一是企业根据绩效考核结果，发现组织中的压力点，对压力点进行分析之后再制订正确的培训计划，以达到提高全体员工素质的目的；二是根据员工特点决定培养方向，充分发挥个人专长，将个人和企业的发展目标有效地结合起来。

（3）规范功能。绩效管理为人力资源管理的各项工作均提供了一个客观而有效的标准和行为规范，并根据这个考核结果对员工进行晋升、奖惩和职位调配等。按照客观的绩效考核结果进行人员职位的配置和调换，有利于企业中形成按标准办事的风气，从而促使企业人力资源管理标准化。

（4）控制功能。通过绩效考核，不仅可以把员工的工作数量和质量控制在一个合理的标准范围内，还可以控制工作进度和协作关系，从而使员工能够有效地明白自己的工作职责，按照既有制度和规定做事，提高自身的自觉性和纪律性。

（5）沟通功能。在绩效考核的结果出来之后，管理者和员工会进行绩效面谈，听取员工的看法和申诉。这种做法为上下级提供了良好的沟通机会，使上下级之间可以相互了解。

五、绩效管理与人力资源管理其他职能之间的联系

绩效管理在人力资源管理活动中处于核心地位，与人力资源管理的其他管理职能也有着密切的关系。其中，有些是单向联系，但更多的是双向联系。

（一）与工作分析之间的联系

一方面，工作分析和工作设计是开展绩效管理活动的基础。在设计绩效考核方案时，首先要根据工作分析和评价的结果对相关的职位进行分类，其次设计相关的指标评价体系大致框架，最后根据所评价指标的具体职能和职责，将指标评价体系框架具体化，从而形成针对具体职位的绩效管理评价指标体系。另一方面，绩效管理也会对工作设计和工作评价产生影响，绩效管理是检验工作设计和工作评价是否合理的一种手段。

（二）与人力资源规划之间的联系

一个良好有效的绩效管理体系，有利于公正合理地评价员工目前的知识和技能水平，这不仅可以预测人力资源供给质量，而且可以给人力资源需求质量的预测提供有效的信息。

（三）与招聘之间的联系

绩效评价的结果可能会导致企业做出招聘的决定。通过绩效评价，企业可以有效地评价员工的工作能力和态度，如果发现员工的工作能力和工作态度在接受过组织培训之后不能满足企业的需求，企业则需要开始考虑招聘新员工。绩效管理与招聘之间的联系是双向且密切的。高质量的招聘活动为绩效管理奠定了坚实的基础，而有效的绩效管理又能为招聘活动提供宝贵的反馈和指导。

（四）与培训开发之间的联系

绩效管理与培训开发之间的关系是双向且相辅相成的，它们在企业的人力资源管理中共同发挥着重要作用。一方面，培训开发通过提升员工技能和能力来推动绩效水平的提升；另一方面，绩效管理通过识别培训需求、优化培训内容与方式及促进员工个人成长来反哺培训开发活动。这种双向互动的关系使绩效管理与培训开发能够相互促进、共同提升企业的整体绩效水平。

（五）与薪酬管理之间的联系

绩效管理与薪酬管理之间的联系是最为紧密的。一般来说，员工薪酬中的一部分是绩效薪酬，而绩效薪酬的多少直接与其绩效评价的结果挂钩，这一举措不仅可以提高员

工的工作积极性，促使员工努力工作获取更多的回报，同时也可以达到实现组织整体绩效的目的。由此可见，绩效是决定薪酬的一大重要因素。另外，薪酬也直接影响员工的绩效表现。根据公平理论，企业要支付给员工公平合理的薪酬水平，这样才能有效地激发员工的工作积极性和主动性。如果员工感受到自己没有得到企业合理的薪酬待遇，则会降低其工作积极性和主动性。对员工的绩效做出准确的评价，一方面能够使员工的付出得到应有的回报，即实现薪酬的自我公平；另一方面，也使绩效不同的员工得到不同的薪酬，实现薪酬的内部公平。

（六）与人员配置之间的联系

企业进行人员配置的目的，就是实现员工与职位的相互匹配。绩效管理的结果会直接影响到企业的人力资源配置。例如，如果绩效评价的结果表明某些员工的能力和工作表现不足以胜任这一岗位，则需要对该员工进行岗位调换。同时，若发现优秀的、有发展潜力的员工，企业可对这类员工进行积极的培养和提拔。总之，绩效管理是进行人员职位变动和退休解雇的重要依据之一。

第二节　绩效管理的工具

伴随管理理论和管理实践的发展，绩效管理逐渐成为人力资源管理研究的重点，与此同时，绩效管理的工具也在不断发展和完善，从原来关注员工的表现性评价，到逐步提出目标管理、标杆管理、关键绩效指标（key performance indicator，KPI）和 BSC 等绩效管理的工具，从单纯的关注企业的财务目标到关注整个整体，其评价内容也在不断地丰富和发展。

不过，绩效管理工具和绩效评价方法在意义上不能混为一谈，绩效管理工具，如目标管理法、标杆管理法、KPI 法、BSC 等主要是提供一种系统的思路，将组织的战略目标逐层逐步地分解到部门及个人绩效目标，其目的在于构建绩效管理体系；而绩效评价方法主要是提供一种技术手段，以便对员工的绩效做出评价，其目的在于衡量特定对象的绩效。

在本节，笔者将对绩效管理的相关工具进行介绍，关于绩效评价方法的介绍将在下文阐述。

一、目标管理法

（一）目标管理概述

1. 目标管理的概念

“目标管理”一词最早由彼得·费迪南德·德鲁克在其著作《管理的实践》中提出。彼得·费迪南德·德鲁克认为，传统的古典管理学派注重以工作为中心，其过分地强调工作而忽略了人性的一面；行为学派则过分强调人性而忽略了与工作相结合。目标管理则是综合了人性和工作两方面，围绕确定目标和以实现目标为中心，展开一系列管理活动[①]。

目标管理是以目标为导向，以人为中心，以成果为标准，而使组织和个人取得最佳业绩的管理方法。目标管理的本质是指一套程序或是过程，即根据组织中的使命确定组织的战略目标，然后组织中的上下级共同商议，确定各个层级的责任及工作目标，并把这些目标作为组织经营、评价和奖励的标准。

一般来说，分解目标就是将目标落到实处，保障总目标的实现，总目标必须有明确的分目标落实保障，组织部门间横断面与上下级间的纵断面的关系可以相互协调，以保证整个目标的完成，具体如图 6-1 所示。

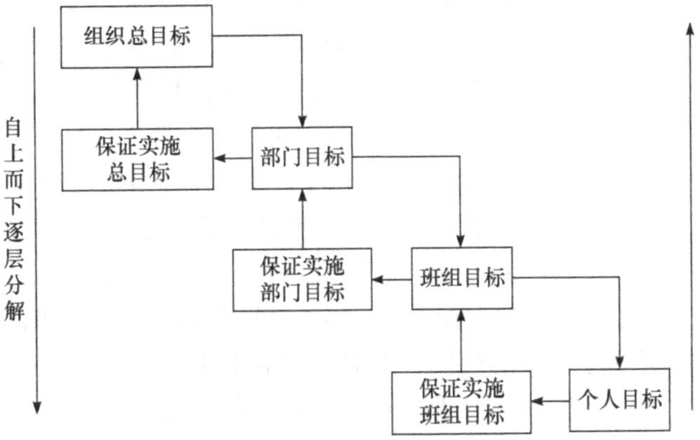

图 6-1 目标分解示意图

目标管理也是现代企业进行绩效考核时常用的一种方法，通过管理者和员工共同协定部门目标和个人目标，进而定期检查目标的完成情况。在管理活动开始之前，要确定组织在当前这一时期的战略目标，进而与员工协定，明确工作内容、实现期限及考核标准。在考核周期结束后，管理者根据商定的工作目标和考核标准，对员工的工作表现进行考核。目标管理弥补了传统目标设定的不足，强调员工参与管理，积极引导员工成为自我管理者，实现对员工引导、激励和控制的协调统一。

从本质上来说，目标管理是一个相对科学的管理方法。首先，不论是个人目标还是部门目标，都是全体成员协商，反复商定的结果，个人目标和部门目标构成组织整体目标。所以组织中的每一个成员都清楚明确了自己的任务，知道干什么、怎么干。员工也从一个被管理者，成了自我管理者，管理从此不再只是部门领导的任务。目标管理使员工能够有清晰的目标导向，且能充分调动员工的工作积极性和主动性，从而有效地实现员工自身的绩效目标。其次，目标管理有效地将部门之间、个人之间、项目之间的目标联系划分清楚，明确目标的责任范围及界限，为部门之间、个人之间的协作、配合和协调指明了方向。最后，目标管理有明确的绩效考评标准，是看重实绩的一种管理方法，各负其责。每个人干没干，干了多少，完成的程度直接与其自身的薪酬待遇相挂钩，这就充分调动了员工的工作积极性，鞭策其认真工作以实现自己的规定目标。

① Drucker P F. The Practice of Management[M]. New York: Harper Brothers, 1954.

2. 目标管理的特点

目标管理的指导思想是以Y理论为基础的，即认为在目标明确的情况下，人们能够对自我负责。在实施目标管理的过程中，组织要明确目标完成的程度及时间期限等，进而有更明确的标准对员工和部门的绩效进行评价。通过对目标完成情况的动态评估，可以及时掌握目标的进度，持续优化员工工作的质量和效果。想要达到这样的目标，首先有必要了解目标管理有哪些特点。

（1）目标导向。目标管理的基本精神是以自我管理为中心，即在目标实现的过程中，员工通过自我监督和衡量，强调自检自查，对工作中的成绩、不足、错误进行自我对照总结，不断修正自身行为，以达到目标的实现。可见，在目标管理的过程中，十分注重“人性”，强调以“人”为中心来确定目标，特别是在实施目标的过程中，目标管理给予员工充分的尊重和相当的自主权，鼓励员工个人以实现自我的方式实现组织目标。

（2）员工参与管理。目标管理是员工参与管理的一种形式，由上下级共同商定，依次确定目标。这种强调用组织总目标联系组织内部各部门和员工，保证了目标的统一性和整体性。为了充分调动员工的工作积极性和主动性，目标管理在实施过程中十分注意管理群体化，即让全体员工参与到组织的管理活动中，实现管理活动的民主化。

（3）强调目标成果的考核和过程控制。目标管理既侧重对组织目标实现结果的考核、评价，也重视对目标实现过程中的控制，尤其是对影响组织目标实现的关键问题进行了分析，具有很强的可操作性。目标管理也被称作成果的管理，这是因为目标管理把最终目标实现的程度作为奖惩的唯一标准，把组织最终业绩的提高与员工个人的业绩联系起来，强调成果的取得和个人的劳动付出，忽略资历、年限等外在因素，进而使目标管理成为一种有效的管理。同时，目标管理实质上是一个反复循环、螺旋上升的管理方式。在这一过程中，目标成果信息的反馈保证了管理效果的不断提高，及时纠正了偏差，完善了目标及实现目标的措施，以最高的效率取得了最佳的效果。

3. 目标管理的优缺点

1）目标管理的优点

（1）促进企业内部沟通。在企业中实施目标管理有助于加强管理者和员工之间的相互沟通，从而在企业中培育团队意识，有利于互帮互助的企业文化的建立。

（2）激发员工潜能。目标往往具有前瞻性，如何实现目标是对员工能力的考验。有效的激励措施会极大地激发员工的潜力。因此在目标实现的过程中，要采取一定的激励措施，发掘员工的潜能，以保障组织目标更好地完成。

（3）提高员工工作效率。目标一经确定，就会成为员工个人和组织前进努力的方向。为了更好地实现目标，员工必然会努力工作，努力提高自身技能，化被动管理为主动管理，自发地朝着目标实现的方向去奋斗，进而工作效率必定有所提高。

（4）强化组织内部合作。目标管理的实施推行要求企业内部的各个部门通力合作，紧紧围绕企业整体目标的实现来开展工作。

（5）有助于绩效考核。目标管理的一大特征就是目标的明确性。把员工参与制定的目标与员工完成的实际情况进行比较，可以评价员工和部门的绩效成绩。从管理的角度出发，不论对员工个人，还是对部门整体，都会有一个较为客观的考核标准和客观依据，这在一定程度上能消除因管理者主观性而引起的不公平和偏见，因此更能激励员工和部门为了实现组织目标而努力。

2）目标管理的缺点

（1）目标管理的前提是人性假设的质疑。目标管理的指导思想是以Y理论为基础的，假定人们对成就动机、能力与自治有强烈的需求，那么员工愿意接受有挑战性的目标。但是在实际的工作生活中，这一人性假设可能并不存在，或者说这一假设可能过于乐观。组织中的员工并非都拥有高成就动机和能力，在此种情况下，目标管理可能并不能达到其既定的效果。

（2）目标管理更多地侧重结果，因而会忽视目标的执行过程。

（3）目标管理的成本过高，且可能不容易被管理者接纳。在目标管理的实施过程中，上下级需要为目标的制定进行反复的沟通和确定，这一过程需要耗费大量的时间和成本。此外，有些管理者会担心下级参与目标设定而削弱他们的职权，且大量的沟通和书面工作也会很大程度上降低上级管理者的效率，这样一来，这部分管理者便不愿意认真执行目标管理的程序，从而使目标管理流于形式。

（4）绩效管理的标准难以量化，缺乏相互比较的基准。目标管理过分强调通过量化指标来衡量绩效。然而组织中的许多工作却是难以量化的，并且绩效标准也因人而异，缺乏相互比较的标准，这就使目标管理的公平性会受到组织内的质疑。

（5）目标管理容易导致短视的行为。在目标管理的实施过程中，考核压力会使员工倾向于选择短期目标而牺牲长期目标，这将最终导致组织的长期利益被忽视，不利于组织的可持续发展。

（二）目标管理的操作流程

随着目标管理思想的不断发展，目标管理理论也逐渐得到完善并适应组织内外部环境变化。目标管理的发展是整个公司从部门到员工均服务于组织总目标，分解目标，制定各自目标，并对结果严格考核和反馈的一种管理制度。一个高效的目标管理制度需要制定符合工作标准和绩效考核目的的目标，想要制定有效的目标则需要遵循SMART原则。

1. 目标管理的SMART原则

不论是部门还是个人，在制定目标的过程中都必须遵循SMART原则。S即明确性（specific），就是组织所制定的目标必须是明确的，要用具体的语言清楚地说明所要达成的行为标准，如果组织所制定的目标是模棱两可的，那么不能将目标有效传达给组织中的所有员工。M即可衡量性（measurable），就是组织所制定的目标必须是可以衡量的，如果制定的目标是无法衡量的，那么无法判定这个目标是否实现。A即可实现性（attainable），就是组织所制定的目标必须是可实现的。在目标设置的过程中，必须要坚持员工参与，上下级进行充分的双向沟通，使拟定的工作目标在组织及个人之间能达成一致，即工作内容既要丰富，也要具有可达性。R即相关性（relevant），就是目标必须与其他目标具有相关性。如果实现了这个目标，但是和其他目标完全不相关，或者是相关度很低，那么这个目标即使实现了，意义也不是很大。所以在制定目标的时候，一定要综合考量，厘清各级各类目标之间的关系，完整地设置目标，避免目标之间相互矛盾或冲突。T 即时限性（time-based），就是组织所制定的目标必须有明确的截止日期。没有时间限制的目标是无法进行考核的，或者会带来考核的不公平。

2. 目标管理的实施步骤

1）实施目标管理法的必要条件

想要实施目标管理法，首要条件是要有明确的战略。目标管理要建立在组织战略规划的基础上。此外，相对于短期目标而言，目标管理更看重组织的长期目标，注重目标与组织战略规划相结合。有的企业实施目标管理的时候只注重结果，从而导致员工只注重短期行为，进而给企业发展带来弊端。

实施目标管理的第二必要条件是组织需要有团队精神。目标管理法的有效实施基于具有团队精神的企业文化，而目标的制定与完成需要员工上下级之间彼此协调、相互合作。

实施目标管理的第三必要条件是要有开放式的组织结构。开放式组织是指组织中领导者能够建立一种与员工互动的平台，使员工能够在合适的时间，以合适的方式就一个问题发表自己的见解。特别是在确定目标的时候，员工认为该目标是有价值的，但是领导者没有给予足够的重视，造成这一现象的原因是领导者和员工没有进行及时的沟通，以及没有为员工提供反馈的机会。

实施目标管理的最后一个必要条件是要有有效的反馈机制。工作的反馈是绝对有必要的。首先，成就导向的管理者会对工作反馈有明确的要求；其次，在过程中，管理者根据工作反馈对工作进行临时的决定或修正，使自己始终朝着预定的目标工作。

2）推进目标管理法的步骤流程

目标管理法的具体操作步骤如图 6-2 所示。

实施目标管理的第一步是设定绩效目标，通常是上下级共同沟通协商来设定被考核者的绩效目标。目标主要是指组织期望个人所达到的结果，以及达到这一结果所应采取的方式和方法。在目标管理过程中，绩效目标的设定始于最高层，也就是根据组织使命和战略目标，然后从上至下，通过部门层次依次往下传递至具体每名员工。员工个人绩效目标的实现是为了保证部门绩效目标的实现。在大多数情况下，员工个人目标的制定是由上下级沟通协商共同制定的，设定的同时，也要就绩效标准，以及如何测量达成共识。

目标管理法是否成功，也要取决于这些绩效目标的设定陈述是否清晰且贴切。设定绩效目标通常是员工、上下级及其上级部门之间努力合作协商的结果。绩效目标是否能够清晰合理地设置，直接决定绩效考核的有效性。所以在设置绩效考核目标时，还需要注意一些事项。首先，每个目标都要获得上下级的一致认可，只有这样，才能建立目标体系，形成全员目标管理。其次，此目标的制定必须符合 SMART 原则，且目标最好有个人努力的成分。让目标管理的应用者自身在工作中有所提高，符合其个人发展方向和个人需要的成果，这样也能增强个人的工作动力。最后，目标越小越好，目标集中有利于员工集中精力完成。

实施目标管理的第二步是制定达到目标的时间框架，即当被考核者明确自身的绩效目标后，可以根据时间框架合理去安排自己的实施步骤，了解自己目前在做什么及接下来应该做什么。在第一步和第二步的过程中，难免会有员工认为目标管理就是绩效考核的一种工具，所以在制定目标的时候，会将容易实现的工作作为主要目标，并在时间框架上将自身的利益凌驾于部门利益和组织利益之上。因此在推进以目标管理为基础的绩效考核时，在设计绩效考核权重的时候一定要把握好各指标和各目标“权重关”。

实施目标管理的第三步是比较实际绩效水平与绩效目标。这样做的目的是找出被考核者为什么没能达成绩效目标，或是为什么被考核者实际的绩效水平远远超出绩效目标。该步骤不仅有助于确定下一阶段的绩效考核指标，而且也为后续的员工培训指明了方向。

实施目标管理的第四步是设定新的绩效目标。凡是已经成功完成绩效目标的被考核者都被允许参加下一考核周期的绩效目标的制定。而对那些没有完成绩效目标的员工，在与其直接上级进行沟通、判明困难的出现是否是偶然现象、找出妨碍目标达成的原因并制订相应的解决办法和行动矫正方案后，才可以允许其参加新一轮考核周期绩效目标的设置。

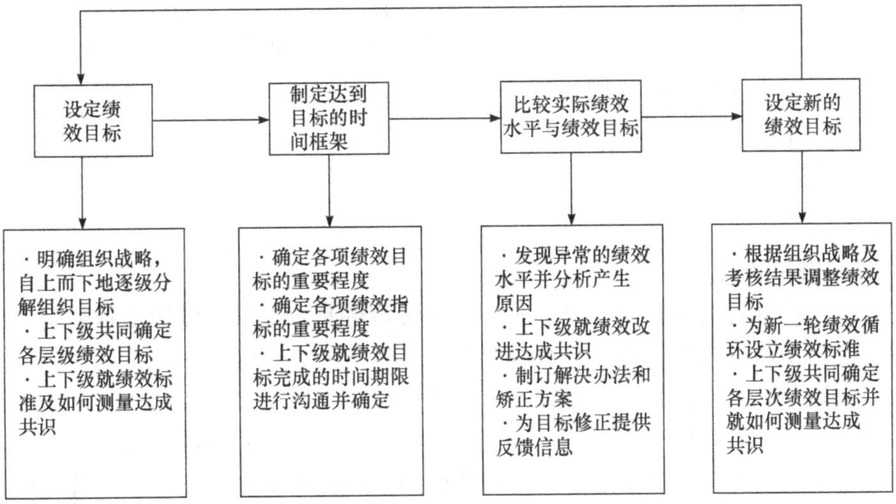

图 6-2 目标管理法的具体操作步骤

（三）目标管理考核法所遇到的困境

（1）管理者对企业战略的认识不够。具有明确的组织战略是实施目标管理的必要条件之一。管理者必须深刻认识并领悟到组织的战略目标，目标管理法才可行。如果管理者对组织战略的认识不够，那么设定的部门和员工目标则可能与组织目标不相一致，考核的目的也就无从说起。

（2）过于重视目标的可测量性。在实际的目标设置的过程中，过于重视目标的可测量性容易造成制定目标时会避免不易定量的目标，以及在不易定量的领域也必须勉强用数字进行目标的设定，这样容易矫枉过正。强行设定可测量性的目标容易使目标设定的效果降低。

（3）奖惩不一定能够与目标成果相配合。如果奖惩不能与目标成果相配合，则会在一定程度上削弱目标管理的效果，这是因为目标管理是以实现目标作为最后的考核标准的。因此为了保证目标管理的有效性，一定要把组织最终业绩的提高与员工个人的业绩联系起来，强调成果的取得和个人的劳动付出。

（4）反馈机制不健全。目标管理不仅注重对于结果的考核，同时也注重对于过程的管控，即组织要具备有效的反馈机制。在目标执行的过程中，要对过程进行持续性的监督，并将结果实时地反馈给各个目标的负责人，对出现的偏差进行及时纠正，以保证目标的顺利实现。因此有效的监督反馈机制是非常有必要的。

（5）过多注重一个部门的员工和管理者之间设定的目标。在目标设定的过程中，不仅需要纵向分解，也需要横向协调。如果目标管理过多注重一个部门内部的员工和管理者之间设定目标，忽略了部门与部门之间的沟通协调，则无法跨部门进行统一的目标设定和绩效考核，进而无法对不同部门员工之间的绩效成绩进行横向比较，从而无法为员工的跨部门发展提供晋升的依据。

（6）员工各行其是，缺乏团队精神。上文介绍过，具有团队精神是实施目标管理的又一必要条件。如果各部门及员工都只关注自身的利益，关注自己的目标是否能达成，而忽视相互之间的沟通协作，则会不利于组织整体目标的实现，还会滋长本位主义及急功近利的倾向。因此在目标管理的实际实施过程中，一定要注意提高员工的职业道德水平，培养团结协作精神，建立健全各项规章制度，打造一个具有团队精神的组织。

二、标杆管理法

（一）标杆管理概述

1. 标杆管理的含义

标杆管理也被称为标杆法、基准管理。它强调的是以在某一领域卓越的公司为学习的对象，通过不断的衡量比较和持续改善来强化组织的竞争优势。

标杆管理首次在施乐公司实施，后经美国生产力与质量中心（American Productivity and Quality Center，APEC）系统化和规范化。APEC对标杆管理的定义为："标杆管理是一项有系统、持续性的评估过程，通过不断将组织流程与全球企业领导者相比较，以获得协助改善营运绩效的咨询。"这个定义相当具体地体现了标杆管理的本质主体。

所谓标杆管理，就是不断寻找和研究业内外一流公司的最佳实践，并以此为标杆，与本企业不断地进行比较、分析、判断，从而使自己的企业不断地得到改进，进入或赶超一流公司，创造高绩效并不断循环提高的过程。

2. 标杆管理的分类

标杆管理分为内部标杆管理、竞争标杆管理、职能标杆管理和流程标杆管理四类。

1）内部标杆管理

内部标杆管理以企业内部操作为基准，是最简单且易操作的标杆管理方法之一。辨识企业内部最佳职能或流程及其实践，将其推广到组织的其他部门，从而实现信息共享，是企业提高绩效的最便捷的方法之一。但是，单独执行内部标杆管理的企业往往持有内向视野，容易产生封闭思维，因此内部标杆管理应该与外部标杆管理结合使用。

2）竞争标杆管理

竞争标杆管理的目标是企业与有相同市场的其他企业在产品、服务和工作流程等方面的绩效和实践进行比较，直接面对竞争者。它实施起来比较困难，原因在于企业在获取公共领域的信息时比较容易，获取有关竞争企业的其他信息时则较难。

3）职能标杆管理

职能标杆管理是以行业领先者或某些企业的优秀职能操作为基准进行的标杆管理。职能标杆管理的合作者常常能相互分享一些技术和市场信息，标杆的基准是非竞争性外部企业及其职能或业务实践。由于没有直接的竞争者，合作者往往比较愿意提供和分享技术与市场信息。

4）流程标杆管理

流程标杆管理是以最佳工作流程为基准进行的标杆管理。由于比较的是类似的工作流程，因此流程标杆管理可以跨不同类型的组织进行。它一般要求企业对整个工作流程和操作有很详细的了解。

3. 标杆管理的优缺点

1）标杆管理的优点

标杆管理作为一种绩效管理工具，具有较强的可操作性，能够帮助企业形成持续改进的企业文化，标杆管理具有如下优点。

第一，有助于改善组织绩效。在管理实践中，实施标杆管理的企业通过确定行业内外最佳企业的绩效，并进行对标，然后制定能够达到甚至超越标杆公司的改善措施，最后制定循环提升的超越机制，实现绩效的持续提升。

第二，有助于组织长远的发展。标杆管理这一绩效管理工具有助于组织挖掘部门甚至员工的潜力。通过与标杆进行比较，个人与部门的潜力能够被充分激发，进而有助于组织克服短视现象，实现组织长期的健康发展。

第三，有助于建立学习型组织。所谓学习型组织，就是一个能创造、获取和传递知识的组织。标杆管理有助于组织发现其在产品、生产流程、服务，以及管理模式等方面的不足；实施标杆管理能够让组织充分学习标杆企业的最佳实践，并结合自身情况将其充分运用到组织的管理活动中，建立不断学习的企业文化。

2）标杆管理的缺点

作为一种绩效管理工具，标杆管理也存在一定的缺点，具体如下。

第一，难以从整体最优的角度实施标杆管理。标杆管理是一种片段式的、渐进式的管理工具。由于组织内的所有产品、生产流程、服务，以及管理模式等都可以作为比较的对象，都可以对标最佳实践的企业进行绩效改善，所以很多组织在具体实施标杆管理之时，不一定能从整体最优的角度出发实施标杆超越，因此标杆管理一般要与其他管理工具一起配合使用，才能更好地发挥其作用。

第二，标杆主体的选择缺陷，即组织难以找到合适的比较目标。

第三，标杆瞄准缺陷。标杆瞄准是指系统地界定优秀的经营管理机制与制度、优秀的运作流程与程序，以及卓越的经营管理实践的活动。由于最佳实践往往隐藏在员工头脑、企业制度、组织架构甚至企业文化中，因此难以获取。

（二）标杆管理的操作流程

1. 标杆管理实施的必要条件

标杆管理是一个涉及组织多方面的管理过程，所以在实施中往往会出现些许偏差。一般来说，组织最关心的就是财务目标能否达到，这样会让管理者把注意力集中到最后的数字目标上，而标杆管理的真正价值就是理解产生优秀绩效的过程，并结合自身实际，在组织内推行实施，而不是单纯地注重财务数据本身。

研究表明，一个成功的标杆管理活动一般需要具备以下基本条件。

（1）高层管理者的兴趣与支持。

（2）对企业运作和改进要求的充分了解。

（3）接受新观念、改变陈旧思维方式的坦诚态度。

（4）愿意与合作者分享信息。

（5）致力于持续的标杆管理。

（6）有能力把企业运作与战略目标紧密结合起来。

（7）企业能将财务和非财务信息集成供管理层和员工使用。

（8）企业有致力于与客户要求相关的核心职能改善的能力。

（9）追求高附加价值。

（10）避免讨论定价或竞争性成本等方面的敏感内容。

（11）不要向竞争者索要敏感数据。

（12）未经许可，不要分享所有者信息。

（13）选择一个无关的第三者，在不公开企业名称的情况下集成和提供竞争性数据。

（14）不要基于标杆数据而向外界贬低竞争者的商务活动。

2. 标杆管理实施的程序

标杆管理的具体操作步骤如图 6-3 所示。

第一步，确定标杆管理的目标。在实施标杆管理的过程中，要坚持系统最优的思想，不仅要追求企业某个局部的最优，还要着眼于企业整体最优。此外，为了保障标杆管理的顺利实施，要成立专业的标杆管理团队及制定有效的实践标准。

第二步，确定比较目标组织。比较目标组织就是能够为组织提供值得借鉴信息的组织或部门。比较目标组织的规模、性质不一定与组织相似，但应在特定方面为组织提供良好的借鉴作用。

第三步，收集与分析数据，确定标杆。分析最佳实践和寻找标杆是一项比较烦琐的工作，但对于标杆管理的成效非常重要。标杆的寻找包括实地调查、数据收集、数据分析、与自身实践比较找出差距、确定标杆指标等步骤。标杆的确定能够为组织找到改进的目标。

第四步，系统学习与改进。这是实施标杆管理的关键。标杆管理的精髓在于创造一种环境，使组织中的员工在愿景和战略下工作，自觉学习和变革，创造出一系列有效的计划和行动，以实现组织的目标。

第五步，评价与提高。实施标杆管理是一个长期渐进的过程。每一轮标杆管理完成之后，组织都要重新检查和审视标杆研究的假设、标杆管理的目标和实际达到的效果，分析差距，找出原因，为下一轮改进打下基础。

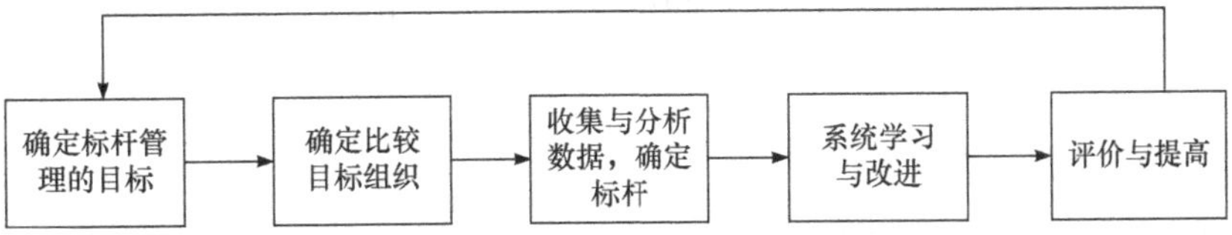

图 6-3 标杆管理的具体操作步骤

（三）标杆管理的问题

随着标杆管理这一管理工具在全球的兴起，各行各业纷纷采用标杆管理将其作为提高其竞争力的有效工具。短期内，各行业都取得了不错的成就，但是令管理者疑惑的问题也随之出现。企业的管理者发现，企业生产效率的大幅提高，并不能带来盈利能力和市场占有率的提高。这是由于企业很难将短期成效转变为持续的竞争优势。标杆管理在实施过程中的问题主要有以下两方面。

1. 忽视创新和服务的对象

标杆管理的确是一个有助于提高组织绩效的管理工具，但是企业在具体的实施过程中往往会缺乏结合自身实际情况的创新，进而导致企业的竞争战略趋同。例如，如果在同一行业的企业，纷纷模仿领先企业，这也必然导致大量的企业采用相同和类似的手段。这样做的后果是单个企业的运作效率有了大幅提高，但是企业之间的相对效率差距却在不断缩小，进而导致没有企业能够在市场上获取到竞争优势，行业内的平均利润率必然下降。在这种性质的市场上，没有企业能够在哪个环节获取到足够的成本优势，同时就不能索取到较高的价格，企业利润越来越薄之后，就无力进行长期的投资，最后陷入恶性循环。因此企业在实际实施标杆管理的过程中，要结合自身的实际情况，适当地进行创新，不能一味地模仿。

2. 不恰当的观念和操作

在真正实施标杆管理的过程中，有些企业会有不恰当的观念和操作，致使标杆管理活动并不能发挥其应有的效果。这些不恰当的观念和操作主要表现在以下几方面。

第一，混淆标杆管理和调查。有些企业在相似的企业做调查的时候，会误认为这就是标杆管理，但这并不是真正的标杆管理，这样的调查虽会帮助企业获取一些有价值的数据，但不能获取到这些数据背后隐藏的内在机理。因此，企业不应该只单纯地关注数据，而忽略了实现这些指标的方法和实践。

第二，忽视服务和用户满意度。在标杆管理的实践中，往往存在一些这样的企业，即它们只关注所提供的产品和服务的成本，而不考虑客户，这样会导致客户流失。

第三，不了解自己，定位不准。标杆管理的假设是在做标杆管理参观之前，企业已经完整地了解自己，清楚自己的绩效水平，只有这样，其才能清楚地知道未来的学习进步方向。

第四，基准对象的选择。很多企业在开始定基准对象之时就在本行业内寻找比较目标，但在这种情况下，竞争企业的信息难以获取，以至于对标的过程中产生困难。

第五，企业企图一蹴而就。标杆管理本身就是一个长期的、渐进的过程，所以其成效在短期内很难显示出来。如果企业在每次标杆管理活动后不重新检查和审视标杆管理的标准、目标和实际效果之间的差距，那么标杆管理活动的成效很可能会大打折扣。

（四）标杆管理在我国的应用

标杆管理在企业发展过程中已经逐渐被企业所认同，其使用的范围也从最初的衡量组织绩效到不同的业务和服务方面，包括工艺流程优化、客户满意度、管理机制优化等。它已经成了改善企业经营绩效、提高全球竞争优势的非常有用的一种管理工具，甚至很多非营利机构也开始使用这一工具。

改革开放以来，我国不断学习和吸收国外先进的管理理论和管理方法，其中也包括标杆管理这一管理工具。我国企业历来都有比、学、赶、帮、超，以及学先进、树典型的优良传统，从选择榜样和赶超先进的意义上讲，这与标杆管理没什么区别。

社会主义市场经济的建立和现代企业制度的完善为我国企业推行标杆管理提供了前提条件。标杆管理的本质就是改革，企业只有在具有自主权且面对决定生存发展的竞争条件下，才会有主动变革的动力和愿望。实际上，我国有许多企业已经开始了标杆管理的尝试，但在实际操作过程中仍存在一定的问题。如果组织能够合理地利用好标杆管理这一管理工具，并辅以其他的管理工具，则一定能在实践中取得很好的效果，实现组织经营绩效和竞争力的巨大提升。

三、KPI 法

（一）KPI 概述

1. KPI 内涵

KPI 是 key performance indicator 的简称，即关键绩效指标，是指将组织的战略目标层层分解成为可操作性的、用于衡量组织战略实施效果的关键绩效指标。

简单来说，KPI 考核法就是通过对工作绩效特征进行分析，根据“二八原则”，找到最能代表绩效的若干绩效指标，并以此为基础进行绩效考核的模式。在一个企业的经营管理活动中，“二八原则”一般运用在绩效管理中，具体体现在 KPI 上，即一个企业的创造过程中，每个部门和每名员工的 80%的工作任务是由 20%的关键行为完成的，因此要抓好这 20%的 KPI。

KPI 是基于企业经营管理绩效的考核体系，可以从以下三方面进一步理解其内涵。

第一，KPI 是用于评估和考核被考核者绩效的可量化或可行为化的系统考核体系。KPI 作为一个指标体系，能够用其测量部门和员工的绩效水平，其指标是可以量化的，如果无法被量化，那么这个 KPI 也是能够可行为化的。假设这两点无法满足其一，那么这个指标则不符合 KPI 考核法的要求。

第二，KPI 体现绩效中对组织战略目标起增值作用的绩效指标，KPI 可以用来连接员工绩效、部门绩效与组织战略目标。

第三，通过在 KPI 上达成的承诺，基层员工和中高层管理者可以进行工作期望、工作表现和未来发展等方面的沟通，员工和管理者可以共同为了实现组织战略目标而努力。

2. KPI 的特点

KPI 作为一种有效的绩效管理工具，具有如下特征。

1）KPI 对公司战略目标的分解

作为衡量各职位工作绩效的指标，KPI 所体现的衡量内容最终取决于公司的战略目标。当 KPI 构成公司战略目标的有效组成部分或支持体系时，它所衡量的职位便以实现公司战略目标的相关部分作为自身的主要职责；如果 KPI 与公司战略目标脱离，则它所衡量的职位的努力方向也将与公司战略目标的实现产生分歧。

KPI 来自对公司战略目标的分解，其第二层含义在于，KPI 是对公司战略目标的进一步细化和发展。公司战略目标是长期的、指导性的、概括性的，而各职位的 KPI 内容丰富，针对职位而设置，着眼于考核当年的工作绩效，具有可衡量性。因此，KPI 是对真正驱动公司战略目标实现的具体因素的发掘，是公司战略对每个职位工作绩效要求的具体体现。

最后一层含义在于，KPI 随公司战略目标的发展演变而调整，当公司战略侧重点转移时，KPI 必须予以修正以反映公司战略新的内容。

2）KPI 对绩效可控部分的衡量

企业经营活动的效果是内外因综合作用的结果，其中内因是各职位员工可控制和影响的部分，也是 KPI 所衡量的部分。KPI 应尽量反映员工工作的直接可控效果，剔除因他人或环境造成的其他方面影响。

3）KPI 是对重点经营活动的衡量，而不是对所有操作过程的反映

每个职位的工作内容都涉及不同的方面，高层管理人员的工作任务更复杂，但 KPI 只对其中对公司整体战略目标影响较大、对战略目标实现起到不可或缺作用的工作进行衡量。

4）KPI 是组织上下认同的

KPI 不是由上级强行确定下发的，也不是由本职位自行制定的，它是由上级与员工共同参与完成制定的，它不是以上压下的工具，而是组织中相关人员对职位工作绩效要求的共同认识。

3. KPI 的类型

1）依据 KPI 的层次分类

依照 KPI 的层次可将其分为组织 KPI、部门 KPI 和员工个人绩效指标三类。其中组织 KPI 来自对组织战略目标的分解和提炼；部门 KPI 来自对组织绩效指标的分解和提炼；员工个人绩效指标来自对部门绩效指标的分解和提炼。这三个层次的 KPI 共同构成了 KPI 体系。这种分类方法就是将目标层层分解，根据组织的战略目标自上而下地将目标落实到部门和员工个人，保证了组织战略目标的有效实施。

2）依据 KPI 的性质分类

依照 KPI 的性质可将其分为财务指标、经营指标、服务指标和管理指标。其中财务指标用来衡量组织创造的经济价值，如公司投资资本回报、业务单元损益等；

经营指标用来衡量组织经营运作流程的绩效，如细分市场的份额、新渠道的收入份额等；服务指标用来衡量利益相关者对组织所提供的产品和服务的态度，如客户满意度等；管理指标用来衡量组织的日常管理效率和效果，如员工满意度、关键人才流失率等。

3）依据 KPI 与组织整体战略的联系分类

依据 KPI 与组织整体战略的联系可将其分为发展性指标、改善性指标和监控性指标。其中发展性指标是基于组织战略发展的 KPI，其主要是依据组织的战略规划，分析支撑组织战略的关键成功因素或结果领域，并据此设计出发展性的 KPI，目的是以一个更为清晰且量化的标准，指明企业经营的方向和重点。改善性指标是基于企业经营改善的 KPI，其主要是针对组织在运营管理中的短板，设计出改善性 KPI，从而服务于组织战略目标的实现。监控性指标是基于企业经营保障的 KPI，其是一种保健因素，如安全指数、质量指数等指标，只能维持，不能恶化。虽然保持这类指标，不能为组织带来可观的绩效提升，但是一旦恶化，将会严重损害组织的运行。

4. KPI 的优缺点

1）KPI 的优点

KPI 法在绩效管理活动中应用广泛，可以对员工形成激励和约束机制，其优点如下。

第一，有利于企业战略目标的实现。KPI 是企业战略目标的层层分解，通过 KPI 指标的整合和控制，使员工绩效行为与企业目标要求行为相吻合，不至于出现偏差，有力地保证了企业战略目标的实现。

第二，提出了客户价值理念，对于企业形成以市场为导向的经营思想有一定的提升作用。

第三，有利于组织利益与个人利益达成一致。根据组织总体战略，自上而下制定个人绩效目标，员工在实现个人绩效目标的同时也能实现组织总体战略目标。

2）KPI 的缺点

KPI 方法也存在一定的缺点，具体如下。

第一，KPI 的指标比较难以界定。KPI 更多倾向于定量化的指标，这些定量化的指标是否真正对企业绩效产生关键性的影响，如果没有运用专业化的工具和手段，就很难界定。

第二，KPI 会使考核者误入机械的考核方式。过分地依赖考核指标，而没有考虑人为因素和弹性因素，会产生一些考核上的争端和异议。

第三，KPI 并不是对所有岗位都适用。

（二）KPI 的设计原则

1. 目标导向原则

目标导向原则即应该根据企业的总体战略，从上至下层层分解，制定部门和员工个人的绩效目标。KPI 是对实现组织战略目标的成功要素进行提炼，是可以把公司战略目标分解成关键且可以量化的指标的重要工具。所以在制定 KPI 的时候，应该将企业的战略目标与部门和个人目标相连接，从而把企业的效益和员工的效益紧密结合起来。

2. SMART 原则

在制定 KPI 的时候，也需要遵循 SMART 原则。S 即 KPI 要针对特定的工作目标，将评价指标具体化和动态化，要能跟着情境的变化及时变动。M 即 KPI 要可量化或者可行为化，且衡量这些指标的数据能够较为轻易地获取到。A 即 KPI 既不能太低也不能太高，如果 KPI 太低，对于部门和员工个人而言没有激励作用；如果 KPI 太高，是部门和员工个人觉得努力都达不到的程度，这样也无法对员工产生激励作用。所以 KPI 应该是部门和员工个人在付出努力之后可以实现的目标。R 即 KPI 要实实在在，可以证明和观察。T 即 KPI 一定要设定完成的时间期限。

3. 执行原则

KPI 考核法能够成功的关键在于执行，所以组织一定要在内部推行强有力的执行文化，以消除在实施 KPI 考核法的过程中出现的各种困难和障碍，使关键绩效考核法成为推动组织创新管理和提升绩效的有力工具。

4. 客户导向原则

制定 KPI 的时候，需要遵循客户导向原则，其原因在于对于企业而言，如何为客户创造价值是极为重要的。对于使用 KPI 体系的公司来说，市场标准及最终成果责任是需要重视并进行测控的。所以组织应该明晰这些方面所要达到的目标，归纳提炼出 KPI，并对员工进行考核。

（三）KPI 体系的构建与实施

1. KPI 体系的构建

在实际的管理活动中，KPI 并不是绩效指标的全部，还有一类绩效指标来源于部门和员工的工作职责，即一般绩效指标（performance indicator，PI）。一般来说，在设计 KPI 体系的时候，组织绩效指标是根据组织战略制定的，即组织 KPI。而部门绩效指标和个人绩效指标则是由 KPI 和 PI 构成。但这一说法也并不绝对，比如对于一些事务性部门，如人力资源部和财务部等，它们承担的 KPI 较少，更多的绩效指标来自部门职责，而不是组织战略的层层分解。具体如图 6-4 所示。

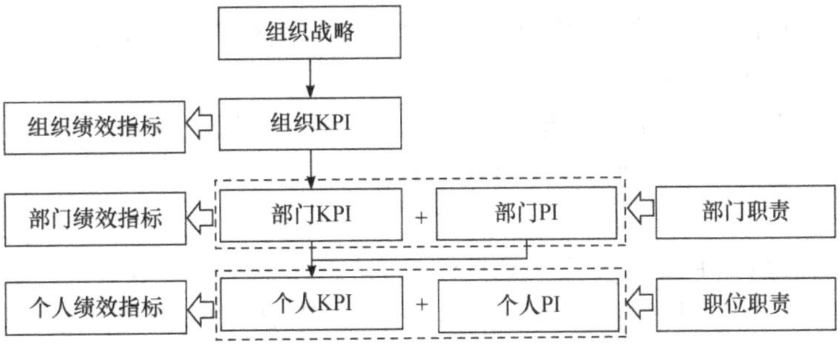

图 6-4 KPI 体系的构建

2. KPI 体系的实施

目前使用较为广泛的是利用分析法来制定 KPI 体系。建立 KPI 的基本思路是：根据组织的整体战略目标，确定组织的关键成果领域，然后把关键成果领域层层分解为关键绩效要素，为了能够更好地量化这些关键绩效要素，必须将这些要素进行归纳提炼，进而确定 KPI。具体步骤如图 6-5 所示。

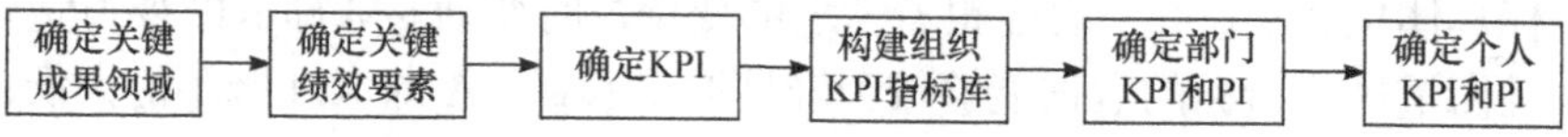

图 6-5 基于 KPI 的绩效考评体系的设计步骤

1）确定关键成果领域

建立基于 KPI 的绩效考评体系的第一步是根据组织的战略目标，寻找能够帮助组织成功和提高竞争优势的关键成果领域，也就是对组织实现其战略目标和提高竞争优势有重要影响的成果领域。在这一过程中，组织需要明确几个问题：一是组织为什么能取得成功，能够成功的关键是什么；二是哪些因素能够帮助组织在未来继续成功或是持续提高其竞争优势，哪些因素可能会阻碍组织的未来发展；三是组织未来所追求的目标是什么？明确这些问题的过程，实质上就是一个审视组织的战略规划和目标，并以此为基础反思组织优劣势的过程。

2）确定关键绩效要素

关键绩效要素，实质上就是对关键成果领域的分解和细化。在这一阶段，需要明确以下几个问题：一是每个关键成果领域所包含的内容是什么；二是如何保证该关键领域的成功；三是为了保证该关键领域的成功，需要采取的关键措施和手段是什么，标准是什么。

3）确定 KPI

为了更好地衡量关键要素，需要对其进行归纳提炼，进而确定 KPI。组织在挑选确定 KPI 的时候，需要遵循三个原则：一是指标的有效性，即设计的指标能够客观地、集中地反映出要素的要求；二是指标的可操作性，即每个绩效指标必须有明确的定义和计算方法，避免因主观感觉影响判断；三是指标的重要性，即要找出对组织价值创造影响较大的指标，反映其对组织价值的影响程度。

4）构建组织 KPI 指标库

在确定了 KPI 之后，按照关键成果领域、关键绩效要素和 KPI 的三个维度对组织的 KPI 进行汇总，进而构建组织 KPI 指标库，作为整个组织开展绩效管理活动的依据。

5）确定部门 KPI 和 PI

一般来说，部门的绩效考核指标一般由 KPI 和 PI 组成。KPI 主要来自对组织 KPI 的承接和分解，也有一部分来自部门独有的指标。PI 主要来自相应的部门职能和制度流程等。

一般情况下，组织 KPI 需要落实到具体的部门上，不然会导致有些组织 KPI 被忽视。换句话说，也就是部门根据自身的职能分工，在组织 KPI 指标库中挑选指标，以至所有的组织 KPI 都能具体落实。

6）确定个人 KPI 和 PI

确定个人 KPI 和 PI 的基本思路与确定部门 KPI 和 PI 类似。个人 KPI 也主要来自对于部门 KPI 的承接和分解，个人 PI 主要来自员工所承担的职位的职责。

一般情况下，部门 KPI 最终需要落实到具体的员工上，这样才能保证组织战略能够有效地指导员工的工作行为，但员工所承担的 KPI 的数量会因岗位而异。

3. 指标权重的确定

一个良好的 KPI 考核体系是保证绩效管理活动顺利实施的关键。根据绩效考核的结果，可为后续的绩效评价和绩效改进提供依据。一般来说，通过对组织 KPI 的分解，可以有效地对部门和员工的工作行为起到引导和规范作用。但是对于不同类型的绩效指标，在具体考核的时候，需要赋予不同的权重。绩效考核指标所占权重的多少也会对员工的行为产生不同的影响。一般来说，一个岗位的 KPI 的数量一般在 5～10 个为宜。指标过少可能会导致有些重要的工作被忽略，指标过多也会使工作导向不集中，进而分散员工的注意力。同时，每个指标的权重一般在 5%～30%为宜。指标的权重过大会导致员工抓大放小，而忽视其他与工作质量密切相关的指标，而且万一员工没有完成该指标，其整个绩效周期内的薪酬奖金都会受到极大的影响。KPI 的权重过小则会导致该指标对评价结果的影响较小，员工可能会不重视。另外为了最终计算的方便，指标的权重一般选取 5 的倍数。

（四）KPI 考核法实施过程中需要注意的问题

毫无疑问，KPI 考核法是一种相对科学、先进的绩效管理方法，但在实际实施的过程中仍有以下问题需要注意。

（1）不同岗位的 KPI 组合不同，不同部门的 KPI 的着重点不同。例如，对于财务部门而言，KPI 应该包括利润率、成本降低率和存货周转率等；而对于销售部门而言，KPI 则是销售收入、产销比等。针对不同的部门和员工，需要根据其具体职能制定其 KPI。

（2）对于 KPI 能量化的就量化，实在不能量化的也要进行细化，但是其评估手段要可量化且可操作性强。例如，对于员工工作积极性的考核，量化较难，但是可以将其行为化，用“在空闲时间能够不计报酬地接受额外的任务”“早于上班时间上班”等指标进行考核。

（3）KPI 与绩效目标的衡量。KPI 是自上而下分解的 KPI，是指标而不是目标。除了 KPI 以外，绩效目标的衡量还包括时限性指标、数字化指标和描述性指标等。

（4）指标设定具有一定的稳定性，且激励指标和控制指标相结合。一般来说，KPI 制定之后，应该具备一定的稳定性，不应该轻易变动。否则，对于组织来说，整个 KPI 系统的操作会失去连续性和比较性。但也不是只要 KPI 设定之后就完全不改变，随着组织阶段性目标和工作重心的变化，组织、部门和员工的 KPI 也会随之发生变化。因此，KPI 存在阶段性、可变性或权重的可变性。另外，在设定指标的时候，需要将激励指标和控制指标结合起来，在保证组织基本控制活动的基础上，最大限度地激励员工的工作积极性，使其为实现组织目标而努力。

四、BSC

（一）BSC 概述

1. BSC 的定义

BSC 是美国哈佛大学教授罗伯特·卡普兰（Robert Kaplan）和 RSI 公司的总裁戴维·诺顿（又译大卫·诺顿，David Norton）两人针对企业创建的组织绩效评价工具。罗伯特·卡普兰和戴维·诺顿于 1992 年初在《哈佛商业评论》上发表了《平衡计分卡——驱动业绩的衡量体系》，这标志着最初用于评价组织绩效的 BSC 问世。1993 年罗伯特·卡普兰和戴维·诺顿将 BSC 延伸到企业战略管理当中，他们认为 BSC 不仅仅是公司绩效管理的工具，同时也是一个公司战略管理工具。由此他们在《哈佛商业评论》上发表了第二篇文章——《在实践中运用平衡计分卡》。在罗伯特·卡普兰和戴维·诺顿将 BSC 延伸到企业战略管理体系之后，BSC 开始在全球被众多企业接受和认同，越来越多的企业、政府、非营利性的组织机构等开始实施利用 BSC 这一管理工具。

BSC 是从财务维度、客户维度、内部流程维度和学习与成长维度，将组织的战略层层分解为可操作的、易于衡量的目标值和指标的一种新型绩效管理体系。与一般的绩效考核工具相比，BSC 不再只是单纯地关注财务指标，同时也关注非财务因素（即客户因素、内部流程因素和学习与成长因素），在保证组织短期目标实现的同时，还能驱动组织未来更好地发展。其中包括良好的财务状况、良好的客户关系、清晰高效的内部流程及优秀的人才和梯队建设。BSC 的核心思想是通过财务维度、客户维度、内部流程维度和学习与成长维度四个方面的指标之间的相互驱动的因果关系展现组织的战略轨迹，实现绩效考核—绩效改进及战略实施—战略修正的战略目标过程。BSC 把绩效考核的地位上升到组织的战略层面，使之成为组织战略的实施工具（图 6-6）。

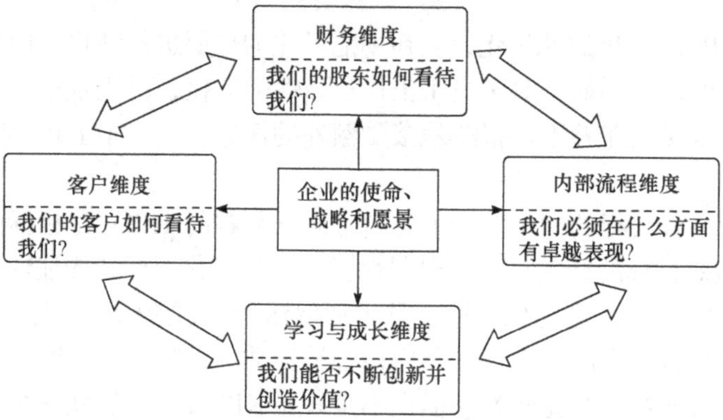

图 6-6　BSC 的四大维度

2. BSC 的特点

BSC 作为一种绩效考核方式，其具有始终以战略为核心、重视协调一致，以及强调有效平衡三大特点。

1）BSC 始终以战略为核心

BSC 从提升组织战略执行力出发，先后探讨了如何对战略进行衡量、管理、描述、协同，以及如何实现战略管理与运营管理的有效结合等难题。BSC及战略地图为组织提供了一个能够从四个不同的层面来描述战略的管理框架，使组织的管理者能够站在全局的角度审视价值创造的绩效结果和驱动因素。

2）BSC重视协调一致

为了更好地实现化战略为具体行动的目的，BSC重视协调一致，并将其提升到战略高度，主张协调是创造衍生价值的根本途径。

3）BSC强调有效平衡

BSC强调财务和非财务指标之间的平衡。相对于传统的绩效考核而言，BSC将客户与市场、人力资源管理、内部流程、信息系统等非财务指标纳入考核系统，对组织的经营状况进行综合动态的评价，弥补单纯采用财务指标可能会导致产品技术创新速度放缓、核心成员流失加快等问题，提高绩效测评体系的科学性和全面性。

BSC强调长期战略和短期目标之间的平衡。组织最重要的目标是创造持续性增长的股东价值，这是一个长期组织承诺。但对于组织而言，有时候为了短期的绩效提升，可能就又出现短视现象。而BSC能够以组织的长期战略为出发点，并将其层层分解成单项的短期目标，从而使企业在完成短期目标的同时也能够实现长期战略。

BSC强调业绩指标和驱动因素之间的平衡。BSC的四个维度形成了一个垂直的因果关系链条，下层指标作为上层指标的驱动因素，层层递进，从而保证了组织战略渗透于四个维度并贯穿BSC的整个逻辑框架中，实现了因果关系上的均衡。

BSC强调内部流程和外部环境之间的平衡。在BSC的四个维度中，财务维度和客户维度属于外部环境指标，而内部流程和学习与成长属于内部指标。BSC通过测量内外部评价指标，有利于缓和内部流程和外部环境两者之间的冲突，从而实现两者之间的平衡。

BSC强调主观评价与客观判断之间的平衡。传统的绩效指标考核主要是从客观的角度对组织的经营绩效进行考核，强调每一个考核指标的可量化性。但这一情况会导致组织过多地关注结果，而忽视对于过程的把控。BSC把内部流程、学习与成长，以及客户忠诚度等这类主观指标纳入衡量体系当中，将主观评价和客观判断两者进行平衡，有利于对整个组织有全面的评价。

3. BSC的优缺点

1）BSC的优点

在实践中实施BSC这一管理工具，具有以下优点。

第一，能够使整个组织行动一致，服务于战略目标。BSC是根据组织的战略目标自上而下制定组织绩效考核体系的一种管理工具。这样制定出的组织绩效考核体系，能够有效地将组织的战略化为组织各层的绩效指标和行动，并且能够克服传统的绩效考核体系的片面性和滞后性，强化对目标管理、行为引导和绩效提升等方面的管理。

第二，有助于员工对组织目标和战略的沟通和理解。相较于传统的绩效考核工具注重于控制，BSC更注重沟通。BSC通过宣传和传播，使组织的各级管理者和员工能够清楚地理解组织的战略和愿景，彼此间进行充分的沟通，共同开发各个层次的BSC。

第三，有利于组织和员工的学习成长和核心能力的培养。BSC 关注的学习与成长维度包括员工的能力、信息系统的能力与激励、授权与相互配合等。这些非财务指标的考核有利于组织开始关注员工的成长和核心能力的培养，进而更好地提升组织的核心竞争力。

2）BSC 的缺点

BSC 虽然是对传统绩效考核工具的一种突破，但仍不可避免地存在一些缺点，具体如下。

第一，实施难度大。实施 BSC 的前提是组织具有清晰明确的组织战略。高层管理者必须具备分解和沟通战略的能力和意愿，中高层管理者要具有指标创新能力。如果他们不具备这些能力，可能会使 BSC 这一管理工具在组织实施中困难重重。

第二，建立指标体系较为困难。BSC 相对于传统绩效体系的突破在于关注了非财务指标，克服了单一依靠财务指标评价的局限性。四个维度中，财务指标的选取和衡量是较为容易的，但其他三个方面的指标比较难收集，需要组织长期地探索和总结。要对组织绩效进行评价，就必然要综合考虑四个维度的因素，这就涉及一个权重分配问题。使问题复杂的是，不但要在不同层面之间分配权重，而且要在同一层面的不同指标之间分配权重。不同的层面及同一层面的不同指标分配的权重不同，可能会导致不同的评价结果。而且 BSC 也没有说明针对不同的发展阶段与战略需要确定指标权重的方法，因此权重的制定并没有一个客观标准，这就不可避免地使权重的分配有浓厚的主观色彩。此外，有些抽象的非财务指标量化难度较大，在具体的考核过程中可能会带有较大的主观色彩。

第三，实施成本较大。BSC 需要从财务维度、客户维度、内部流程维度、学习与成长维度去考虑组织战略的实施，并为每个维度制定明确且可衡量的指标。在指标制定的过程中，需要在理解组织战略的基础上，消耗大量的时间和精力将其分解到部门，找出恰当的指标并落到实处。BSC 的实施是一个复杂且耗时的过程，需要深入理解组织战略、精心制定指标、有效收集数据和进行公平绩效考核。一份典型的 BSC 需要 3～6 个月去执行，且还需要花费几个月根据具体的执行情况进行调整。

4. BSC 与 KPI 的区别

正如上文所讲到的，KPI 和 BSC 在绩效指标设置上有一个共同点是都要求必须与企业的战略挂钩，在指标的分解上也都是从上而下层层分解。但是 BSC 和 KPI 两者也存在一定的区别，具体如表 6-2 所示。

表 6-2　KPI 和 BSC 的对比表

项目	KPI	BSC
不同点	（1）KPI 根据各种方法分析、寻找影响绩效的主要因素，各绩效要素不存在明显的逻辑关系，它们一起构成了总目标的组成部分； （2）不同绩效要素分解出的指标之间并没有逻辑关系	（1）BSC 将通向总目标的绩效指标划分为不同的板块，不同的板块之间具有明确的因果支撑关系，形成了一个绩效发展循环； （2）BSC 各个指标之间实际是一个因果关系的链条，它们相互支持、依赖，具有逻辑关系
相同点	是一种整体性的绩效管理系统，从企业的战略出发，寻找衡量指标，设定目标，掌控行动	

（二）BSC 的系统

BSC 由财务维度、客户维度、内部流程维度和学习与成长维度四个方面构成。下面将分别阐述四个维度的相关内容。

1. 财务维度

虽然传统的绩效考核工具单纯地偏重财务指标去衡量组织的绩效成绩具有一定的缺陷，但这并不是否定财务指标的重要性。事实上，在 BSC 中，财务指标不仅占据一席之地，并且也是其他维度的出发点和落脚点。

BSC 财务维度的最终目标是利润最大化。组织的财务业绩通常通过两种基本方式来得到改善，即收入增长和生产率改善。收入增长可以通过两种途径实现：一是提高客户价值；二是增加收入机会。生产率改善主要也是通过两种途径实现：一是改善成本结构；二是提高资产利润率。

组织的财务性绩效指标可以直接量化组织的绩效，反映组织利益相关者的利益，并直接衡量组织战略和执行的成效，同时这也是组织的学习与成长能力、运营效率和市场服务质量的最终结果体现。另外，对于处在不同生命周期的企业，其财务衡量的重点也有所不同。例如，对于成长阶段的企业，财务应该侧重衡量销售额总体增长百分比和特定地区、人群的销售额增长率等；对于发展阶段的企业，财务应该侧重衡量获利能力；对于处于成熟期的企业，财务应侧重衡量现金流量。

一般来说，财务指标分为以下四类：收入与成本类指标、资本运营效率类指标、债务偿还类指标和生产效率类指标。常见的主要财务指标如表 6-3 所示。

表 6-3 BSC 常见的主要财务指标

项目	具体指标
收入与成本类指标	净资产收益率、总资产收益率、销售利润率、销售额增长率、人均销售额增长率、人均利润增长率、成本费用利润率（成本费用包括销售成本、销售费用、管理费用和财务费用）、费用降低率
资本运营效率类指标	投资回报率、资本保值增值率、资产回报率、总资产周转率、流动资产周转率、存货周转率、应收账款周转率
债务偿还类指标	资产负债率、流动比率、速动比率、现金流动负债率
生产效率类指标	单位时间收入率、单位时间利润率

2. 客户维度

什么是实现企业利润的关键？是客户。忠实的客户是企业的利润来源。一个企业必须拥有一批高黏性的客户才能在市场中站稳脚跟，实现企业的长久发展。企业想要提高企业绩效，必须为客户提供优质的产品和服务，提高客户满意度，从而扩大其企业的市场份额。为了提高其市场份额，企业需要锁定目标客户，深入挖掘客户需求，建立高效灵敏的市场服务网络，从而制定创新灵活的客户和市场战略。

一般来说，客户维度的关键衡量指标有市场份额、老客户回头率、新客户获取率、客户满意度和从客户处获取的利润率。

3. 内部流程维度

内部流程维度揭示了传统的绩效指标模式和BSC模式的两个重要差异。第一个差异是传统模式重视改进现有的业务流程，但此时存在超出财务指标的风险；而BSC是建立全新的业务流程来实现财务指标。第二个差异是传统模式关注的是短期的业务流程，着眼于现有的客户需求，目的是改善目前的经营状况；而BSC关注长期的财务效益，使企业得以创造新的产品和服务来满足未来的客户需求，推动企业实现未来的财务成功，并且BSC内部业务流程已包括短期的经营循环和长期的创新周期（表6-4）。

表6-4 BSC常见的内部流程维度指标

流程环节	衡量指标
产品设计流程	新产品的开发周期、新产品开始销售后的一年内的销售额
供应流程	材料供应速度、材料合格率、库存的费用、库存材料的完好率
生产流程	单位产品成本、单位产品的生产时间、产品合格率、质检的准确率（客户的质量投诉次数）
销售流程	单位产品的销售费用、产品的知名度、销售渠道的广度、分销商利润率
售后服务流程	客户服务成本、客户投诉处理速度、客户服务质量

4. 学习与成长维度

企业想要实现长远发展，必须顺应环境的变化，革新内部流程和制度，更新产品和服务，不断地开拓新的市场和领域。BSC的另外三个维度可以显示企业的实际情况与目标之间的差距，但这种差距需要企业通过学习和创新来弥补。

企业的学习与成长维度主要表现在人才、信息系统和组织程序三个层面。人才层面包括员工满意度、员工培训、员工留存率、生产效率等；信息系统层面包括企业的信息传达与反馈效率和渠道等；组织程序层面包括企业文化建设、组织氛围、团队精神等。

（三）战略地图

战略地图是对组织战略要素之间因果关系的可视化表示方法，是一个用以描述和沟通战略的管理工具。战略地图是BSC四个维度在明晰组织的使命、核心价值观、愿景的基础上，形成的以战略为核心、因果关系明晰的框架体系。也可以说，战略地图是BSC的发展和升华。

如果将战略地图形象地比喻成一座楼房，房顶则是由使命、核心价值观、愿景和战略组成。房子的主体部门分为四个层面，分别是财务层面、客户层面、内部流程层面和学习与成长层面，这四个层面是一个“2-4-4-3”的框架，如图6-7所示。其中，“2”指两大财务战略，即生产率战略和增长战略。第一个“4”指的是四种通用客户价值主张，即总成本最低战略、产品领先战略、全面客户解决方案和系统锁定战略。第二个“4”指的是四个价值创造的内部流程，即运营管理流程、客户管理流程、创新流程和法规与社会流程。“3”指的是三大无形资本，即人力资本、信息资本和组织资本。

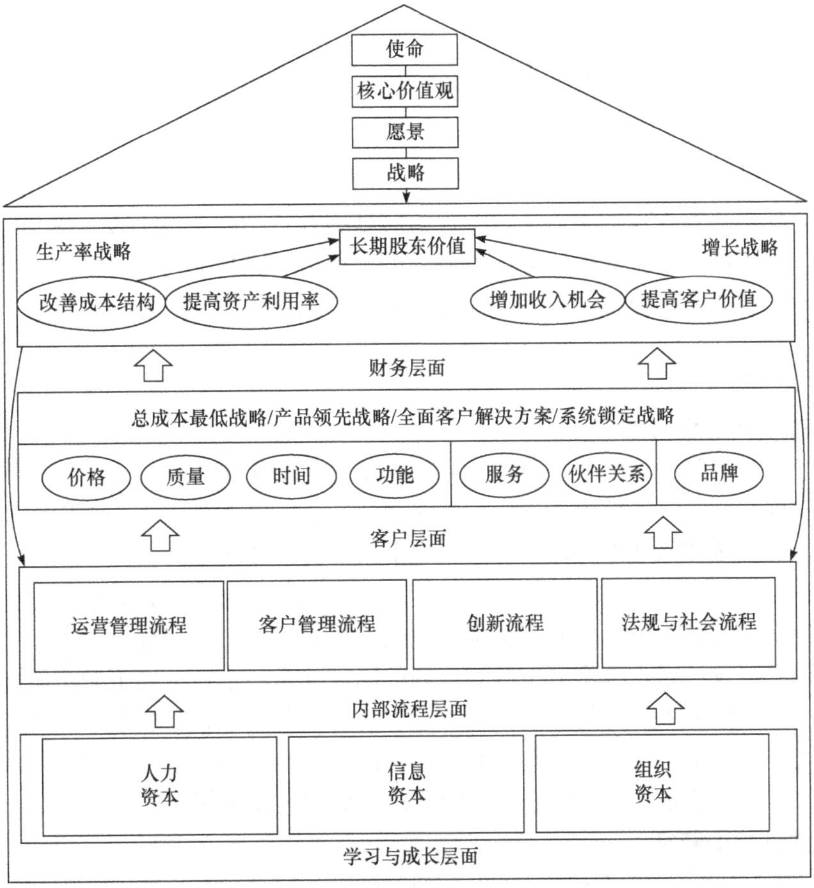

图 6-7 战略地图通用模板

资料来源：罗伯特·卡普兰，大卫·诺顿. 战略地图：化无形资产为有形成果[M]. 刘俊勇，孙薇，译. 广州：广东经济出版社，2005

就房顶部分来说，使命和核心价值观描述了组织长期奉行的核心理念，愿景和战略描述了组织在特定期限内的发展蓝图和战略选择。使命引导着组织核心价值观的形成，而使命和核心价值观共同指导组织愿景和战略的形成。就房子的主体部分来说，财务层面和客户层面分别描述了组织期望达成的财务绩效和客户绩效，界定的是战略的绩效结果；内部流程层面和学习与成长层面则分别描述了组织创造价值的关键流程和无形资产，界定的是组织达成预期绩效结果的战略性驱动因素。具体地说，战略地图的四个层面先后回答了四个问题：财务层面回答了我们如何满足股东的期望；客户层面回答了我们如何满足客户的需求；内部流程层面回答了我们必须做好哪些重点工作；学习与成长层面回答了我们必须在哪些无形资产上做好准备。

在理解战略地图的框架和四个层面的逻辑结构之后，将使命、核心价值观、愿景、战略四个层面及其构成要素通过因果关系整合起来，就形成了战略地图的通用模板。这个模板是罗伯特·卡普兰和戴维·诺顿通过对营利性企业组织的研究、分析和凝练而提出的，而政府、事业单位、军事机关等公共组织的战略地图的基本模板则需要根据组织属性及相应的运营实际进行必要的调整。

第三节　绩效管理的环节

一、绩效计划

绩效计划是绩效管理的第一环节，也是实施绩效管理的关键手段。建立有效合理的绩效管理体系有助于在企业内建立一种科学的合理机制，从而可以将员工的个人利益和利益相关者的利益有机地结合起来，最终有利于组织整体战略目标的实现。

（一）绩效计划概述

1. 绩效计划的含义

绩效计划是绩效管理成功的首要步骤，也是一个确定组织对员工绩效期望并得到员工认可的过程。在每一轮绩效考核周期开始之时，管理者和员工都必须明确期望员工达到的结果，以及达到该结果所期望员工表现出来的行为和技能。

通常，人力资源部对监督和协调绩效管理过程负有主要责任，其他部门也要积极配合参与。最重要的是，组织内的员工也要积极参与其中，只有这样，员工才会相对容易地接受组织的绩效计划。事实上，绩效计划的制订就是一个自上而下制定目标的过程，通过这一过程，将个人目标与部门目标、组织目标紧紧地结合在一起。因此，绩效计划的制订其实也是员工全面参与管理、明确自身的职责和任务的过程。只有员工清楚地知道组织对他们的期望是什么，他们才能向着组织期望的结果努力。

2. 绩效计划的特征

第一，绩效计划是管理者和员工双向沟通的过程。与传统的只由最高管理者分解目标的单向目标制定过程不同的是，绩效计划的制订强调双方互动式的沟通，使管理者和员工就绩效考核周期内所要实现的绩效目标，以及如何实现该绩效目标等问题达成一致。

第二，绩效计划是关于工作和目标的契约。在制订绩效计划的时候，管理者和员工就绩效考核周期内的工作内容、工作职责、工作标准、工作目标、工作权限等问题达成共识，并签订绩效承诺协议。

第三，绩效计划是全员参与的过程。与传统的只由最高管理者向下分派任务的单向信息传递流动不同的是，绩效计划的制订注重吸纳组织内所有员工参与进来，即信息的双向传递。员工全员充分参与到绩效计划的制订中是绩效计划能够顺利实施的重要保障。

3. 绩效计划的内容

在绩效周期开始的时候，管理者和员工必须就员工工作的目标达成一致，具体包括如下几点。

（1）员工在本次绩效考核周期内所要达到的绩效目标是什么。

（2）如果一切顺利，员工应该何时完成这些职责。

（3）达到目标的结果是怎样的。

（4）如何判别员工是否取得了成功，这些结果可以从哪些方面去衡量，评判的标准是什么。

（5）从何处获得关于员工工作结果的信息。

（6）员工的各项工作目标的权重如何。

（7）员工在完成工作时可以拥有哪些决策权限，可以得到哪些资源。

（8）员工在本绩效考核周期内，应该如何分阶段地实现目标，从而实现整个绩效周期内的工作目标。

（9）员工在达到目标的过程中可能遇到哪些困难和障碍。

（10）管理人员会为员工提供哪些支持和帮助。

（11）绩效考核周期内，管理人员将如何与员工进行沟通。

（12）员工工作的好坏对部门和公司有什么影响。

（13）员工是否需要学习新技能以确保完成任务。

形成绩效计划的过程是一个双向沟通的过程。双向沟通意味着在这个过程中管理者和被管理者双方都负有责任。制订绩效计划不仅仅是管理者向被管理者提出工作要求，而是双方需要进行互动与沟通。

在这个过程中，管理者要向被管理者解释和说明以下内容。

（1）组织整体的目标是什么。

（2）为了完成这样的整体目标，我们所处的部门的目标是什么。

（3）为了达到这样的目标，对被管理者的期望是什么。

（4）对被管理者的工作应该制定什么样的标准，完成工作的期限应该如何制定。

（5）被管理者在开展工作的过程中有何权限与资源。

同时，被管理者应该向管理者表达以下内容。

（1）自己对工作目标和如何完成工作的认识。

（2）工作中可能会遇到的困难与问题。

（3）需要组织给予的支持与帮助。

4. 绩效计划的构成要素

一般来说，一份绩效计划需要包括以下几个要素。

（1）被评价者信息。被评价者信息一般需要包括被评价者姓名、年龄、职位及所属部门等基础信息。

（2）评价者信息。评价者信息一般包括评价者姓名、职位及所属部门等。评价者通常是由被评价者的上一级管理人员担任。例如，一般是由人力资源部门的主管或经理担任人力资源部门的员工的评价者。

（3）计划内容。计划内容是绩效计划的重要组成部分，其主要内容就是员工在绩效考核周期内所要达到的绩效目标，可以用其与员工的实际工作绩效进行对比，判断员工的实际工作成果。

（4）关键职责。关键职责是制订员工绩效计划和考核内容的基础依据。根据员工的关键职责，提取关键绩效因素，制定员工的 KPI，进而确定员工的绩效考核内容。

（5）工作目标权重。列出按绩效计划和考评内容划分的大类权重，以体现工作的可衡量程度及对组织整体绩效的影响程度。

（6）工作标准的设定。针对员工的绩效目标，也要设定相应的绩效考核标准。一般企业会设置基准标准和卓越标准两类，以此来衡量员工的绩效完成情况，以及所获取到的相应的绩效分值。

（7）考评周期。绩效计划的考评周期一般以年度为单位。但对于一些特殊的岗位，也可以根据其具体情况，以月度或是季度为考核周期。

（8）能力发展计划。为了让员工明确为实现绩效目标需要具备和发展哪些能力，组织需要根据员工的具体情况，结合组织的需求，以具体技能知识的方式，制订相应的能力发展计划。

（二）绩效计划的设定程序

1. 准备阶段

绩效计划是管理者和被管理者多次进行双向沟通并达成一致的结果。为了提高制订绩效计划时的效率，在开始前要做好充分的信息准备，如了解并熟悉组织战略计划、组织年度的经营计划和工作目标、部门年度的运营计划和工作目标、员工个人的工作计划和工作目标、员工职位说明书，以及员工的绩效考核结果等信息。

绩效计划的制订目的就是提高组织的整体绩效，进而最终实现组织的战略目标。故需要根据组织的战略计划，制订组织的年度经营计划和工作目标，进而层层分解到部门和员工个人，这样能使组织的目标与部门和员工的目标联系更加紧密。对于员工而言，了解组织的相关信息有助于他们在工作目标中保持正确的方向。另外，需要让员工了解一下关于自身职位的相关信息，包括所在职位的工作分析和前一个绩效周期的情况反馈。最后需要注意绩效计划的沟通方式。通过动员和教育员工，让员工充分了解到绩效管理的目的，使组织内的全体员工都积极投身到绩效管理中。

2. 沟通阶段

绩效计划的沟通阶段是整个绩效计划阶段最为重要的环节。在此阶段，管理者和被管理者需要就本次绩效周期内员工所需要达到的绩效目标和工作标准进行充分的双向沟通，并达成一致。

在正式沟通前，需要根据员工工作分析的相关资料，确定关键业务绩效领域，接下来就是正式沟通阶段。在正式沟通阶段，需要注意营造良好的沟通环境，使双方都能够进行平等的沟通，保持沟通过程顺畅。

3. 制订计划阶段

在经过周密的准备，并且与员工进行多次沟通之后，绩效计划初步形成，再经过认真的审定，形成一个经过双方协商讨论的绩效目标协定书。这份绩效目标协定书应该包括员工的绩效目标、实现绩效目标的主要工作结果、衡量工作结果的指标和标准、各项工作的权重等，并且管理人员和被管理人员都需要在该协定书上签字，这样一份绩效计划工作就成功完成了。

总之，绩效计划就是在了解和理解组织战略的基础上，制定组织的总体目标，然后将这些明确的目标分解落实到具体的部门和团队，形成部门目标和团队目标，再通过制定员工绩效，部门和团队的目标又被分解成个人的工作任务和目标的过程。实质上，绩效计划就是目标层层分解的过程。

（三）绩效评价指标体系设计

1. 绩效评价指标的含义与类型

评价指标就是评价因子、评价项目，只有通过评价指标，评价工具才具有可操作性。从不同的角度看，绩效评价指标有许多不同的分类，常见的分类方式有如下几种。

1）硬指标和软指标

硬指标是指那些以统计数据为评价信息，并在此基础上，建立数学模型，以数学工具最终求得评价结果，并以数量表示评价结果的评价指标。硬指标能够免除个人经验和主观意识的影响，具有相当的客观性和可行性。但是硬指标缺乏灵活性，比较死板。

软指标指的是通过人的主观评价得出评价结果的评价指标。在实际的运用过程中，主要的是专家评价法。专家评价就是由评价者对系统的输出做出主观的分析，并直接给被评价者进行打分或做出模糊判断（如非常好、很好、好、一般、不太好、不好等模糊等级）。这种评价指标过多地依赖评价者的主观经验和知识，容易受到主观因素的影响，因此一般来说软指标的评价通常由多个评价主体同时进行。软指标的优点是这类指标不受统计数据的影响，可以充分发挥人的主观能动性。

2）结果指标和行为指标

结果指标一般与公司目标、部门指标及员工的个人指标相对应。而行为指标一般与工作态度、协调能力、合作能力、知识文化水平、发展潜力等指标相对应。

一般来说，在企业中，越是高层管理者员工，其绩效评价中的结果指标越多，行为指标越少；而越是处在底层的员工，其结果指标越少，行为指标越多。结果指标通常反映部门和员工过去的行为绩效，但只关注结果指标，容易造成短视行为。因此，在实际设计绩效评价指标的时候，要将结果指标和行为指标相结合。

3）特质指标、行为指标和结果指标

根据杨杰等在《对绩效评价的若干基本问题的思考》中阐述的“特质、行为、结果”三类绩效指标，其适用范围和不足如表 6-5 所示。

表 6-5 特质、行为、结果三类绩效指标比较一览表

项目	特质	行为	结果
适用范围	适用于对未来的工作潜力做出预测	适用于评价可以通过单一方式或程序化方法实现的岗位	适用于评价那些可以多种方法达到绩效标准或绩效目标的岗位
不足	（1）没有考虑情景因素，通常预测效度较低；（2）不能有效区分实际工作绩效，使员工容易产生不公平感；（3）将注意力集中在短期内难以改变的人的特质上，不利于改进绩效	（1）需要对那些同样能够达到目标的不同行为方式进行区分，以选择真正适合组织需要的方式，这一点比较困难；（2）当员工认为其工作重要性较小时意义不大	（1）结果有时候不完全受被评对象的控制；（2）容易诱使被评价者为了达到一定的结果而不择手段，使组织在获得短期效益的同时丧失了长期利益

资料来源：杨杰，方俐洛，凌文辁. 对绩效评价的若干基本问题的思考[J].中国管理科学，2000，（4）：75-81

可见，特质类指标关注的是员工的素质和发展潜力，在选拔中最为常见。行为类指标关注的是绩效实现的过程，而结果类指标更多地关注绩效结果或绩效目标的实现程度。

2. 绩效评价指标的构成

（1）指标名称。指标名称是对评价指标的内容做出的总体概括。

（2）指标定义。指标定义是指标内容的操作性定义，用于揭示评价指标的关键可变特征。

（3）绩效等级。评价的结果通常表现为将某种行为、结果或特征划归若干等级的其中之一。评价指标中用于区分各个级别的特征规定就是绩效评价指标的等级。

（4）等级描述。等级描述用于对绩效等级所规定的各个等级包含的范围做出规定。

3. 绩效评价指标的选择

绩效评价指标的选择应该遵循以下五项原则：①以定量指标为主、定性指标为辅的原则。定量指标是指通过具体的数值来衡量工作成果，如销售额、产量、客户满意度等。这些指标易于比较和量化，有助于提高评价的客观性。定性指标是指描述性的评价标准，如团队合作、创新能力、沟通能力等。不过，并非所有岗位都适合以定量指标为主。例如，对于创意、研发或管理岗位，定性指标可能更为关键。因此，在选择指标时应根据岗位特点灵活调整。②少而精原则。绩效评价指标通过 KPI 来反映评价目的，避免冗余和重复，并把有限的资源和时间集中在最关键的业务领域和绩效指标上，以提高评价效率和准确性。③可测性原则。为了使绩效评价产生不同的结果，绩效评价指标必须是可测量的，即其必须是具体的，以便能够准确评估员工的绩效水平。④独立性与差异性原则。独立性是指指标之间应相互独立，避免含义上的重叠和交叉，以确保评价的准确性和公正性。差异性是指指标之间应有明显的差异，以反映不同的工作领域和职责，使人们能够清晰地区分它们之间的不同。⑤目标一致性原则。这是选择评价绩效指标时应该遵循的最重要的原则之一。它强调所有绩效指标都应与组织的总体目标和战略方向保持一致，以确保评价的系统性和完整性。在选择绩效评价指标时，应遵循这些原则，并根据组织的实际情况和岗位特点进行灵活调整。同时，还应定期回顾和更新指标，以确保它们始终与组织的目标和战略保持一致。此外，为了提高评价的公正性和准确性，还可以考虑引入多元化的评价主体，如同事、下属、客户等，以获得更全面的评价信息。

绩效评价指标的选取依据应该包括以下三个方面：①绩效评价的目标。绩效评价的目标是选择绩效评价指标的一个非常重要的依据。能够用于评价某个岗位绩效情况的绩效评价指标往往很多，但绩效评价不可能面面俱到，否则就失去了可操作性。②被评价者所承担的工作内容和绩效标准。每个被评价者的工作内容和绩效标准都是通过将组织的总体目标分解成目标落实到各个部门，再进一步分解到员工个人。每名员工都应该有明确的工作内容和绩效标准，以确保工作的顺利进行和工作目标的实现。③取得评价所需信息的便利程度。所需信息的来源必须稳定可靠，获取信息的方式应该简单可行。只有这样，绩效评价指标体系才是切实可行的。

绩效指标主要来源于两个方面：部门和员工的工作任务、企业的战略目标。而从中提取评价指标的方法主要有工作分析法、个案研究法、业务流程分析法、专题访谈法、经验总结法和问卷调查法。

4. 构建绩效评价指标体系的步骤

1）通过工作分析与业务流程分析确定绩效评价指标

首先，企业需要根据企业规模、行业特点和绩效评价目的等，选择适当的方法，提取各个层面的评价指标，建立初步的绩效评价指标体系；其次，进行工作分析和业务流程分析，健全绩效评价指标体系。

2）粗略划分绩效指标的权重

结合企业的战略目标和各层次的绩效目标，按照对绩效目标的影响程度对绩效指标进行分档，对初步的评价指标进行筛选。确定绩效指标的权重的方法一般有主观经验法、等级序列法、对偶加权法、倍数加权法和专家权值因子判断法。

3）通过各个管理阶层员工之间的沟通，确定绩效评价指标体系

确定了绩效指标的重要程度之后，需要让绩效评价的利益相关各方参与确定最终的绩效评价指标体系。职位层面的绩效指标需要基层员工与其上级讨论确定，部门的绩效指标需要部门管理者与企业的高层管理者讨论确定。让利益相关者参与绩效指标体系的建立，可以增强企业员工对绩效指标及绩效评价的认可，有利于绩效管理的展开。

4）修订

为了使确定好的指标更趋合理，还应对确定好的指标进行修订。修订分为两种：一是考核前修订，即通过专家调查法，将所确定的考核指标提交给专家，征求他们的意见，进而进行修改和补充；二是考核后修订，即根据考核及考核结果的应用等情况进行修订，使考核指标体系更加理想和完善。

二、绩效监控

（一）绩效监控概述

1. 绩效监控的含义与目的

绩效监控是指在绩效实施的过程中，管理者与下属员工进行持续性绩效沟通，采取有效的监控方式对下属的工作行为及绩效实施的情况进行监控，提供必要的工作支持和指导，并收集相关绩效信息的过程。对于绩效监控的概念理解，还需要注意以下几个方面。

第一，绩效监控的主要内容是下属员工绩效计划的完成情况。在此阶段，管理者需要对员工的工作行为及结果进行全面的监控，以保证员工、部门，以及组织整体绩效计划的顺利实现。

第二，绩效监控是一个持续沟通的过程。在此过程中，管理者需要对下属员工进行持续性的绩效沟通，以便随时发现绩效计划执行过程中的问题并及时进行纠正。

第三，绩效监控的主要任务是为绩效辅导收集相关信息。绩效监控的工作重点是在发现问题之后，及时对员工进行绩效辅导，为绩效计划的顺利实施清除障碍。另外，在绩效监控阶段，需要记录汇总员工工作中的关键事件和绩效数据，为后续的绩效辅导提供数据支撑。

实质上，绩效监控贯穿整个绩效周期，管理者需要对其下属进行持续性的绩效监控。绩效监控的目的主要有两个：一是通过持续性的沟通对员工的工作予以支持，并修正员工工作任务与工作目标之间的偏差；二是记录工作过程中的关键事件或绩效数据，为绩效评价提供信息。

2. 绩效管理者的领导风格

员工个人的绩效表现与领导者的领导方式息息相关。只有管理者知道如何领导员工，

员工个人的绩效表现才能最大限度地提高。如果缺乏有效的领导，员工很难将他们的活动与组织的需求紧密结合起来。

有效的管理者应当在系统分析的基础上，因人、因事、因时、因地制宜，灵活采取合适的领导方式。权变领导理论认为，领导的有效性依赖情境因素，其中最有代表性的就是情境领导理论。

情境领导理论基于下属成熟度的权变领导理论，由科曼（Korman）首先提出，并由保罗·赫西（Paul Hersey）和肯尼斯·布兰查德（Kenneth Blanchard）予以发展。该理论认为，领导者风格应当适应其下属的成熟程度，即只有依据下属的成熟程度选择正确的领导风格才会取得领导的成功。保罗·赫西等认为领导者的行为应该随着“成熟”程度做出相应的调整，这样才能进行有效的指导。他们将领导的维度分为关系行为和工作行为。关系行为是指领导者维持自身和下属之间私人关系的程度，分为高关系和低关系两种。而工作行为是领导者解释工作和为执行工作提供指导和支持的情况，通过给下属解释将做什么，以及如何做来实现，也分为高工作和低工作两种。两者合成四种领导风格，也就是四种领导方式，即命令式（高工作、低关系）、说服式（高工作、高关系）、参与式（低工作、高关系）、授权式（低工作、低关系）①。

如图 6-8 所示，图中的横坐标表示以抓工作为主的工作行为，纵坐标表示以关心人为主的关系行为，第三个坐标是下属成熟度，四种具体的领导风格，对应四个象限。

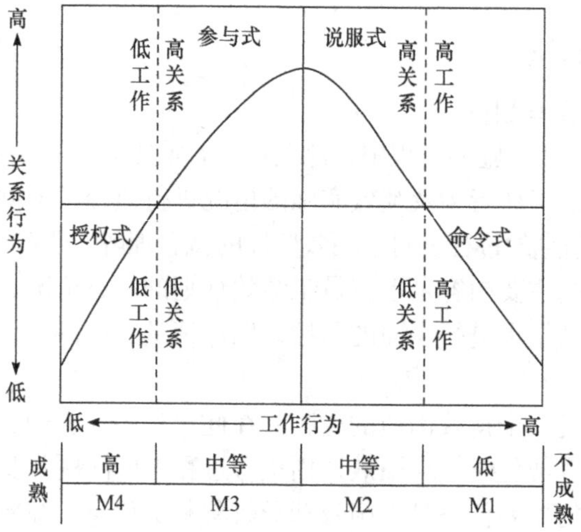

图 6-8 情境领导理论

第一象限：命令式，指提供指导并严格监督。这个象限是高工作低关系，适用于下属不成熟的情况。下属既不愿意也不能承担工作责任，因此领导者可以采取单向沟通的方式，明确地告诉下属应该做什么，怎么做及何时何地去做。

第二象限：说服式，指解释决策并提供说明的机会。这个象限是高工作高关系，适用于下属比较不成熟的情况。下属愿意承担起工作责任，但是他们因工作能力缺乏而不

① Hersey P H, Blanchard K H, Johnson D E. Management of Organizational Behavior: Utilizing Human Resources[M]. Upper Saddle River: Prentice-Hall, 1972.

能胜任。这时领导者应该同时提供指导性的行为和支持性的行为。

第三象限：参与式，指与下属充分沟通，鼓励下属。这个象限是高关系低工作，适用于下属比较成熟的情况。下属能够胜任工作，不希望领导者有过多的指示，但领导和下属员工能进行双向沟通，为下属发挥潜能提供支持。

第四象限：授权式，指授权下属自主工作，几乎不提供工作支持。这个象限是低工作低关系，适用于下属高度成熟的情况。下属具有较强的自尊心、能力和愿望来承担工作责任，领导只需要提供较少的指导和支持即可。

（二）绩效沟通

一般来说，在整个绩效周期内，管理者和下属员工都需要进行有效的绩效沟通，以保证绩效计划的顺利完成和实施。因此，绩效沟通的效果在一定程度上决定着绩效管理活动的成败。

1. 绩效沟通的含义和分类

绩效沟通是管理者和下属为了更好地实现绩效目标而开展的具有建设性的、平等的、双向的和持续性的信息分享和思想交流活动。其中，绩效沟通分为正式绩效沟通和非正式绩效沟通。正式绩效沟通是组织管理制度规定的各种定期进行的沟通，如正式的书面报告、定期会面等形式。非正式沟通是管理者和下属员工在正式的规章制度和正式的程序外所进行的有关绩效信息的沟通。

2. 绩效沟通的内容

管理者和下属员工进行绩效沟通的主要目的都是提高下属员工的工作绩效，进而保证部门和组织绩效目标的顺利实现，但双方通过绩效沟通所要获取到的信息是不同的。

对于管理者而言，其需要获取到下属员工工作过程中的所有信息，以便更好地指导和协调下属的工作。在一些情况下，管理者还需要收集一些绩效评价时所需要的相关信息，以便更好地帮助管理者在绩效评价的过程中履行其职责。

对于下属员工而言，他们需要获取相关信息。在与上级管理者的沟通过程中，下属员工可以清晰地了解到上级管理者对自己的评价，从而激发自身工作积极性，更好地改进工作行为。另外，下属员工也可以通过绩效沟通了解到上级管理者是否知道其在工作中遇到的困难，从而获取相关解决问题的信息。

总之，对于管理者和下属员工双方而言，绩效沟通的目的就是保证在任何时候，两者都可以获取到改善绩效表现所需要的各种信息。

3. 绩效沟通的原则

为了保证绩效沟通的效果，管理者和下属员工都需要为绩效沟通做好充分的准备。因此，在绩效沟通时需要遵循一定的沟通原则，具体如下。

1）对事不对人原则

对事不对人原则要求沟通的双方针对问题本身发表看法，充分维护他人的自尊，不轻易给他人下定论，从解决问题的目的出发进行沟通。

2）责任导向原则

所谓责任导向，就是在绩效沟通过程中引导对方承担责任的沟通模式，它包括自我显性的沟通和自我隐性的沟通。例如，“在我看来，我们首先需要关注到……”这属于自我显性的沟通方式，这样能更好地与对方建立联系。而“有人说”这种类似的语句属于自我隐性的沟通方式。在建设性的沟通过程中，人们应该使用责任导向中自我显性的沟通方式来与沟通对象建立良好的关系。

3）事实导向原则

遵循事实导向原则有助于我们更好地遵守对事不对人原则。因为事实导向原则是强调以描述事实为主要内容的沟通方式。在这个原则下，人们主要是通过对事实的描述而避免人身攻击，从而可以有效避免破坏双方关系。

4. 绩效沟通的技巧

好的沟通技艺可以让绩效沟通达到更好的效果，具体如下。

1）积极倾听的技巧

绩效沟通是一个双向的过程。积极倾听有助于帮助管理者更好地理解下属员工，解决问题。在沟通中，沟通的双方都应该具备积极沟通的技巧，以获取充分的信息，从而使整个沟通过程顺利进行。

2）非语言沟通技巧

绩效沟通并不是一个简单的语言传递过程。在沟通的过程中除了语言沟通外，沟通双方还会通过非语言的沟通方式进行信息传递，如肢体语言，但肢体语言必须与具体的情境相结合，否则没有意义。

（三）绩效辅导

1. 绩效辅导的含义

绩效辅导，就是在管理者采取合适的领导风格，沟通双方进行充分沟通的基础上，根据绩效计划，针对下属员工的工作进展中所存在的问题和潜在的障碍，激励和指导下属，以帮助下属员工更好地实现绩效目标，并保证其工作与组织战略目标相一致的持续过程。

2. 绩效辅导的实施

简单来说，管理者需要采取合适的绩效监控方式对下属员工的工作行为和结果进行监督，以便及时地发现问题。如果管理者发现了问题，则需要对下属进行及时的绩效辅导，以帮助其解决问题。在这一过程中，有两种情况：如果管理者能够直接对下属员工提供指导和帮助，那么管理者可直接辅导员工；如果管理者不能够直接对下属员工提供指导和帮助，那么管理者需要给员工提供培训机会，帮助员工提高自身技能，从而解决问题。绩效辅导的过程实质上也是问题解决和信息收集的过程。当绩效辅导的工作结束后，也需要对相关的信息进行汇总。具体流程见图 6-9。

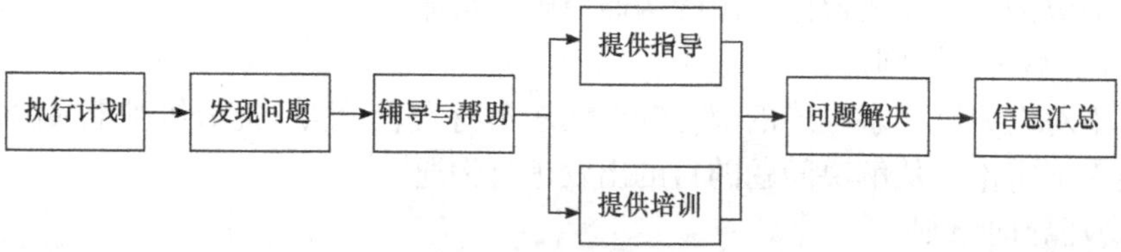

图 6-9　绩效辅导的流程

另外需要注意的是，管理者在进行绩效辅导的时候，也需要注意绩效辅导的风格。一般来说，有两种对立的绩效指导风格，分别是“教学型”和“学习型”。“教学型”的指导者喜欢直接告诉下属如何去做，“学习型”的指导者则相反，他们更喜欢倾听和提问。具体使用何种指导风格，需要根据具体的情境和下属的情况来定，做到具体问题具体分析，从而最大限度地提高绩效辅导的效果。

（四）绩效信息的收集

完整和准确的绩效信息是后续进行绩效评价的关键依据。在绩效监控阶段，管理者需要持续不断地收集相关信息，特别是记录关键事件，以保证绩效考核活动的准确性和公正性。另外，管理者收集到的相关绩效信息，有助于诊断员工的绩效，进而可以通过绩效监控、绩效评价和绩效反馈中的绩效沟通达到绩效改进的目的。

三、绩效评价

（一）绩效评价概述

1. 绩效评价的含义和作用

绩效评价是依据事先约定好的绩效协议书里面的绩效考核周期和绩效评价指标及标准，由绩效管理部门选定评价主体，采用合适的有效的评价方法，对被考核者和被考核部门的绩效目标的完成情况进行评价的过程。不论是评价员工绩效、部门绩效还是组织绩效，都需要以绩效计划制定的目标、指标和标准等内容为依据。

绩效评价在整个绩效管理活动中具有非常重要的作用。其一，绩效评价有助于组织战略的实现；其二，绩效评价有助于绩效水平的提升；其三，绩效评价的结果能够为各项人力资源管理决策提供依据。

2. 绩效评价的过程模型

绩效评价的过程分为确定目标、建立评价系统、整理数据、分析判断和输出结果五个步骤。

（1）确定目标。绩效评价作为整个绩效管理系统的关键环节，不论是个人、部门还是组织的绩效评价都需要基于一个共同的目标。换句话说，组织必须将组织绩效、部门绩效和员工绩效联合起来，共同考虑。

（2）建立评价系统。该步骤包括建立合理的评价指标、评价标准和选择评价主体等。评价指标决定了从哪些方面对被考核者进行评价；评价标准用于判断被考核者绩效优劣；评价主体则指的是从事绩效评价活动的人。

（3）整理数据。该步骤主要是对在绩效监控环节中收集到的零散数据进行整理，并将其更好地运用在绩效评价活动中。

（4）分析判断。该步骤即选取合适的评价方法和评价形式来确定评价结果的过程。具体的评价方法和评价形式要根据组织的不同、职位的不同、评价内容和目的的不同来具体确定。

（5）输出结果。该步骤为在使用适当的评价方法进行评价后得出的评价结果，包括绩效成绩的排名、绩效不佳的原因分析和改进措施。

（二）评价主体

绩效评价主体是指参与绩效评价活动，对被评价者进行评价的人。评价主体可以是内部人员，也可以是外部人员。内部的评价主体主要有上级管理者、同级同事、员工本人和下属员工。外部的评价主体主要有客户和供应商。

就内部的评价主体来说，上级管理者评价是最常用的评价方式，这是因为上级管理者与员工的联系是最直接的，也是最熟悉下属员工工作情况的人。同级同事评价是指被评价者所在的团队或部门的成员，还有其他合作团队或部门的成员对被评价者进行评价。同级评价有利有弊。好处是同级同事总能看到员工的真实表现，坏处是同级之间容易有利益冲突，且容易串通起来互相给对方好的评价。员工本人评价有利于员工参与管理和开发自身的潜力，但员工本人给自己的评价往往比上级管理者和同级同事给的评价高。下属员工评价是由被评价者的下级员工对被评价者进行评价。

就外部的评价主体来说，客户和供应商评价是组织外部人员评价的主要方式，是为了解那些只有特定外部成员才能掌握的绩效情况，或是通过引入特殊的评价主体引导被评价者的行为。

综上，各项评价主体并不是孤立的，而是相互补充的，同时使用多种评价主体是可行的，但在选择评价主体时一定要确定评价者对被评价者的工作行为和绩效情况有一定的了解，不然这样的评价结果是不准确的。

（三）绩效评价中的常见问题

在绩效评价的过程中势必会受到主观和客观因素的影响，进而影响最后绩效评价的结果。一般来说，绩效评价的过程中最常见的问题有两个：一是绩效评价系统上存在的问题；二是评价主体主观上存在的误区。

1. 绩效评价系统上存在的问题

绩效评价系统上存在的问题主要有以下几种：一是评价目的不清。有些组织为了绩效评价而评价，而不是将绩效评价作为提高员工、部门和组织绩效水平及管理水平的有力工具。二是评价标准不明确或缺失。有些组织缺乏客观统一的绩效评判标准，这样会导致评价主体在评价的时候过多地依靠主观感觉和判断，进而会使被评价者产生不公平感。三是评价方法的选择不当。在实际的绩效评价活动中，组织应该根据具体的评价内容和评价指标等来选择合适的评价方法。四是评价周期不合理。评价周期过长或者过短，都会影响绩效评价结果的准确性。五是绩效评价的结果应用不充分。绩效评价结果应用不充分，会使绩效评价活动不能发挥其应有的作用，绩效评价则会流于形式。

2. 评价主体主观上存在的误区

若评价主体主观上存在误区，则会使绩效评价结果产生偏差，进而影响绩效评价结果的准确性。这些误区主要有以下几种：一是晕轮效应，即评价者会因为受到被评价者的个性特性的影响，形成对被评价者的整体印象，是一种以偏概全的认知错误；二是逻辑偏差，即评价者对某些有简单逻辑关系的评价要素进行评价时，使用简单的推理方法而造成的误差，如员工有很强的人际交往能力，管理者就理所应当地认为该员工的销售能力和谈判能力很强；三是宽大化倾向，即评价者对被评价者所做的评价往往高于其实际水平；四是严格化倾向，即评价者对被评价者所做的评价往往过于严厉；五是中心化倾向，即评价者对所有被评价者的评价结果基本一致；六是首因效应，即评价者对被评价者的初期印象会在以后的绩效评价中产生延续性的影响；七是近因效应，即被评价者在绩效评价周期最后阶段的绩效表现对评价者评价其在整个绩效评价周期的绩效表现的影响较大；八是溢出效应，即评价者因被评价者在评价周期之外的绩效失误而降低其评价等级；九是评价者个人偏见，即评价者在进行各种评价时，可能在被评价者的个人特征，如种族、民族、性别、性格等方面存在偏见。

四、绩效反馈

（一）绩效反馈概述

1. 绩效反馈的含义及作用

绩效反馈是绩效管理活动中的一个重要环节，它是指通过管理者和下属员工之间的绩效沟通，对被评价者在考核周期内的绩效情况进行反馈，在肯定其绩效表现的同时，也要指出被评价者的不足并提醒其加以改进。被评价者可以在绩效反馈的过程中对评价者的考核结果予以认同，如果有异议也可以向公司高层进行绩效申诉。

绩效反馈活动的作用有如下三点：一是绩效反馈在评价者和被评价者之间架起了一座沟通的桥梁，使考核公开化，确保考核的公平和公正。考核过程是评价者的施动行为，评价者不可避免地会掺杂自己的主观意识，导致公正性不能完全依靠制度的改善来实现。绩效反馈较好地解决了这个矛盾，它不仅让被评价者成为主动因素，更赋予了其一定的权利，使被评价者拥有知情权和发言权。二是绩效反馈是提高绩效的保证。绩效考核结束后，被评价者接到考核结果通知单时，在很大程度上并不了解考核结果的来由，这时就需要评价者就考核的全过程进行详细介绍，指出被评价者的优缺点，另外还需要对被评价者的绩效提出改进建议。三是绩效反馈可以排除目标冲突，有利于增强企业的核心竞争力。有效的绩效反馈可以通过对绩效考核过程及结果的探讨，发现个体目标中的不和谐因素，借助组织中的激励手段，促使个体目标朝着组织目标方向发展，使组织目标和个体目标达成一致。

2. 绩效反馈的形式

选取合适的绩效反馈方式对绩效反馈的结果是至关重要的。按照绩效反馈信息的内容和反馈态度的不同，绩效反馈的形式被分为正面反馈、中立反馈和负面反馈。其中中立反馈和负面反馈都是针对错误的行为进行的反馈，而正面反馈是针对正确的行为进行的反馈。

1）针对错误的行为进行的反馈

管理者对员工错误的行为进行反馈是为了帮助下属员工了解其自身现存的问题，并帮助其进行错误纠正和绩效改进。如果这一过程是批评的、消极的，那么这种反馈形式就被称为负面反馈。但并不是所有的批评都是消极的，有些批评是积极的，具有建设性的，这种反馈被称为中立反馈。

建设性批评是一种典型的中立反馈。美国心理学家亨德里·温辛格（Hendry Wensinger）研究发现，七条原则能够有效地促成建设性的批评。只要管理者在针对错误行为进行绩效反馈时注意以下七条原则，就能够避免无效的负面反馈，将中立反馈变成积极的建设性反馈，从而达到绩效管理的目的。这七条原则分别如下：一是建设性的批评要有计划性；二是建设性的批评要维护对方自尊；三是建设性的批评要发生在恰当的环境中；四是建设性的批评要以进步为导向；五是建设性的批评要是互动式的；六是建设性的批评要是灵活的；七是建设性的批评要能够传递帮助信息。

2）针对正确的行为进行的反馈

在实际的绩效反馈活动中，管理者往往忽略正面反馈这一形式。事实上，针对正确的行为进行的反馈与针对错误的行为进行的反馈同等重要。针对正确的行为进行的反馈是为了强化员工的这一正面行为，两种方式的最终目的都是提高员工的绩效水平。所以在实际的运用中，要综合使用这两种方法对员工的绩效水平进行反馈，从而使绩效反馈效果最大化。

（二）绩效反馈面谈

1. 绩效反馈面谈的含义

绩效反馈面谈是由管理者与被评价者进行面对面的沟通，告知被评价者绩效评价的结果，并共同分析绩效不佳的方面和原因，制订绩效改进计划的活动。但是在实际的管理活动中，管理者往往没有给予绩效反馈面谈环节足够的重视，认为填写评价表格，计算评价结果便是绩效管理活动的终点。事实上，如果缺乏绩效反馈面谈这一环节，就无法实现绩效评价和绩效管理活动的最终目的。

2. 绩效反馈面谈的内容

绩效反馈面谈的内容应该围绕员工上一个绩效考核周期的工作情况和绩效表现而展开，一般包括以下内容。

1）工作业绩

工作业绩的综合完成情况是评价者进行绩效反馈面谈时最为重要的内容，在面谈时应将评价结果及时反馈给被评价者，如果被评价者对绩效评价的结果有异议，评价者则需要向下属员工详细地介绍绩效评价的原因，如果被评价者仍是无法认同，则可以向公司高层进行绩效申诉。评价者和被评价者通过对绩效结果的反馈，共同总结绩效达成的经验，找出绩效未能有效达成的原因，以期提高被考核者的绩效水平。

2）行为表现

除了绩效结果以外，主管还应关注被评价者的行为表现，如工作态度、工作能力等。对工作态度和工作能力的关注可以帮助被评价者更好地完善自己。

3）改进措施

绩效管理的最终目的是改善绩效。在面谈过程中，针对被评价者未能有效完成的绩效计划，评价者应该和被评价者一起分析绩效不佳的原因，并设法帮助被评价者提出具体的绩效改进措施。

4）新的目标

绩效面谈作为绩效管理流程中的最后环节，评价者应在这个环节中结合上一绩效周期的绩效计划完成情况，并结合被评价者新的工作任务，和被评价者一起提出下一绩效周期中新的工作目标和工作标准。

3. 绩效反馈面谈的实施

绩效反馈面谈的实施应该包括面谈前期准备和面谈实施过程。

1）面谈前期准备

在绩效反馈面谈前，为了更好地实现绩效反馈面谈的目的，面谈双方都需要做好面谈准备。一是选择合适的面谈时间。这个时间段的长短要适宜，且尽量不要安排在非工作时间和临近下班的时间，面谈双方应就面谈的时间达成一致。二是选择合适的面谈地点和环境。一般来说，面谈尽量选在一个不被打扰的环境，且管理者应注意安排好双方在面谈时的空间距离和位置。三是收集和整理面谈所需要的资料。管理者需要准备并熟悉面谈所需要的资料，面谈对象也需要收集整理一些自己的绩效表现数据，另外还可以准备一些绩效管理的问题。

2）面谈实施过程

在进行绩效反馈面谈之前，管理者需要就面谈的过程进行一定的小设计，面谈过程主要有三个阶段，分别是开始阶段、实施阶段和结束阶段。

在绩效反馈面谈的开始阶段，管理者要事先说明面谈的目的及相关程序流程。在绩效反馈面谈的实施阶段，管理者和面谈对象需要就绩效评价结果、绩效改进计划进行深入的沟通并交换意见，达成共识。在绩效反馈面谈的结束阶段，管理者要对面谈对象进行正面的鼓励，使其能够用旺盛的斗志去迎接下一个绩效考核周期工作。

（三）绩效申诉

1. 绩效申诉的含义

所谓绩效申诉，就是指被评价者对于评价结果持有异议，依照公司的相关法律法规和组织制度，向有权受理申诉的部门进行绩效申诉申请，受理部门依照程序对绩效评价的过程和结果进行相关的调查取证之后，提出相应的解决办法，最终实现考评双方就绩效评价结果达成一致认同的过程。

2. 绩效申诉的原则

在绩效申诉的过程中需要遵循相关原则，具体如下。

第一，合理合规原则。该原则是指受理部门在接到员工的绩效申诉之后，本着认真负责的态度，仔细深入地调查相关事实，严格按照组织的相关规定，给予组织内部关于该事件的正确处理意见。

第二，公开原则。该原则是指除了一些必须保密的信息以外，绩效申诉后续的调查工作应该尽量公正公开地进行，使各方能清楚地了解绩效申诉过程中的相关情况，消除双方之间的误会，达到双方对绩效评价的结果一致认同的状态即可。另外，绩效申诉的最终结果也应该在组织内部公开。

第三，及时原则。该原则是指受理部门在接到绩效申诉之后，应该及时地进行处理，不要推卸责任。每个绩效申诉的环节都应该在规定的期限内完成，并及时给予反馈结果。

3. 绩效申诉的程序

一般来说，一个合理科学的绩效申诉程序应该包括以下步骤。

第一步是申请。本着“不申请就不受理”的原则，当被评价者对绩效评价的结果有异议时，就要向受理部门进行绩效申诉的申请。

第二步是受理。当受理部门接收到员工的绩效申诉之后，应当先进行初步的筛选，如果符合绩效申诉的范围和满足相关的条件，受理部门则应该立案受理。

第三步是审理。即受理部门在受理相关申诉之后，应该进行调查取证，让申诉双方充分表达自己的观点和立场，并围绕评价中的相关问题展开辩论。

第四步是处理。即经过充分的调查取证之后，以事实为依据，给出本次绩效申诉的处理结果。

第五步是执行。即申诉受理部门在处理申诉之后，申诉各方应该在规定的期限内执行。申诉受理部门应该要加强对于申诉结果执行情况的监督。

绩效考核申诉表的模板如表 6-6 所示。

表 6-6 绩效考核申诉表

申诉人		职位		部门		直接主管	
申诉事件							
申诉理由（可以附页）							
申诉处理意见 上级部门负责人签名： 日期：							
申诉处理意见 人力资源部负责人签名： 日期：							
申诉处理结果 人力资源部负责人签名： 人事管理办公室负责人签名： 日期：							

（四）绩效改进

绩效改进是指在分析现有绩效表现的基础上，找出与理想绩效表现之间的差距，并提出相应的措施去缩小两者之间的绩效差距，从而帮助个人、部门和组织更好地实现其绩效目标。

绩效分析是绩效改进的第一步。在这一步，我们需要通过科学合理的绩效评价，将个人、部门和组织的实际绩效水平与绩效评价量表中的目标值进行对比，得出三个层面的绩效差距，并分析绩效差距的原因。鉴于组织的资源有限，不能对所有的差距都进行弥补和改进，组织需要综合考虑每个改进项目所需要花费的时间、精力、成本等因素，选取时间较短，成本较低，收益较高，与组织战略关联性高的项目进行绩效改进。

第二步是绩效改进计划的制订。组织需要根据造成绩效差距的根本原因，设计缩小绩效差距的方案，这些方案的组合就是绩效改进计划。绩效改进计划需要包括应该改进什么、应该做什么、由谁来做、何时做及如何做等内容。

第三步是绩效改进计划的实施与评价。在制订绩效改进计划之后，管理者需要通过绩效监控和绩效沟通等环节，对绩效改进计划的实施过程进行控制，即根据绩效改进过程中的实际情况，及时修正和调整绩效改进计划不合理的部分。并且管理者需要主动与员工进行沟通，了解员工在改进过程中遇到的困难和障碍，以便于向员工提供一定的帮助。

第四节　绩效评价的方法

绩效评价方法是绩效评价活动中的重点和难点，也是绩效管理中的一个技术性较强的问题。选择一个合适的绩效评价方法有助于组织内部员工都得到公平公正的绩效评价结果。

评价方法的分类与评价标准的分类密切相关。一般来说，评价标准可以分为两类：相对标准与绝对标准。与此相对应，我们可以将评价方法分为相对评价法和绝对评价法。相对评价法又称比较法，是通过在部门或团队内对员工进行相互比较得出评价结论，而不是根据事先统一制定的评价标准进行评价的评价方法。绝对评价法是根据统一的标准尺度衡量相同职位的员工，也就是将个人的工作情况与客观工作标准相比较的评价方法，通常使用量表法来进行评价。此外，还有一种比较特殊的评价方法，即描述法。描述法，就是指评价者用描述性的文字对被评价者的能力、态度、业绩和关键事件等做出评价，并由此得出被评价者的综合评价。

一、比较法

比较法是最为简单的绩效评价的方法。常用的比较法有以下四种。

（一）简单排序法

简单排序法又分为直接排序法和交替排序法。

1. 直接排序法

直接排序法是指把部门的所有员工按照优劣排列名次，其特点是很大程度上取决于部门管理者对员工的看法。所以，有时会有一些误区。此方法操作简单，但仅适合于正在起步的组织。

2. 交替排序法

交替排序法即根据一些评价要素将被评价者从第一名一直排到最后一名，但具体的操作方法与直接排序法有所不同。

交替排序法的操作方法是：①先将需要进行考核的所有下属人员名单列举出来，然后再将无法考核之人的名字划去；②用表格的形式（表 6-7）列出哪名员工的表现是最好的，哪名员工的表现又是最差的；③再在剩下的员工中挑出最好的和最差的。依次类推，直到所有必须被考核的员工都被排列到表格中为止。

表 6-7　交替排序法样例

运用交替排序法对员工绩效进行考核

考核所依据的要素：__________

针对你所要考核的要素，将所有员工的姓名都列举出来。将工作绩效考核最高的员工姓名列在第 1 行的位置上；将工作绩效考核最低的员工姓名列在第 20 行的位置上。然后将次最好的员工姓名列在第 2 行的位置上；将次最差的员工姓名列在第 19 行的位置上。将这一交替排序持续下去，直到所有的员工都被排列出来。

1.	11.
2.	12.
3.	13.
4.	14.
5.	15.
6.	16.
7.	17.
8.	18.
9.	19.
10.	20.

（二）配对比较法

配对比较法也称为平行比较法，其基本做法是：将每名员工按照所定的考核要素（工作数量、工作质量等）与所有其他员工进行比较，根据配对比较的结果，排列出他们的绩效名次，而不是将各被评价者笼统地排队。配比的次数是按[N（N－1）]/2（其中 N＝人数）的公式增长的。这种方法也是人跟人比，好处是谁好谁坏简明扼要，但配对比较法最大的劣势在于人的主观性较大，对评价者要求很高，要求评价者有能力做公正客观的评价。表 6-8 是配对比较法的样例。

表 6-8 配对比较法样例

比较对象	评估对象						
	A	B	C	D	E	F	排序
A	0	+	+	+	+	+	6
B	–	0	+	+	–	+	4
C	–	–	0	–	–	+	2
D	–	–	+	0	–	+	3
E	–	+	+	+	0	+	5
F	–	–	–	–	–	0	1
汇总	0	2	4	3	1	5	

注：本表是以横向的员工为对比的基础，用纵列上的员工与横向的员工对比，如果比本员工好，则写“+”，反之则写“–”。例如，列 B 与横 A 相比工作质量更好，则在列 B 与横 A 交叉空写“+”，列 B 与横 C 相比工作质量较差，则在列 B 与横 C 交叉的空写“–”

（三）人物比较法

人物比较法是一种特殊的比较方法，是所有的人与一个特定的人进行比较，这在一定程度上能使评价的依据更客观。

人物比较法的做法是：在评价之前，先选定一名员工作为标准，以他各方面的表现为标准，将其他员工与他进行比较，从而得出评价结果。

人物比较法的设计和使用较容易，成本低，比其他方法更能提高员工的工作积极性，但也存在一些难以解决的问题，如挑选标准人物困难、无法与组织的战略目标联系、不便于提供反馈和指导，容易产生晕轮效应等。

（四）强制分布法

强制分布法需要评价者将被评价者按照绩效考核结果分配到一种类似于正态分布的标准中去。这种方法是基于这样一个有争议的假设，即所有小组中都有同样优秀、一般、较差表现的员工分布。可以想象，如果一个部门全部是优秀员工，则部门经理可能难以决定应该把谁放在较低等级的小组中。

强制分布法的优点是有利于管理控制，特别是在引入员工淘汰机制的公司中，它能明确筛选出淘汰对象，由于员工担心因多次落入绩效最低区间而遭解雇，因此具有强制激励和鞭策功能。当然，强制分布法的缺点也同样明显，如果一个部门员工的确都十分优秀，如果强制进行正态分布划分等级，可能会带来多方面的弊端。

二、量表法

量表法就是将一定的比分或权重分配到各个评价指标中，赋予每个评价指标一个权重，然后由评价者根据被评价者在各个评价指标上的表现，对照标准进行打分，最后汇总计算总分，得到评价结果。常用的比较法有图尺度量表法、行为锚定法、综合尺度量表法和行为观察量表法四种。

（一）图尺度量表法

图尺度量表法也称图解式评价量表法、图标评估尺度法、业绩评定表法，是最简单且应用最广泛的绩效评价技术之一。图尺度量表法的评价步骤如下：首先，将岗位工作中有代表性的性质和特点作为评价要素列于表中；其次，以这些评价因素为基础，确定出具体的考评项目（指标），并对这些指标进行等级划分和含义说明；最后，制成专用的考评量表。

（二）行为锚定法

行为锚定法实际上是量表法与关键事件法的结合，它将行为描述等级性量化，每一水平的行为均用某一标准行为加以界定，从而将定性的描述性关键事件法和量化的等级评价法的优点结合起来。

行为锚定法通常按以下五个步骤进行：寻找关键事件（即初步定义绩效评价指标）—重新分配关键事件—确定相应的绩效评价指标—确定各关键事件的评价等级—建立最终的行为锚定评价体系。

行为锚定法的优点为：①行为锚定法给定的关键事件可以为评价者提供判断的直接依据，可以使考核结果相对客观；②由关键事件构成的“行为锚”是由工作者与上级共同制定的，因此在评价时容易达成共识，从而取得合理的结果；③该方法具有良好的沟通效果，减少了因考评打分理由不明确引起的纠纷，减少了员工对考核结果的异议；④员工可以对照“行为锚”上的关键事件评价自己的行为，有利于考核反馈和改进工作。

但是行为锚定法也存在缺点。例如，使用行为锚定法需要花费较多时间进行评分表的设计，其使用也比较复杂；行为锚定法开发难度大，耗费时间比较长，需要企业投入大量的人力、物力；行为锚定法只涵盖关键事件，对于非关键事件关注较少，不利于全面评价员工工作。

（三）综合尺度量表法

综合尺度量表法是指将结果导向量表法与行为导向量表法相结合的一种评价方法，它既能有效地引导员工的行为，又能对结果进行直接控制，但使用这样的方法需要较大的设计成本。

（四）行为观察量表法

行为观察量表法也叫行为观察比较法，是对各项评估指标给出一系列有关的有效行为，将观察到的员工的每项工作行为与评价标准进行比较，看该行为出现的次数、频率的评估方法。该方法的优点是能够有一个比较有效的行为标准，可以帮助建立工作岗位指导书；缺点是观察到的工作行为可能带有一定的主观性。

三、描述法

描述法被视为一种特殊的评价方法，其在设计和使用上比较容易，实用性强，因此适合对任何单独的人员进行评价。但因为没有一个统一的标准，所以难以对多个被评价者进行公正、客观的对比。而且由该方法得出的评价结果与评价者的文字写作水平关系较大，因而不适用于评价性评价，而较适用于发展性评价。

一般来说，描述法分为态度记录法、工作业绩记录法、指导记录法和关键事件法。

所谓态度记录法，即由评价者通过对被评价者日常工作情况的观察，将其在工作中表现出来的工作态度记录下来的评价方法。

所谓工作业绩记录法，即要求评价者填写工作业绩记录卡，观察并记录被评价者在工作过程中的各种事实，分阶段地记录其所达到的工作业绩。

所谓指导记录法，即要求上级将其对下属的日常指导记录下来。该方法多用于发展性评价。

关键事件法是客观评价体系中最简单也是最常用的一种形式，它是通过对工作中最好或最差的事件进行分析，对造成这一事件的工作行为进行认定从而做出工作绩效评估的一种方法。该方法的优点是针对性较强，对评估优秀和劣等表现十分有效；缺点是对关键事件的把握和分析可能存在某些偏差。

关 键 词

绩效管理；目标管理；标杆管理；KPI；BSC；战略地图；绩效计划；绩效监控；绩效沟通；绩效辅导；绩效评价；绩效反馈；简单排序法；配对比较法；人物比较法；强制分布法；图尺度量表法；行为锚定法；综合尺度量表法；行为观察量表法。

本章思考题

1. 什么是绩效？绩效具有哪些性质？影响绩效的主要因素有哪些？
2. 什么是绩效管理？绩效管理具有哪些特征？
3. 绩效管理的目的是什么？它有哪些功能？它与人力资源管理其他职能有什么样的联系？
4. 什么是目标管理？它的优缺点是什么？具有哪些操作程序？
5. 什么是标杆管理？它的优缺点是什么？具有哪些操作程序？
6. 什么是 KPI？它的优缺点是什么？具有哪些操作程序？
7. 什么是 BSC？它的优缺点是什么？具有哪些操作程序？
8. 什么是战略地图？请阐述如何利用战略地图来规划战略。
9. 阐述绩效管理四个环节的含义、目的与操作步骤。
10. 绩效评价有哪些常用方法？阐述每种方法的含义和特点。

【案例分析】

绩效主义毁了索尼①

2006 年，索尼公司迎来了创业的第 60 年，过去它像钻石一样晶莹璀璨，而今却变

① 参阅天外伺朗. 绩效主义毁了索尼[J]. 招商周刊，2007，（4）：34-35.

得满身污垢、黯淡无光。因笔记本电脑锂电池着火事故，世界上使用索尼产锂电池的约960万台笔记本电脑被召回，更换电池的费用达510亿日元。

PS3游戏机曾被视为索尼的"救星"，在上市当天就销售一空，但因其关键部件批量生产的速度跟不上，索尼被迫控制整机的生产数量。PS3是尖端产品，生产成本很高，据说卖一台PS3能亏损3.5万日元。

一、激情集团消失了

我是1964年以设计人员的身份进入索尼的。因半导体收音机和录音机的普及，索尼当时实现了奇迹般的发展。当时企业的规模还不是很大，但"索尼神话"受到了社会的普遍关注。从进入公司到2006年离开公司，我在索尼度过了40年的岁月。

我46岁就当了索尼公司的董事，后来成为常务董事，因此对索尼近年来发生的事情，我感到自己也有很大的责任。我也经常反思，索尼的辉煌时代和今天有什么区别呢？

我认为最主要的是激情集团不存在了。所谓激情集团，是指我参与开发CD技术时期，公司那些不知疲倦、全身投入开发的集体。在创业初期，这样的激情集团接连开发出独创性的产品，索尼当初之所以能做到这一点，是因为有井深大这样的领导。井深大最让人佩服的一点是，他能点燃技术开发人员的心中之火，让他们变成为技术献身的"狂人"。在刚刚进入公司时，我曾和井深大进行过激烈的争论，但井深大对新员工并不是采取高压态度，他尊重我的意见。为了不辜负他对我的期望，我当年也同样潜心于研发工作。比我进公司更早，也受到井深大影响的那些人，在井深大退出第一线后的很长一段时间里，仍然坚守着井深大作风。当这些人不在了，索尼也开始逐渐衰败。

从事技术开发的团队进入开发的忘我状态时，就成了激情团队。要进入这种状态，其中最重要的条件就是"基于自发的动机"的行动，比如"想通过自己的努力开发机器人"就是一种自发的内在冲动。

与此相反的是外在的驱动力量，如想赚钱、升职或者出名，即想得到来自外部回报的心理状态。如果没有发自内心的热情，而是出于"想赚钱或升职"的世俗动机，那是无法成为"开发狂人"的。

二、挑战精神消失了

今天的索尼职工好像没有了自发的动机。为什么呢？我认为是因为实行了绩效主义。绩效主义就是："业务成果和金钱报酬直接挂钩，职工是为了拿到更多的报酬才努力工作。"如果外在的动机增强，那么自发的动机就会被抑制。

如果总是说"你努力干我就给你加工资"，那么以工作为乐趣的这种内在的意识就会被抑制。从1995年左右开始，索尼公司逐渐实行绩效主义，成立了专门的机构，制定了非常详细的评价标准，并根据对每个人的评价确定报酬。

因为实行了绩效主义，职工逐渐失去工作热情。在这种情况下是无法产生"激情集团"的。为衡量业绩，首先必须把各种工作要素量化。但工作是无法简单量化的。公司为了统计业绩，花费了大量的精力和时间，而在真正的工作上却敷衍了事，出现了本末倒置的倾向。

因为要考核业绩，几乎所有人都提出容易实现的目标，可以说索尼精神的核心即"挑战精神"消失了。因实行绩效主义，索尼公司内追求眼前利益的风气蔓延。这样一来，短期内难见效益的工作，如产品质量检验及“老化处理”工序都受到轻视。

三、创新先锋沦为落伍者

不单索尼，现在许多公司都花费很多的人力、物力引进评价制度，但这些企业的业绩似乎都在下滑。索尼公司是最早引进美国式合理主义经营理论的企业之一。而公司创始人井深大的经营理念谈不上所谓“合理”。1968 年 10 月上市的单枪三束彩色显像管电视机的开发，就是有代表性的例子。当时索尼在电视机的市场竞争中处于劣势，几乎到了破产的边缘。即便如此，井深大仍坚持独自开发单枪三束彩色显像管电视机。这种彩色电视机的画质好，刚上市就大受好评。其后 30 年，这种电视机的销售一直是索尼公司的主要收入来源。但是，“干别人不干的事情”这种追求独自开发的精神，恐怕不符合今天只看收益的企业管理理论。索尼当时如果采用和其他公司一样的技术，立刻就可以在市场上销售自己的产品，当初也许就不会有破产的风险了。

投入巨额费用和大量时间进行的技术开发取得成功后，为了制造产品，还需要有更大规模的设备投资，亦需要招募新职工。但是，从长期的角度看，索尼公司积累了技术，培养了技术人员。此外，人们都认为“索尼是追求独特技术的公司”，大大提升了索尼的品牌形象。

更重要的是，这种独自开发给索尼员工带来了荣誉感，他们都为自己是“最尖端的企业的一员”而感到骄傲。单枪三束彩色显像管电视机之所以能长期成为索尼公司的收入来源，是因为索尼的技术开发人员怀着荣誉感和极大的热情，不断对技术进行改良。

具有讽刺意味的是，因单枪三束彩色显像管电视机获得成功而沾沾自喜的索尼，却在液晶和等离子薄型电视机的开发方面落后了。

如今，索尼采取了极为“合理的”经营方针。不是自己开发新技术，而是同三星公司合作，建立了液晶显示屏制造公司。由三星公司提供零部件生产的液晶电视机 BRAVIA 十分畅销，从而使索尼公司暂时摆脱了困境。但对于我这个熟悉索尼成长史的人来说，总不免有些怀旧感，因为索尼现在在基础开发能力方面，与井深大时代相比存在很大的差距。今天的索尼为避免危机采取了临时抱佛脚的做法。

【案例思考】

1. 作为一家著名的跨国公司，你认为过去曾经使索尼公司成功的主要原因是什么？
2. 如何看待作者对绩效考核的认识？绩效考核真的毁了索尼吗？
3. 应该怎么改革绩效考核以避免案例中提到的弊端？

第七章

薪 酬 管 理

第一节　薪 酬 概 述

一、什么是薪酬

（一）薪酬的定义

不同国家、不同学者对薪酬内涵的理解各不相同。岳龙华在《薪酬设计与薪酬管理》一书中总结道：从员工视角，薪酬是员工提供服务或完成工作的回报，是其重要的经济收入来源；从企业视角，薪酬体现了企业的支付能力，且能影响员工的工作态度和工作绩效；从社会视角，薪酬差别在一些人看来可视为衡量社会公平的标准①。

目前学者对薪酬的定义有广义和狭义之分。广义的薪酬包括员工获得的内在形式的回报，如参与决策的权利、较好的发展机会等，这是员工自我价值实现的一种方式。狭义的薪酬只包括员工获得的各种货币收入，不包括各种具体的服务和福利②。

在本书中，薪酬被定义为企业根据员工完成的工作任务、所做的贡献或者业绩大小，结合员工的职位、能力和出于对员工的激励性考虑而提供给员工的货币、实物和福利、服务等的总和。根据支付形式的不同，薪酬可分为两部分：一是直接货币报酬形式，包括基本薪酬、绩效薪酬、激励性薪酬、津贴、加班费、佣金、利润分红等；二是间接货币报酬形式，如社会保险、休假、旅游、培训等。需要注意的是，企业中不同员工的职位、职务等存在差别，因此，这些薪酬类型的具体含义、内容与形式也可能存在一定差异。

（二）薪酬的构成

从薪酬形式的角度出发，薪酬主要由以货币形式支付的薪酬（如基本薪酬、绩效薪酬、激励性薪酬等），以及以福利和服务形式支付的薪酬（如社会保险、公积金、带薪休假等）构成。因此，一般来说，薪酬主要由基本薪酬、绩效薪酬、激励薪酬、福利和服务构成。

（1）基本薪酬：企业为一定岗位、职位员工已完成工作而支付的正常薪酬，它往往

---

① 岳龙华. 薪酬设计与薪酬管理[M]. 北京：中国电力出版社，2014.

② 葛玉辉. 薪酬管理实务[M]. 北京：清华大学出版社，2011.

受社会生活水平的影响较大，而与已完成的结果没有直接关系，且忽视了同一职位员工个体之间的差异，因此基本薪酬具有一定的稳定性。

（2）绩效薪酬：又称浮动薪酬，它是作为基本薪酬之外增加的一部分，与员工已完成的工作结果和过程行为有直接关系，它往往随着员工业绩完成效果的提高而增加，具体包括个人奖励、团队奖励、利润分享、佣金等。

（3）激励薪酬：被看作可变性薪酬，它与员工工作业绩和企业的总体业绩直接相关；一般有长期激励薪酬（如股票、期权、红利等）和短期激励薪酬（如奖金、提成等）两种方式。这里需要注意的是，激励薪酬与绩效薪酬两者的激励时间不同，激励薪酬侧重以直接或者间接货币支付的方式来影响员工将来的行为，而绩效薪酬侧重对员工已完成工作的认可。此外，绩效薪酬通常与基本薪酬一同核算发放，而激励薪酬往往是一次性支付。

（4）福利和服务：是指为了吸引员工到企业工作而根据需要设计的作为基本薪酬补充的一系列措施（如休假）、实物（如生日蛋糕），以及所提供的额外补贴、费用支出、特殊补贴等的总和。

此外，员工在工作中获取的地位、认可，以及因完成工作给个人带来的成就感等也常被看作员工薪酬的重要构成部分。

在实际运用中，薪酬的各个构成部分具有不同的特色和优势，企业需结合实际情况，将它们有机地、以恰当的比例组合在一起，才能取得最佳效果。

（三）薪酬的作用

薪酬既是企业运营的成本，也是企业促进和发挥员工工作积极性，使其将个人目标与企业目标有机结合起来的一种重要形式，同时也是企业引导劳动力市场资源再分配的一种重要手段。因此对于薪酬的功能我们可以从员工、企业及社会的角度进行讨论。

1. 薪酬对员工的功能

1）经济保障功能

薪酬是员工进行工作和提供服务的主要动力之一，也是员工日常生活的主要经济来源。一方面，薪酬能保障员工满足个人及其家庭的衣食住行等方面的基本生存需求；另一方面，薪酬还能满足员工在教育、娱乐等方面的需求。薪酬作为员工无可替代的经济保障手段，在满足员工及其家庭的生活需求方面具有非常大的影响。

2）激励功能

薪酬的激励功能主要是通过福利、奖金等形式体现的。薪酬在为员工提供衣食住行费用的同时，也为员工发展个人业余爱好，追求更高层次的需求提供了条件。薪酬在一定程度上体现了企业对员工工作的认可和肯定。此外，薪酬的激励功能是通过员工感知到的薪酬满意来实现的，因此，设计合理的、公平的薪酬制度对企业至关重要。

3）稳定功能

稳定功能是指薪酬对吸引和留住人才为企业效力的功用。稳定性的薪酬既要能够激励员工的劳动热情和工作绩效，又要能给他们一定的安全感。

4）信号功能

薪酬政策会向员工传递明确的导向信号，并通过利益关联机制促使其态度与行为发生改变。例如，当企业将薪酬激励与价值创造型创新成果直接挂钩时，就是在强化员工的创新意愿；当企业的薪酬分配制度实行“学历与薪资挂钩、工龄与待遇阶梯式增长”时，则会鼓励员工提升学历层次、延长服务年限并增强职业稳定性。

2. 薪酬对企业的功能

1）改善经营业绩

具有竞争力的薪酬能帮助企业招募到更多、更优秀的人才，并增加企业的人力资源存量，从而有利于企业的长期发展。同时，薪酬会直接影响员工的工作态度和工作行为。有效的薪酬政策通过提高员工的工作积极性、提高员工对企业的忠诚度和组织承诺、降低工作倦怠发生率、减少缺勤率等来影响企业的生产能力和生产效率，并最终影响企业的经营业绩。

2）塑造企业文化

薪酬政策可以让员工了解到什么样的行为、态度和业绩会受到企业的激励，如有效的、合理的薪酬政策会积极引导员工的态度和行为，并有助于塑造或加强企业文化。值得注意的是，当企业薪酬政策与其所倡导的企业文化或企业价值观存在冲突时，薪酬会对员工的态度和行为产生负面的引导，从而影响原企业文化的塑造。

3）支持企业变革

企业处于不断变化的市场中，为了快速响应市场，企业必须进行组织变革，开展流程再造、组织重构等活动。在这一过程中，薪酬的有效调整可以引导团队和个人的态度、行为，使企业创造出与组织变革相适应的组织氛围，从而推动变革的进行。

3. 薪酬对社会的功能

薪酬对社会的功能主要体现在对劳动力资源的再配置上。在物质利益的驱动下，人们倾向于追求薪酬更高的岗位工作。因此，对于社会需求量大、对社会发展起积极推动作用的岗位，企业可以通过给予高额的薪酬来引导人们学习这些岗位的知识和技能，从而达到再次分配社会人力资源的效果①。

总之，对企业管理者来说，只有充分理解薪酬对员工、企业、社会三方的作用机理，才能合理利用薪酬来达到预期的管理效果。

二、经济性薪酬

（一）固定工资

固定工资是企业按照相应的工资标准为不同岗位等级规定的一个固定数额。这个数额一旦被确定，便长期保持不变（极特殊情况除外），而且不与企业的实际经营状况挂钩。一般来说，该类工资对应特定的岗位等级，根据岗位等级又可以划分为三种工资率，分别是低位工资率、中位工资率和高位工资率。

---

① 刘银花. 薪酬管理[M]. 大连：东北财经大学出版社，2011.

（二）月度奖金

月度奖金一般是企业所属部门根据自身情况，在每月末，按照绩效考核结果给员工发放的现金奖励。一般来说，绩效考核指标的数量及现金奖励的额度会因部门的不同而有所不同。

（三）年度奖金

除月度奖金外还有年度奖金。这里要区分年度奖金和年终奖的区别，前者指的是企业在年末为那些绩效表现好或者做过较大贡献的员工和管理者发放的奖金，后者虽然在发放时间和发放初衷上和前者类似，但是形式并没有前者规范。

年度奖金是企业的一种激励方式，其激励作用和月度奖金比起来要更加长效和稳定。年度奖金的数额是根据绩效考核结果而定的，员工只有在一整年中为企业创造了良好的效益，才有机会获得这个奖励。

对于企业而言，增加年度奖金并相应减少月度奖金可以在一定程度上降低员工流动风险，并提高成本收入与效益收入的比例。另外，年度奖金是从整体着眼，这样会更加公平，也更能得到员工的认可。

（四）现金补贴

补贴是企业常用的保障和激励员工的一种经济性薪酬。事业单位用于补贴的方式有很多，如住房补贴、交通补贴、通信补贴、用餐补贴、出差补贴等。

现金补贴作为固定工资的补充，在数额、发放周期以及效果上都具有独特的优势。它不仅能够有效补充固定工资的不足，缓解员工的不满情绪，还能够避免月度奖金和年度奖金可能存在的风险。因此，在构建和完善员工薪酬体系时，事业单位和企业应充分考虑现金补贴的作用，合理设置补贴项目和标准，以更好地满足员工的需求，提升员工的工作积极性和满意度。当然，现金补贴也有弊端，如数额相对较小，可能无法形成足够的激励作用，特别是对于高绩效员工来说，这种补贴可能无法满足其对于薪酬的期望。再者，过多的补贴方式可能增加管理的复杂性，需要企业投入更多的时间和精力来制定、执行和监督补贴政策。另外，部分企业可能会利用现金补贴来规避应承担的社会保险和公积金等法定义务，这不仅损害了员工的合法权益，也可能导致企业面临法律风险。

（五）保险福利

前面介绍的几种经济性薪酬都是以现金的形式发放的，保险福利则以非现金的形式发放，也可以看作一种激励方式。通过员工意外保险、员工医疗保险、员工养老保险等多种保险福利，把整个企业整合成一个充满凝聚力与向心力的团体，从而发挥出整体大于部分之和的作用。不过，这里需要注意的是，因为保险福利是作为固定工资的补充而存在的，所以企业必须要把握好其在整体薪酬中的比例。

另外，保险福利的数量和额度也必须控制好，因为企业的最终目标是盈利，所以不能使其发展成为一种真正的福利制度，照顾到员工生活的方方面面。最后，员工名单的确定和保险福利的发放一定要秉持公开透明、标准一致的原则，否则会造成部分员工的不满，进而导致激励作用的消失，以及工作效率的降低。

（六）带薪休假

带薪休假可以分为两种：一是法定节假日，如劳动节、中秋节、国庆节等。二是按工作时间计算的假期。按照我国现在的司法解释，员工连续工作满 12 个月以上的，享受带薪休年假；员工累计工作满 1 年不满 10 年的，年休假 5 天；已满 10 年不满 20 年的，年休假 10 天；已满 20 年的，年休假 15 天。此外，在我国，有些员工还享有寒暑假、探亲假、病假、事假等多种休假。

不过，有些情况是不能享受带薪休年假的。例如，员工依法享受寒暑假，且寒暑假天数多于年休假天数的；员工请事假累计 20 天以上且单位按照规定不扣工资的；累计工作满 1 年但不满 10 年的员工，请病假累计 2 个月以上的；累计工作满 10 年但不满 20 年的员工，请病假累计 3 个月以上的；累计工作满 20 年的员工，请病假累计 4 个月以上的。

在我国，法律既规定了员工依法享受的休假权利（任何企业都不能非法剥夺），又规定了员工享受其他假期的同时不能享受带薪休年假的条件。这样不仅保证了员工的利益，也保证了企业的利益。可以说，带薪休假有利于规范和调节企业与员工之间的关系，从而使劳资关系更加有序。

（七）利润分享

利润分享又被称为劳动分红或利润分红，指的是企业在每年年终时，按照一定比例从总利润中提取一部分作为分红资金，然后根据员工的实际情况进行一定数额的分配，最后以红利形式发放的劳动收入。

利润分享的特点是总数额由高层管理人员决定（通常是将达到了预期收益目标之后的那一部分，直接作为利润分享的总数额）。在分配依据上，利润分享不与员工的绩效表现直接挂钩，但与员工的薪酬水平息息相关，因此在激励效果上也不同于固定工资和奖金。在分配方式上，常常采用薪酬的固定百分比分配和薪酬的累计百分比分配。利润分享是针对企业年终利润的再分配，属于企业内部的再分配，并且具体的数量和规模与企业扩大再生产相互影响。

三、非经济性薪酬

非经济性薪酬指的是不以经济形式给予员工的报酬，具体包括工作认可、挑战性工作、工作环境、发展前景和晋升机会、能力提升、职业安全等。一般情况下，该类薪酬会为员工带来精神上的满足，而这种满足对员工来说是非常重要的。

目前，非经济性薪酬的地位已经越来越重要，很多企业的人力资源部门都对其给予了高度重视。另外，随着“以人为本”等管理理念的发展，非经济性薪酬已经被纳入很多企业的薪酬体系当中。

（一）工作认可

只要完成了一项工作，就可能面对两种情况：一是获得称赞，二是受到批评。通常情况下，如果因为工作完成得不好而受到批评，绝大多数员工虽然心里会不开心，但还是会想办法去改正；如果工作完成得比较好，那么员工在获得称赞之后自然会非常满足。

对于员工已经完成的工作，企业应给予及时的正面回应，以达到留存和激励员工的目的。对于企业来说，在管理上对员工进行适时的批评和纠偏很重要，这样可以防止员工犯错误。

（二）挑战性工作

挑战性工作指的是那些完成起来并不是很轻松的工作，那么员工选择具有挑战性工作的原因是什么呢？一是挑战性工作有更高价值的报酬，二是挑战性工作能激发员工在重复性工作中的激情。

（三）工作环境

员工在一个良好的工作环境中工作往往会心情愉悦，很有动力，而一个较差的工作环境，则会让员工心理落差过大，工作没有干劲，进而导致各部门之间难以合作，甚至影响企业的正常运营。通常衡量工作环境的标准包括空间体量、办公设备、员工关系。

（四）发展前景和晋升机会

对于员工而言，发展前景和晋升机会是选择一份工作和一个企业的重要考量。一般来说，能为员工提供发展前景和晋升机会的企业都具有一定的规模，且这些企业内部往往有着明确的职能部门、透明的晋升渠道和公开的程序规则。

（五）能力提升

完成汲取类的工作能使员工能力得到提升。在完成这类工作的过程中，员工有机会学习新技能和新知识，如开发工作、管理工作、创新工作等，从而实现个人能力的成长和提升。

（六）职业安全

职业安全指的是员工在入职后能够获得的安全保障。几乎对于每名员工来说，职业安全都是一个选择工作和企业的重要依据。如果安全无法得到保障，那么工作所获得的金钱、荣誉、成就、个人成长等一切回报也就都没有了意义。一般来说，职业安全可划分为环境安全、身体安全和心理安全。

一个企业应该对自身的安全环境严格把控，对员工的健康状况密切关注。只有这样，才会让员工产生归属感，从而留住员工，激发员工的斗志。可以说，在当下这个时代，职业安全等非经济性薪酬要比经济性薪酬更加重要。

第二节 薪酬管理概述

一、什么是薪酬管理

（一）薪酬管理的定义

薪酬管理指的是企业针对所有员工所提供的劳动和服务来确定他们应当得到的报酬

总额，以及报酬结构和报酬形式的过程。具体而言，薪酬管理是指企业在组织发展战略的指导下，对薪酬策略、薪酬结构、薪酬水平、薪酬模块等进行确定、分配和系统调整的动态管理过程。在这一过程中，企业必须就薪酬策略、薪酬结构、薪酬水平、薪酬模块等方面做出决策。同时，作为一种持续的组织过程，企业还必须持续不断地就薪酬有效性进行评估，并不断完善改进。

总之，薪酬管理几乎囊括了与薪酬有关的所有管理事项，它在企业组织管理中扮演着十分重要的角色，是每个企业都必须注重的管理工作。

（二）薪酬管理的功能

薪酬管理具有以下功能：促进员工绩效的提升，提高员工的工作积极性；促进员工知识积累和技能提升；构建和谐的组织气氛，创造良好的工作环境；有效促进员工队伍稳定性，实现企业对优秀人才的吸引力；维持和保障员工的生活；控制企业的人工成本。

（三）薪酬管理的原则

薪酬管理的原则与薪酬管理的目标基本一致。在设计薪酬管理体系时，为保证薪酬管理的目标（合法、公平和效率）的实现，一般应遵循以下原则。

1. 合法性原则

企业薪酬管理的制度规定必须符合国家相关的政策和法律法规，如国家对最低工资标准的规定，对工作时间的要求及延长工作时间的劳动报酬支付标准，社保、住房公积金缴纳标准、经济补偿金和年底工资支付要求，等等。

2. 公平性原则

薪酬的公平性体现在三个方面，即外部公平性、内部公平性和个人公平性。外部公平性是指企业内部员工薪酬与劳动力市场上同行业、同岗位员工之间的薪酬水平具有可比性；内部公平性是指企业内部不同岗位员工之间的薪酬水平，应能体现岗位的价值大小、岗位贡献等；个人公平性是指薪酬应该与员工个人的绩效、技能、能力、资历等个人特征相联系，通常属于类似岗位上的员工，其绩效越好、个人能力越强、资历越老，薪酬就越高。

对外部公平性而言，它主要是通过市场薪酬调查获取相关的数据，从而通过薪酬水平的设计来实现其公平性；对内部公平性而言，它主要是通过组织岗位分析及评价获取相关信息，从而通过合理的薪酬结构设计来实现；对个人公平性而言，它主要通过对员工绩效的考核，来实现绩效改进。

3. 竞争性原则

竞争性原则类似于但又不同于薪酬的外部公平性原则。外部公平性原则强调的是薪酬水平在劳动力市场上的情况，竞争性原则强调的是企业薪酬水平相比于竞争对手的薪酬水平的情况。在竞争性原则下，企业的薪酬水平并非要绝对地高于市场平均水平才说明薪酬具有竞争优势，企业需要根据自身的发展战略、经营情况、支付能力、人才需求情况等因素决定其薪酬水平，留住企业最需要和最适合企业的人才。同时，企业的竞争优势是一个综合指标，除薪酬水平外，企业良好的声誉、社会形象、企业福利等方面也会对薪酬的竞争力有影响。

4. 激励性原则

激励性原则与薪酬的内部公平虽有相似之处，但它们强调的内容各有不同。内部公平仅强调员工对公平性的感知，不影响其工作积极性。激励性原则强调各岗位员工的薪酬应与员工的绩效直接相关，且具有一定的差距，不同等级的员工之间薪酬水平也应该适当拉开差距以促进员工努力工作的积极性。

5. 效率性原则

控制人力资源成本也是企业薪酬管理的重要工作内容之一。企业实施的薪酬管理不仅要体现薪酬水平的对外竞争性，同时也应该考虑企业的承受能力，合理控制人力资源成本的无限制增长。薪酬的效率性原则强调的是企业在设计薪酬管理体系时，需要考虑所支付的薪酬总额（人工成本）及能获取的利润总额，力求以较小的成本获取最大的收益。

（四）薪酬管理的内容

1. 薪酬结构设计

薪酬结构设计是企业人力资源管理中的重要环节，它随着企业的不断发展而需要不断调整和优化。原有的薪酬组成可能很好地支撑企业过去的日常运营，但随着市场环境的变化、企业战略的调整及员工需求的多样化，薪酬结构往往需要进行相应的调整，以适应新的发展需求。薪酬结构与薪酬的内部公平性密切相关，它应当能够准确反映企业对职位价值、员工技能和能力及员工贡献的认知和评价。为了确保薪酬结构的公平性和合理性，企业在进行薪酬结构设计之前，需要先进行职位分析与职位评价。

2. 薪酬水平设计

薪酬水平是指企业内部各职位、各部门及整个企业的平均薪酬水平，其薪酬水平的高低决定了企业薪酬的外部竞争力情况。企业可通过薪酬调研了解其整体薪酬水平和个别岗位薪酬水平，并据此调整薪酬水平。此外，薪酬水平不仅会随着劳动力市场上社会生活水平的提高而提高，而且还会随着劳动力市场上各类人员的供给情况而变化。因此，在调整薪酬水平时不仅要考虑企业整体薪酬水平与市场上的薪酬水平之间的差距，还要考虑某些紧缺型岗位薪酬水平的竞争力。

3. 薪酬模块设计

薪酬模块是整个薪酬管理运行的基础，在明确企业薪酬结构、确定薪酬水平后，企业需进一步设计合理的薪酬模块来实现薪酬的有效管理。通常，薪酬模块的构建包括基本薪酬设计、奖金设计、福利与津贴设计等。企业只有在均衡考虑和合理设计各个模块后，才能使各模块有机结合在一起，形成有效的薪酬结构。一般而言，针对不同的岗位和人员，薪酬各模块的设计会有所不同。

4. 薪酬运行管理

薪酬运行管理工作主要包括三个方面：一是薪酬发放，因薪酬的不同发放形式所达到的直接效果有所不同（如津贴和补贴主要是保障员工的基本生活质量，绩效薪酬能直接激励员工更加努力地工作），所以在实际操作中，企业需要结合自身的需求来合理确定和组合不同的薪酬发放形式；二是薪酬评估与反馈，企业在薪酬执行过程中经常会出现一些薪酬制度不符合现实情况或执行不理想的情形，因此要对已有薪酬进行不断评估、调整；三是薪酬法规及税收，对薪酬法律法规和税收等方面的了解是确保薪酬合法的前提，此外，税收管理还能在一定程度上降低企业成本。

（五）薪酬管理的流程

1. 制定企业薪酬战略

一个企业要想获得良好的发展，就需要制定相应的战略。同样，要做好薪酬管理，也需要制定相应的薪酬战略。但这里所说的薪酬战略并不是像有些企业理解的那样，只是大而无当，而是可以为企业的薪酬设计和管理提供科学合理的指导。要知道，一个优秀的薪酬战略可以帮助薪酬体系朝着正确的方向发展，从而更加适应企业的发展需要。

2. 工作分析与岗位评价

工作分析又叫职位分析或岗位分析，是对企业中某个岗位设置的目的、权利、责任、环境、资格、所需技能等相关信息进行收集并做出分析。工作分析是人力资源管理的基础，为人力资源管理的各个模块提供重要的判断依据。

工作分析的常用方法有很多，如访谈法、问卷调查法、观察法、工作日志法、关键事件法等。其主要目的就是要弄清楚某项工作在什么时间、什么地点，由谁来做，做什么，为谁做，为什么做，怎样做。由此看来，工作分析的结果其实就是一份职位说明书。

在工作分析的基础上，人力资源管理人员可以对岗位做出科学合理的评价，了解不同岗位之间的价值差异，并为岗位级别的划分设定相应的标准，进而为制定公平公正的薪酬体系和奖励制度提供有效且可靠的依据。由此看来，对于薪酬管理来说，无论是工作分析还是岗位评价，都是非常重要的，二者均不能忽视。

3. 市场薪酬调查

市场薪酬调查指的是用科学、规范的方法，对市场上的各种薪酬信息进行收集、分类与分析，总结出某一类岗位的市场平均薪酬水平，并将其作为企业自身薪酬设计的依据。那么薪酬调查需要做哪些事情呢？

首先，了解竞争对手的平均薪酬水平。因为自身的薪酬水平过高，财务负担就会比较重；而薪酬水平过低，则会缺乏对员工的吸引力。另外还要了解企业所在地区的薪酬水平，也就是较低的薪酬水平、一般的薪酬水平及较高的薪酬水平。这不仅可以帮助企业对薪酬水平有一个战略层面上的把握，还可以为员工薪酬的确定提供依据。

其次，调查薪酬结构。企业之所以需要做这件事是因为要了解同行业、同地区的常用薪酬结构，掌握员工的薪酬偏好，从而使设计出来的薪酬能更加满足员工的需求，达到更好的激励效果。

最后，依靠薪酬调查，通过对比分析找出企业内部有哪些岗位的薪酬是不合理的，薪酬的层级划分及差额确定是否存在失误。了解这些问题以后，企业就可以在第一时间对薪酬设计进行优化，从而更好地激励员工。

4. 构建薪酬结构

薪酬结构是指薪酬应由哪些部分组成，各个部分所占的比例分别是多少，薪酬可以分为多少个等级，不同等级之间的差额是多少。一般来说，企业构建薪酬结构的目的主要有两个：一是帮助企业把成本控制在一个合理的范围内；二是对员工实现有效的激励。构建薪酬结构时，岗位的任职资格、岗位产生的经济效益、薪酬层级的划分、企业的实际情况等都是必须要考虑的因素。

5. 薪酬评估与控制

在薪酬战略制定、工作分析与岗位评价、市场薪酬调查、薪酬结构构建这些准备工作完成之后，就可以着手进行薪酬水平的确定。但是，确定薪酬水平以后并不意味着薪酬管理就已经万事大吉，因为最重要的一个环节——薪酬评估与控制还没有进行。

要对薪酬进行评估与控制，最重要的就是找到依据。那么薪酬评估与控制的依据有哪些呢?

首先，战略目标的匹配。企业可以通过对比战略实施前后关键指标数据及采取综合评估方法，来判断是否更接近其战略目标。例如，从不同的战略目标来看，产品销量是否得到了有效提高，创新能力是否实现了进一步增强，产品质量是否有了显著改变，等等。

其次，竞争效果的衡量。薪酬管理的一个重要参考依据就是在市场上相对于对手的竞争力如何，这一点可以从企业自身的市场份额、消费者的认可度上来进行分析。

最后，薪酬管理的激励。至于激励结果如何，则要看员工的满意度，以及员工的绩效表现。如果员工的满意度过低，那么薪酬管理的激励就不能发挥真正作用；如果员工满意度比较高，但是绩效表现没有改变的话，那么激励结果依然是失败的。

二、薪酬管理的误区

作为一名人力资源管理人员，如果在进行薪酬管理的过程中不慎走进了误区，那么就会对企业、员工、自身产生很大影响。

（一）同岗同酬就是字面意思吗

同岗同酬指的是在同一个企业同一个部门中，相同工作岗位的员工所获得的薪酬是相同的。而在薪酬管理中，要实现效用的最大化，同岗同酬绝不像字面意思那样简单。

首先，对于已经在同一岗位上工作了一段时间的老员工（这里所说的一段时间暂且定为 5 个月），其工作熟练程度肯定要超过一个刚刚入职的新员工。如果此时实行的是同岗同酬，那么这位老员工肯定会觉得不公平，从而失去原来那种工作热情和工作积极性。

其次，在同一个岗位上，入职 5 个月的员工的工作熟练程度与入职多年的员工也许并无太大差别。如果此时同岗同酬，那么试想一下，这对于那些工作年限不够而工作熟练程度已经达到要求的员工而言，肯定也缺少激励，最终导致其对工作不认真和懈怠。

由此看来，在使用同岗同酬这一薪酬管理方式的时候，最重要的是做到因时因人制宜，即与实际情况相结合。只有这样，同岗同酬才可以真正地发挥作用，否则不仅会影响员工的工作效率和工作心情，还会影响企业的长远发展。

（二）高薪就是高激励吗

人的行为往往源自动机，而动机则源于需求。马斯洛需求层次理论把人的需求分为五个层级，即生理需求、安全需求、社交需求、尊重需求、自我实现需求。企业对员工进行激励的目的主要是改变其行为，但是这种激励往往忽略了更加本源的东西，那就是需求。

高薪对于大多数员工而言，确实能起到激励作用，毕竟物质基础是实现员工需求的客观条件（当然并不完全如此）。例如，物质基础为员工的衣食住行提供有力保障，能让员工体会到世俗标准下的巨大成功，能让员工享受到来自其他员工的艳羡眼光，能为员工不断提升自己的知识和能力增添动力。

但我们不能忘了这样一句话：金钱不是万能的。于是，总有一些员工在有了一定物质基础以后，就会把薪酬高低的重要程度大幅度降低，甚至有一些员工在物质报酬并不丰厚的情况下也作此考虑。

所以说，单纯地认为高薪就是高激励似乎太过简单了一些。实际上，员工看重的并不单单只有高薪，而是还有很多其他的因素，如福利保障、企业文化、团队建设、工作环境、价值实现、发展前景、员工关系等。

（三）薪酬体系是一劳永逸的吗

组织是一个活的有机体，企业、事业单位、国家机关等都处在不断的发展变化之中，其规模、发展情况、战略目标等都不是一成不变的，当然，相对应的薪酬体系也不能始终如一。

上文已经提到，薪酬体系是与企业实际情况相适应的，如果企业的实际情况，如岗位调整、部门整合、职责梳理等发生了变化，那么薪酬体系也会随之发生变化。薪酬体系的设计初衷是实现对员工的激励，但如果最终发现并没有取得预期的激励效果，甚至导致员工产生了不满情绪，那么企业就应该对现有薪酬体系进行调整。

另外，薪酬的高低往往是由企业盈利状况决定的。如果企业规模扩大，盈利增加，那么就可以适当地提升各个岗位的薪酬，以便让员工有归属感和价值感。如果企业的盈利状况欠佳，难以按照现有薪酬体系的标准为员工支付薪酬，那么也需要对薪酬体系做出适当调整，以便维持企业的正常运营。

综上所述，企业要想充分发挥出薪酬体系的真正作用并提高员工的工作积极性，从而促进自身的长远发展，那么就必须根据当前的实际情况和薪酬体系在具体应用中的效果，及时调整薪酬体系。

第三节　薪酬体系设计

一、薪酬体系设计概述

（一）薪酬体系设计的原则

1. 公平性

公平性是薪酬体系设计的一个重要原则，之所以会如此重要，是因为公平关系到效率，绝对公平会导致效率的低下，而过分不公平也会造成效率的萎缩。因此，这里的公平并不只是指结果公平，还包括机会公平、程序公平和分配的相对公平。

2. 竞争性

竞争性原则的主要目的是企业吸引优秀人才，留住忠实员工。竞争性主要包括内部竞争性和外部竞争性。

3. 激励性

对于企业而言，要在激烈的竞争环境中生存和发展，就要不断地提升员工的积极性和主动性，从而保证经营效益。因此，在进行薪酬体系的设计时，必须充分考虑激励作用。

4. 经济性

用较低的成本获得较高的效益是每个企业的追求，也是一种非常理想的状态。但是，对于很多企业而言，这又是一个比较麻烦的问题，要想解决该问题，就要保证薪酬体系的经济性。

5. 合法性

合法性是指薪酬体系设计应符合相关法律法规中有关最低工资标准、保险、加班费、带薪休假等的规定。

（二）薪酬体系设计的策略

1. 市场领先策略

市场领先策略指的是企业以高于市场的薪酬水平来吸引人才，从而增强自身的薪酬竞争力，达到吸引人才和留住员工的目的。

2. 市场追随策略

市场追随策略指的是企业在设计薪酬体系的时候选择一家标杆企业作为自己的榜样，并在此基础上确定薪酬水平。

3. 市场协调策略

市场协调策略的内涵是根据不同的员工群体设计不同的薪酬水平。例如，有很多企业会根据员工工作岗位的不同而设计出不同于市场的薪酬水平。

二、职位薪酬体系

职位薪酬体系是一种基于职位价值来确定薪酬水平和结构的体系。职位薪酬体系的设计流程如下。

（一）环境分析

职位薪酬体系设计的第一步是做好环境分析，即掌握企业所处环境的实际现状和发展趋势。在很多人力资源管理人员看来，环境分析是一项非常困难的工作，之所以会如此主要就是因为企业所处的环境非常复杂，不仅涉及外部环境，还涉及内部环境。

（二）完成工作分析

工作分析是职位薪酬设计的第二步，同时也是人力资源管理的一项基础活动。简单地说，工作分析就是获取工作相关信息的一个过程。一般情况下，工作分析的内容可以概述为“6W2H”，分别为：what（工作是什么）、why（工作的目的）、when（工作的时间）、where（工作的地点）、who（完成工作的员工）、for whom（工作关系）、how（怎样完成工作）、how much（工作完成的程度）。

（三）实现职位评价

除了上述两步以外，实现职位评价在职位薪酬体系设计中也非常关键。这里所说的职位评价，其实就是通过工作分析，在掌握职位信息的基础上，对不同职位的具体情况（如工作难度、上岗条件、责任权利、工作环境、创造的价值等）进行比较，最终确定其相对价值的过程。

（四）划分职位等级

实现职位评价以后，就可以得出各职位的相对价值和实际价值，这将成为划分职位等级的一个重要依据。通常情况下，职位等级划分的数量并没有确切标准，而是与两个方面息息相关：一是企业规模，二是工作性质。

（五）确定薪酬结构与水平

在进行薪酬结构的设计时，人力资源管理人员可以采用这几种模式：高固定薪酬 + 低浮动薪酬；低固定薪酬 + 高浮动薪酬；高固定薪酬 + 高浮动薪酬；高固定薪酬 + 低浮动薪酬 + 高福利；低固定薪酬 + 低浮动薪酬 + 高福利。需要注意的是，这里所说的“高”“低”都是相对而言的。

薪酬水平。因为是职位薪酬体系，所以薪酬水平的确定应该以职位为基础，即岗位价值越大，薪酬水平就应该越高；反之亦然。与此同时，这也就意味着，每一个岗位的薪酬水平都是不相同的。

三、绩效薪酬体系

绩效薪酬体系是指将员工个人绩效与企业绩效相关联，并根据其绩效支付薪酬。绩效薪酬体系设计一般遵循以下流程。

（一）制定并量化目标

绩效薪酬体系实施的起点是制定企业目标，无论基于何种因素（如企业愿景、企业战略、企业文化等），绩效评估方式都要围绕企业的实际目标来制定。在制定企业目标时，应该遵循目标管理的 SMART 原则，即目标必须要量化，且具有一定的明确性、可实现性、时限性和可关联性。

（二）明确绩效评估步骤

明确绩效评估步骤是绩效薪酬体系设计中的重要步骤。那么，绩效评估步骤究竟应该如何明确呢？具体可以从以下几个方面着手：设计员工能够接受的绩效目标、制定科学合理的绩效评估方式、完善绩效沟通过程、做好绩效评估结果的反馈、实施公平的绩效奖励。

（三）进行绩效评估

在企业目标、员工目标、绩效评估步骤、绩效评估要素的基础上进行绩效评估，是绩效薪酬体系设计的压轴环节。在进行绩效评估的过程中，要对那些最为关键的绩效要素进行考核和判断，而且必须保证公平和公正。

（四）改进绩效薪酬体系

绩效薪酬体系具有非常强的动态性，之所以会如此主要就是因为该种薪酬体系的出发点是目标，而无论是企业目标还是员工目标，都会根据实际情况随时进行调整，以便与业务的发展相适应。

四、技能薪酬体系

技能绩效薪酬是指绩效水平和结构以任职者的技能和能力水平为基础的薪酬体系。技能薪酬体系一般遵循以下流程。

（一）确定企业的核心技能要求

设计技能薪酬体系的第一个步骤是确定企业的核心技能要求，即掌握员工必须具备的关键技能。与此同时，还要对这些关键技能进行描述、整理、分类，从而形成一个完善的关键技能要求体系，并为其划分相应的等级。

（二）对员工技能进行测评与定级

在技能薪酬体系设计中，对员工技能进行测评与定级是非常重要的一个步骤。那么，人力资源管理人员应该如何对员工技能进行测评与定级呢？其中，员工提供的某些技能证明（如学历证明、技能大奖证明、职业资格证明等）都只能作为参考，而不能作为衡量员工技能的唯一标准。企业组织的技能测定可以直接反映出员工的技能水平，所以已经成为绝大多数人力资源管理人员的选择。

（三）基于员工技能确定薪酬水平

在完成上述两个步骤以后，就可以着手进行薪酬水平的确定。因为是技能薪酬体系，所以薪酬水平应该与员工技能挂钩，即员工技能越强，薪酬水平就越高。同样，在技能薪酬体系下，薪酬水平的确定也和市场薪酬水平有关，所以仍然要进行外部薪酬调查。

（四）促进员工技能的提升

上文已经强调，技能薪酬体系的核心是员工技能，基于此，提升员工技能就成为企业的一个重要战略。实际上，对于企业来说，提升员工技能不能只体现在观念上，更关键的是要体现在薪酬上，即从整体薪酬中拿出一部分，作为激励员工提升技能的投入。

更进一步来说，在技能薪酬体系下，招聘、培训、绩效考核等工作都应该以员工技能为基础，甚至要在企业内部加强技能学习建设，以提升员工技能水平，进而促进企业核心技能的形成。

五、宽带薪酬体系

宽带薪酬是指将企业中原有的多个薪酬等级压缩成相对较少的薪酬等级，同时将每个薪酬等级所对应的薪酬浮动范围拉大，从而形成一种新的薪酬管理系统及操作流程。宽带薪酬中的“带”指工资级别，宽带则指工资浮动范围较大。与宽带薪酬相对应的是窄带薪酬，即工资浮动范围较小、级别较多。

企业在进行宽带薪酬的设计时应遵循以下流程。

（一）确定企业的人力资源战略

根据企业的战略和核心价值观确定企业的人力资源战略。企业通过建立人力资源战略，将企业战略、核心竞争优势和核心价值观转化为可以测量的行动计划和指标，并借助于激励性的薪酬体系强化员工绩效行为，增强企业的战略实施能力，有力地促进企业战略目标的实现。

（二）制定切合企业需要的薪酬战略

根据企业的人力资源战略、外部的法律环境、行业竞争态势及企业的发展特点制定切合企业需要的薪酬战略。把薪酬体系和企业的经营战略有机结合起来，不同的经营战略具体化为不同的薪酬战略及方案。

（三）选择适合运用宽带技术的职务或层级系列

根据企业的组织结构特点及工作性质，选择适合运用宽带技术的职务或层级系列。在传统的金字塔形组织结构、强调个人贡献的文化氛围中，往往采用等级制的薪酬模式。但随着组织的等级逐渐趋于平坦，强调团队协作而不是个人贡献，在组织中用较少的工资范围跨度很大的工资类别来代替以前较多的工资级别。

（四）运用宽带技术建立并完善企业的薪酬体系

运用宽带技术建立并完善企业的薪酬体系的步骤、实施内容及注意事项如图 7-1 所示。

为了有效地控制人力成本，抑制宽带薪酬模式的缺点，在建立基于宽带的薪酬体系的同时，还必须构建相应的任职资格体系，明确工资评级标准及办法，营造一种以绩效和能力为导向的企业文化氛围。

步骤	实施内容	注意事项
（1）确定宽带的数量	规划使用多少个工资带，明确工资带间的界限	企业要确定工资带，在这些工资带之间通常有一个分界点。每一个工资带对人员的技能、能力的要求都是不同的
（2）确定宽带内的薪酬浮动范围	设定不同的薪酬结构组合	根据不同工作性质的特点及不同层级员工需求的多样性建立不同的薪酬结构，以有效地激励不同层次员工的积极性和主动性
（3）宽带内横向职位轮换	确定宽带，设定浮动范围和级差	根据薪酬调查的数据及职位评价结果来确定每个宽带的浮动范围及级差，同时确定不同的薪酬等级和水平
（4）确保跨部门流动性	确保不同职能部门员工跨部门的流动性	同一工资带中薪酬的增加与不同等级薪酬的增加相似，在同一工资带中，鼓励不同职能部门的员工跨部门流动，以增强组织的适应性，提高多角度思考问题的能力。因此，职业的变化更可能是跨职能部门，而从低宽带向高宽带的流动则会很少
（5）做好任职资格及工资评级工作	建立任职资格及工资评级体系，明确工资评级标准及办法，及时调整薪酬水平和结构	宽带虽然有很多优点，但由于经理在决定员工工资时有更大的自由，因此人力成本有可能会大幅度上升

图 7-1 运用宽带技术建立并完善企业的薪酬体系的步骤、实施内容及注意事项图

第四节 薪酬水平与薪酬结构

一、薪酬水平的确定

薪酬水平是指在一定时期内，从某个角度按照某种标准考查的某一领域内员工薪酬的高低程度。薪酬水平是相对的，它可以是企业内部各职位的薪酬水平，也可以是企业在劳动力市场上的薪酬水平，还可以特指某一领域范围内劳动者的薪酬水平。

测定企业薪酬水平主要有两种方法：一是企业支付给不同职位的平均薪酬，是一种绝对量指标；二是企业薪酬水平在相关劳动力市场中的位置，是一种相对量指标。

（一）薪酬水平的影响因素

薪酬水平的设计需要确定企业薪酬水平和个人薪酬水平，了解薪酬水平的影响因素能帮助企业设计更合理的薪酬水平。薪酬水平的影响因素可以分为三类：宏观因素、企业因素和个人因素。

1. 宏观因素

影响企业薪酬水平的外部因素有劳动力市场的供求水平、地区工资水平、生活水平

和物价水平、行业工资水平等。如果企业是跨国公司，那么国家环境也是影响薪酬水平的一个重要因素。

2. 企业因素

企业在进行薪酬水平设计时，除了要遵循地区、行业的一些薪酬规则外，在企业内部还应该针对不同的岗位，采取不同的薪酬水平策略。因为各岗位之间在技能要求、工作性质、工作环境、工作强度等方面均有不同的地方。因此，企业在进行不同岗位薪酬水平设计时，应该针对各岗位不同的特征要素采用不同的薪酬水平政策，以实现薪酬服务于企业经营管理的目标。

3. 个人因素

企业各职位的薪酬水平受到企业外部诸多因素的影响。然而，企业内部各职位之间的薪酬水平，即员工个人的薪酬水平，也有很大的区别。这些区别的主要影响因素包括员工的贡献、职务的高低、岗位价值、技术水平、工作时间等。另外，工作岗位的性质特点、年龄与工龄等都会影响其薪酬水平。

（二）薪酬水平设计的流程

薪酬水平的设计流程一般包括五个步骤。

第一步，职位分析。企业结合自身经营目标，进行业务分析和人员分析，明确部门职能和职位关系，并在此基础上编写《职位说明书》。

第二步，职位评估。从知识技能、解决问题的能力，以及工作责任等角度对职位进行评价，并形成《职位评估报告》。

第三步，薪酬调查。主要指通过薪酬调查了解竞争对手和市场薪酬水平，以及员工对薪酬的意见，并形成《薪酬调查报告》。

第四步，薪酬定位。根据内外部影响因素、薪酬调查结果，以及企业自身定位等特征，确定薪酬策略和薪酬水平。

第五步，薪酬水平设计。主要包括根据不同的职位确定不同的薪酬结构及薪酬比例，并建立薪酬台账，确定薪酬总额，最终形成《薪酬管理制度》《薪酬等级表》。

二、薪酬结构的确定

薪酬结构指各职位的薪酬组成结构，也就是每个职位的薪酬是由哪几部分组成，以及组成比例。薪酬结构设计是对各项工作的相对价值及其对应的实付薪酬之间保持何种关系的设计，它包括对薪酬的各组成部分（如职位薪酬、技能薪酬、绩效薪酬、津贴、福利，以及股票、期权等）的合理组合及组合比例的确定，即薪酬结构横向设计。它还包括对企业的组织结构中各项职位的相对价值及其应付薪酬之间的关系的确定，即薪酬结构纵向设计。

（一）薪酬结构设计模式

1. 高稳定性薪酬结构

高稳定性薪酬结构是一种稳定性很强的薪酬模式，固定薪酬所占比例很高，浮动薪酬所占比例很低，如职位工资制、技能工资制。这种薪酬结构的优点是员工收入与业绩关联不大、波动小、员工安全感强；缺点是缺乏激励功能、容易造成员工懒散。此种薪酬结构的设计偏重高刚性和较高差异性的组合，组织队伍稳定性较强、员工对组织忠诚度较高，但激励性较差，企业需要承担较高的固定人工成本。目前，这种薪酬模式已不太符合现代薪酬管理理念。

2. 高弹性薪酬结构

高弹性薪酬结构中，浮动薪酬所占比例很高，固定薪酬所占比例很低，如绩效工资制。在该种薪酬模式下，由于激励薪酬占比较大，一定时期内员工的薪酬起伏可能较大，员工薪酬的多与少几乎完全依赖于员工工作绩效的好与坏。当员工的绩效非常优秀时，薪酬非常高；当员工绩效非常差时，其薪酬会非常低。因此，这种薪酬模式的优点是激励性强，可以有效避免大锅饭现象，且公司需要支付的固定人工成本较低；缺点是在该种薪酬模式下，由于员工收入波动性很大，员工心理上缺乏安全感和收入保障，易产生短期行为的倾向。因此，企业在选择高弹性薪酬模式时，应根据员工的特点和其风险偏好程度，有针对性地选用。

3. 折中性薪酬结构

固定薪酬、浮动薪酬各占一定的合理比例，对员工有一定激励性也有一定的稳定性。随着固定薪酬和浮动薪酬的比例调整和变化，这种薪酬模式可以演变为以稳定性为主或以激励性为主的薪酬模式。折中性薪酬结构的设计偏重适度弹性和适度差异性，薪酬分配中注重员工的业绩、个人资历和组织经营状况的有机统一。该种薪酬结构综合了高稳定性薪酬结构和高弹性薪酬结构的优势，因此为大多数企业所钟爱。但是，要同时达到这两点，并不是简单地调整各个组成要素所占比例就能实现，有时需要增加薪酬的绝对数量（然而这会同时增加企业经营成本）。此外，该类型的薪酬结构设计也需要花费较多的人力和财力才能实现。

（二）薪酬结构设计的影响因素

1. 企业战略对薪酬结构的影响

有效的薪酬战略及其系统为组织增加价值主要体现在吸纳和留住所需人才、控制劳动力成本、激励员工的学习热情和工作积极性、提高工作和组织绩效等方面。有效的薪酬战略及其系统应当具有同行或者竞争对手难以模仿的核心竞争力和差异化优势，并在既定战略的保持、调整、舍弃的时机上，做到棋高一着，才能增加组织的竞争优势。薪酬战略对薪酬结构的影响主要来自其“匹配性”，即薪酬结构与组织经营的战略和价值、与组织内外环境、与人力资源其他活动等方面的适应性和协调性，匹配性越高，就越能增加组织的竞争优势。

企业整体战略一般可以分为两个层次，一是企业的发展战略或公司战略；二是企业经营战略或竞争战略。下文将以企业经营战略为主线说明战略对薪酬结构的匹配性影响。

1）差异化战略

企业差异化方式有很多种，其中比较典型的就是产品差异化和服务差异化。如果企业采用产品差异化战略，那么企业主导业务为创新产品。随之，企业对人力资源的要求体现为对勇于创新、敢担风险、保持灵敏性的人的需求增加。因此，与之相适应的薪酬结构表现为能够进行灵活的工作描述、薪酬以市场水平为基础、奖励产品创新和技术革新。

如果企业采用服务差异化战略，那么其将会把提高客户满意度、提高服务质量和效率作为工作重点。将客户满意度纳入企业薪酬结构中，并以客户交往状况为依据来确定薪酬结构，是符合现代企业人力资源管理趋势的一种做法。这种做法有助于激励员工更加关注客户需求和满意度，从而提升企业的竞争力和市场地位。

2）低成本战略

企业采用低成本战略，就会注重提高效率和控制成本。企业对人力资源的要求主要为少用人、多办事，并强调工作岗位的稳定性。在该种情况下，企业更有可能建立基于成本的薪酬决策制度。因为，这一制度既可以是在确保产品数量和质量前提下的总成本包干制，也可以是在核定基本成本水平基础上的成本降低奖励制。同样，由于低成本战略背景下的企业薪酬制度强调的是效率工资，在规模生产条件下，尽可能减少其他奖金项的设置，突出以效率工资为主的薪酬结构，是低成本战略背景下的薪酬制度的又一明显特征。

2. 薪酬功能对薪酬结构的影响

薪酬的目的是吸引、保留和激励组织所需要的人力资源，满足员工和组织的双重需要。薪酬的总功能与人力资源的总功能是一致的，但对薪酬结构影响较大的功能主要有经济保障功能、激励功能、稳定功能和信号功能。

（1）经济保障功能。薪酬的经济保障功能在薪酬结构的体现上，主要表现为增加间接货币报酬的比重，以及直接货币部分的基本薪酬固定部分的比重。为实现这一功能，主要采用高稳定性的薪酬模式，即福利和基本薪酬所占比重大，而津贴和激励工资部分所占比重小。

（2）激励功能。薪酬具有满足员工多种需要，激发其工作热情，影响其态度和行为，鼓励其创造优良绩效，发挥个人潜力和能动性，努力为企业效力的激励作用。激励功能更多地体现在激励工资、成就工资之中。强调和突出激励功能就是要采用高弹性模式，即激励工资和津贴部分所占比重较大，而福利和基本薪酬所占比重较小。

（3）稳定功能。稳定功能主要体现在吸引和留住人才为企业效力方面。稳定性的薪酬既能激励员工的劳动热情和工作绩效，又能给他们一定的安全感，即薪酬结构兼具稳定性和弹性。它的要点是适当加大奖金、福利和津贴的比重和差异性，基本薪酬的刚性也不宜太小，应以保证员工的基本安全感为度。

（4）信号功能。薪酬的信号功能既可以反映一个人在社会流动中的市场价格和社会位置，又可以反映一个人在组织内部的价值和层次。它要求企业在设计薪酬结构时，要考虑企业整体的人力资源规划，从企业战略的角度审视企业在将来的若干年中所需的各种人才的数量、质量和相应的人力资源结构，准确预测企业人力资源的需求和供给状况，对企业的未来人力资源配置进行预见性的规划，并向企业内外相关人员发出相关信息，促使企业内外的劳动力流动，使企业（甚至是全社会）的劳动力流动趋于合理。

3. 劳动因素对薪酬结构的影响

员工为创造财富而贡献劳动，从不同的角度可以对劳动进行分类，如定额劳动、超额劳动、特殊劳动、社会劳动需要等。这些不同的劳动分类（即劳动结构）与薪酬结构之间具有一定的匹配性。

（1）定额劳动。定额劳动与薪酬结构中的基本薪酬相匹配，如最低薪酬、岗位薪酬、技能薪酬、年功薪酬。

（2）超额劳动。超额劳动与薪酬结构中的激励薪酬相匹配，如经常性工作奖励、劳动分红、年终奖励和特殊贡献奖。

（3）特殊劳动。特殊劳动与薪酬结构中的特殊津贴相匹配，如特殊岗位津贴、特殊职务津贴和特殊劳动时间津贴等。

（4）社会劳动需要。社会劳动需要与薪酬结构中的补助相匹配，如地区差异补贴和边远地区补贴。

（三）薪酬横向结构框架

基于职位的一些要素特征的考虑，通常将职位分为管理序列、职能序列、技术序列、销售序列、操作序列五大类别，从而也相应地形成了五种常见的薪酬结构框架。

1. 管理序列薪酬结构框架

管理序列职位是指从事管理工作并拥有一定管理职务的职位。例如，在一般企业中使用的比较粗放的“中层和高层”的概念。

企业管理人员的薪酬构成框架基本采用如下形式：

薪酬 = 基本薪酬 + 奖金 + 红利 + 福利 + 津贴

（1）基本薪酬。基本薪酬与个人的经营业绩大多没有直接关系，它是管理人员的基本生活保障，也是工资体系中最基本的也是最重要的部分。基本薪酬不仅对个人的生活保障有重要意义，而且其他工资项目，如奖金、红利、津贴等大多依据基本薪酬的多少来确定。

（2）奖金和红利。它们是薪酬体系中的浮动部分，包括短期奖金和长期奖金。其中短期奖金的适用范围更为广泛，适用于企业各个阶层的管理岗位，而长期奖金侧重企业的中高层管理人员。

（3）福利和津贴。管理人员可享用的福利津贴很多，一般有养老金计划、住房补贴、各种商业保险、舒适的工作办公环境等，这些福利和津贴是企业为吸引及稳定管理人员的竞争手段之一。

2. 职能序列薪酬结构框架

职能序列职位是指从事职能管理、生产管理等职能工作且不具备或不完全具备管理职责的职位。与上述“管理序列”的区别在于该职位可能有下级人员，被管理对象有可能是人也有可能是物。如从事办公室职能管理、生产管理等职能工作的职位，这类人员的企业付薪依据不是因为其承担的计划、组织、领导、控制职责，主要是其辅助、支持的职责。职能序列职位人员的薪酬结构整体框架，通常采用如下形式：

年总薪酬 = 年基本薪酬 + 年其他薪酬
= （月固定工资 + 工龄工资 + 各类补贴或补助）
+ （月绩效工资 + 年度延迟支付工资 + 企业业绩分享）

基于职能序列的薪酬结构的优点在于能促进员工稳定性和提高员工日常工作的积极性。较多企业也在为职能序列的职位增加福利项目，但总体数量要比高层管理人员项目少，额度偏低。

3. 技术序列薪酬结构框架

技术序列职位是指企业内部从事技术研发、设计、操作的职位，完成这些职位的工作需要一定的技术和技能，企业付薪的依据主要是该职位所具备的技能和技术，一般付薪的项目不体现为计件的形式，但不排除少量的项目奖金。

技术序列职位因为其短期内不容易有业绩体现，以及平时行为不易被监督等特点，薪酬结构的整体框架通常采用如下形式：

年总薪酬 = 年基本薪酬 + 年其他薪酬
= (月固定工资 + 工龄工资 + 技能工资
+ 项目奖金 + 福利和服务 + 年度延迟支付工资)

这种薪酬结构增加了企业对技术人员薪酬控制和行为监督的灵活性。

4. 销售序列薪酬结构框架

销售序列职位是指在市场上从事专职销售的职位，销售职位员工一般工作场所不固定。销售序列职位的薪酬结构的整体框架一般采用如下两种形式。

(1) 纯佣金制。即销售人员没有基本薪酬，薪酬完全取决于个人业绩的大小。

(2) 基本薪酬 + 佣金制，如下公式所示：

年总薪酬 = 年基本薪酬 + 年其他薪酬
= (月固定工资 + 工龄工资 + 各类补贴或补助)
+ (佣金 + 销售奖金 + 年度延迟支付工资)

基于这种岗位的特殊性，企业在设置固定工资与浮动工资时适用的比例一般为 1 : 1。

5. 操作序列薪酬结构框架

操作序列指在企业内部从事生产作业或者从事最基础的决策层工作的职位，一般工作场所比较固定，其岗位对创新的要求较低，工作内容较单一且专业。其薪酬结构常采用以下形式：

年总薪酬 = 年基本薪酬 + 年其他薪酬
= (月固定工资 + 工龄工资 + 各类补贴或补助)
+ (计件工资 + 年度延迟支付工资)

(四) 薪酬结构纵向设计的流程

薪酬结构的纵向设计是指对职位的相对价值大小与其实付薪酬之间的关系的确定，它需要根据劳动的复杂程度、繁重程度、精确程度和工作的责任大小等因素对同一企业内的不同职位进行等级划分，确定其等级数量和等级差距，以及确定这种差距的标准。薪酬结构的纵向设计包括薪酬等级数量、各个薪酬等级之间的级差、每个薪酬等级的薪酬变动范围等。

企业在进行薪酬纵向设计时一般应遵循以下工作程序。

（1）确定薪酬总额，即根据员工薪酬结构中职位薪酬所占比例和预算的薪酬总额，确定职位薪酬总额。

（2）明确薪酬分配原则，即根据企业战略等确定职位薪酬的分配原则，如以岗定薪、按劳分配等。

（3）进行职位分析和评价，即根据职位的劳动强度、责任、风险、环境等因素对每一个职位进行分析和评价，并进行重要性排序。

（4）确定薪酬等级数量并划分等级，即根据职位评价的结果，确定企业薪酬等级的数量并将所有职位划分成不同的等级。

（5）确定薪酬等级的标准额度，即根据企业薪酬策略确定各薪酬等级的标准额度，通常取薪酬中点的值，以体现薪酬的公平性和激励性。

（6）确定不同薪酬等级之间的薪酬差距，主要是指薪酬额度的差别。

（7）确定薪酬幅度，即确定各个薪酬等级内的薪酬变动范围，这个范围由该薪酬等级内的最高标准和最低标准之间的差额来界定。

（8）确定等级之间重叠幅度，即确定相邻等级之间的薪酬等级和额度的重叠部分额度的大小。

（9）确定计算方法，即确定薪酬等级和额度的具体计算方法。

第五节 员工福利管理

一、什么是员工福利

（一）员工福利的定义

在我国，员工福利又被称为职工福利或机构福利，对于其内涵的界定存在着不同角度和方式。具体而言，主要有以下两种。

1. 从广义上的福利角度界定的职工福利

李怀康和刘维认为，用以改善人民物质、文化生活的公益性事业和所采取的一切措施均可称为福利。从享受的范围、水平和举办者的地位来分，福利事业可以划分为三个层次：第一个层次（最高层次）是在全国范围内以全体居民为对象而举办的福利事业，被称为国家福利；第二个层次是在一定行政区域或地域内以该地区居民为对象而举办的福利事业，一般由当地政府举办，被称为地方福利；第三个层次，即职工福利事业，它是各企业、事业、国家机关等单位通过建立集体生活设施和服务设施及补贴制度等方式，贴补本单位（或本系统）职工在物质文化生活方面的集体消费，以及共同需要或特殊生活困难而举办的公益性事业①。

2. 从福利受益者－雇员的角度界定的雇员福利

李新建认为，对雇员而言，福利有广义和狭义之分。广义的福利包括三个层次：第一个层次，作为一个合法的国家公民，有权享受政府提供的文化、教育、卫生、社会保

① 李怀康，刘维. 社会保险和职工福利概论[M]. 北京：北京经济学院出版社，1990.

障等公共福利和公共服务；第二个层次，作为企业的成员，可以享受企业兴办的各种集体福利；第三个层次，可以享受到工资收入以外的、企业为雇员个人及其家庭所提供的实物和服务等福利形式。狭义的雇员福利，又称职业福利或劳动福利，它是企业为满足劳动者的生活需要，在其工资收入以外，向员工本人及其家庭提供的货币、实物及一些服务形式①。

（二）员工福利的构成

员工福利是一个复杂的系统，根据不同的标准，员工福利可以分为不同的类型。从宏观上认识，以福利项目是否具有法律强制性，可以分为国家立法强制实施的法定福利和企业自主实施的非法定福利；从员工福利的价值或目标角度，可以分为风险保障型福利和物质激励型福利。从微观上认识，以福利的享受时间为标准，可以分为即期性福利和延期性福利；按照福利的给付形式划分，可以分为现金型福利和非现金型福利；以实施范围为依据，可以分为全员性福利、特种福利及特困福利；依据员工是否有选择权来看，可以将福利分为固定福利、弹性福利等。具体如下。

1. 法定福利和非法定福利

1）法定福利

法定福利是国家通过立法强制实施的对员工的福利保护政策，包括社会保险、法定假期（休假）、住房福利（住房公积金）等。

2）非法定福利

非法定福利是指企业自主建立的，为满足职工的生活和工作需要，在工资收入之外，向雇员本人及其家属提供的一系列福利项目，包括货币津贴、实物和服务等形式。非法定福利计划比法定福利计划种类多，也相对灵活。按非法定福利的功能划分，可以分为以下五种。

（1）企业安全和健康福利，即由企业提供的旨在防范员工安全和健康风险的福利，具有风险分散的保障性功能，包括企业年金、人寿保险、健康保险、住房援助计划等。

（2）企业设施性福利，即企业为满足员工的日常需要所提供的福利，包括员工餐厅、浴室、阅览室、交通车（班车）、托儿所等。

（3）企业文娱性福利，即企业为促进员工的身心健康、丰富员工的精神和文化生活而提供的福利。如在不少企业中，雇主为雇员提供健身房和各种健身器械，还为员工举办健康教育讲座，目的是改善和维持雇员身体和心理健康。再如，企业会在春秋两季组织员工出外旅游，或为员工提供旅游假期并报销旅游费用，或组织员工观看各种文艺演出等。

（4）企业培训性福利，即通过一定的教育或培训手段提高员工素质和能力的福利计划，分为内部培训计划和外部培训计划。前者主要是在企业内部进行培训，开设一些大学课程，并聘请大学教授、大公司经营管理的专家来企业讲课，甚至有能力的企业自己开办大学，如摩托罗拉公司就是自己办大学培训员工的。后者是对到社会上的机构，如

① 李新建. 企业雇员薪酬福利[M]. 北京：经济管理出版社，1999.

大学或其他培训组织接受培训的员工的学费给予适当补偿的福利。

（5）企业服务性福利。除了以上福利以外，企业还为员工或员工家庭提供旨在帮助员工克服生活困难和支持员工事业发展的直接服务的福利形式。

2. 风险保障型福利和物质激励型福利

员工福利具有风险保障、物质激励和成本利用三大价值，可以根据企业动机和员工需要进行计划设计，以实现不同的企业发展和个人生活改善的目标。因此，可以根据福利的价值和目标分为风险保障型福利和物质激励型福利，而这两种福利形式都要考虑成本和效益的关系，即成本利用问题。

1）风险保障型福利

风险保障项目，即为了提高员工社会风险补偿能力而建立的福利项目，其目的是为员工的基本生活水平提供保障，包括抵御老年风险的企业退休金项目（企业年金）、抵御健康风险的企业健康福利项目（健康保险和补充医疗保险等）和覆盖家庭困难的救助计划（企业家庭援助计划等）。风险保障项目基本上是对员工收入所提供的保障。

2）物质激励型福利

物质激励型福利，即为增强人力资源管理激励性而建立的福利项目，主要包括如下几类。

（1）时间奖励，包括带薪和不带薪的休假、病假、陪审义务休假等。

（2）现金奖励，包括教育资助、搬迁费用补助、节日奖金、住房补助、交通补助、老幼扶助补助等。

（3）服务奖励，如自助计划资助、娱乐项目、旅游项目、健康项目、服装资助、托儿所、老人照顾、财务和法律咨询等。

3. 即期性福利和延期性福利

员工福利从员工可以享受的时间角度，可以分为即期性福利和延期性福利。前者指员工目前或近期可以享受的福利，一般是在职期间可以获得的福利；后者指员工未来可以享受的福利，一般是退休后可以获得的福利。即期性福利和延期性福利可以满足员工眼前利益和长远利益的不同需要，在福利分配上，兼顾了员工的整个就业期间和退休后的生活需要，使员工在职时期的福利得以延续。一般来说，员工退休后，其收入水平低于在职时的工资收入，延期性福利可以提高退休金水平，为老年人提供收入保障。

在员工福利范畴中，大部分福利项目都属于即期性福利；属于延期性福利的项目只有企业养老金或企业年金。但在社会保险计划中，除了养老金外，延期性福利还有医疗保险和补充医疗保险、工伤保险待遇等。

4. 现金型福利和非现金型福利

按照员工福利的给付形式划分，可以将福利分为现金型和非现金型两种。前者指以货币的形式给付的福利；后者指以非货币形式给付的福利。

5. 全员性福利、特种福利及特困福利

根据实施的对象，员工福利可以分为全员性福利、特种福利及特困福利。全员性福利是所有员工都可以平等地享受的福利。特种福利及特困福利是企业为不同职位和不同需求的员工提供的福利。特种福利是针对企业中的高级人才设计的，是对这类人员的特殊贡献的回报；特困福利是针对特别困难的员工及其家庭提供的，如工伤残疾、重病员工的生活补助等，主要以员工的需要为基础进行分配。

6. 固定福利和弹性福利

从员工对福利的选择权来看，可以将福利分为固定福利和弹性福利。固定福利是指由企业所设定的，无论员工愿意与否都要接受和参与的项目。而弹性福利，即由企业所提供的，允许员工在规定的时间和现金范围内，根据自己的需要自愿进行选择和调整的福利项目。

（三）员工福利的功能

在企业提供给员工的薪酬包中，福利所占的比重越来越大，对企业的人工成本产生了十分重要的影响。那么，为什么企业愿意花费巨额费用和大量精力来发放福利？福利到底对员工绩效有什么样的作用和影响？

员工福利可以使企业获得人才竞争优势、低成本优势并且特别能促进知识型企业核心能力的增加。人力资源管理其实就是对企业核心员工的管理，即对作为核心能力载体的人的管理。福利管理越人性化，越能增加广大员工的凝聚力，进而就越有利于人力资源管理核心目标的实现。

1. 设计良好的福利制度可以帮助企业实现人力资源管理活动的目标

人力资源管理活动的核心目标一般包括吸引和保留所需要的员工、充分发挥员工的积极性和主动性、提高员工的工作绩效、降低企业人工成本等。

1）设计良好的福利制度可以为企业吸引和保留所需要的员工

一方面，福利是企业体现其管理特色的一种工具，一份有竞争力的福利计划传递着一种潜在的信息，表明这是一个好的工作单位，愿意为雇员的生活幸福投资，因此公司可以通过提供非固定福利使自己和其他竞争者区别开来；另一方面，员工本身也存在着对福利的内在需求，越来越多的求职者在进行工作选择时，也开始将福利作为十分重要的因素来进行考虑。

2）好的员工福利制度有助于充分发挥员工的积极性和主动性

好的福利制度可以改善有战略价值的具体员工的表现。例如，如果能够报销学费，员工会主动要求去参加各种培训，从而提高他们的潜在创造力和提供有利于企业发展的建议的能力。

3）员工福利与工作满意度

工作满意度是员工对工作的总体态度。组织行为学认为，较高的工作满意度一般会带来较高的生产效率、较低的缺勤率和流动率，所以，如果员工福利能够对工作满意度产生积极的影响，那么企业所花费的成本就是有意义的。毫无疑问，支持性的工作环境是影响员工工作满意度的重要因素。

4）员工福利与工作绩效

虽然大家普遍认为员工福利会对绩效产生积极的影响，但目前还没有充分的研究能够证明这一点。不过我们仍然有理由相信员工福利可以通过提高整个组织的满意度这一中间变量对组织整体工作绩效产生影响。

5）员工福利有利于节省企业的人工成本

这点主要体现在两个方面：一是公司通过提供员工福利可以得到税收优惠。因为大多数国家的税法中都会有企业福利可以减免纳税或延期纳税的条款，这对企业和员工来说都是不小的实惠。二是雇主利用自身的规模经济优势代表员工去购买商品和福利，比员工自己去购买要便宜。集团医疗保险就是很好的例子。

2. 设计良好的福利制度可以鼓励员工之间的合作

福利与奖金的不同之处在于：奖金在计算、比较中耗费一定的工夫，而福利更多的是平均、普遍地享有的，员工之间若要考虑收入的平等性或者说比较收入的多少，福利通常不会引起不平衡感和计较。所以，对于一个团队来说，福利更加能够促进员工之间的合作，营造和谐的氛围。

3. 员工福利是影响企业劳动力雇佣决策的重要因素

员工福利在一般意义上是普惠制的报酬形式，只要是单位的正式员工，不论其工资、奖金、行政级别的差异有多大，都是企业福利的享受对象，而且所享受福利的水平差别不大。这里特别强调的是企业的正式员工，一般的临时工是没有权利享受以上福利的。

4. 传递企业的文化和价值观

现代企业越来越重视员工对企业的文化和价值观的认同，因为企业是否有一个积极的、得到员工普遍认同的文化氛围，将对企业的运营效率产生十分重要的影响。而福利恰恰是体现企业的管理特色、传递企业对员工的关怀、创造企业所希望的氛围和组织环境的重要手段。

（四）员工福利的设计原则

1. 恰当的

恰当的即企业的福利水平对外要具有竞争性，不落后于同行业或同类型的其他企业；对内要符合本企业的战略、规模和经济实力，不要使福利成为企业的财务负担。

2. 可支付的

可支付的即根据企业的经营状况和财务能力，福利制度所规定的各个项目要在企业可支付的范围之内。

（1）福利应支付得起，即企业要在承担得起的情况下为员工提供福利。

（2）福利资金的运作有持续性和增长力。福利支付通过某种渠道运作，最终使其产生更多的收益。

3. 容易理解的

容易理解的即要求各个福利项目的设计和表述能够很容易地被员工理解，在选择和享受所设计福利项目时，不会产生歧义。这样才能起到激励作用，如果员工在享受福利的同时没有认识到企业为其做出的努力，那么就得不到相应的效果。

4. 可管理的/可操作的

可管理的/可操作的即要求企业设计的福利项目是切合实际、可以实施的，而不仅仅是只反映在书面上的“幻想”。这就包括两个问题：一是认识问题，很多人认为福利是随便发放的，但福利对于企业和员工来说是非常有用的，而且必须是有用的；二是福利的成本收益核算问题。

5. 灵活的/可变动的

灵活的/可变动的即福利方案要设计灵活，能够尽量满足各类员工的不同需求。同时还要具有根据公司的经营和财务状况进行自我调节的能力。灵活性福利来源于不同人对同一种福利的偏好不同，最终能导致福利的总效率不同。同时，灵活性福利的关键点在于福利的选择权。非灵活的福利计划就是“是”或者“否”的选择，而灵活性福利则意味着对于某项福利员工“是否可选，什么时候可以选”。当员工可以这么做时，同一笔福利的效用就能够实现最大化。

二、员工福利计划的设计

（一）什么是员工福利计划

员工福利计划是指企业对实施员工福利所做的规划和安排。由于福利支出在企业中已成为一项重要的开支，而且员工福利的激励作用也逐渐受到重视，因此，任何企业都不可能，也不应该盲目地实施员工福利，而应根据企业的情况和员工的特点来向员工提供福利，这样才能保证福利制度的持续性和有效性，员工福利计划就是达到这一目的的重要手段和有力工具。

（二）典型的员工福利计划

1. 企业年金

企业年金又叫补充养老保险、职业养老金、私人退休金等，是企业为员工提供的养老金福利，是员工退休后获得的收入。在员工工作期间，通过缴纳一定的保险费和投资运营进行资金积累，直到老年时才可以享用，因此它是一笔延期支付的工资收入。我国对企业年金的界定是企业及其职工在依法参加基本养老保险的基础上，自愿建立的补充养老保险制度。

2. 企业健康保险计划

企业健康保险计划也叫企业补充医疗保险计划或企业医疗保障计划，是企业为员工建立的、用于提供医疗服务和补偿医疗费用开支的福利计划。

企业健康保险计划的发展程度与社会医疗保险制度息息相关，当社会医疗保险制度比较健全和完善时，企业的健康保险计划就不那么重要了。

3. 住房福利计划

住房福利计划一般包括法定住房福利计划与补充住房福利计划两种形式。法定住房福利计划是指国家强制实行，由雇主和雇员共同负担住房账户缴费，形成住房基金，为雇员购买住房提供资金保障的制度。补充住房福利计划是指企业根据自身的经营发展情况，除国家法定的住房福利计划之外，自愿建立的用于解决员工住房问题的计划。补充住房福利计划包括现金津贴、实物资助、购房贷款及非经济支持。

4. 团体保险

团体保险指的是由保险公司用一份保险合同为一个团体内的许多成员提供保险保障的一种人身保险业务，其中符合上述条件的“团体”为投保人，团体内的成员为被保险人，保险公司签发一张总保单给投保人，为被保险人因疾病、伤残、死亡，以及离职、退休等提供补助医疗费用、给予抚恤金和养老保障计划。根据团体保险合同的保障范围，可以将团体保险分为团体人寿保险、团体健康保险、团体意外伤害保险三个大类，其中各大类中还包含若干小类。

5. 员工培训计划

员工培训有广义和狭义之分。狭义的员工培训是指企业根据特定工作岗位的要求对员工进行技能训练。广义的员工培训则包括训练和教育两个方面，不仅要让员工通过学习掌握工作技能，还要让其充分运用知识、发挥潜能，最大限度地使员工的个人素质与工作需求相匹配，促进员工现在和将来的工作绩效的提高。

三、员工福利的发展趋势

企业员工福利制度在产生不到 100 年的时间里，其形式随着社会经济的发展而不断发生变化。进入 21 世纪以来，随着企业员工结构的变化，如何对企业核心人才进行有效管理已成为人力资源管理的核心。因此，员工福利管理又产生了新的变化。归纳起来，福利管理有以下发展趋势。

（一）数量上的变化趋势

随着企业管理的规范化，企业的员工福利也在不断增加。虽然现在国有企业、外商投资企业、私营企业的福利水平还存在不平衡的状态，但在员工福利的量上已经能够达到占总体薪酬 30%的水平①。

（二）从普惠制到重点针对核心人才的趋势

过去的福利制度常常是面向公司中的所有或大多数员工，与员工对企业的贡献和工作业绩并不进行挂钩，从而具有普惠性质，因而使其成为薪酬中的保健因素，员工渐渐将福利看作企业必备和常规的薪酬部分，不再因为福利而感受到企业对员工的关怀，福利设立的最初目的也就难以实现，并由此造成企业成本的攀升。因此，现代企业在设计福利计划时，越来越倾向于将福利作为对核心人才和优秀员工的一种奖励来进行发放，要求员工通过努力工作来挣得福利报酬。

（三）外包趋势

企业福利外包是指企业通过签订合同，把自己的福利计划完全外包给其他专业性公司来执行，由他们负责企业福利制度的设计，以及员工福利的购买、发放和管理。福利外包的优点是可以为企业省去许多设计和管理方面的麻烦，使企业能够集中精力专注于核心业务，并且一般情况下提供的方案专业化程度较高。

（四）专业化趋势

近年来，随着企业福利外包化的发展，出现了一些专门从事福利设计、发放、管理

---

① 文跃然. 薪酬管理原理[M]. 2 版. 上海：复旦大学出版社，2013.

的公司。这些公司通过专业化的福利管理代替企业进行烦琐的福利设计与计算，作为福利管理的第三方它具有一些其他优势，如福利项目更加弹性化、价格更便宜（团体购买加大谈判力度）、管理更方便等。

（五）福利 IT 化趋势

21 世纪是高科技迅速发展的时代，伴随各类高新技术的发展和计算机网络的普及，企业在管理实践中开始采取多样化的 IT 手段,许多企业在福利管理领域也逐渐建立起 IT 管理平台，通过网络及相应管理软件，更加快速、有效地提高福利管理的效率，提高福利发放的自主性和灵活性，使企业福利效用最大化。

（六）货币化趋势

有些企业为了简化员工福利的管理,免去设计福利项目和迎合员工偏好差异的麻烦，提出直接向员工发放与原来福利项目等值现金的想法，这样既省去了大量的行政作业，又避免了员工的多样化需求。

（七）绩效化趋势

福利绩效化是指企业发放的福利部分与个人绩效相挂钩，这样就打破了福利的平均化，使福利起到一定的激励效果。但是，福利也不能完全按照绩效发放，因为作为一种保障性措施，它必须体现一些普惠制的特点，否则就会出现福利奖金化的趋势，导致福利、奖金这两项的趋同。这是在设计绩效化福利时应该避免的。

关键词

薪酬管理；外部竞争性；内部公平性；职位薪酬体系；绩效薪酬体系；技能薪酬体系；宽带薪酬体系；员工福利。

本章思考题

1. 什么是薪酬？什么是薪酬管理？
2. 薪酬的构成有哪些？
3. 薪酬管理的人力资源管理功能有哪些？
4. 请列举不同薪酬体系设计模式的流程。
5. 如何进行薪酬水平的确定？
6. 如何进行薪酬结构的确定？
7. 中国薪酬管理的变化趋势是怎样的？
8. 什么是员工福利？员工福利有哪些类型？
9. 代表性的员工福利计划有哪些？
10. 员工福利的发展趋势是怎样的？

【案例分析】

福利不再是小恩小惠[①]

通用汽车公司的一辆价值 20 000 美元的轿车，从生产线上组装完毕后，成本会计师会告诉你在成本中将有 1200 美元用于员工的健康保险。与同一辆轿车的钢材成本——500 美元相比，健康保险成本核算对成本的影响是很大的。与在美国的一些外国汽车制造商（有更加年轻、更加健康的员工并且几乎没有退休员工）的低达 100 美元的福利相比，他们的福利成本高得惊人。

在美国人力资源管理历史上，自 1955—1975 的 20 年中，员工福利以几乎是员工工资或消费价格指数 4 倍的速度增长。相比较来说，1963—1987 年，福利成本的增长速度有所下降（福利成本的增长速度是工资增长速度的 2 倍）。美国劳工部全国薪酬调查数据显示，截至 2010 年 9 月，美国全国的个体、私营企业、政府等公共机关雇员的福利成本平均为 83 美元/天，若以一月工作 200 小时来计算，则福利成本已达到 1660 美元/月，约占员工总体薪酬的 30%。根据美国劳工部全国薪酬调查，2000 年后总体薪酬中福利部分在 2000—2006 年的月度变化在 4%以上，一直高于工资报酬部分，自 2006—2010 年才低于工资部分，而在 2010 年又开始反弹。而福利部分的月度增长速度是工资部分月度增长速度的 2 倍。

【案例思考】

如何通过创新性的设计使福利的主要功能从吸引、保留员工向激励员工转变?

① 参阅文跃然. 薪酬管理原理[M]. 2 版. 上海：复旦大学出版社，2020.

第八章

劳动关系管理

第一节　劳 动 关 系

处在经济转型时期的中国，空前复杂的劳动关系和日益增长的劳动争议引起了学术界和企业界的高度关注，不同所有制企业在劳动过程中的问题各有特点。国有企业为解决冗员众多、人浮于事、效率低下的痼疾，广泛实施了下岗分流、减员增效、竞争淘汰机制，但在企业效率和效益逐步提高的同时，也存在收入差距拉大、内部分化严重、劳动关系紧张时有发生等诸多问题，而近年来新老职工在用工方式之间的差异又产生了较为普遍的新的不公平。民营企业的状况同样堪忧：工作时间超长、拖欠工资现象严重、工伤事故频频发生、劳动争议事件大幅度上升，劳动者的合法权益得不到有效保障。外资企业职工的权益也屡屡被侵害，工作时间长、工作压力大、劳动保护差、职工不能有效地参与管理以维护其合法权益[①]。

随着劳动关系市场化进程的加快，日益尖锐的劳资冲突表明中国在劳动关系理论方面亟待进一步深入的研究，以解决劳动关系建立和运行中存在的问题。劳动关系对劳动者、企业（雇主）和整个社会都有深刻的影响。对劳动者来说，工作条件、工作性质、薪酬福利待遇，将决定着他们的生活水平、职业发展、个人尊严、自我认同感和身心健康。对于企业（雇主）来说，职工的工作绩效、忠诚度、工资福利水平都是影响生产效率、劳动成本、经营效益等的重要因素，甚至影响企业的生存与发展。对于整个社会而言，劳动关系还会影响经济增长、通货膨胀和就业状况、社会财富和社会收入的总量与分配，并进一步影响全体社会成员的生活质量。

劳动关系管理是企业人力资源管理的重要内容，和谐的劳动关系有助于提高人力资源管理效果。人力资源管理的员工招聘录用、内部人力资源的配置调整、员工和解等都属于受法律规范的劳动法律行为。劳动合同的签订与建立劳动关系、调岗调休与劳动合同的变更中止、辞退员工与劳动关系的解除终止等，均与劳动法律法规息息相关，劳动关系管理规范化、制度化是企业有效降低劳动用工风险的基本要求。劳动法律法规的熟知及灵活应用，是人力资源管理工作所包含的必然内容。作为一名未来从事人力资源管理的人员，应当熟悉并研究专业的劳动关系知识和劳动法规定，掌握劳动关系管理方面

① 陈维政，李贵卿，毛晓燕. 劳动关系管理：理论与实务[M]. 2 版. 北京：科学出版社，2017.

的操作技能和风险防范技巧①。

一、劳动关系概述

（一）劳动关系的概念

劳动关系是人们为实现生产劳动过程而形成的一种社会关系，是人类社会活动中最基本的社会关系。在企业的劳动关系管理中，广义地讲，劳动关系是指企业、经营管理者、职工及其职工组织（工会、职工代表大会等）之间在企业的生产经营活动中形成的各种权、责、利关系，主要包括企业与全体职工（包括经营管理人员）之间的关系；企业与职工组织之间的关系；经营管理者与职工之间的关系；经营管理者与职工组织之间的关系；职工与职工组织之间的关系；等等。狭义地讲，企业的劳动关系是指企业作为用人单位（雇主）与职工（雇员）之间依据劳动法律法规形成和调整的劳动法律关系。本书的讨论主要是基于狭义的劳动关系，即劳动法律关系。

劳动关系由英文 labor relations 一词翻译而来，是指雇员与雇主之间在劳动过程中形成的社会经济关系的统称。我国劳动法所调整的劳动关系，是指用人单位招录劳动者为其成员，劳动者在用人单位的管理下提供劳动而产生的权利义务关系。

（二）劳动关系的特点②

（1）劳动关系的主体是特定的，一方是劳动力所有者和占有者，即劳动者；另一方是生产资料占有者和劳动力使用者，即用人单位。

（2）劳动者与用人单位之间存在平等性和从属性。平等性是指劳动者和用人单位之间订立劳动合同遵循双方自愿原则，由双方平等协商确定。从属性是指劳动者的地位从属于管理者，劳动者的组织关系、经济地位依赖于雇主，劳动者在工作环节上要服从用人单位的安排。

（3）劳动者为实现用人单位的劳动过程而劳动。劳动关系是基于职业的、有偿的劳动而发生的。

（三）劳动关系与劳务关系、劳务派遣和实习关系③

1. 劳动关系与劳务关系

在现实生活中，劳动关系与劳务关系都是劳动者以劳动力换取报酬的法律形式，二者极易混淆。劳务关系是指两个或两个以上的平等主体之间就劳务事项进行等价交换过程中形成的一种经济关系。当劳务关系一方是用人单位，另一方是自然人时，其外在表现形式与劳动关系非常相似。二者均是民事法律关系，且只有一字之差，但法律意义、法律后果却完全不同，具体表现如下。

（1）双方当事人及其关系不同。对于劳动关系而言，用工主体必须是用人单位且用

---

① 刘素华. 劳动关系管理[M]. 杭州：浙江大学出版社，2012.

② 符成成. 劳动法与劳动关系管理[M]. 北京：中国人民大学出版社，2019.

③ 潘辉. HR 劳动关系经典管理案例[M]. 北京：中国法制出版社，2019.

人单位必须是法人或组织，自然人不能以个人名义成为劳动关系中的用工主体，与用人单位相对应的另一方主体则必须是劳动者，且劳动者须为自然人；劳动关系的主体不能同时都是自然人，也不能同时都是法人或组织。劳动者必须加入用人单位，成为其中稳定的一员，并且遵守单位的规章制度，双方存在领导与被领导的关系。对于劳务关系而言，主体范围非常广泛。当事人一方或双方既可以是法人，也可以是其他组织，还可以是自然人；被雇佣主体一方则只需具有民事行为能力即可。劳务提供者与用工者之间不存在领导与被领导的人身隶属关系，是平等的民事主体关系。劳务提供者无须加入另一方，可自主决定工作方式。

（2）劳动风险责任承担不同。作为劳动关系当事人一方的用人单位组织劳动，享有劳动支配权，因而有义务承担劳动风险责任。作为劳务关系当事人一方的劳务提供者自行安排劳动，自己承担劳动风险责任。

（3）劳动报酬的性质、支付方式不同。劳动关系发生的劳动报酬是工资，具有按劳分配性质，支付方式特定化为一种续、定期的支付，且有加班时间和加班工资支付的限制。基于劳务关系发生的劳动报酬劳务费，其支付方式为一次性劳务价格支付，且没有上述限制。

（4）劳动者享有的权利不同。劳动关系中，用人单位必须为劳动者依法缴纳社会保险费。除此之外，劳动者可以享受各种节假日，享有最低工资待遇，加班有加班工资，被辞退后还可主张经济补偿金等。劳务关系中，往往一方仅需给另一方支付报酬而无须承担其他任何义务。

（5）终止和解除的条件不同。解除劳动关系应当符合《劳动法》《劳动合同法》的规定。解除劳务关系的重要依据是双方当事人的约定。

（6）适用法律不同。劳动关系由劳动法调整。发生争议时，应当到劳动争议仲裁委员会申诉。劳务关系则由民法调整，发生争议时可直接向法院提起民事诉讼。

2. 劳动关系与劳务派遣

劳务派遣是一种非常特殊的用工方式，是劳务派遣单位根据用人单位的实际工作需要，招聘合格人员，并将所聘人员派遣到用人单位工作的一种用工方式。劳务派遣主要特点总结起来就是“招人不用人”“用人不招人”的招聘与用人相分离的用工模式，其特征如下。

（1）用人单位负责对派遣员工的使用和使用中的岗位管理：原则上不负责派遣员工人事管理，人事管理归派遣单位。

（2）用人单位和派遣单位双方签订《派遣协议》：协议中约定各自的权利和义务，同时也约定被派遣员工的权益和保障措施；用人单位不和派遣员工发生劳动关系。

（3）劳务派遣单位和派遣员工签订《劳动合同》并负责派遣员工的培训、工资福利、社会保险、绩效考核等日常的 HR 管理，其中，绩效考核可以由用人单位给予的评价作为考核的部分依据。

（4）被派遣员工是派遣单位聘用的员工，派遣单位必须承担相关的劳动法律责任，包括员工劳动关系建立和解除都要由派遣单位负责。

（5）派遣单位通过向实际用人单位收取包括派遣员工工资、社保、福利、管理费等各项费用，来维持自身的生存和发展。

3. 劳动关系与实习关系

实习是指学生在校学习期间，到用人单位具体岗位上参与实践工作的过程，实习关系常常针对的是在校学生。

很多企业使用实习生，到了实习生毕业该转正的时候拖延审批造成事实劳动关系，学生毕业前后和企业的关系不同，毕业前是实习关系，毕业后就自动成为劳动关系，作为 HR 部门要提醒用人单位注意这种法律风险。这种问题应该避免，需要注意以下三点：一是实习生和企业不存在劳动关系，和企业只能签《实习协议》不能签《劳动合同》，而正式员工和企业存在劳动关系；二是实习生只能享受实习补助，不能享受正式员工的待遇，如五险一金等；三是实习生和企业是松散的管理关系，企业有些制度对实习生是无效的，正式员工应严格遵循企业各项规章制度。

实习基本分两种情况。一种是实习人员与单位建立劳动关系，根据法律法规的要求在单位通过实践进行一定的专业训练，如《专利代理条例》中规定，初次从事专利代理工作的人员，实习满一年后，专利代理机构方可发给《专利代理人工作证》。在这种实习中，实习人员必须与单位建立劳动关系，目的在于增强从事这些专业工作的熟练度，以便将来能够较为独立地从事这样的职业。存在类似情况的还有律师、医师等。

另一种是实习人员出于学习或者以后工作的需要在单位进行社会实践的行为，如大学生的毕业实习等。对于这种实习生与单位的关系是否属于劳动关系需要根据具体情况进行分析。

（四）事实劳动关系

在形成劳动关系时，有一些是无书面合同或无有效书面合同而形成的劳动雇佣关系，或者口头协议达成的劳动雇佣关系，此时事实劳动关系的认定是非常重要的。

（1）事实劳动关系的概念。事实劳动关系是指用人单位与劳动者没有订立书面劳动合同，但双方实际履行了劳动权利义务，从而形成的劳动关系。无书面形式的劳动合同是引起事实劳动关系发生的最主要的原因。《劳动合同法》赋予事实劳动关系合法地位，确认了劳动关系不依赖书面合同的存在而存在，扩大了劳动保护范围，对不签订劳动合同的雇主有了更大约束，更有利于维护劳动者的合法权益。

（2）事实劳动关系的认定。根据《劳动和社会保障部关于确立劳动关系有关事项的通知》的规定，用人单位招用劳动者未订立书面劳动合同，但具备下列情形的，劳动关系成立。

第一，主体合法。用人单位和劳动者符合法律法规规定的主体资格。

第二，劳动行为已经发生。用人单位和劳动者之间存在雇佣劳动的事实，而且劳动者提供的劳动是用人单位业务的组成部分。

第三，从属关系已经形成。用人单位依法制定的各项劳动规章制度适用于劳动者，劳动者受用人单位的劳动管理，从事用人单位安排的有报酬的劳动。

第四，欠缺形式要件。用人单位和劳动者之间没有签订书面劳动合同。

第五，同时符合以上条件的，劳动者和用人单位之间成立的是事实劳动关系。

二、劳动关系系统的运行环境①

劳动关系系统的运行发展是由系统内部劳资双方之间围绕经济利益展开的冲突与合作所推动的结果，但这种内在矛盾运动又受到系统外部诸多因素的影响。人们通常把劳动关系系统之外能够对劳动关系运行的过程和结果产生直接或间接影响的各种条件和因素称为劳动关系的运行环境。影响劳动关系系统运行的外部环境因素大致分为以下几类。

（一）经济环境因素

影响劳动关系系统运行的经济环境因素包括宏观经济形势和微观经济状况两大类。劳动关系本质上是经济利益关系，经济环境通过失业率、就业结构、工资水平等影响到劳资双方的力量对比、劳资冲突与合作策略的选择、工会运动的发展等劳动关系层面，劳动关系状况反过来又影响宏观经济和微观经济的运行。所以，对经济环境因素的分析，也是理解劳动关系诸多特点的重要依据。对劳动关系产生影响的经济环境因素主要有社会经济结构、经济体制、产业结构、劳动力市场和技术水平。

（二）政治法律环境因素

政治法律环境因素主要包括国家或地区的政治制度、体制、方针政策、法律法规等方面。政治法律环境是劳动关系运行的硬约束，对于组织处理劳动关系来说是必须遵守的制度规则。

（三）社会、文化环境因素

社会、文化环境因素是指由社会的阶级、阶层结构和公平程度等所形成的社会秩序状况，以及价值观念、伦理道德、风俗习惯、宗教信仰等社会精神文化状况。社会、文化环境为劳动关系主体的活动设置了制度与结构上的约束，并且影响着人们的思维方式和行为方式，它与经济环境因素和政治法律因素相互作用，共同影响着劳动关系的运行。

三、劳动关系的主体

所谓劳动关系的主体是指劳动关系系统的参加者，又被称为劳动关系的当事人。劳动关系的主体包括参与劳动关系的两方：劳动者及其组织（工会、职工代表大会）；用人单位（企业）及其代理人（经营管理者）。具体来讲，劳动关系的主体由以下部分构成。

（一）劳动者

劳动者是指被用人单位（企业）以支付劳动报酬的方式所雇佣的职工。职工的范围广泛，包括蓝领工人、白领职员、专业技术人员及管理人员。但是，职工不包括自由职业者、自雇佣者。劳动者的权利包括劳动就业的权利、参加和组织工会的权利，参与民

---

① 陈维政，李贵卿，毛晓燕. 劳动关系管理：理论与实务[M]. 2 版. 北京：科学出版社，2017；刘素华. 劳动关系管理[M]. 杭州：浙江大学出版社，2012.

主管理的权利。

（二）劳动者组织

劳动者组织是指因共同利益和共同目标而组成的企业职工团体，工会、职工大会、职工代表大会是企业职工团体最主要的形式，其主要目标是为职工争取利益。

（三）用人单位

用人单位是指具有用人权利能力和用人行为能力，运用劳动力组织生产劳动，且向劳动者支付工资等劳动报酬的组织机构，如企业和事业单位。职工受雇或受聘于用人单位，并与用人单位签订劳动合同从而形成与用人单位的劳动关系。但用人单位是一个组织机构，不能真正行使其法人权利，只能通过其代理人（经营管理者）来行使其权利和履行其责任。

《劳动法》规定，用人单位是在中华人民共和国境内的企业、个体经济组织，用人单位应当依法建立和完善规章制度，保障劳动者享有劳动权利和履行劳动义务。在理论和实践上，用人单位的权利可以理解为劳动指挥权、奖惩权、人事权等；相对于用人单位的权利，用人单位在劳动关系中对职工负有更多的义务，主要表现为平等雇佣劳动者、提供劳动报酬、保证工人休息休假权、提供社会保险、保证工人安全和健康、提供职业培训等。

（四）经营管理者

经营管理者一般是指在企业中具有主要经营决策权力的人或群体。在企业中，只有一个或少数几个人具有比较完全的决策权力。所以，经营管理者是等级制的，权力在经营管理者中的分布是不均衡的，多集中于其上层。除了最高层的经营管理者之外，其他经营管理者都会同时处于服从上级和指挥下级的这两种关系之中。

（五）雇主组织

雇主组织是由用人单位依法组成的协会、联合会、商会等，其目的是根据一定的组织形式，使单个用人单位组合起来形成一种群体力量，维护用人单位利益，并努力调整用人单位与职工，以及与工会之间的关系。

我国的主要雇主组织之一是中国企业联合会（简称中国企联）。中国企联是经民政部核准注册登记的全国性社会团体法人，由各种所有制企业和有关经济、科研、新闻工作者及有关企业工作者团体组成。中国企联是非营利性社会组织，作为中国雇主组织代表，参与国家协调劳动关系三方机制的建设和国际劳工大会及国际劳工组织（International Labor Organization，ILO）的各项活动。依据中国法律和业务主管部门的要求，中国企联沟通企业与政府、企业与企业、企业与社会间的联系，为推进企业改革与发展、提高企业经营管理水平和企业竞争力、推进企业家（企业经营者）素质建设、增强企业家（企业经营者）遵纪守法意识、依法维护企业和企业家（企业经营者）合法权益等开展各项服务活动，并为培养一批有影响力的企业和社会主义企业家而努力。

四、劳动关系的类型

劳动关系的类型就是在劳动关系性质基础上依据不同标准对劳动关系进行的分类。

1. 按照对双方主体利益关系的不同认知和处理原则划分

秉承经济学家的不同理念，人们在劳动关系实践中对双方之间的利益关系采取冲突对抗、对等协商、利益一体等不同的处理原则，并由此形成了劳动关系的三种基本类型。

（1）利益冲突型劳动关系。这种类型的劳动关系强调主体双方之间存在利益的重大差异。在这种认知下，处理双方关系中理所当然地遵循了冲突和对抗的原则。为了有效获得自己的利益，双方都极力壮大自己的力量。所以，在利益冲突型劳动关系中，工会力量一般比较强大，通常都会建立起全行业甚至全国性的工会组织，代表劳动者积极发挥作用，通过集体谈判、组织工人罢工等方式，维护和争取劳动者的利益。

（2）利益协调型劳动关系。这种类型的劳动关系承认双方各自是独立的主体，存在独立的利益，但在承认利益差异的同时，又认为彼此利益具有依存性，可以协调起来，其劳动关系建立与运行的基础是权利对等和地位平等。由于具有利益上相互依存的认知和遵循对等协商的原则，这种类型的国家都比较重视产业民主，在生产经营活动中，尤其是劳动关系处理上，注意吸收劳动者参与决策。这种类型的劳动关系还主张通过劳动合作、协商谈判规范双方的权利义务，保障各自利益，实现共同目标。

（3）利益一致型劳动关系。这种类型的劳动关系是利益协调型劳动关系的极端形式，其理论基础是劳资利益一体论。这种劳动关系通常是以雇主方为中心建立起来的，强调企业目标的单一性，赋予管理者权威。同时，主张在劳资之间建立起一种相互信任、相互理解、相互合作的关系，以及对劳动者实行激励的办法，认为劳资双方的利益完全可以通过企业内部的管理制度和激励机制达到协调一致。在这类劳动关系中，工会运动受到不同程度的抑制，而人力资源管理机制则相对健全。

2. 按照劳动关系主体各方的力量对比划分

广义的劳动关系主体除了劳资双方外，还有政府作为第三方对劳动关系进行调控监督。按照劳动关系各方力量对比，并综合考虑市场和制度因素，可以把劳动关系划分为均衡型、倾斜型和政府主导型三种。

均衡型劳动关系的基本特征是劳动关系双方的力量相差不大，可以形成彼此之间的制衡。在这种劳动关系中，劳动法律和相关制度某种程度上对劳资之间先天存在的力量和权力不对等进行了弥补，劳动者及其工会的力量在法律、制度的保障下有所提升，有权了解企业内部相关信息、参与经营管理决策和协商处理劳动关系事务[①]。

倾斜型劳动关系的基本特征是劳资双方力量对比悬殊，一方由于力量上占有较大优势，因此在经营管理及劳动关系事务中占据主导地位，拥有决策权利，另一方则处于被支配地位。倾斜型劳动关系又可分为向管理者方倾斜和向劳动者方倾斜。当然，从历史和现实情况来看，劳动者占据主导地位的劳动关系只是极少数，绝大多数都是管理者方占据优势的劳动关系。

政府主导型劳动关系的突出特征是政府成为控制劳动关系的主要力量，并且决定

---

① 程延园. 劳动关系[M]. 北京：中国人民大学出版社，2002.

劳动关系具体事务[①]。

第二节　劳动关系管理概述

一、劳动关系管理的定义

1. 以企业管理方为管理主体的劳动关系管理

这是指企业管理方为了生产经营活动得以正常开展，而采取的一系列组织性、综合性手段和措施，对劳资之间围绕经济利益而展开的冲突与合作进行协调、控制等，以达成调整与缓和劳资冲突、实现劳资合作为目的的管理活动。在研究范围上，以企业为主体的劳动关系管理的关注点主要集中在企业层面的企业与员工关系上，因此也被称为“员工关系管理”。

2. 以工会为管理主体的劳动关系管理

这是指劳动者及其组织为了能够维持和获得自己的利益，由工会组织采取一系列组织性、综合性手段和措施，对劳资之间围绕经济利益而展开的冲突与合作进行组织、协调、控制等活动。当然，以工会为管理主体的劳动关系管理活动最终也只有通过调整与缓和劳资冲突、实现劳资合作才能实现获得和维持自己利益的目的。

3. 以政府为管理主体的劳动关系管理

在广义的劳动关系中，除了劳动者与管理者外，还包括政府这一主体。作为广义劳动关系的主体，政府不直接参与到劳动者和管理者之间的利益关系中去，不发生与其他两方围绕价值的创造和分配所引发的合作与冲突关系，而只是代表国家以第三者（尽管只是形式上的第三者）的身份，通过法律、政策、经济等手段来调节劳动力市场，协调、监督、干预劳资双方的关系。显而易见，政府具有劳动关系管理的职能。

二、劳动关系管理的意义

劳动关系作为连接劳动者和用人单位的纽带，其和谐与否对员工、企业和社会都有重要影响。用人单位需要注重并处理好与员工的劳动关系，将劳动关系的和谐稳定作为人力资源管理的基本定位，以维护员工权益、提升企业竞争力，并促进社会的和谐稳定。

1. 有利于企业防范各种用工风险，有效控制劳动争议，提升企业的竞争力

科学的劳动关系管理能够帮助企业建立与员工沟通的良好体制，降低员工出现不满情绪的概率，形成和谐的劳动关系，进而规避出现劳动争议的风险。

2. 有利于保护劳动者的合法权益

规范地进行劳动关系管理有利于合理及时地处理劳动争议，提高当事人的法治观念，保证劳资双方的合法权益。

3. 有利于管理者提升职业技能，促进职业生涯发展

管理者学会了正确处理企业与劳动者之间的关系，管理科学规范，体现出管理者自身的专业素养，将会使劳动者心悦诚服。

---

① 程延园. 劳动关系[M]. 北京：中国人民大学出版社，2002.

三、劳动关系管理的工作内容与研究内容

劳动关系管理的工作内容主要包括劳动合同管理、劳资利益平衡管理、集体合同与集体协商管理、劳动标准实施管理、特殊用工模式的管理、内部劳动规章制度管理、员工民主管理和劳动争议管理等。

四、劳动关系管理与人力资源管理的区别和联系

人力资源管理这个概念是在 20 世纪 80 年代才被广泛使用开来的，人力资源管理从 20 世纪 90 年代开始在中国企业开始受到广泛的关注和应用。美国学者加里·德斯勒（Gary Dessler）认为人力资源管理是指为了完成管理工作中涉及的人或人事方面的任务所需要掌握的各种管理和方针政策。具体来说，就是聘用、培训、评估、鼓励和为员工提供一个安全公平的工作环境[①]。

除了定义上的区别，劳动关系管理与人力资源管理在研究假设上也存在很多不同，具体见表 8-1。

表 8-1 劳动关系管理与人力资源管理的不同研究假设

项目	劳动关系管理	人力资源管理	
		传统人力资源管理	人力资本经营
对雇佣关系的理解	多元的	一元的	一元的
研究的问题	人和组织的不匹配	人和职位匹配	员工的差异化管理
管理手段	平衡相关各方利益	劳动分工、流水线	雇主控制、员工参与
关注的实质性焦点	组织和谐与稳定	激励/组织绩效	激励/投资收益
对规章制度、信任和冲突的理解	雇佣关系的基本问题	小的管理问题	风险控制的重要问题
认为员工参与的重要性	基本且必需的	较小	很重要
认为政府的作用	很大	很小	很小

资料来源：Delaney J T, Godard J. An industrial relations perspective on the high-performance paradigm[J]. Human Resource Management Review, 2001, 11(4): 395-429

劳动关系管理与人力资源管理有着很多相通之处，如自从雇佣现象产生开始，劳动关系管理与人力资源管理对工作场所问题的研究就都包含雇主、员工和社会三种视角，只是它们的出发点和侧重点不同。人力资源管理偏重雇主的立场，维护企业利益是其价值出发点。人力资源管理主要从雇主角度出发寻找解决方案，目标在于提高组织效率。劳动关系管理更加平衡各方利益，客观中立是其价值出发点。劳动关系管理既承认组织效率是一个重要目标，也强调保护和提高员工的利益，并综合了多种解决途径来调整雇佣关系。劳动关系管理虽然把雇主看作雇佣关系的重要主体，但它非常关注工会和集体谈判等调整雇佣关系的"员工视角"，同时也关注通过劳动立法和社会保障来调整雇佣关系的"社会视角"。

---

① 加里·德斯勒. 人力资源管理[M]. 6 版. 刘昕，吴雯芳，等译. 北京：中国人民大学出版社，1999.

第三节　劳动合同管理

一、劳动合同概述

（一）劳动合同的定义

劳动合同是指劳动者与用人单位之间确立劳动关系、明确双方权利义务关系的协议。《劳动法》第十六条规定了劳动合同的含义和性质，并强调“建立劳动关系应当订立劳动合同”。劳动合同在市场经济体制中发挥着至关重要的作用。它是建立劳动关系的基础性法律文件，能够明确双方的权利和义务，使各自的权利得到法律的保障，其义务受到法律的约束。通过签订劳动合同，双方能够建立起和谐、稳定的劳动关系，为企业的持续发展和社会的和谐稳定提供有力保障。

一般所说的劳动合同有狭义和广义之分，狭义的劳动合同仅指为建立劳动法律关系而签订的合同，而广义的劳动合同除前者外，还包括集体合同（集体合同以劳动合同为前提条件）。如果没有特殊指明，本书所说的均指狭义的劳动合同。

（二）劳动合同的特征

与民事合同、行政合同相比，劳动合同具有如下特征。

1. 主体具有特定性和从属性

劳动合同的一方是用人单位，另一方是劳动者，且双方在实现社会劳动过程中形成了支配与被支配、领导与被领导的从属关系。

2. 具有诺成性、有偿性、双务性的特性

（1）诺成性是指双方就劳动合同条款内容依法协商达成一致意见，劳动合同即成立。

（2）有偿性是指劳动者承担和完成用人单位分配的工作任务，用人单位享受劳动者的劳动成果，并支付给劳动者对价即劳动报酬，依法为劳动者缴纳社会保障费。

（3）双务性是指双方主体都享有权利、承担义务。劳动者履行劳动合同约定的义务，通过劳动获得劳动报酬；用人单位有权利也有义务组织和管理本单位劳动者的劳动，并有权在法律允许的范围内对本单位的劳动者进行奖励和处罚。

3. 目的在于劳动过程的实现，而不单纯是劳动成果的给付

劳动者是按照用人单位的指令，在用人单位提供生产条件、原材料和生产设备的前提下进行劳动。劳动者只对劳动过程负责，而不对劳动过程之外的劳动结果负责。劳动合同的目的在于确立劳动关系，使劳动过程得以实现。

（三）劳动合同的种类

按照不同的标准，劳动合同可以划分为不同的种类。

1. 固定期限劳动合同、无固定期限劳动合同和以完成一定工作为期限的劳动合同

这是按照劳动合同期限的不同所做的分类。劳动合同期限是双方当事人相互享有权利、履行义务的时间界限，即劳动合同的有效期限。

2. 全日制用工劳动合同、非全日制用工劳动合同

这是按照就业方式的不同所做的分类。

（1）全日制用工劳动合同。这是指劳动者按照国家法定工作时间，从事全职工作的劳动合同。

（2）非全日制用工劳动合同。它又称部分时间劳动合同，是指劳动者按照国家法律规定，从事部分时间工作的劳动合同。

3. 书面劳动合同、口头劳动合同

这是按照劳动合同存在形式的不同所做的分类。

（1）书面劳动合同又称要式劳动合同，是指以法定的书面形式订立的劳动合同。

（2）口头劳动合同又称非要式劳动合同，即由劳动关系当事人以口头的形式订立的劳动合同。

4. 个人劳动合同、集体劳动合同

这是按照劳动者人数的不同所做的分类。

（1）个人劳动合同一般由劳动者个人与用人单位签订。劳动者为二人的劳动合同仍属此类。

（2）集体劳动合同是指三个或三个以上劳动者（派代表）与用人单位签订的劳动合同。集体劳动合同是经全体职工或者职工代表大会讨论同意后，由工会或者职工委托的代表与用人单位为规范劳动关系订立的，是以全体劳动者的劳动条件和生活条件为主要内容的协议。

（四）劳动合同的内容

劳动合同的内容，是指劳动合同双方当事人在合同中约定的权利义务。劳动合同的内容具体表现为劳动合同的条款。根据《劳动合同法》第十七条的规定："劳动合同应当具备以下条款：（一）用人单位的名称、住所和法定代表人或者主要负责人；（二）劳动者的姓名、住址和居民身份证或者其他有效身份证件号码；（三）劳动合同期限；（四）工作内容和工作地点；（五）工作时间和休息休假；（六）劳动报酬；（七）社会保险；（八）劳动保护、劳动条件和职业危害防护；（九）法律、法规规定应当纳入劳动合同的其他事项。劳动合同除前款规定的必备条款外，用人单位与劳动者还可以协商约定试用期、培训、保守秘密、补充保险和福利待遇等其他事项。"《劳动合同法》规定了劳动合同的必备条款和可备条款，使劳动合同的内容更加明确、全面、具体，更好地规范双方的权利义务。

（五）劳动合同的形式

劳动合同的形式是指劳动合同内容所体现的形式。劳动合同作为约定劳动关系双方当事人权利义务的协议，也有书面形式和口头形式之分。书面合同是由双方当事人达成协议后，将协议的内容用文字形式固定下来，并经双方签字，作为凭证的合同。口头合同是经双方当事人口头承诺即告成立的合同。

1. 书面劳动合同

《劳动合同法》第十条第一款规定："建立劳动关系，应当订立书面劳动合同。"即签订劳动合同应当采用书面形式。这里的"应当"是"必须"的含义。根据该强制性条款的规定，劳动合同必须采取书面形式，是典型的要式合同。劳动合同采取书面形式具有重要意义：首先，书面劳动合同具有严肃性，它是明确劳动者和用人单位权利与义务的重要依据，它把劳动合同内容文字化，能够加强合同当事人的责任感，促使合同所规定的各项义务能够全面履行。其次，书面劳动合同便于双方当事人履行和有关部门对劳动情况进行监督检查，一旦发生争议也有据可查，能更有效地保护劳动合同当事人的合法权益。在发生劳动争议时，书面劳动合同也便于当事人举证，便于有关部门处理。

用人单位与劳动者协商一致，可以采用电子形式订立书面劳动合同。采用电子形式订立劳动合同，应当使用符合《中华人民共和国电子签名法》（简称《电子签名法》）等法律法规规定的可视为书面形式的数据电文和可靠的电子签名。用人单位应保证电子劳动合同的生成、传递、储存等满足《电子签名法》等法律法规规定的要求，确保其完整、准确、不被篡改。符合《劳动合同法》规定和上述要求的电子劳动合同一经订立即具有法律效力，用人单位与劳动者应当按照电子劳动合同的约定，全面履行各自的义务。

2. 口头劳动合同

口头劳动合同是指双方当事人的意思表示是可以清楚地通过口头方式进行表述，通过口头形式缔结的劳动合同。

《劳动合同法》第十条第一款规定："建立劳动关系，应当订立书面劳动合同。"据此，有人认为不符合法律要件形式的劳动合同是无效合同。对此，本书持不同看法。

第一，《劳动合同法》并没有直接规定口头劳动合同是无效的，只是规定应当要签订书面劳动合同。《劳动合同法》在将书面形式订立劳动合同作为劳动合同存在的证据时，并没有直接否认口头劳动合同的效力，而且法律并不禁止以口头方式达成协议，所以口头协议只要能证实就是有效的。只是口头劳动合同的处理规则不同于一般书面合同，要对比事实劳动关系来处理。法律承认事实劳动合同，所以口头协议是有效力的，但需要其他有效证据进行补充。

第二，在实务中的确存在很多通过口头形式达成了协议，但却没有签订书面劳动合同的情况。若将无书面形式的劳动关系统统宣告为无效，也不符合客观实际。

当事人用口头形式订立劳动合同，灵活、简便，但不便于履行和监督、检查，特别是发生劳动争议时，往往因空口无凭而难以处理。这也是口头劳动合同最大的不足之处。

根据《劳动合同法》第六十九条第一款的规定，"非全日制用工双方当事人可以订立口头协议"。非全日制用工主要即我们平常所说的"小时工"，是指每天工作时间不超过 4 小时，每周工作时间累计不超过 24 小时的用工形式。非全日制的用人单位和劳动者，可以通过口头形式签订劳动合同。

二、劳动合同的订立

（一）劳动合同订立的定义

劳动合同的订立是指用人单位与劳动者经过相互选择、协商一致，以书面形式依法签订协议，确定劳动合同内容，明确双方的权利、义务和责任，建立劳动关系的法律行为。

（二）劳动合同当事人主体资格

劳动合同的主体是由法律规定的，具有法定资格的劳动者和用人单位。不具有法定资格的公民与不具有用工权的组织和个人都不能签订劳动合同，所签订劳动合同属于无效合同，没有法律效力。

1. 劳动者主体资格

企业与员工订立劳动合同时，判断员工是否具备签订的必要条件，主要看其是否有劳动权利能力和劳动行为能力。劳动权利能力是指依法行使劳动权利和承担劳动义务的资格，这是由法律赋予并受法律保护的；劳动行为能力是指依法以自己的行为行使劳动权利和承担劳动义务的资格，这是员工独立实现其劳动权利能力和承担劳动义务能力的必要条件。

2. 用人单位主体资格

劳动合同主体的另一方即用人单位，应该是具有法人资格或能够独立承担民事责任的单位和个人，否则就不能成为与劳动者订立劳动合同的主体。不具有用工权利能力和行为能力的经济组织或社会组织，不能建立合法的劳动关系，所签订的劳动合同是无效劳动合同。无效劳动合同不受法律保护，而且签订无效劳动合同还需承担法律责任。

（三）劳动合同订立的原则

劳动合同订立的原则即指用人单位与劳动者在订立劳动合同时必须遵守的指导思想和基本准则。《劳动合同法》第三条规定：“订立劳动合同，应当遵循合法、公平、平等自愿、协商一致、诚实信用的原则。依法订立的劳动合同具有约束力，用人单位与劳动者应当履行劳动合同约定的义务。”

1. 合法原则

合法原则是指劳动合同订立要符合有关法律规定，合法是劳动合同有效的前提条件。具体来说，即劳动合同的主体、形式、内容及程序都必须符合法律法规的规定。

2. 公平原则

公平原则是指劳动合同中双方当事人权利和义务的确定应当公平、合理，任何一方尤其是用人单位方不得以自己的强势地位制定有失公平的合同条款；在处理劳动合同纠纷时，应依照法律规定来进行。

3. 平等自愿原则

平等原则是指劳动合同当事人双方的法律地位平等，即双方以平等的主体身份协商订立劳动合同，不存在一方为主要主体，另一方为次要主体或从属主体的问题；双方享有同样的权利和义务，任何一方可拒绝与另一方签订劳动合同，任何一方也不得强迫对方与自己签订劳动合同；双方平等地决定合同的内容。

自愿原则是指完全出自当事人自己的意志，表达了当事人的真实意愿；任何一方不得将自己的意志强加给对方，也不允许第三者进行非法干预。自愿的具体含义包括劳动合同的订立必须由双方当事人依照自己的意愿独立自主决定，他人不得强制命令，也不能采取欺骗、诱导方式使一方当事人违背自己的真实意愿而接受另一方的条件；劳动合同内容的确定，必须完全与双方当事人的真实意愿相符合。

4. 协商一致原则

协商一致原则是平等自愿原则的具体体现。它是指当事人双方在充分表达自己真实意愿的基础上，就劳动合同的全部内容，在法律允许的范围内，经平等协商，意见一致后，合同才得以成立；双方不得以任何方式将自己的意愿强加给对方。

5. 诚实信用原则

诚实信用原则是指当事人双方订立劳动合同时要诚实守信，不能向另一方提供虚假信息，否则会导致所签订的劳动合同无效，而且有过错方将承担相应的法律责任。

（四）劳动合同订立的程序

按照相关法规规定，用人单位与劳动者订立劳动合同过程中必须履行一定的手续并遵循一定步骤。按照合同的一般原理，合同订立的程序有要约和承诺两个阶段，作为合同的一种，劳动合同订立过程符合一般合同的行为原理，即劳动合同订立的程序也有要约和承诺两个阶段，但同时较一般合同又有所不同，由此决定了劳动合同订立的程序又有其特殊性。

1. 要约阶段——招收录用阶段

在一般合同中，提出订立合同的一方为要约方，另一方为被要约方。在企业劳动合同订立时已经明确了企业是要约人，劳动者是被要约人的角色。企业劳动合同的要约方是明确的，被要约方不明确，因此订立劳动合同的过程首先需要确定被要约方。被要约方确定的过程也就是企业根据自己生产经营活动的用工需求按计划招聘与录用新员工的过程，一般包括三个步骤：一是公布招工简章；二是对求职者进行全面考核；三是择优录取。

2. 承诺阶段——签订劳动合同阶段

经过前面的招收录用阶段，企业初步确定了拟签订劳动合同的录用者名单后，接着进入第二阶段——签订劳动合同。企业首先提出劳动合同的草案，录用者如果完全同意合同内容，即为承诺，劳动合同也就宣告成立。如果录用者对劳动合同草案提出修改意见或要求增加新内容，应视为要约的拒绝。双方经过新的要约—再要约，反复协商，直到最终达成一致的协议。这一阶段具体分以下几个步骤完成：草拟并提交劳动合同文本；签发《签订劳动合同通知书》；向录用者介绍企业内部劳动规章制度；双方协商劳动合同内容；双方签约；合同鉴证；劳动合同备案。

（五）劳动合同订立的注意事项

用人单位与劳动者订立劳动合同时，除了要符合合同主体资格条件，遵循有关原则、并按照有关规定的程序办事外，在具体操作的过程中，还应注意以下几个问题。

1. 防止出现无效劳动合同

无效劳动合同是经当事人双方协商同意签订，但因劳动合同条款违反了法律法规和政策的规定，因而不具有法律效力，不能产生当事人所预期的效果的劳动合同。

按劳动合同无效程度分类，无效劳动合同分为全部无效劳动合同和部分无效劳动合同。所谓全部无效的劳动合同是指劳动合同当事人的主体资格和必备条款的主要内容不合法的劳动合同。所谓部分无效的劳动合同是指合同的某些条款虽然违反法律规定，但不影响其他条款法律效力。

无效劳动合同主要包括以下情况：以欺诈、胁迫的手段或者乘人之危，使对方在违背真实意思的情况下订立或者变更劳动合同；用人单位免除自己的法定责任、排除劳动者权利；违反法律、行政法规强制性规定；等等。

2. 注意合同内容的合法性、科学性、准确性

1）既要符合法律规定，又要注意切合实际

当事人双方协商确定劳动合同条款内容时应该注意符合法律法规和政策的规定，以确保合同的合法性，但这并非指签订劳动合同时要严格照搬照套法律法规和政策规定。

2）内容应科学设计，繁简结合、详略得当

劳动合同的内容应根据实际需要依法进行科学合理的设计，内容可繁可简，因人、因事、因地而论，不能强求一样。对于法律法规和政策已有具体规定的内容，可以不必全部写入合同书中，只需写明按照某项规定执行即可，力求做到简练。

3）语言表述要准确明晰

劳动合同是一种法律文书，涉及合同当事人双方的权利、责任，是双方劳动合作行为的法律依据，每个字、句都会产生一定的法律后果，具有一定的法律效力。因此，劳动合同在语言表述上要力求准确明晰，不产生歧义。

3. 注意试用期问题

《劳动合同法》第十九条至第二十一条对试用期期间双方当事人的权利和义务，以及试用期的期限等有明确规定，在签订劳动合同时，应遵循相关规定，并注意以下几方面问题：应当双方协商一致达成书面协议；试用期的员工与其他员工享有同等权利；应当签订劳动合同；同一用人单位与同一劳动者只能约定一次试用期；依据同工同酬原则商定试用期工资。

4. 注意《劳动合同法》其他相关规定

签订劳动合同时，除了需要依照劳动法律法规和政策性规定并结合实际情况注意上述几方面问题外，依照《劳动合同法》相关规定，还应着重注意以下几点：双方在劳动合同文本上亲自签字或盖章；不得收取担保；劳动关系的建立以用工为标志，建立劳动关系应当订立书面劳动合同；劳动报酬等不得低于集体合同规定的标准；关于无固定期限劳动合同。

为了解决上述需要注意的问题，一般是推荐使用当地示范合同文本，用人单位可以根据自身的具体情况以示范合同文本为基础订立劳动合同的具体内容。为使劳动合同当事人双方的权利和义务清晰界定，并具有操作性，避免合同条文过于烦琐，可把用人单位依法制订的相关内部管理规定作为劳动合同的附件。

（六）不签订劳动合同的法律风险

《劳动合同法》第十条规定："建立劳动关系，应当订立书面劳动合同。已建立劳动关系，未同时订立书面劳动合同的，应当自用工之日起一个月内订立书面劳动合同。用人单位与劳动者在用工前订立劳动合同的，劳动关系自用工之日起建立。"

用人单位不订立劳动合同的法律风险和违法成本包括以下几点：不签订劳动合同并不能免除用人单位为劳动者缴纳各项社会保险费的义务；不签订劳动合同使劳动者可以随时解除劳动关系，且不承担任何违约责任或者赔偿；没有订立劳动合同，口头约定的试用期不成立；不签订劳动合同不利于单位保护商业秘密；不订立劳动合同，用人单位面临按月付双薪，甚至与劳动者订立无固定期限劳动合同的惩罚；用人单位可能面临劳动行政部门的行政处罚。

因此，劳动合同对用人单位来说不是签不签的问题，而是如何签的问题。用人单位应当在如何签订一份合法有效的劳动合同上多用心思，而不应该采取不签劳动合同的消极做法，这种消极做法无异于为公司的前途埋下随时爆炸的炸弹。

三、劳动合同的履行、变更和中止

（一）劳动合同的履行

劳动合同一经依法订立即具有法律约束力，当事人必须履行劳动合同规定的义务。《劳动合同法》第二十九条规定："用人单位与劳动者应当按照劳动合同的约定，全面履行各自的义务。"劳动合同的履行，形式上表现为对劳动合同中约定内容的执行，其实质是劳动合同约定内容在现实中的实现。只有当事人双方按照劳动合同的约定或者法律的规定，全面、正确地完成各自承担的义务，才能使订立劳动合同的目的得以实现。

1. 劳动合同履行的原则

1）全面履行原则

劳动合同的全面履行，是指用人单位与劳动者应当按照劳动合同的约定，全面履行各自的义务。当事人要按照合同规定的内容，在适当的履行期限、履行地点，以适当的履行方式，全面完成合同约定的义务。双方当事人不仅要履行合同中明确约定的义务，还要履行基于诚实信用原则自然延伸出来的附随义务，即便这些义务在劳动合同中没有写明。

2）亲自履行原则

劳动者亲自履行，是指必须由劳动者履行劳动合同约定的义务，而不能委托他人代为履行。

3）协作履行原则

协作履行的原则，是指双方当事人在合同的履行过程中要发扬协作精神，相互理解和配合，相互协作履行，互相帮助，共同完成合同规定的义务，共同实现合同规定的权利。

2. 劳动合同履行的内容

（1）用人单位应当依法履行自己的义务，主要包括：用人单位应当按照国家规定和劳动合同的约定，向劳动者及时足额支付劳动报酬；用人单位应当严格执行劳动定额标准，不得强迫或者变相强迫劳动者加班；劳动者拒绝用人单位管理人员违章指挥、强令冒险作业的，不视为违反劳动合同；用人单位变更名称、法定代表人、主要负责人或者投资人等事项，不影响劳动合同的履行；用人单位发生合并或者分立等情况，原劳动合同继续有效，劳动合同由承继其权利和义务的用人单位继续履行。

（2）劳动者应当依法履行自身的义务，主要包括：劳动者应当履行法定的和劳动合同中约定的义务；劳动者应当履行基于诚信原则自然衍生出来的劳动合同附随义务，如对工作过程中遇到的可能损害用人单位利益的情况立即汇报等义务；劳动者拒绝用人单位管理人员违章指挥、强令冒险作业的，不视为违反劳动合同。

（二）劳动合同的变更

劳动合同订立后即对双方当事人产生法律效力，但这并不意味着劳动合同的内容永恒不变。事实上，合同订立时，不可能做到面面俱到；合同订立后，在履行劳动合同的过程中，社会生活和市场条件的不断变化可能使劳动合同难以履行或者无法履行，这就需要用人单位和劳动者双方对劳动合同的部分内容进行适当的调整或变更。

劳动关系的变更是指劳动合同依法订立后，在合同尚未履行或者尚未履行完毕之前，经用人单位和劳动者双方当事人协商同意或者在法定情形下凭单方意思，对劳动合同内容作部分修改、补充或者删减的法律行为。劳动关系的变更，是双方已存在的劳动权利义务关系的内容发生改变。劳动合同的变更管理，也是劳动关系管理的重要内容。

1. 劳动合同变更的原因

1）客观环境方面的原因

客观环境方面的原因主要是指劳动合同订立时所依据的客观情况发生了重大变化，致使劳动合同无法履行，必须要变更劳动合同的情况。例如，订立劳动合同时所依据的法律法规和规章发生了变化，如国家调整最低工资标准、社会保险和工伤待遇等，致使劳动合同的部分条款与国家新颁布的法律法规相抵触；发生自然灾害、不可抗力、国家经济政策的调整等情况，确实无法履行劳动合同。

2）用人单位方面的原因

用人单位因搬迁、改制、调整生产经营、转产等使企业自身的情况发生变化，导致工作岗位、工作地点、劳动报酬、社会保险、劳动条件等劳动合同的内容发生变化。这时，劳动合同需要做出相应的修改，否则与发展变化的情况不相适应。

3）劳动者方面的原因

劳动者提出加薪晋升、改善工作环境或工作条件的要求，或者劳动者身体健康和劳动能力发生变化，无法履行原来劳动合同约定义务的，如因意外事故致伤、致残，经劳动鉴定委员会确认部分丧失劳动能力的，用人单位需要另行安排工作，因此要对劳动合同的内容进行调整。

4）劳动合同约定的其他情况

用人单位和劳动者也可以在劳动合同中事先约定可以变更劳动合同的情形。在履行劳动合同过程中，当出现约定的可以变更劳动合同的情形时，用人单位或劳动者可以变更劳动合同。

2. 劳动合同变更的内容

劳动合同变更就是对原定劳动合同的部分条款进行修改、补充或废止。劳动合同变更涉及的内容很广，可以是工作内容的变更、工作地点的变更，也可以是合同期限的变更、劳动报酬的变更等。当事人既可以变更一个条款，也可以同时变更几个条款。

随着用人单位经营发展的变化，人员管理、工作安排也势必变化，劳动合同内容的变更已成为用人单位劳动合同管理中的一项重要工作。用人单位在就劳动合同内容进行变更时，应遵循法律规定，同时充分利用法律条款和合同条款使合同成为争取权益的有力工具。

（三）劳动合同的中止

劳动合同中止是指劳动合同存续期间，由于某些因素，劳动关系主体双方主要权利义务在一定时期内暂时停止行使和履行，没有劳动过程，但劳动合同关系仍然保持的状态。劳动合同中止履行的，劳动合同约定的权利和义务暂停行使和履行（但是法律法规、规章另有规定的除外），待到法定约定的原因消除后，劳动合同仍继续履行。

1. 劳动合同中止的特点

劳动合同中止是劳动合同的一种特殊状态，具有如下特点。

（1）劳动合同中止发生在劳动合同存续期间。

（2）“中止”不是“解除”，也不是“终止”，它意味着一定期限内的权利义务关系的暂停，而不是消灭。

（3）中止期间，劳动合同双方当事人的权利义务关系不同于正常履行期的劳动合同的内容。

（4）中止有一定期限，但期限长短取决于中止原因，多数情况下，劳动合同中止期限有上限，但没有下限。

2. 劳动合同中止的情形

1）协商中止

协商中止是指双方当事人通过协商的方式中止履行劳动合同的全部或部分内容。此种中止需要双方的合意并通过书面的形式达成。根据提出请求主体的不同，协商中止又分成两种情况：劳动者一方因个人原因主动提出与用人单位协商中止劳动合同；用人单位一方主动提出与劳动者协商中止劳动合同。

2）单方中止

单方中止是指当发生劳动合同约定或者法律规定的情形时，用人单位可单方依照法律的规定或者劳动合同的约定中止履行劳动合同。不同于协商中止，单方中止仅需一方通知另一方便能达到劳动合同中止履行的目的。为了避免单方中止权被用人单位滥用，法律规定用人单位须在以下情形下才能单方中止劳动合同：劳动者依法服兵役；劳动者失踪但是尚未被人民法院宣告失踪、宣告死亡的；劳动者被限制人身自由。

3. 劳动合同中止的期限

1）协商中止劳动合同的期限

原则上用人单位与劳动者协商一致中止劳动合同的，中止的期限应由双方协商一致确定。

特殊情形下的劳动合同中止，其中止期限为：

（1）用人单位停产、转产、机构调整、联营，可以以上级主管部门或当地政府对该用人单位停产、转产、机构调整、联营规定的期限作为合同中止的期限。

（2）内退：自办理内退手续之日起到符合法定退休之日这段时间就是合同中止期限。

（3）停薪留职：以双方约定的停薪留职时间作为合同中止的时间。

（4）借用：以劳动者被其他单位借用的期限作为劳动者与本单位合同中止的期限。

（5）脱产学习与进修：由单位指派或征得单位同意脱产学习与进修的，一般以学习或进修时间作为合同中止期限。

2）单方中止劳动合同的期限

（1）劳动者应征入伍或者离职履行国家规定的其他义务的，合同中止的期限就是劳动者服兵役的时间或者履行国家规定的其他义务的时间。

（2）劳动者因被依法限制人身自由而不能履行劳动合同约定义务的，被强制限制人身自由的期限就是合同中止的期限。

（3）用人单位与劳动者中的一方因不可抗力不能履行劳动合同的，不可抗力存续的时间就是合同中止的期限。

4. 劳动合同中止的后果

1）劳动关系保留，劳动合同暂停履行

中止履行劳动合同期间，用人单位与劳动者的劳动关系仍然保留，但劳动合同的权利义务暂停行使和履行。劳动者无须向用人单位提供劳动，具体见表 8-2。

表 8-2 劳动合同中止期间用人单位的权利义务暂停情况

项目	中止的理由		中止期间用人单位的权利义务
劳动者自身原因	有过错的	意外失踪被强制限制人身自由的	可以中止全部义务的履行
	无过错的	应征入伍	
用人单位的原因	依据企业主管部门和当地政府的有关规定执行，亦可依据经职工代表大会或职工大会表决通过的相关决议、办法、规章制度来执行		
双方协商中止	双方协商劳动合同中止期间的权利义务		
其他原因	根据双方的合同和事后约定内容来执行		

2）工资支付

理论上，劳动合同中止期间由于劳动者无须为用人单位提供劳动，因此用人单位也无须给其支付工资，这样权利义务方能对等。实务中，用人单位在中止期间是否向劳动者支付工资，需具体情况具体对待。

法定中止劳动合同的情形下，劳动者依法服兵役、劳动者遭遇不可抗力、劳动者被限制人身自由期间，用人单位可以不向劳动者支付工资。

3）社会保险费、住房公积金的缴纳

鉴于劳动者没有为用人单位提供劳动，用人单位也无须为劳动者缴纳社会保险和住房公积金（但用人单位与劳动者达成协议，同意继续缴纳的除外）。

4）工龄的计算

劳动合同中止时，工龄的计算因合同中止的原因不同而有所差异。因劳动者失踪或劳动者被限制人身自由而中止的情形下，应当停止计算该劳动合同中止期间的工龄。对于由劳动者主动提出与用人单位约定中止劳动合同的，工龄的计算依双方的约定处理。根据《关于退伍义务兵安置工作随用工单位改革实行劳动合同制的意见》第五条的规定，军队退伍、复员、转业军人的军龄，计算为接收安置单位的连续工龄。因此，劳动者因应征入伍服兵役而与用人单位中止劳动合同，退役后回原用人单位继续工作的，其军龄应当计算为该职工在用人单位的工作年限。

四、劳动合同的解除、终止和续订

（一）劳动合同的解除

劳动合同的解除是指劳动合同订立后，尚未完全履行完毕以前，因各种原因导致双方或一方当事人提前消灭劳动关系的法律行为。劳动合同的解除具有提前终止劳动合同的法律效力。

劳动合同解除不同于劳动合同的变更，劳动合同的变更是用新的条款代替变更前的条款，合同双方当事人的权利义务从变更合同的协议约定之时起发生变更，未变更的劳动合同条款继续有效；劳动合同解除，是终结双方当事人间的劳动关系并消灭双方当事人之间的权利与义务。

劳动合同解除也不同于劳动合同中止，主要表现在：①发生原因不同。劳动合同中止的发生取决于合同期内当事人是否能实际履行劳动合同。不能履行劳动合同又不能终结劳动合同关系的，可以采取中止的方式来处理。而解除劳动合同是因为当事人有履行能力而不愿履行合同。解除劳动合同要依据法定的原因或约定的解除合同的事由。②法律后果不同。劳动合同中止是法律关系的中途停止，双方之间的劳动关系并未解除，只不过因为一些特殊的原因而暂时不能继续履行各自的义务。而劳动合同解除是提前中断劳动关系，合同解除后，劳动关系终结。

1. 协商解除劳动合同

《劳动合同法》第三十六条规定：“用人单位与劳动者协商一致，可以解除劳动合同。”协商解除是指用人单位与劳动者在完全自愿的情况下，互相协商，在彼此达成一致意见的基础上提前终止劳动合同的效力。协商包括单位动议协商一致和员工动议协商一致两种情况。

2. 劳动者单方解除合同

1）劳动者单方预告解除合同

《劳动合同法》第三十七条规定："劳动者提前三十日以书面形式通知用人单位，可以解除劳动合同。劳动者在试用期内提前三日通知用人单位，可以解除劳动合同。"本条规定了劳动者通过预告的方式解除劳动合同的权利，即辞职权。依此种情况解除劳动合同，劳动者无须说明任何理由，也无须征得用人单位同意，只需提前三十日以书面形式将解除劳动合同的决定通知用人单位即可。超过三十日劳动者向用人单位提出办理解除劳动合同手续的，用人单位应予办理。

2）劳动者单方即时解除合同

《劳动合同法》第三十八条规定了劳动者享有无须预告即可解除劳动合同的特殊解除权。鉴于劳动者即时解除合同往往会给用人单位的正常生产经营带来很大的影响，所以为了平衡劳动者与企业双方的合法利益，法律规定只限于在用人单位有过错行为的情况下才允许劳动者行使特殊解除权。劳动者单方即时解除合同有须告知的即时解除和无须告知的即时解除两种情况。

3. 用人单位单方解除合同

《劳动合同法》在赋予劳动者单方解除权的同时也赋予用人单位对劳动合同的单方解除权。为防止用人单位滥用解除权，随意与劳动者解除劳动合同，立法上严格限定企业与劳动者解除劳动合同的条件，以保护劳动者的劳动权利。《劳动合同法》第三十九条至第四十一条规定了用人单位单方解除劳动合同的三种情形：用人单位即时性解除劳动合同（过失性辞退）；用人单位预告性解除劳动合同（非过失性辞退）；经济性裁员。

4. 用人单位单方解除劳动合同的限制

1）用人单位单方解除劳动合同的实体限制

根据《劳动合同法》第四十二条的规定，劳动者有以下六类法定情形之一的，用人单位不得根据该法第四十条、第四十一条的规定解除劳动合同，即不得行使非过错性解除权或进行经济性裁员。

（1）从事接触职业病危害作业的劳动者未进行离岗前职业健康检查，或者疑似职业病病人在诊断或者医学观察期间的。

（2）在本单位患职业病或者因工负伤并被确认丧失或者部分丧失劳动能力的。职业病是指劳动者在生产劳动及其职业活动中，接触职业性有害物质引起的疾病。

（3）患病或者非因公负伤，在规定的医疗期内的。

（4）女职工在孕期、产期、哺乳期的。

（5）在本单位连续工作满十五年，且距法定退休年龄不足五年的。

（6）法律、行政法规规定的其他情形。考虑其他法律、行政法规中也有不得解除劳动合同的规定，同时为了便于与以后颁布的法律相衔接，《劳动合同法》第四十二条规定了这个兜底条款，以加强对劳动者的保护。

2）用人单位单方解除劳动合同的程序限制

《劳动合同法》第四十三条规定："用人单位单方解除劳动合同，应当事先将理由通知工会。用人单位违反法律、行政法规规定或者劳动合同约定的，工会有权要求用人单位纠正。用人单位应当研究工会的意见，并将处理结果书面通知工会。”这一规定明确了用人单位单方解除劳动合同的各项程序要求。

（1）提前书面通知。规定解除合同的预告期，是各国劳动立法的通行做法。用人单位单方解除劳动合同，应当提前将解除合同的意思通知劳动者。

（2）征求工会意见。为了充分发挥工会的作用，缓解矛盾，减少劳动争议的发生，以及更好地保护工会的知情权，使工会能及时发挥法定职责，用人单位凡是要单方解除劳动合同的，都必须提前将理由通知工会。

（3）经济补偿。经济补偿是用人单位解除和终止劳动合同而给予劳动者的一次性经济补偿金。用人单位单方解除劳动合同的，除《劳动合同法》第三十九条规定的情形外，应当按照有关规定向劳动者支付经济补偿，并在劳动者办理工作交接时支付。

（4）开具解除劳动合同的证明，依法为劳动者办理档案交接手续，保存解除合同文本。《劳动合同法》第五十条规定：“用人单位应当在解除或者终止劳动合同时出具解除或者终止劳动合同的证明，并在十五日内为劳动者办理档案和社会保险关系转移手续。”要求用人单位开具证明，是为了方便劳动者寻找新的就业机会，尽快重新就业。要求用人单位为劳动者办理档案和社保转移手续，是为了保证劳动者缴纳社保的连贯性，保证劳动者能顺利缴纳社会保险。“用人单位对已经解除的劳动合同的文本，至少保存二年备查。”

（二）劳动合同的终止

劳动合同的终止是指劳动合同的期限届满或者当事人的主体资格消失，合同约定的权利义务即行消灭，劳动合同自行终止，劳动关系终结的一种制度。劳动合同的终止和劳动合同的解除，都能导致劳动关系的终结，但两者又有如下的不同。

（1）阶段不同。劳动合同终止是劳动合同关系的自然结束，而解除是劳动合同关系的提前结束。

（2）二者适用条件的具体内容不同。劳动合同终止的条件主要有两类：一是合同期满；二是劳动者和用人单位主体资格消灭。劳动合同终止的条件法定，当事人不能事先在合同中约定。劳动合同解除的条件是必须出现双方当事人订立合同之时约定的解除事由或者出现法定的解除事由。

（3）是否需要双方当事人协商有所不同。用人单位可以与劳动者协商一致解除劳动合同。劳动合同的终止只有法定情形下的终止，没有约定条件下的终止，即用人单位与劳动者不得在《劳动合同法》第四十四条规定的劳动合同终止的情形之外约定其他的劳动合同终止条件。

（4）预见性不同。劳动合同终止一般是可以预见的，特别是劳动合同期满终止的，而劳动合同解除一般不可预见。

1. 劳动合同终止的情形

《劳动合同法》第四十四条规定了劳动合同终止的情形，主要有以下几方面。

（1）劳动合同期满的。劳动合同期满，除依法续订劳动合同的和依法应延期的以外，劳动合同自然终止，双方的权利义务结束。

（2）劳动者开始依法享受基本养老保险待遇的。根据法律法规的规定，我国劳动者开始依法享受基本养老保险待遇的条件大致有两个：一是劳动者已达法定的退休年龄，即国家法定的正常退休年龄；二是个人缴费年限累计满十五年或者个人缴费和视同缴费年限累计满十五年。

（3）劳动者死亡，或者被人民法院宣告死亡或者宣告失踪的。劳动合同是为使用劳动力而订立的合同，所以合同当事人一方必须是劳动力的拥有者，必须是作为自然人而存在的劳动者。公民死亡、被人民法院宣告失踪或者宣告死亡的，劳动合同一方主体资格消灭，客观上丧失提供劳动的可能，之前签订的劳动合同因为缺乏一方主体而归于消灭，从而导致劳动合同终止。

（4）用人单位被依法宣告破产的。根据企业破产法的规定，用人单位一旦被依法宣告破产，就进入破产清算程序，用人单位的主体资格即将归于消灭，因此用人单位一旦进入被依法宣告破产的阶段，就意味着劳动合同一方主体资格必然消灭，劳动合同归于终止。

（5）用人单位被吊销营业执照、责令关闭、撤销或者用人单位决定提前解散的。所谓吊销营业执照，是指剥夺用人单位已经取得的营业执照，使其丧失继续从事生产或者经营的资格。所谓责令关闭，是指用人单位违反了法律法规的规定，被行政机关作出了停止生产或者经营的处罚决定，从而停止生产经营。所谓被撤销，是指由行政机关撤销有瑕疵的公司登记。所谓用人单位决定提前解散，是指在股东会或者股东大会决议解散，或者公司合并或者分立需要解散，或者持有公司全部股东表决权百分之十以上的股东请求人民法院解散等情形下，用人单位于公司章程规定的终止时间之前解散公司。

（6）法律、行政法规规定的其他情形。

2. 劳动合同终止的法律后果

劳动合同依法终止后，用人单位是否应当向劳动者支付经济补偿金，根据终止原因的不同而不同。根据法律规定，在劳动合同期满，用人单位被依法宣告破产、吊销营业执照、责令关闭、撤销或者用人单位决定提前解散的情况下，企业需要支付经济补偿金。

需要说明的是，劳动合同期满终止合同的，用人单位也不必然都要支付经济补偿金。用人单位同意续订劳动合同，且维持或者提高劳动合同约定条件，劳动者不同意续订的，劳动合同终止，用人单位不支付经济补偿；如果用人单位同意续订劳动合同，但降低劳动合同约定条件，劳动者不同意续订的，劳动合同终止，用人单位应当支付经济补偿；如果用人单位不同意续订，无论劳动者是否同意续订，劳动合同终止，用人单位应当支付经济补偿。

3. 劳动合同终止的程序

（1）提前书面通知劳动者。企业终止劳动合同时，出于防范法律风险的考虑，建议最好采用书面形式通知员工，且书面通知的内容要合法。

（2）依法灵活办理相关条件确认手续。企业需要书面确认劳动合同到期后员工的续签意向，并注明公司不降低其薪资待遇，若员工依然拒签，则要求其签署确认文书。

（3）根据具体情况决定是否需要支付经济补偿金。

（4）检视是否存在《劳动合同法》第四十二条规定的不得终止的情形。

（5）为劳动者出具终止合同的证明，办理档案和社会保险移交手续。

（三）劳动合同的续订

劳动合同到期，如果继续维持原来的劳动关系，就必须续订劳动合同。劳动合同的续订是指劳动合同期满后，当事人双方经协商达成协议，继续签订与原劳动合同内容相同或者不同的劳动合同的法律行为。

1. 劳动合同续订的情形

（1）双方协商一致续订劳动合同。这种续订由双方当事人协商一致即可。

（2）因劳动合同续延导致的续订。劳动合同期满，存在《劳动合同法》第四十二条规定的情形之一的，如女职工在孕期、产期、哺乳期内的，劳动合同应当续延至相应的情形消失。

（3）续订无固定期限劳动合同。根据《劳动合同法》第十四条二款第三项的规定，“连续订立二次固定期限劳动合同，且劳动者没有本法第三十九条和第四十条第一项、第二项规定的情形，续订劳动合同的”，除劳动者提出订立固定期限劳动合同外，应当订立无固定期限劳动合同。符合续订无固定期限劳动合同条件的，劳动者和用人单位双方需要续订无固定期限劳动合同。

2. 劳动合同续订的程序

（1）任何一方要求续订劳动合同的，都应该提前向对方发出续订劳动合同的书面意向，比如发出续订劳动合同通知书，并及时与对方进行协商，依法续订劳动合同。

（2）续订劳动合同，如原劳动合同的主要条款已有较大改变，双方应重新协商签订新的劳动合同；如原劳动合同的条款变动不大，双方可以签订延续劳动合同协议书，并明确劳动合同延续的期限及其他需重新确定的合同条款。

（3）续订劳动合同不得再约定试用期。由于《劳动合同法》对“同一用人单位与同一劳动者只能约定一次试用期”作出了强制性规定，劳动合同续签时，无论是否对员工岗位或其他工作内容进行了强制性调整和变动，企业都不能与员工再次约定试用期。

第四节　劳动争议管理

一、劳动争议概述

（一）劳动争议的定义和特点

劳动争议又称劳资纠纷、劳资争议，是指劳动关系双方当事人因实现劳动权利和履行劳动义务而发生的纠纷。由于劳动者和用人单位在劳动力市场上的地位不同，双方既非完全的合作，也非完全的竞争，因此容易出现矛盾和冲突，由此产生劳动争议。劳动争议具有如下主要特征。

第一，当事人特定。劳动争议的双方当事人即劳动权利义务的承受者，包括用人单位和劳动者。在特定情况下，劳动者因病、工伤等原因死亡的，其亲属可以作为劳动争议的当事人。

第二，发生争议的主体之间存在劳动关系。劳动争议实质上是劳动关系当事人之间利益矛盾、利益冲突的表现。只有存在劳动关系，才有可能发生劳动争议。

第三，劳动争议的内容是劳动权利义务。劳动争议是在生产劳动过程中，双方因实现劳动而引发的纠纷。只有双方因劳动权利和劳动义务发生纠纷，才可能是劳动争议。

（二）劳动争议的受理范围

在劳动关系领域发生的所有争议，也并不能全部归属于劳动争议的范畴。目前我国对于劳动争议范围的判定主要依据《中华人民共和国劳动争议调解仲裁法》（简称《劳动争议调解仲裁法》）第二条的规定，其中扩大了劳动争议的受理范围，既有利于劳动者维权，也能有效防止有关职能部门因法律规定不明确而互相推诿的情况发生；明确了劳动争议的范围，对于依法受理和处理劳动争议案件，合法、及时、公正地保护当事人的合法权益非常重要。劳动争议的范围主要包括以下方面：因确认劳动关系发生的争议；因订立、履行、变更、解除和终止劳动合同发生的争议；因除名、辞退和辞职、离职发生的争议。这类劳动争议主要基于解除或终止劳动关系而发生；因工作时间、休息休假、社会保险、福利、培训及劳动保护发生的争议；因劳动报酬、工伤医疗费、经济补偿或者赔偿金等发生的争议；法律法规规定的其他劳动争议。

（三）劳动争议的处理原则

《劳动争议调解仲裁法》第三条规定：“解决劳动争议，应当根据事实，遵循合法、公正、及时、着重调解的原则，依法保护当事人的合法权益。”由此可见，解决劳动争议的基本原则有合法原则、公正原则、着重调解原则、及时处理原则。

（四）劳动争议的解决途径

在劳动争议产生以后，我国解决争议的途径有协商、调解、仲裁与诉讼四种。具体如下。

1. 协商

劳动争议的协商是指发生争议的劳动者与用人单位通过自行协商，或者劳动者请工会或者其他第三方共同与用人单位进行协商，从而使当事人的矛盾得以化解，自愿就争议事项达成协议，使劳动争议及时得到解决的一种活动。

2. 调解

劳动争议的调解是指法定的各类劳动争议调解组织，以国家法律法规和政策及社会公德为依据，对纠纷双方进行疏导、劝说，促使双方相互谅解，进行协商，自愿达成协议，解决劳动争议的一种方式。

3. 仲裁

不愿调解、调解不成或达成调解协议后不履行的，可以向劳动争议仲裁委员会申请仲裁。劳动争议仲裁是指经争议当事人申请，由劳动争议仲裁机构对用人单位和劳动者之间的争议进行评价，在查明事实、明确是非、分清责任的基础上，依法作出裁决并对当事人具有法律约束力的一种劳动争议处理方式。仲裁具有准司法的性质。

4. 诉讼

劳动争议诉讼是指人民法院对当事人不服劳动争议仲裁机构的裁决或决定而起诉的劳动争议案件，依照法定程序进行审理和判决，并对当事人具有强制执行力的一种劳动争议处理方式。

我国的劳动争议诉讼属于民事诉讼的一种特殊类型，由民事审判庭依据《中华人民共和国民事诉讼法》（简称《民事诉讼法》）和《劳动争议调解仲裁法》的规定，对劳动争议案件进行审理，实行两审终审制。劳动争议一方当事人不服一审法院判决的，可以向上一级人民法院提起上诉。二审的判决是终审判决，是生效的判决，当事人必须履行。

5. 劳动争议处理的体制

劳动争议处理体制又称劳动争议处理体系，是指由劳动争议处理的各种机构和方式在劳动争议处理过程中的各自地位和相互关系所形成的有机整体。根据《劳动争议调解仲裁法》第五条和第四十七条、《劳动法》第八十三条及《民事诉讼法》的相关规定，我国现行的劳动争议处理体制有“一调一裁两审制”制度、“先裁后审、裁审衔接”制度、“部分案件一裁终局”制度。

此外，劳动争议案件的特殊性包括仲裁前置、仲裁时效和诉裁衔接。

二、劳动争议的协商与调解

（一）劳动争议的协商

1. 劳动争议协商的概念

协商即人们通常所说的“私了”，是指纠纷主体双方以平等协商、相互妥协的方式和平地解决纠纷的方法。协商的过程和结果均取决于纠纷双方主体的意愿。协商可以有第三者协助或主持，也可以没有第三者参与。

2. 协商程序

根据《企业劳动争议协商调解规定》的规定，发生劳动争议，一方当事人可通过与另一方当事人约见、面谈等方式协商，另一方应在五日内作出口头或者书面回应（超过五日不回应视为拒绝协商），双方书面约定协商期限。协商达成一致，签订书面和解协议。

3. 协商期限

协商期限由当事人书面约定，在约定期限内未达成一致的，视为协商不成；当事人可以书面约定延长期限。

4. 协商代表

职工可以要求所在企业工会参与或者协助其与企业进行协商。工会也可以主动参与劳动争议的协商处理，维护职工合法权益。职工可以委托其他组织或者个人作为其代表进行协商。

5. 法律效果

协商达成的和解协议，对双方当事人具有约束力，当事人应当履行。经仲裁庭审查，和解协议程序和内容合法有效的，仲裁庭可以将其作为证据使用。和解协议不具有强制执行力。当事人为达成和解的目的做出妥协所涉及的对争议事实的认可，不得在其后的仲裁中作为对其不利的证据。

6. 程序衔接

当事人不愿协商、协商不成或者达成和解协议后，一方当事人在约定的期限内不履行和解协议的，可以依法向依法设立的调解组织申请调解，也可以依法向劳动人事争议仲裁委员会申请仲裁。

（二）劳动争议的调解

1. 劳动争议调解的概念

劳动争议调解是指专门的调解组织依法通过调解的方式处理申请调解的劳动争议案件的一种方式。发生劳动争议，当事人不愿协商、协商不成或者达成和解协议后不履行的，可以向调解组织申请调解。劳动争议调解具有以下特点。

（1）调解机构是社会组织，而不是国家机关。

（2）调解活动具有任意性。法律没有对调解作固定程序和形式的要求，调解活动没有严格详尽的法定程序。

（3）调解书仅具有合同性质，不具有强制执行的效力。劳动争议基层调解与仲裁、审判活动不同，调解活动参加人不具有诉讼活动中的权利和义务，调解组织没有对劳动争议的强制处理权，经调解达成的协议没有法律强制力保证，调解组织也不能强制当事人执行。

2. 劳动争议调解的原则

1）自愿原则

劳动争议调解组织依据法律规定，遵循双方当事人自愿原则进行调解。经调解达成协议的，制作调解协议书，双方当事人应当自觉履行；调解不成的，当事人在规定的期限内可以向劳动争议仲裁委员会申请仲裁。

2）引导和疏导原则

调解组织既不是国家司法机关，也不是行政机关，因此在调解案件时，其手段不同于诉讼和仲裁，更多地倾向于说服教育、耐心疏导的方式，动员双方达成协议。

3. 调解组织

《劳动争议调解仲裁法》第十条规定了三种类型的劳动争议调解组织。

1）企业劳动争议调解委员会

企业劳动争议调解委员会是由企业内部依法建立的单位内部专门处理劳动争议的机构，具有相对独立的地位，在进行劳动争议调解工作时，不受单位行政和任何人的干预。企业劳动争议调解委员会由职工代表和企业代表组成。

2）依法设立的基层人民调解组织

居民委员会、村民委员会下设的人民调解委员会是依法设立的基层人民调解组织。

人民调解组织可以就劳动争议进行调解，其性质属于诉讼外解决争议，具有化解矛盾争议的积极作用。

3）在乡镇、街道设立的具有劳动争议调解职能的组织

根据《劳动争议调解仲裁法》的规定，可以在乡镇、街道设立的具有劳动争议调解职能的组织，主要包括在小型非公有制企业和非正规就业人员比较集中，劳动争议多发的区、县、乡镇、街道、开发区、社区及行业设立的区域性、行业性劳动争议调解组织。

4. 调解的基本程序

1）申请调解

当事人申请调解有书面形式和口头形式两种。其中口头申请的，调解组织应当当场记录申请人的基本情况，申请调解的争议事项、理由和时间。

2）调解受理

调解委员会接到调解申请后，对属于劳动争议受理范围且双方当事人同意调解的，应当在三个工作日内决定是否受理。

3）实施调解

调解委员会根据案件情况指定调解员或者调解小组进行调解，在征得当事人同意后，也可以邀请有关单位和个人协助调解。调解员应当全面听取双方当事人的陈述，采取灵活多样的方式方法，开展耐心、细致的说服疏导工作，帮助当事人自愿达成调解协议。

4）调解协议及其执行

经调解达成协议的，应当制作调解协议书。调解协议书应当写明双方当事人基本情况、调解请求事项、调解的结果和协议履行期限、履行方式等。

三、劳动争议的仲裁

（一）劳动争议仲裁的定义和特点

作为一种法定的解决劳动争议的途径，劳动争议仲裁是指由依法成立的劳动争议仲裁委员会作为中立的第三方，遵循法律原则和程序，对劳动关系双方发生的劳动争议进行调解和裁决的一项劳动法律制度。与调解相比，仲裁具有更强的权威性和强制力；与诉讼相比，仲裁更加省时省力。作为诉讼前必然要经历的程序，劳动争议仲裁对解决劳动争议发挥着重要作用。

劳动争议仲裁具有如下特点：仲裁的对象是劳动争议；仲裁具有权威性和公正性；仲裁是诉讼的前置程序；提起仲裁必须当事人自愿；仲裁的判决结果具有法律约束力。

（二）劳动争议仲裁的基本制度

1. 劳动争议仲裁的管辖制度

劳动争议仲裁的管辖制度是指规定当事人应当向哪一个仲裁机构申请仲裁，由哪一个仲裁机构负责受理的法律制度。

2. 仲裁员回避制度

仲裁员回避制度是指根据法律的规定，负责审理某一具体仲裁案件的仲裁员，因具有法律规定的相关情形，而避开或者退出对该案的审理的一项法律制度。

3. 仲裁时效制度

仲裁时效制度是指当事人因劳动争议纠纷要求保护其合法权利，必须在法定的期限内向劳动争议仲裁委员会提出仲裁申请，否则法律规定消灭其申请仲裁权利的一种时效制度。劳动争议申请仲裁的时效期间为一年，从当事人知道或者应当知道其权利被侵害之日起计算。

4. 仲裁不收费制度

《劳动争议调解仲裁法》第五十三条规定："劳动争议仲裁不收费。劳动争议仲裁委员会的经费由财政予以保障。"由此可见，无论是劳动者还是用人单位提起劳动争议仲裁，均无须承担任何费用。

（三）劳动争议仲裁的程序

劳动争议仲裁的程序包括劳动争议仲裁申请和受理、仲裁开庭准备（组庭并告知、决定回避）、开庭和裁决（开庭前的预备、首席仲裁员宣布开庭、开庭调查、开庭辩论、调解和裁决）。

四、劳动争议的诉讼

（一）劳动争议诉讼的定义和类型

劳动争议诉讼是指劳动争议当事人不服劳动争议仲裁委员会的裁决，在规定的期限内向人民法院起诉，人民法院依法受理后，依法对劳动争议案件进行审理的活动。此外，劳动争议的诉讼，还包括当事人一方不履行仲裁委员会已发生法律效力的裁决书或调解书，另一方当事人申请人民法院强制执行的活动。劳动争议诉讼程序的作用在于确保当事人能获得司法救济，保障当事人的合法权益，并对劳动争议仲裁裁决进行监督。

劳动争议诉讼的种类有：①对被撤销的仲裁委员会裁决的起诉。②仲裁委员会不予受理的劳动争议，当事人可以向人民法院提起诉讼。③仲裁委员会逾期未作出裁决的劳动争议，当事人可以向人民法院提起诉讼。④对仲裁委员会作出的裁决不服的，当事人在法定期限内向人民法院提起诉讼。根据《劳动争议调解仲裁法》第五条的规定，"对仲裁裁决不服的，除本法另有规定的外，可以向人民法院提起诉讼"。

（二）劳动争议的诉讼时效

劳动争议案件的诉讼时效与仲裁时效是有联系的。鉴于劳动争议仲裁是提起劳动争议诉讼的必经程序，而根据《劳动争议调解仲裁法》第二十七条和《劳动法》第八十三条的规定，劳动争议申请仲裁的时效期间为一年，自劳动者知道或者应当知道其权利受到侵害之日起计算。劳动争议当事人对仲裁裁决不服的，可以自收到仲裁裁决书之日起十五日内向人民法院提起诉讼。一方当事人在法定期限内不起诉又不履行仲裁裁决的，另一方当事人可以申请人民法院强制执行。因此，劳动争议诉讼时效为"自收到仲裁裁决书之日起十五日内"，即在收到仲裁裁决书之日起才发生诉讼时效的问题。逾期提起民事诉讼，人民法院不予受理。

关键词

劳动关系；劳动关系管理；劳动合同；劳动争议；劳动协商；劳动调解；劳动仲裁；劳动诉讼。

本章思考题

1. 从企业管理的角度来看，什么是劳动关系？
2. 什么是劳动关系管理？劳动关系管理对企业有什么意义？
3. 在企业中，劳动合同管理的要点有哪些？
4. 从企业和员工的角度，不签订劳动合同的风险有哪些？
5. 什么是劳动争议？劳动争议的解决有哪些途径？
6. 劳动协商、劳动调解、劳动仲裁和劳动诉讼分别指什么？需要遵循的程序有哪些？

【案例分析】

企业可对“三期”女员工调岗降薪吗？[①]

胡女士系某公司销售专员，因工作性质需经常往返于全国各地出差，2015 年 4 月在其怀孕 6 个月左右的时候，公司认为其难以适应频繁出差的工作需要，与其就岗位问题协商后，让其于 2015 年 5 月起担任公司的客服专员。2016 年 6 月胡女士发现她 5 月份工资比 4 月份少了近 1/4，经询问，公司人力资源部的答复是：销售岗和客服岗的基本工资、岗位工资、绩效工资考核标准、补贴标准等均有差别，岗位发生变化则相对应的工资标准发生变化是正常的。胡女士认为公司在其“三期”内不应单方降低其工资。双方因此引发争议。

【案例思考】

该公司能对胡女士调岗降薪吗？

---

① 参阅张立德. 企业可对“三期”女员工调岗降薪吗?[EB/OL]. http://blog.sina.com.cn/s/blog_a2c631790102wu6p.html [2017-01-20].

第九章

职业生涯管理

第一节　职业生涯管理的概念、意义及特点

一、相关概念

（一）职业

在英文中，occupation 和 vocation 都可以被译为职业，但二者的含义并不完全相同。occupation 是一个比较宏观的概念，在社会制度或社会分工的层面上使用，如职业分类等；而 vocation 则是一个比较微观的概念，在个人层面和心理的层面上使用，如职业兴趣和职业能力等。在中文里，从词义学的角度分析，“职业”一词是由“职”和“业”两个字组合而成的。“职”字有责任、工作中所担当的任务等含义；“业”字有行业、业务、事业等含义。《现代汉语词典》（第 7 版）将职业解释为个人在社会中所从事的作为主要生活来源的工作。本书中的职业是指参与社会分工，利用专门的知识和技能，为社会创造物质财富和精神财富，获取合理报酬，作为物质生活来源，并满足精神需求的工作。

（二）职业生涯

职业生涯是一个人一生所有与职业相连的行为与活动，以及相关的态度、价值观、愿望等连续性经历的过程，也是一个人一生中职业、职位的变迁及职业目标的实现过程。简单地说，一个人职业发展的状态、过程及结果构成了个人的职业生涯。一个人对其职业发展有一定的控制力，他可以利用所遇到的机会，从自己的职业生涯中最大限度地获得成功与满足。

职业生涯的特征如下。

（1）从发展过程的观点来看，职业生涯是个体在一生中所从事的职业和扮演的职业角色，个人的职业发展过程是职业生涯的重要内容。

（2）职业生涯是以心理开发、生理开发、智力开发、技能开发、伦理开发等人的潜能开发为基础，以工资待遇、职称、职务的变动为标准，以满足需求为目标的工作经历和内心体验的经历。

（3）职业生涯对每个个体而言都是非常重要的，是个体人生中的一段重要历程，职

业生涯体现了个体的人生价值。

（4）职业生涯是动态的、独一无二的过程，个人的职业生涯包含职业内容的变化和职业岗位的变化，这是一个动态的变化过程。

（5）职业生涯可以分为两个方面：外职业生涯（对外在职场而言）和内职业生涯（对个人自身而言）。外职业生涯主要考虑人们从事某种职业时的外部环境，包含工作时间、地点、单位、内容、职务与职称及工资待遇等因素。内职业生涯指的是人们进行某种职业劳动时所具备的知识、观念、经验、能力和心理素质，以及内心感受等因素，每个人都具有独特的内职业生涯。外职业生涯是由外部条件给予的，为职业发展提供的上升通道往往根据用人单位的需求来进行设计。外职业生涯依赖于外部环境条件，但同时会因为内职业生涯的发展而变化；而内职业生涯是个人根据自身特点结合外部需求为自己设计的职业发展道路，内职业生涯的发展由个体自己控制，内职业生涯发展是外职业生涯发展的内因。

（三）职业生涯管理

职业生涯管理是指组织开展和提供的、用于帮助和促进组织内正从事某类职业活动的员工实现其职业发展目标的一系列活动。组织职业生涯管理可分为正式和非正式两个维度，其中正式的组织职业生涯管理措施包括雇员被要求参加培训来发展个人的职业生涯、雇员被安排做一些可以提升个人能力的任务等；非正式的组织职业生涯管理措施包括组织给雇员安排对其职业生涯发展有帮助的导师、雇员被上司或组织介绍给那些可以帮助其发展职业的人。

二、职业生涯管理的意义

1）帮助员工成长

组织对员工进行职业生涯管理，有利于员工了解自己的优势和劣势，从而使员工在工作中最大限度地发挥自己的长处，克服自身的短处，实现自己的价值；同时员工在工作中应该找到乐趣，要在工作中建立兴趣，获得全面发展。

2）提高组织人力资源竞争力

由于经济全球化、产品更新加快、买方市场的形成等影响，组织竞争变得更加激烈。在这充满挑战和机遇的时代，组织既要增强员工单兵作战的能力，又要增强整体作战的能力。通过职业生涯管理，实现人力资源的动态合理配置，系统开发现有人力资源，对员工进行高层次的鼓励，必然大大提高员工单兵作战的能力，同时也将提高组织整体竞争力。

3）有利于组织变革，增强员工对不确定性的适应力

现代组织正处于一个易变性、不确定性、复杂性、模糊性的世界里，有人称之为乌卡时代（VUCA）[①]。世界范围内的危机、大的疾病流行、行业政策变化或多或少都会对组织产生影响，如果不能适应这些变化，无论组织还是个人都将面临危机。通过职业生涯管理让员工了解自己、了解组织、了解环境，从而可以更好地适应环境。

---

① VUCA，即 volatile、uncertain、complex、ambiguous 的缩写。

三、职业生涯管理的特点

第一，为其员工设计的职业发展、援助计划，有别于员工个人制订的职业计划。

职业计划以个体的价值实现和增值为目的，个人价值的实现和增值并不局限于特定的组织内部。职业管理则是从组织角度出发，将员工视为可开发增值而非固定不变的资本。通过员工职业目标的努力，谋求组织的持续发展。职业管理带有一定的引导性和功利性。它帮助员工完成自我定位，克服完成工作目标中遇到的困难挫折，鼓励员工将职业目标与组织发展目标紧密相连，尽可能多地给予他们机会。由于职业管理是由组织发起的（通常由人力资源部门负责），所以具有较强的专业性和系统性。与之相比，职业计划没有那么正规和系统。或者我们可以说，只有在科学的职业管理之下，才可能形成规范的、系统的职业计划。

第二，满足个人和组织的双重需要。

与组织内部一般的奖惩制度不同，职业管理着眼于帮助员工实现职业计划，即力求满足职工的职业发展需要。因此，要实行有效的职业管理，必须了解员工在实现职业目标过程中会在哪些方面碰到问题，如何解决这些问题，员工的漫长职业生涯是否可以分为有明显特征的若干阶段，每个阶段的典型矛盾和困难是什么，如何加以解决和克服，等等，组织只有在掌握这些知识之后，才可能制定相应的政策和措施帮助员工找到内部增值的需要。一方面，全体员工职业技能的提高会带动组织整体人力资源水平的提升；另一方面，在职业管理中心的有意引导下可使同组织目标方向一致的员工脱颖而出，为培养组织高层经营、管理或技术人员提供人才储备。提高人员整体竞争力和储备人才是组织的需要。对职业管理的精力、财力投入和政策注入可以看作组织为达到上述目的而进行的较长期投资。

第二节　职业生涯管理的基本理论

职业生涯管理理论起源于美国，最早是以“职业指导”形式出现的。职业指导是指由专业机构帮助择业者确定职业方向，进行职业选择，并谋求职业发展的咨询指导过程。

职业生涯管理理论可以分为以“找到自己最适合的工作”为核心的选择理论、“不同阶段完成人生不同任务”的发展理论和“发现自己工作意义”的构建理论。

一、职业选择理论

职业选择理论是指通过了解人自身的个性特质和不同职业的需求和类型特征，依照自己的职业期望和兴趣选择人的职业。该理论又分为以下三种。

（一）职业——人匹配理论

人匹配理论又称特质因素理论，由“职业辅导之父”帕森斯（Parsons）创立。帕森斯在其所著《选择一个职业》一书中认为，每个人都具有不同的生理和心理特点，即所谓的特质，这种特质是可以通过心理测验认识到的。每种职业都有不同的用人要求，即所谓的因素[①]。一个人的职业选择通常要考查三个方面的因素，即自我的爱好、价值观、能力、资源、限制条件等；不同行业工作性质、要求、成功要素、优缺点、薪酬水平、发展前景和机会；二者的协调和匹配，不同的职业岗位需要不同特质的人，即只有将二者进行匹配，才能使个体找到最能体现和发挥其特质的工作。

人匹配理论旨在帮助员工找到个人特质和具体职业要求之间的最佳匹配，理论上说，它能给需要完成的工作和需要工作的人提供巧妙的匹配，使适当的人承担适当的职责，充分发挥个人的作用，最大限度地提高工作效率。

（二）职业性向理论

约翰·霍兰德（John Holland）于 1971 年提出了具有广泛社会影响的职业性向理论。他认为，职业性向即人的价值观、动机和需要等是决定一个人选择何种职业的重要因素。霍兰德经测试研究发现六种基本的职业性向并对应于六种职业类型，即现实型、研究型、社会型、常规型、企业型、艺术型。他认为，某种人格类型的劳动者应与其相同类型的职业相结合，即做到人格—职业相匹配。劳动者也因此能充分调动自己的积极性，发挥自己的才智[②]。这六种职业类型的人的特点如下。

（1）现实型。这类人偏好需要技能、力量、协调性的活动，具有真诚、持久、稳定、顺从的个性特征，适合从事操作、装配、农场主等工作。

（2）研究型。这类人偏好需要思考、探索和理解的活动，具有好奇心强、善于分析、富有创造性、独立性强的个性特征，适合从事科学研究和新闻记者等职业。

（3）社会型。这类人偏好能够帮助别人的活动，具有社会交际能力强、友好合作、理解力强的个性特征，适合从事社会工作、教育、医疗等职业。

（4）常规型。这类人偏好规范、有序、清楚、明确的活动，具有顺从、高效、实际的个性特征，适合从事会计、出纳和档案管理之类工作。

（5）企业型。这类人偏好能够获得权力和支配他人的活动，具有自信、进取、敢于冒险、精力充沛的个性特征，适合从事创业和经纪人之类职业。

（6）艺术型。这类人偏好无规则可循的创造性活动，具有理想化、情绪化、想象力丰富的个性特征，适合从事画家、音乐家、作家之类工作。

然而，很多人都不是只有一种性向，而是可能包含几种，通过测评可以得出，比如有的人会有两种或者三种，每个人的类型都由这六个代码的不同组合而成。这些性向越相近，则表明一个人在选择职业的时候，内心的矛盾和纠结就越少。

（三）职业锚理论

职业锚是指一个人在他的职业生涯中必须做出选择的时候无论怎样都不会抛弃的那种价值观，或者他所认为必须保留的东西，所以也被称为职业系留点。职业锚一般是人们在实际工作中得到的经验，以及各种实践之后，所形成的一种能让自己满足并且稳定

---

① Parsons F. Choosing a vocation[J]. Books on Demand, 1909, 14(7): 636-640.

② Holland J L. Making Vocational Choices: A Theory of Vocational Personalities and Work Environments[M]. 2nd ed. Englewood Cliffs: Prentice-Hall, 1985.

的职业定位。

1978 年埃德加·施恩（Edgar Schein）首先提出了五种类型的职业锚，随后在 20 世纪 90 年代又加入了三种，也就是现在我们常用的八种类型的职业锚[①]。

（1）自主/独立型。该类型的人希望随心所欲地安排自己的工作方式和生活方式。追求能施展个人能力的工作环境，最大限度地摆脱组织的限制和制约。他们宁愿放弃提升或工作扩展机会，也不愿放弃自由与独立。

（2）创业型。该类型的人希望用自己的能力去创建属于自己的公司或创建完全属于自己的产品（或服务），并愿意为之去冒风险，克服面临的困难。

（3）管理型。该类型的人追求并致力于工作晋升，倾心于全面管理，独自负责一个部门，可以跨部门整合其他人的努力成果。

（4）技术/职能型。该类型的人追求在技术/职能领域的成长和技能的不断提高，以及应用这种技术/职能的机会。他们对自己的认可来自他们的专业水平，他们喜欢面对来自专业领域的挑战，不喜欢从事一般的管理工作，因为这将意味着他们放弃在技术/职能领域的成就。

（5）安全/稳定型。该类型的人追求工作中的安全与稳定感。他们关心财务安全，如退休金和退休计划。这类人的稳定感包括诚信、忠诚，以及完成老板交代的工作。尽管有时他们可以达到一个高的职位，但他们并不关心具体的职位和具体的工作内容。

（6）挑战型。该类型的人喜欢解决看上去无法解决的问题、战胜强硬的对手、克服无法克服的困难障碍等。对他们而言，参加工作的原因是工作允许他们去战胜各种不可能。新奇、变化和困难是他们的终极目标。

（7）服务/奉献型。该类型的人指那些一直追求他们认可的核心价值，如帮助他人。他们一直追寻这种机会，即使这意味着可能会因此失去工作而更换公司，他们也不会接受不允许他们实现这种价值的工作变换或工作提升。

（8）生活型。该类型的人喜欢允许他们平衡并结合个人的需要、家庭的需要和职业的需要的工作环境。他们希望将生活的各个主要方面整合为一个整体。

施恩表示：职业锚能够对员工在选择职业方向，以及职业生涯能否成功等两个方面产生重大的影响，因此企业如要做好员工职业生涯规划管理，必须首先帮助员工找到适合其自身特性的职业锚[②]。

职业选择理论给人力资源管理的启示是：选择那些与工作相适应的人进入组织，同时帮助员工理解自己的特质，变成工作的优势，理解别人的特质，把对抗变成合作和支持。

二、职业发展理论

职业发展理论将人们的职业发展周期划分为不同的阶段，假设每个阶段都有其独特的、需要解决的任务和问题，并为这些任务的解决提出方法与对策。

---

① Schein E H. How career anchors hold executives to their career paths[J]. Personnel, 1975, 52(3): 11-24.

② Schein E H. How career anchors hold executives to their career paths[J]. Personnel, 1975, 52(3): 11-24.

（一）舒伯的职业生涯发展阶段理论

舒伯（Super）的职业生涯发展阶段理论是一种纵向职业指导理论，重点在于对个人的职业倾向和职业选择过程本身进行研究。舒伯将美国白人作为自己的研究对象，把人的职业生涯划分为成长阶段、探索阶段、确立阶段、维持阶段和衰退阶段五个主要阶段①。具体见下。

1）成长阶段

成长阶段（0～14 岁）属于认知阶段。在这一阶段，个人通过对家庭成员、老师、朋友的认同，逐步建立起自我概念，并经历从职业好奇、幻想到感兴趣，再到有意识地培养职业能力的逐步成长过程。

（1）幻想期（0～10 岁），在幻想中扮演自己喜欢的角色。

（2）兴趣期（11～12 岁），以兴趣为中心，理解、评价职业，开始做职业选择。

（3）能力期（13～14 岁），更多地考虑自己的能力和工作需要。

2）探索阶段

探索阶段（15～24 岁）属于学习打基础阶段。在这一阶段，个体将认真地探索各种可能的职业选择，对自己的能力和天资进行现实性评价，并根据未来的职业选择做出相应的教育决策，完成择业及最初就业。

（1）试验期（15～17 岁），综合认识和考虑自己的兴趣、能力，对未来职业进行尝试性选择。

（2）转变期（18～21 岁），正式进入职业，或者进行专门的职业培训，明确某种职业倾向。

（3）尝试期（22～24 岁），选定工作领域，开始从事某种职业，对职业发展目标的可行性进行实验。

3）确立阶段

确立阶段（25～44 岁）属于选择、安置阶段。经过早期的试探与尝试后，最终确立稳定的职业，并谋求发展的阶段，这一阶段是大多数人职业生涯周期中的核心部分。

（1）稳定期（25～30 岁），个人在所选的职业中安顿下来，重点是寻求职业及生活上的稳定。

（2）发展期（31～44 岁），致力于实现职业目标，是富有创造性的时期。

4）维持阶段

维持阶段（45～64 岁）属于升迁和专精阶段。在这一阶段个体长时间地在某一职业上工作，在该领域已有一席之地，一般达到常言所说的“功成名就”的境地，已不再考虑变换职业，只力求保住这一位置，维持已取得的成就和社会地位。这个阶段的重点是维持家庭和工作间的和谐关系，传承工作经验，寻求接替人选。

5）衰退阶段

衰退阶段（65 岁及以上）属于退休阶段。由于健康状况和工作能力逐步衰退，即将退出工作，结束职业生涯。

---

① Super D E, Hall D T. Career development: Exploration and planning[J]. Annual Review of Psychology, 1978, 29(1): 333-372.

（二）道尔顿和汤普森的职业发展阶段模型

哈佛商学院的道尔顿（Dalton）和汤普森（Thompson）在研究高绩效者和平均绩效者之间的差别时发现，员工的职业发展有四个阶段，具体见表 9-1①。

表 9-1　道尔顿和汤普森的职业发展阶段模型

第一阶段：成长依赖期	第二阶段：独立贡献期	第三阶段：指导授能期	第四阶段：策划领导期
（1）主动接受指导； （2）参与工作项目/任务并有良好表现； （3）掌握基本日常工作； （4）在指导下能发挥创造力； （5）在时间或资源压力下能正常工作； （6）积极学习团队共同的工作方式	（1）对分内工作尽职尽责； （2）较少依赖监督，能独立完成任务，成绩优良； （3）专业技能有所提升； （4）树立信誉与威望； （5）建立良好的内部工作关系	（1）专业技能得到提升； （2）开阔视野； （3）以自己的见解和知识启发他人； （4）有效地代表所在组织与客户和外界交往； （5）建立良好的内外关系网	（1）为组织指明方向； （2）发现重要商机，引导业务需求； （3）负责任地行使权利； （4）获得必要的资源； （5）支持乐于奉献的个人成为后备领导人才； （6）代表组织处理重大战略性事务

这种职业发展四阶段模型与传统的由技术到管理的职业发展理论有很大区别。道尔顿和汤普森发现，根据不同阶段所界定的贡献，其实与组织岗位级别之间无关。比如说第三阶段的特点是发展他人，拓宽视野，理解商业问题，能利用网络和团队来完成任务。这听起来更像是主管或者经理的工作分析。但事实上，许多主管拥有正式的管理权力，却缺乏第三阶段所需要的技能。另外，他们还发现，处于第三阶段的大部分人并不处于正式的管理岗位上，经理与非管理者之间的比例为 1∶3。第四阶段经理与非管理者的比例则刚好相反，但依然有人处于技术专业岗位上，也影响着公司的发展方向②。

三、职业生涯建构理论

职业生涯建构理论由职业心理学领域的美国著名学者马可·萨维卡（Mark Savickas）于 2002 年提出，后来又进行了更深层的阐述和补充。职业生涯建构理论将个体的职业生涯定义为个体职业行为的反应或反思，而非职业行为本身，而且这一反思聚焦于实际发生的职业生涯事件，比如个体的职业（客观职业生涯）或者这些职业的意义（主观职业生涯）③。

生涯建构理论分别用职业人格类型、生涯适应力和人生主题回应了个体职业行为中是什么（what）、怎么样（how）、为什么（why）三个问题；提出了生涯适应力，认为适应才是终身职业生涯发展的核心。萨维卡在继承和发展舒伯等的生涯发展的基础上，把它提升到了一个更高、更新的境界——主观生涯，这是一种主观性的看法，即把个体生涯的各个阶段编制成一个描述人生主题的模式，不仅把生涯适应力作为生涯发展的核

---

① Dalton G W, Thompson P H, Price R L. The four stages of professional careers: A new look at performance by professionals[J]. Organizational Dynamics, 1977, 6(1): 19-42.

② Dalton G W, Thompson P H. Accelerating obsolescence of older engineers[J]. Harvard Business Review, 1971, 49(5): 57-67.

③ Savickas M L. Career construction: A developmental theory of vocational behavior[J]. Career Choice and Development, 2002: 149-205.

心能力，还指出个体职业发展的实质是一个追求主观自我与外部环境相互适应的动态过程，个体占有完全的、主观的、主导的地位，不同的人有着不同的建构内容和建构结果①。

第三节　个人职业生涯管理

个人职业生涯管理又称自我职业生涯管理，随着经济全球化和知识经济时代的到来，组织所面临的市场环境迅速变化，不确定性因素增加。组织寿命变得不可预测，员工在某一组织中的职业生涯可能随时会终止。新技术的发展也影响着组织结构的调整，进而影响着职业的特点，"无边界职业生涯""易变性职业生涯"特点逐渐凸显。在这一背景下，员工需要为个人的职业生涯负责。

一、认识自己

认识自己并不是一件简单的事情，认识自己从心理学的角度讲就是对自身形成清晰、客观的自我认知，即个体对自己的了解和认识，包括自己的兴趣、特长、性格、学识、技能、智商、情商、思维方式、思维方法等。通过对自己以往的经历及经验的分析，找出自己的专业特长与兴趣点。

认识自己的方法有很多，反省自己是最直观、最简单的方法，通过从自身经验及认知中反思、总结来了解自己，从而找到自己的兴趣点，进而发现自己的优缺点。除了靠内省来认识自己之外，还可以借助各种工具来认识自己，常见的有以下几种。

（一）个性测量

个性测量也称人格测量，人格是个体对他人的反应和与他人互动时所采取的各种各样的方式的总和。人格是在个体适应或改变环境的活动、实践过程中形成和表现出来的。正因为如此，通过测量人格可以了解自己的需要、态度、价值观、兴趣、能力等。常用的人格测试工具有 16PF、迈尔斯-布里格斯类型指标（Myers-Briggs type indicator，MBTI）和大五人格特质。

1. 16PF

16PF 是美国伊利诺州立大学人格及能力测验研究所卡特尔（Cattell）编制的用于人格检测的一种问卷。

卡特尔认为人格的基本结构元素是特质。特质的种类很多，有人类共同的特质也有个人独有的特质。有的特质由遗传决定，有的由环境决定；有的与动机有关，有的与能力和气质有关。若从向度来分，可分为以下四种②。

（1）表面特质与根源特质。表面特质是指一群看起来似乎聚在一起的特征或行为，即可以观察到的各种行为表现。它们之间是有相关性的。根源特质是行为的最终根源和

---

① Savickas M L. Career construction: A developmental theory of vocational behavior[J]. Career Choice and Development, 2002: 149-205.

② 周晶，郭庆科. 罗夏墨迹技术与卡特尔 16 种人格因素问卷的相关特征[J]. 中国临床康复，2006，10（42）：191-193.

原因，它们是堆砌成人格的砖块，每一个根源特质控制着一簇表面特质。透过对许多表面特质的因素分析便可找到它们所属的根源特质。

（2）能力特质、气质特质与动力特质。能力特质与认知和思维有关，在 16PF 中主要由智慧因素（B 因素）表示，它决定了工作效率。行为的情绪、情感方面则表明了气质特质。动力特质与行为的意志和动机方面有关。

（3）个别特质和共同特质。人类存在着所有社会成员共同拥有的特质（共同特质）和个体独有的特质（个别特质即表面特质）。虽有共同特质，但共同特质在各个成员身上的强度却各不相同（指根源特质）。

（4）体质特质和环境塑造特质。16PF 中有些特质是由遗传决定的，称为体质根源特质，而有些特质源于经验，因此称为环境塑造特质。人格的成长和发展中遗传与环境都有影响。

卡特尔在其人格的解释性理论构想的基础上编制了 16PF，从 16 个方面描述了个体的人格特征。这 16 个因素或分量表的名称和符号分别是乐群性（A）、聪慧性（B）、稳定性（C）、恃强性（E）、兴奋性（F）、有恒性（G）、敢为性（H）、敏感性（I）、怀疑性（L）、幻想性（M）、世故性（N）、忧虑性（O）、实验性（Q1）、独立性（Q2）、自律性（Q3）、紧张性（Q4）。

2. MBTI

MBTI 是 20 世纪 40 年代由美国心理学家伊莎贝尔·布里格斯·迈尔斯（Isabel Briggs Myers）和她的母亲凯瑟琳·库克·布里格斯（Katharine Cook Briggs）根据瑞士精神病学家荣格的理论共同制定出的一种人格类型理论模型。MBTI 包括大约 100 个项目的人格测试，通过了解人们在做事、获取信息、决策等方面的偏好来从四个角度对人进行分析，用字母代表如下。

注意力方向（精力来源）：外倾 E（extrovert）-内倾 I（introvert）

认知方式（如何搜集信息）：实感 S（sensing）-直觉 N（intuition）

判断方式（如何做决定）：思维 T（thinking）-情感 F（feeling）

生活态度（如何应对外部世界）：判断 J（judgment）-理解 P（perceiving）

人格类型的第一个维度：外倾-内倾主要测量人们注意力集中的方向。外倾型的人把注意力和精力放在身外的世界，主动与人交往，喜欢互动，与人为伴时精神抖擞。内倾型的人专注于自我的内心世界，喜欢独处并陶然其中。他们总是先想后做，心理活动较多。他们不喜欢受人注目，一般比外倾型的人矜持。

人格类型的第二个维度：实感-直觉。此类型与人们平时接受信息的方式有关。实感型的人倾向于通过感觉器官获取真实存在的信息，他们注意自己看到、听到、触到、嗅到和尝到的具体感觉，他们只相信可以测量、能够记录下来的东西，只注重具体细节，比较实际。直觉型的人更相信“第六感觉”（直觉）。他们善于理解字面以外的含义，对一切事情都要寻求一个内在意义。他们富有想象力，倾向于看到事物的整体和抽象性的东西，通常不愿意维持事物的现状，比较有创造性。

人格类型的第三个维度：思维-情感。此类型涉及人们做决定和结论的方式。思维型的人处理信息和做决策时依赖的是逻辑的因果关系，善于客观地分析一切，不以情感为转移，比较理智和公正。情感型的人常依自己的喜好和感觉做决定，他们容易将自己置于问题情境中，过多考虑情感因素而忽略客观事实。他们很能体贴人、富有同情心，并以此为荣。

人格类型的第四个维度：判断-理解。此类型所关注的是一个人更愿意有条理还是随意地生活。判断型的人条理性较强。只要生活安排得有条不紊、事事井井有条，他们就快乐无比。凡事他们都要断个分明，喜欢决策。理解型的人生活散漫随意，生活动机性强时最高兴，他们乐于尝试一切可能的事情。他们往往理解生活，而不是努力控制生活。

四个维度可以组合成 16 种人格类型，因而量表的测量有 16 种结果。例如，ESTJ 是外倾的、通过感觉收集信息的，采用思维做出决定，且喜欢结构性、时间进度明确有序之人，所以此类型的人擅长组织和管理。一项关于 MBTI 的集中研究表明，被研究的 7463 名管理者中大多数属于 ESTJ 型①。

3. 大五人格特质

随着统计技术的进步和计算机在数据处理中的应用，研究者在对人格进行因素分析时有了惊人且相当一致的发现，一些研究群体从许多不同的人格资料中发现了关于五个人格维度的证据。这五个因素在大量不同方法的研究中都较为突出，被研究者称为“大五”，即外向性、情绪稳定性（神经质）、开放性、宜人性（友善性）和尽责性（谨慎性）。

外向性：它一端是极端外向，另一端是极端内向。外向者爱交际，表现得精力充沛、乐观、友好和自信；内向者在上述表现中则不是很突出，但这并不等于说他们就是自我中心的和缺乏精力的，只是他们更偏重含蓄、自主与稳健。

情绪稳定性（神经质）：在大五人格特质的此项测试中，得高分者比得低分者更容易因为日常生活的压力而感到心烦意乱。得低分者多表现为自我调适良好，不易出现极端反应。

开放性：指对经验持开放、探求态度，而不仅仅是一种人际意义上的开放。在大五人格特质的此项测试中，得分高者不墨守成规、独立思考；得分低者多数比较传统，喜欢熟悉的事物多过喜欢新事物。

宜人性（友善性）：在大五人格特质的此项测试中，得高分的人乐于助人、可靠、富有同情；得分低的人多抱敌意，为人多疑。前者注重合作而不是竞争；后者喜欢为了自己的利益和信念而争斗。

尽责性（谨慎性）：在大五人格特质的此项测试中，得分高者做事有计划，有条理，并能持之以恒；得分低者马虎大意，容易见异思迁，不可靠。

大五人格的构建基础包含有关品格的词汇或行为表现，由大五人格量表测试出来的结果有好有坏，这从它的各个因素的描述中能很明显地看出来。

① 参阅陈春花，杨忠，曹洲涛，等. 组织行为学[M]. 北京：机械工业出版社，2009.

（二）职业兴趣测量

兴趣是个人力求接近、探索某种事物和从事某种活动的态度和倾向，亦称“爱好”，是个性倾向性的一种表现形式，职业兴趣是兴趣在职业方面的表现。一个人只有对自己所从事的事业感兴趣，才能全身心地投入，并获得成长和发展。《加拿大职业分类词典》中描述了各种职业兴趣类型的特点与相应的职业。

（1）愿与事物打交道，喜欢接触工具、器具或数字，而不喜欢与人打交道。例如，制图员、修理工、裁缝、木匠、建筑工、出纳员、记账员、会计、勘测、工程技术、机器制造等。

（2）愿与人打交道，喜欢与人交往，对销售、采访、传递信息一类的活动感兴趣。例如，记者、推销员、营业员、服务员、教师、行政管理人员、外交联络等。

（3）愿与文字符号打交道，喜欢常规的、有规律活动；习惯于在预先安排好的程序下工作，愿干有规律的工作。例如，邮件分类员、办公室职员、图书馆管理员、档案整理员、打字员、统计员等。

（4）愿与大自然打交道，喜欢地理地质类的活动。例如，地质勘探人员、钻井工、矿工等。

（5）愿从事农业、生物、化学类工作，喜欢种养、化工方面的实验性活动。例如，农业技术员、饲养员、水文员、化验员、制药工、菜农等。

（6）愿从事社会福利类的工作，喜欢帮别人解决困难。例如，咨询人员、科技推广人员、教师、医生、护士等。

（7）愿做组织和管理工作，喜欢掌管事务，以发挥重要作用；希望受到他人尊敬和获得声望，愿做领导和组织工作。例如，行政人员、企业管理干部、学校领导和辅导员等。

（8）愿研究人的行为和心理，对人的行为举止和心理状态感兴趣。例如，心理学、政治学、人类学、人事管理、思想政治教育研究工作，以及教育、行为管理工作、社会科学工作者、作家等。

（9）愿从事科学技术事业，喜欢通过逻辑推理、理论分析、独立思考或实验发现和解决问题的、推理的、测试的活动，善于理论分析，喜欢独立解决问题，也喜欢通过实验做出新发现。例如，生物学、化学、工程学、物理学、自然科学工作者、工程技术人员等。

（10）愿从事富有想象力和创造力的工作，喜欢创造新的式样和概念，喜欢独立的工作，对自己的学识和才能颇有自信；乐于解决抽象的问题，而且急于了解周围的世界。例如，社会调查、经济分析、各类科学研究工作、化验、新产品开发，以及演员、画家、创作或设计人员等。

（11）愿做操作机器的技术工作，对运用一定技术操作各种机械或制造新产品及完成其他任务感兴趣；喜欢使用工具特别是大型的、马力强的先进机器。例如，飞行员、驾驶员、机械。

（12）愿从事具体的工作，喜欢制作看得见、摸得着的产品并从中得到乐趣；希望在工作中很快看到自己的劳动成果，并从完成的产品中得到满足。例如，室内装饰、园林、美容、理发、手工制作、机械维修、厨师等。

二、认识环境

选择职业之前个人还要对职业环境有一个全面的认知，把握好职业发展趋势，从而减少职业转换成本。了解职业环境主要包括对社会环境的认知和对组织环境的认知。

（1）对社会环境的认知。首先，我们应该对劳动力市场状况有一个整体把握。政府部门及各研究机构每年都会就我国劳动力市场发展状况做报告。作为未来劳动力市场的参与者，我们需要关注报告内容，了解各地区、各行业的劳动力供求变化。

（2）对组织环境的认知。对组织环境的认知主要是指对目标工作单位的了解和认识。对组织环境建立全面、准确的认知能够帮助我们提前了解工作环境，有利于提高未来的工作适应性。

三、个人职业生涯规划

（一）确立职业生涯目标

职业发展必须有明确的方向与目标，目标的选择是职业发展的关键。因为坚定的目标可以成为追求成功的驱动力。确定职业生涯目标主要包括职业选择及职业生涯发展路线的选择两个方面的内容。职业选择是事业发展的起点，选择正确与否，直接关系到事业的成败。职业生涯发展路线是指一个人选定职业后从什么方向实现自己的职业目标，是向专业技术方向发展，还是向行政管理方向发展。因为发展方向不同，要求也不同。

（二）职业生涯决策

职业生涯决策是个人根据各种条件，并经过一系列活动以后进行的目标决定，以及为实现目标而制定优选的个人行动方案。职业生涯决策并非一个即时的职业选择结果，而是一个非常复杂的职业决策过程。职业生涯决策包括初步确定可能的职业生涯道路，搜索职业生涯信息，比较各种可能选择的职业生涯道路，以及最终选择一条适合自己的职业生涯道路的决策过程。职业生涯的决策方法有以下几种。

1. SWOT 分析法

具体内容参见表 9-2。

表 9-2 SWOT 分析法

	优势 （个体可控且可利用的内在积极因素）	劣势 （个体可控且可以改善的内在消极因素）
内部因素	你曾经的工作经历； 你的专业是什么； 你的特长是什么； 你在专业领域曾有什么成果； 你在专业组织中有影响力吗； 你的人格特质（自我约束、创造性）	你的性格弱点是什么； 你曾经的经历中所欠缺的是什么； 你的专业功底是否扎实； 你是否存在负面的人格特征（如缺乏自律、畏难情绪、缺失人际交往能力）

续表

外部因素	机会 （个体不可控但可利用的外部积极因素）	威胁 （个体不可控但可使其弱化的外部消极因素）
	社会大环境的有利因素； 有接受再教育的机会； 人际关系的有利因素； 就业机会的增加； 适合自己的专业领域急需人才； 专业领域有晋升机会	技术变革和社会环境的变化对你的潜在威胁； 与同专业领域的其他同事竞争激烈； 就业机会的减少； 组织中有技能、经验、知识丰富的竞争者； 因缺少培训学习造成的职业发展障碍； 专业领域发展有限； 工作晋升机会十分有限

资料来源：王俊. 职业生涯规划[M]. 南京：东南大学出版社，2016

SWOT 分析法要注意到以下几点：①最重要的是跳出自我。首先，个体必须清楚地认识到 SWOT 评估只是为了帮助自己辨别清楚自身的优势和劣势，其结果直接关系着自身未来的职业道路，意义非常重大。在评价过程中，个体应该尽量避免过度的谦虚和过度的理想自我，要敢于面对自己的不足，这样才能在职业计划中有良好的开始。其次，在优势和劣势分析开始的阶段，个体可以尝试用一些具体的词汇来描述自己，出现频率较多的特征词汇便构成了自己的优点和缺点。②个体可以寻求外在资源的帮助。一方面，可以使用一些职业测评手段和个人特质诊断工具来帮助自己客观地认识自己、辨别外在机会和威胁；另一方面，个人可以请教他人帮助诊断。以前的绩效评估、同事和上级的评价甚至在校时老师和其他同学的评语均能提供有价值的信息反馈，或者还可以求助于职业辅导专家。③客观化构建定量的 SWOT 矩阵。在构建定量的 SWOT 矩阵时，个体应该尽可能地了解该行业长期经营和管理形成的每项评判内容的重要程度，或者参考职业生涯规划专家的看法，而不能仅凭自己的主观臆想行事。④确保分析成分的准确性和新颖性。个体在使用 SWOT 分析时应确保要分析成分的准确性和新颖性。对采用的数据和资料进行充分的分析是 SWOT 分析实效的关键，而且 SWOT 分析只是使用决策过程中的一项实用技术，要想使职业决策最优化，仅凭 SWOT 分析是远远不够的，还要考虑综合运用其他方法，且要对变化的市场环境和竞争环境时刻保持比较清醒的认识。

2. CASVE 循环法

在进行重大决策时，为了减少风险，个体要尽可能地充分考虑决策所涉及的多方面因素，可以使用计划型决策，它由沟通（communication）、分析（analysis）、综合（synthesis）、评估（evaluation）、执行（execution）5 个步骤组成，即 CASVE 循环。

（1）沟通。它是 CASVE 决策制定过程中的第一阶段，是指通过内部/外部的途径，接到理想与现实之间存在差距的信息，意识到“我需要做一个选择”。通过沟通可以交流信息和获得情感与思想。从职业决策方面来讲，当个人发现理想与现实之间存在差距及意识到问题所在时，便是决策的开始。个人如果没有意识到自己的需要，则后面的步骤都无从谈起。只有当具备了职业生涯规划的意识，了解到找工作不是一蹴而就的事情，才会开始产生这方面的需求，从而进入职业决策的下一个阶段。

（2）分析。分析是指决策者通过思考、观察和研究，更加充分地了解存在的差距。这一阶段需要将问题的各个组成部分相互联系，对现状进行评估，了解自己和自己可能的选择，对所有的信息进行分析（这当中包括确认做出的决定——决定的性质、具体的目标、决策的标准等）。不少人将目标与达成目标的手段弄混淆，比如为了学历而读书，但实际上学历只是手段，就业才是最终目的。如果没有弄清自己的目标，就开始盲目行动，必然不会有理想的结果。可以说，分析是决策过程中最容易出现问题的阶段。许多人倾向于用简单化的方式得出结论，直接跳到执行步骤，而未真正理清楚问题的关键，也未能收集充足的信息。

（3）综合。综合是对分析阶段所得出的结果进行综合、加工处理，进而制订出消除问题/差距的行动方案，通常会确定 3～5 个最可能的选项。在分析的基础上，个人形成可能的解决方法并进一步收集相关信息，确认自己的选择。需要注意的是，不要在没有做探索之前就匆忙决定，这样会把自己的选择面限制得特别窄。在职业生涯规划中，应先扩展个人的职业前景清单（通常要列出至少 10 个可从事的职业），打开视野，充分看到自己所拥有的可能性后，再在收集信息的基础上适当压缩（3～5 个作为最后的选项）。

（4）评估。评估是对综合阶段得出的 3～5 个职业进行具体的评价，评估获得该职业的可能性，以及这个选择对自身及他人的影响，从可行性和满意度两方面评估信息，并按评估结果对所有结果进行排列，得出最终选择。比如可以将所有的重要职业价值观列成表作为最终的评判标准，并按每一项对所有的选择进行加权计分，最后按总分排序。

（5）执行。执行是根据自己最终的选择制定计划、采取行动。这是实施选择的阶段，即把思考转化为行动。很多人都觉得在执行阶段制定行动计划是令人兴奋且有价值的，因为他们终于可以开始采取积极行动去解决问题了。需要注意的是，决策是一个循环过程。也就是说，在行动之后，还需要对结果进行评估，由此才能进入新一轮的决策过程。

3. 决策平衡单

决策平衡单是利用表单的形式，将重大事件的决策思考方向集中到四个主题上，即自我物质方面的得失、其他物质方面得失、自我赞许与否（自我精神方面的得失）、社会赞许与否（他人精神方面的得失），并系统地分析每个可能的选项，判断分析执行各选项的利弊得失，然后依据其在利弊得失上的加权计分排定各个选项的优先顺序，以执行最优先/偏好的选项的过程。个体在进行职业生涯决策时根据自身的不同，可以考虑不同的具体项目加以评价，从而得出不同选项决策目标的相应分数。

使用决策平衡单时要注意以下几点：①考虑的项目可以根据个人情况调整，主要包括“自我部分”——能力、兴趣、职业价值观、心理需求（自尊、自我实现）、声望、社会地位、生活状态（休闲生活）、健康；“自己与环境部分”——家人支持、社会地位、经济收入、足够的社会资源、适合目前处境、择偶、与家人相处时间；“外在部分”——工作环境，工作发展前提、工作内容变化等。②每项具体的分数根据分析出的优缺点得出。③根据每个项目的重要性确定权数（加权范围 1～5 倍），折合成加权后算出单个方案的分数。④比较每一种方案的综合得分并据此做出生涯决定，而且该决定就是用决策平衡单做出的综合效用最大化的决定。

此外，在使用决策平衡单时要注意其目的不仅在于得出最后的排序结果，填写的过程也很重要。因为列举各项考虑的因素、给各项职业价值观分配权重及给各项选择打分的过程，本身就是在帮助个人理清自己的思维。这样一个仔细思索和反复推敲的过程，可能比单纯得出一个结果更重要，也更能帮助个人做出适合自己的决策。但是，这样的决策方式需要花费较多的时间和精力，因为决策虽有各种各样方法和技巧，但没有捷径可走，也正因为这种决定产生的结果具有重大的意义，我们才需要投入这么多的时间和精力。

（三）职业生涯目标实现策略

在确定了职业生涯目标后，要想实现自己的职业生涯目标还必须有相应的职业生涯策略做保证。职业生涯策略是指为争取职业生涯目标的实现所采取的各种行动和措施。具体如下。

（1）增加个人对组织的价值，保住现有工作，为个人职业目标的实现奠定基础。

（2）请求担当责任更大、更繁重的工作，并切实完成好工作任务。

（3）预计成功实现未来目标将需要何种知识、技能，并事先设计好以何种方式去获得这些知识和技能。这是个人职业计划成功的核心内容。职业成功与否固然有机遇因素，但起决定作用的根基还在于个人的知识和解决问题的能力。

（4）培养、提高人际交往能力，处理好组织内工作场所的人际关系。

第四节　组织职业生涯管理

进行组织职业生涯管理首先要在各层次上将职业生涯管理融入组织的总体战略规划中，使职业生涯管理目标与组织的战略目标一致，帮助实现组织的战略目标。

一、制订组织职业生涯管理计划

（一）设定职业目标

设定职业目标包括明确组织业务发展的需要及目前的状况；确定获得满意的工作绩效所需的知识和技能；获得下一个职位所需要的知识与技能；帮助员工确定生涯路线并画出职业生涯路线图。职业生涯目标可以是多层次、多阶段的，这样既可使员工保持开放灵活的心境，又可保持员工的相对稳定性，提高工作效率。企业内部的职业信息系统是为员工制定职业生涯目标的重要参考。在员工确立实际的职业目标之前，需要了解有关职业选择及其机会方面的情况，包括可能的职业方向、职业发展道路，以及具体的工作空缺。企业应根据既定的经营方针和发展战略，预测并做出未来可能存在的职位，以及这些职位所需的技能类型的规划。

（二）制订职业生涯路线计划

制订职业生涯路线计划包括明确职业需求的合理性及现实的可能性，设计不同的职业生涯路线，明确进口与出口；规定组织内具体的岗位工作和工作职位对员工的要求；确立沿着各条不同职业生涯路线前行或转移的人数；预计员工横向转岗或流动所发生的具体时间；为个体制订职业计划提供信息并进行咨询辅导。

（三）制订职业生涯实现计划

制订职业生涯实现计划包括明确教育培训目标（因人而异，因岗而定）；确定培训对象；确定培训内容；选择适宜的培训方式；安排好培训时间；做好培训经费的预算、筹集工作；等等。例如，参加公司的各类人力资源开发与培训活动，构建人际关系网；参加业余时间的课程学习，掌握额外的技能与知识。此外还包括为平衡职业目标与其他目标（如生活目标、家庭目标等）而做出的种种努力。通过这些努力，实现个人在工作中的良好表现与业绩。

二、实施组织职业生涯管理

（一）对员工进行评估

不同于员工自己对自己评估，组织对员工进行评估是为了确定员工的职业生涯目标是否现实。具体渠道如下。

（1）利用招聘筛选时获得的信息进行评估，包括能力测试、兴趣爱好、受教育情况及工作经历等。

（2）利用当前的工作情况进行评估，包括绩效评估结果、晋升记录或晋升提名、提薪及参加各种培训的情况等。

（3）利用员工个人评估的结果进行评估。

（二）建立多形式的职业生涯发展方式

为了帮助员工更好地实现自身价值，以及做好职业生涯计划，组织可建立多种形式的职业生涯发展方式，如实施工作进展辅导活动、开展继任计划等。

工作进展辅助活动是指组织为帮助员工胜任在职工作、顺利完成各项工作任务而提供的各种旨在提高员工工作能力的辅助行为。工作进展辅助活动的方式灵活多样，具体可根据组织内部的工作性质、个人条件的不同而采取不同的方式。总体来说，工作进展辅助活动应以协助员工在工作中成功积累工作经验和提高工作能力为目的。

继任计划是指组织为保障其内部重要岗位有一批优秀的人才能够继任而采取的相应的人力资源开发培训、晋升与管理等方面的制度与措施。这一规划也被称为接班人计划。目前，已有很多组织把继任计划摆在比较重要的战略位置上，对于一个健康发展的组织来说，不应等到组织内部已经出现了职位空缺才去考虑该提升谁，而是应该有计划地建立继任规划，以确保一批高素质的人才能够及时补充到组织中空缺的重要岗位上。因此，继任规划应该成为每个组织的战略组成部分，并融入组织发展的愿景规划中。

除此之外，职业生涯发展方式还包括工作轮换、工作丰富化等其他多种职业生涯发展方式。工作轮换是指在企业的几种不同职能领域中或在某个单一的职能领域为员工做出一系列的工作任务安排，该方式可以有效地拓宽员工的接触面，使员工达到学习新的岗位知识的目的，从而起到激励员工的作用。工作丰富化是指给予员工更多的管理或业务责任，这样也可以达到提高员工技能水平的目的。

（三）职业生涯管理的评估与修正

由于各种原因，最初组织为员工制定的职业生涯目标往往都是比较抽象的，经过一段时间的工作以后，组织应当有意识地回顾员工的工作表现，检验员工的职业定位与职业方向是否合适。通过在实施职业生涯规划的过程中评估现有的职业生涯规划，组织可以修正对员工的认识与判断。通过反馈与修正，组织可以纠正最终职业目标与分阶段职业目标的偏差。

职业生涯管理的评估与修正，是实现组织规划目标的重要手段。组织只有在了解了员工的自我评价与职业目标等信息后，才能据此来全盘规划与调整人力资源。当组织未来的人力资源需求与某些员工的职业目标和个人条件大体一致时，组织就可以安排这些员工接触相关工作并使之熟悉起来；当然也可以根据未来职位的要求有的放矢地安排相关员工进行培训，以便使其做好承担此项工作的任职准备。有些员工对本职工作并不喜欢，而对组织中另一些工作很感兴趣，如果这些工作的要求与这些员工的条件相匹配并且又有空缺的话，组织可安排他们转岗，但组织应当恪守公平、公开、公正的原则，以便让组织获得最佳人选，让员工得到最佳发展。

三、不同时期组织职业生涯管理的主要内容

（一）组织职业生涯的早期管理

该阶段主要是对新员工的职业生涯进行管理。在这个阶段组织需要通过对新员工进行有效的评估、培训、管理其职业生涯规划等来帮助员工顺利适应工作。

该阶段组织需要承担的工作包括在招募之初就为应聘者提供较为现实的未来工作展望，这可以最大限度地降低现实冲击并提高新员工长期工作绩效，并显著地提高那些被聘用来从事相对较为复杂工作的员工长期留在组织中的比率。

除此之外，要对新员工进行上岗引导和岗位配置，为新员工提供一份具有挑战性的工作。同时开展新员工的职业生涯规划，让员工意识到对自己的职业加以规划及改善自己的职业决策的必要性。在这些活动中，员工可以学到职业生涯规划的基本知识，并有机会参与各种以明确自己的职业锚为目的的活动，以及形成较为现实的职业目标。

（二）组织职业生涯的中期管理

职业生涯中期是员工职业生涯发展的最重要阶段，该阶段中员工既有可能取得辉煌的成就，也有可能陷入职业生涯中期危机。因此，组织要实现自身的发展目标，就必须强化其职业管理任务，帮助员工克服职业生涯中期所发生的职业问题，如设计促进员工职业中期发展和预防、补救职业生涯中期危机的管理方案和措施，加强组织职业生涯管理。

在这个阶段员工可能会面临中期危机——职业家庭冲突。个体既要担当家庭责任，处理好与配偶、子女的关系，又要抚养、教育子女，为子女自立门户及随之而来的生活方式和角色的转变做好准备，同时还要担当起在经济上和精神上赡养父母的责任。这个时候的个体也处于事业发展的关键时期，也需要个体在时间和精力上的大量投入，这就

不可避免地产生了工作与家庭的矛盾。同时，职业高原也出现在这个时期。职业高原是指员工在工作中学习和成长到一定阶段时，由于各种组织和个人因素的制约，其职业生涯的继续发展会遇到瓶颈，从而进入到职业生涯的停滞期。这种停滞期伴随着特殊的心理状态，即员工在职业发展上接受进一步挑战、增加和承担进一步任务和挑战的可能性变得很小。职业高原是员工在职业生涯发展中可能遇到的一种停滞期，需要员工和组织共同努力来应对。通过个体调适和组织管理策略的实施，可以有效地克服职业高原现象，促进员工的职业发展。

在这个阶段组织需要为员工提供更多的发展计划，包括开辟新的开发项目，以增加新的岗位；通过一定的形式，承认员工的业绩，并给予一定的荣誉；建立内部晋升机制，加强和扩大对处于职业生涯中期阶段员工的人力资本投资。除此之外，组织还可以有意识地采取一些政策和措施，以部分地减轻员工的家庭负担，帮助员工平衡工作和家庭责任的关系，如设立幼儿日、提供产假和家庭休假、设计灵活的职业发展通道、实行弹性工作制等。

（三）组织职业生涯的后期管理

在职业生涯后期，员工已经进入其职业生命的最后阶段。该阶段员工的人生需求变化很大，而职业生命尚有十年左右时间。如何发挥员工的潜能和余热，并帮助员工顺利度过这段时间，是组织义不容辞的责任。对处于职业生涯后期的员工，如果管理得好，可使这些人力资源变成一种宝贵的财富；如果管理得不好，就会成为许多冲突的根源，增加许多矛盾，影响组织的绩效。所以，在职业生涯后期，组织仍然肩负着很重的职业生涯管理任务。

职业生涯的后期管理要遵循理解和尊重原则、制度化与差别化管理相结合原则、真诚关心原则、提前准备原则和发挥经验优势原则。

第五节　职业生涯管理中的问题

一、职业倦怠

（一）职业倦怠的概念

职业倦怠指个体在工作重压下产生的身心疲劳与耗竭的状态。由弗罗伊登伯格（Freudenberger）于 1974 年首次提出，他用这一词汇描述了服务于助人行业的人们因工作时间过长、工作量过大、工作强度过高所经历的一种疲惫不堪的状态[①]。随后马斯拉赫（Maslach）等把对工作上长期的情绪及人际应激源作出反应而产生的心理综合征称为职业倦怠[②]。一般认为，职业倦怠是个体不能顺利应对工作压力时的一种极端反应，是个体伴随于长时期压力体验下而产生的情感、态度和行为的衰竭状态。

---

① Freudenberger H J. Staff burnout[J]. Journal of Social Issues, 1974, 30(1): 159-165.

② 转引自赵玉芳，毕重增. 中学教师职业倦怠状况及影响因素的研究[J]. 心理发展与教育，2003，（1）：80-84.

（二）职业倦怠的表现

1. 身体方面的症状表现

有巨大的压力感。心理学研究表明，适度的压力能使员工处于合理的应激状态，对员工的行为表现有积极作用，而过度的职业压力如果得不到合理释放和缓解，就会引起心理和生理上的不适和疾病①。例如，注意力不集中，思维迟缓，感觉过敏或迟钝，记忆力下降；个人缺乏成就感，自我效能感下降，自我评价降低，自我怀疑；情绪抑郁、时常感觉到无法胜任工作，常有无能、无用、无助和挫败感。具体可表现为认知、注意、情绪、个性及行为方面的改变。

2. 工作方面的表现

工作满意度低，出现离职和旷职现象。由于丧失了工作热情和兴趣，员工一旦产生职业倦怠就会在工作中缺乏职业道德和敬业精神，敷衍了事。工作态度消极，对服务或接触的对象越发没耐心、不柔和，如教师厌倦教书或无故体罚学生，医护人员对工作厌倦而对病人态度恶劣，等等。职业倦怠者在做决定时很艰难，常常拖延和犹豫不决。一旦做出决定，又很难承担相应的责任。职业倦怠者感觉自己的能力不足，但又无法改变现状，所以他们只能用消极的办法来对待工作上的、人际上的竞争，时刻提防着别人，因此很容易变得偏执和猜疑。

3. 人际交往方面的表现

对同事和工作对象有情感上的疏远和冷漠。出现职业倦怠后，员工往往感到同事之间有太多的竞争，太多的矛盾；客户不好合作，故意刁难；等等。出现上述情况的员工就会不愿意与同事和客户交往，把自己封闭和孤立起来，从而严重影响了工作效率。

（三）职业倦怠的干预

工作倦怠的干预分个体干预及组织干预两种。其中个体干预是指人们在出现职业倦怠倾向时主动运用心理学的一般理论和方法调整心态的行为。个体干预可以通过放松训练、认知压力管理、时间管理、社交训练、压力管理和态度改变的方法自愈。

由于工作倦怠的个体干预的成功性低，作用不大，而且产生工作倦怠的因素更多来自外部，因此预防和治愈工作倦怠则主要依靠组织干预。组织干预是指员工所属单位或团体组织通过预防、抑制或治疗等手段来预防和帮助治愈职业倦怠的行为。组织干预的具体措施如下。

（1）改善工作条件，重新配置员工。对工作进行重新设计和安排，将负担过重的工作做适当的精减，并安排多人分担；将过于枯燥的工作扩大化和丰富化，即增加工作内容、赋予更多责任，使员工感受到工作的趣味性和意义；改善工作的物理条件，如在公司设置放松室、发泄室、茶室来缓解员工的疲惫感；实行更为灵活的工作时间和休假制度。同时，组织还应根据员工的兴趣、能力、偏好等因素将员工与岗位相匹配，让最适合的人做最适合的工作。

（2）员工帮助计划（employee assistance program，EPA）。EPA 是一种综合性的管

---

① 石林. 工作压力的研究现状与方向[J]. 心理科学，2003，26（3）：494-497.

理方法，包括为员工提供个人的咨询和指导，在组织内建立和发展一些能使员工保持轻松和新鲜感的服务项目，组织各种健身项目、营养项目、家庭援助计划等。

（3）为员工设置不同的职业路径。职业路径是企业为内部员工设计的自我认知、成长和晋升的管理方案，它在帮助员工了解自我的同时也使企业掌握了员工的职业需要。职业路径指明了企业内员工可能的发展方向及发展机会。良好的职业路径设计不仅有利于企业吸纳并留住最优秀的员工，而且能激发员工的工作兴趣，从而有效降低员工的离职率。

二、职业成功

职业成功包括两种形式：客观职业成功和主观职业成功。客观职业成功的指标包括总体报酬、晋升次数和其他能表示个人成就的外部标志，由于它具有客观参照点，因此人们对此的认识往往具有一致性。主观职业成功被认为是个人感觉到的对工作和职业发展的满意程度，是个体通过对职业成功各个方面的评价而得到的整体感知。职业成功体现的是一个人的职业价值观，因而具有时代性、多元性和社会比较性的特点。

影响职业成功的因素大致有以下四个方面：①心理因素：职业使命、自我效能、动机、人格特质等；②能力素质因素：职业胜任力、专业知识、技能等；③技巧策略因素：职业规划、目标设置等；④组织和社会因素：种族、组织性质规模绩效、社会资源等。相比较而言，组织和社会层因素属于个体职业成功的外生变量，其他因素则是内生变量。同时，能力素质、技巧策略大多属于智商因素，心理因素与情商有直接关系。心理学众多研究表明，人的成功要素中智力因素只占20%，非智力因素，主要是“情商”占到了80%①，由此可见，心理因素是职业成功最重要的影响因素。

在职业生涯发展的不同阶段，人们面临的任务不同，评价也会有变化。在职业生涯的早期，养家糊口、成家立业都需要财力物力，人们可能更注重财富标准；到了中期，人们可能会更关注职业发展的机会、家庭工作平衡、自我价值的实现等方面；而到了晚期，临近退休，人们可能更强调退休生活的安全有保障。

职业成功很难用一个绝对的标准来衡量。可是，职业成功作为一个评价性的概念，不论从哪个角度对成功做出评价，都与评价者的职业价值观紧密地连在一起，它是职业价值观的重要组成部分。因此，讨论职业成功的标准问题，实际上是在探讨职业成功价值观问题。对职业成功标准研究的目的不是去寻找一种人人认同的客观标准，而更多的是去关注不同的人是怎样定义职业成功的，这种定义又是怎样影响着他们的行为的。从个人的角度而言，只有认清了自己的内在需要，定义自己的职业成功标准而不是盲目攀比、追求时尚，才不至于在职业生涯的旅途中迷失方向。对于组织来说，了解员工的职业成功定位，有针对性采取因人而异的激励方案，是留住员工的有效措施。

三、职业冲击事件

（一）职业冲击事件的含义

职业冲击事件是指会触发个体思考当前职业状态，并产生改变职业决策想法的重大

---

① 转引自丹尼尔·戈尔曼. 情感智商[M]. 耿文秀，查波，译. 上海：上海科学技术出版社，1997.

冲击事件，其影响可能是积极的、消极的或中立的。

积极的职业冲击事件能促进员工认可当前职业，巩固员工在组织和专业领域的身份和荣誉，如突然地晋升或加薪、在专业领域或组织内获得杰出奖项、成功完成一项重要项目、在顶级学术期刊发表论文等。组织中出现的积极职业冲击事件相当于为员工戴上“金手铐”。此外还有一种特殊的积极冲击事件与工作机会有关，如收到意外的工作机会，这种类型的事件驱动员工增加职业探索行为，导致其想要改变当前组织、行业或岗位，对离职行为具有重要的预测作用。

消极的职业冲击事件包括重要的导师离职、没有得到预期的工作安排或提拔、收到较差的绩效评估结果、消极的政治事件、所在组织发生重大的组织变革（如裁员、并购或者出现道德丑闻），以及个人生活相关的事件，如配偶的新工作需要更换工作城市、离婚、家庭成员被诊断出严重的疾病、家庭成员去世等。这些职业冲击事件因与个人生活相关，可能会导致员工重新评估目前职业对家庭的影响从而改变当前的职业轨迹。

（二）职业冲击事件的影响结果

1. 影响职业成功

赫希（Hirschi）研究发现，个体对机会事件的理解不同会直接影响主观职业成功，年龄越小的群体受冲击事件对主观职业成功的影响越大①。同样，职业冲击事件也会影响科研人员的职业成功，如克雷默（Kraimer）等对 1644 名美国管理学会的科研人员调查发现，相比职业生涯早期的员工，职业生涯中后期的科研人员经历职业冲击事件后其职业结果例如工作投入、薪酬水平、职业满意度等受到的影响更大，积极和消极的职业冲击事件会通过工作投入间接影响主观职业成功（工作满意度），直接影响客观职业成功（如收入水平）②。

2. 影响工作行为

关于职业生涯冲击事件对个体工作行为的影响，本书主要关注消极的职业生涯冲击事件带来的负面影响，如减少组织公民行为、降低工作绩效，同时导致个体滋生更多自利行为、工作偏离行为等。消极的职业生涯冲击会破坏个体与组织的联系；通过影响个体对工作嵌入程度的认知和评价，影响工作搜寻行为、工作偏离行为和组织公民行为。

关键词

职业；职业生涯；职业选择；职业发展；职业构建；个人职业生涯管理；组织职业生涯管理。

本章思考题

1. 职业生涯理论有哪几种？其核心思想是什么？

---

① Hirschi A. The role of chance events in the school-to-work transition: The influence of demographic, personality and career development variables[J]. Journal of Vocational Behavior, 2010, 77(1): 39-49.

② Kraimer M L, Greco L, Seibert S E, et al. An investigation of academic career success: The new tempo of academic life[J]. Academy of Management Learning & Education, 2019, 18(2): 128-152.

2. 个人职业生涯规划的步骤有哪些？
3. 组织职业生涯管理中的职业阶梯有哪几种？
4. 不同时期组织职业生涯管理的重心是什么？

【案例分析】

A 公司新员工职业生涯管理①

职业生涯管理是近些年在发达国家兴起的一种新兴人力资源管理技术，企业可以通过对员工进行职业生涯规划，创造一个高效率的工作环境和引人、育人、留人的工作氛围。如何根据企业实际情况，设计出切实可行的员工职业生涯规划，进而开展有效的职业生涯管理？对此，特变电工股份有限公司 A 公司（以下简称 A 公司）以新员工为切入点，做出了有益的探索并取得较好的效果。

一、实施背景

A 公司是特变电工股份有限公司的全资公司，目前员工约 700 人，2002 年实现产值约 5 亿元，利润约 4000 万元。近几年 A 公司人力资源工作取得了较大成绩，但相对 A 公司发展而言还较滞后，特别是人才流失问题比较严重。这些人才基本上是毕业 3 年左右的大学生，都已基本成熟，正是开始发挥重要作用之时。人才的流失给 A 公司的发展带来了重要影响。为此，A 公司人力资源部展开了一次针对公司往届大学生的员工满意度调查，以求找到员工离职的原因。

调查的形式包括问卷和访谈。调查问卷共收回 40 份，其中有效问卷 39 份。调查的 40 名人员中，包括部门领导 2 人，一般财务、营销、管理人员 15 人，技术人员 23 人。调查问卷结论显示，员工不满的地方主要在于公司薪酬结构和水平、个人职业发展等。在访谈中了解到，在员工职业发展这一问题中，主要的不满是员工的职业设计过于单一和对内部发展道路不清楚。如何为员工设计有吸引力的职业发展道路，以合理的薪酬留住人才是 A 公司人力资源管理部应尽快解决的问题。其中对“员工职业发展”而言，如何为不同类型的员工设计职业发展道路、让员工在公司感到有足够的上升空间及前景等问题得到迅速解决。于是 A 公司人力资源部以新员工为切入点，对新引进的应届大学毕业生进行新员工职业生涯规划设计，以总结经验，制定和完善全员职业生涯规划设计的方法、制度等。

二、新员工职业生涯规划

1. 初定岗位

新员工的初定部门和岗位是 A 公司人力资源部根据各部门人才需求情况，以及新员工的专业来设定，新员工不能自主选择。

2. 入职培训

新员工报到时间定为 7 月初。报到后进行为期一个月的入职培训，使新员工了解公

---

① 参阅叶红春. 职业生涯管理[M]. 武汉：湖北人民出版社，2016.

司和岗位情况，了解自己与公司、岗位的适应程度，为他们设计自己的职业生涯规划提供帮助。

新员工培训包括职前培训和部门培训。

（1）职前培训，包括公司企业文化、战略规划、组织结构、基本产品知识、相关人事制度及职业发展教育等方面的培训。

（2）部门培训，包括初定岗位、相关岗位业务知识和技能培训及经验的交流。

3. 入职引导人

新员工一报到，人力资源部为他们每人安排一名入职引导人，入职引导人为新员工初定部门领导或有5年以上工作经验的资深员工。

入职引导人在新员工入职初期，主要帮助其熟悉工作、生活、学习环境，包括吃、住、行、看病、图书馆、健身、工作部门情况等；在入职一个月后主要帮助其解决工作、生活、学习中存在的问题，使新员工进一步加深对企业和本岗位的了解，并进一步加深对新员工的了解；在试用期即将结束时，与新员工交流沟通，根据其职业兴趣、资质、技能、背景、特长等明确职业发展意向，设立未来职业目标，制定发展计划表。以上工作需要在年底竞聘前完成。

在年底公开竞聘后，人力资源部根据实际情况调整入职引导人。入职引导人长期的工作包括定期沟通、跟踪检查职业发展计划实施情况，了解工作、学习情况，评估和修正职业发展路线、计划，等等。

人力资源部制定《入职引导人考核管理制度》，将入职引导人引导新员工进行职业生涯规划工作纳入其个人绩效考核体系中，切实发挥入职引导人的作用。

4. 新员工自我规划

自我规划由新员工自己完成，人力资源部和入职引导人进行必要的帮助、引导或监督、检查。

（1）确定志向。志向是事业成功的基本前提，没有志向，事业的成功也就无从谈起。

（2）综合评估。综合评估包括自我评估和职业生涯机会评估。其一，自我评估，主要包括自我SWOT分析，如兴趣、特长、性格、学识、技能、智商、情商、思维方法等。其二，职业生涯机会评估，主要是评估各种环境因素对自己职业生涯发展的影响，包括环境的特点、环境的发展变化情况、自己与环境的关系、自己在这个环境中的地位、环境对自己提出的要求，以及环境对自己有利的条件与不利的条件等。

（3）职业的选择。选择职业至少应考虑性格、兴趣、特长等与职业是否匹配及内外环境与职业是否相适应。

（4）职业生涯路线的选择。职业生涯路线主要是指今后选择向专业技术方向发展，还是向行政管理方向发展。通常职业生涯路线的选择须考虑以下三个问题：我想往哪一路线发展？我能往哪一路线发展？我可以往哪一路线发展？

（5）设定职业生涯目标。在选定职业生涯路线后，必须设定职业生涯目标。目标分短期目标、中期目标、长期目标和人生目标。短期目标一般为1～2年，短期目标又分日目标、周目标、月目标、年目标；中期目标一般为3～5年；长期目标一般为5～10年。

（6）制订行动计划与措施。落实目标的具体措施，主要包括工作、学习、培训、轮岗等。员工在制订个人发展计划时应当结合公司，以及部门的计划目标。

（7）评估与回馈。影响职业生涯规划的因素有很多。要使职业生涯规划行之有效就必须不断地根据变化因素对职业生涯规划进行评估与修订，包括职业及发展路线的重新选择、人生目标的修正、实施措施与计划的变更等。

三、职业发展通道

公司提供职业发展通道，是新员工实现个人目标的必要条件。员工职业发展通道可以概括为纵向发展通道、横向发展通道、综合发展通道三种类型。

1. 纵向发展通道

纵向发展通道指的是传统的晋升通道，即行政级别的晋升，又称为职等提升。A公司的行政级别有两类：一是生产类，为总经理、车间主任、班组长和工人共四级；二是非生产类，为总经理、部门主任、一般员工共三级。总体来讲，A公司管理层级少，管理幅度相对大，通道相对较“窄”，这也决定了纵向发展通道不可能作为员工发展的主要类型。

2. 横向发展通道

横向发展通道包括两个方向：一是针对员工特长进行工作轮换，发展自己的多重技能，如会计和出纳轮岗、销售业务员和技术员轮岗等等；二是钻研本职岗位业务，从一般科员发展成为有关方面的专家，这种发展又可称之为职级发展，如从人力资源管理员到人力资源管理师再到人力资源管理专家等。横向发展通道是公司员工主要的发展通道。

3. 综合发展通道

综合发展通道是指横向、纵向发展通道相结合的综合发展通道。比如从技术员到销售业务员到车间主任到质检部门负责人到专家等。

职业发展应与薪资待遇相对应，如表9-3所示。

表9-3　薪资待遇　　单位：元

公司领导	助理		副职			正职		
	见习	助理						
薪资	3500	4500	6000			年薪		
部室（车间）领导	助理		副职			正职		
	见习	助理						
薪资	2000	2400	2800			3500		
××员	普通××员				××师			专家
	见习	三级	二级	一级	初级	中级	高级	
薪资	1000	1200	1600	2200	3000	4000	5500	7000
工人	技工				技师			
	见习	三级	二级	一级	初级	中级	高级	
薪资	700	1000	1400	2000	2600	3400	4500	

注：以上职位、薪资只作为示意；纵向发展通道，即表格纵向为职等发展，由下到上逐渐升高；横向发展通道，即表格横向为职级发展，由左至右逐渐升高

四、年底公开竞聘

年底A公司内部展开从上到下的全员竞聘，所有的岗位人员都通过竞聘上岗。竞聘公告会在公司办公信息平台上向内部员工发布，所有员工都可以向人力资源部申请竞聘自己感兴趣的岗位。按照内部竞聘流程经过笔试、面试，合格后步入新的工作岗位。这种竞争上岗制度，使那些工作勤奋、表现出色、能力出众的员工获得晋升和发展的机会，同时使新员工获得重新选择工作岗位、充分施展自己特长和才能的机会。

五、培训项目

在确定了职业生涯路线后，还需要以相应个人与企业的培训作为辅助。为了确保员工能得到长期的保护与培养，给每一名员工提供不断成长、挖掘个人潜力并建立成功职业的机会，让员工发挥全部潜力，A公司设计了各种员工培训项目。培训内容结合公司战略和员工职业生涯规划系统来设置，主要包括知识、工作技能和工作态度等内容，以实现公司发展和个人发展的相互结合，最终提升A公司整体的绩效及竞争力。

六、总结

A公司的新员工职业生涯规划是由新员工、企业共同设计的一个整体，其中员工个人承担50%的职业发展责任；公司的职责主要是明确职业发展通道，提供发展空间并给予培训支持，约承担25%的责任；员工入职引导人和所在部门直接上级承担约25%的责任，主要是辅助员工制定发展计划和培训计划。

新员工职业生涯规划的实施给A公司带来了十分积极的影响，与原来相比，一般科员，特别是技术人员的工作积极性有了大幅度提高，流失率也大为降低。“纵向发展”“横向发展”“综合发展”的员工职业生涯设计为员工明确了发展途径，方向明确、风险小、有保障。对企业来说，为员工打造健全的内部成长机制实际上是有效地开发了企业内部的人力资源，为未来发展培养和储备各类人才，使具有不同能力素质、不同职业兴趣的员工都可以找到适合自己的上升路径，最终促成公司稳定、持续和高速地成长。

【案例思考】

1. A公司为新员工设置了怎样的职业生涯阶梯？
2. A公司新员工的职业生涯管理对你有何启发？

参 考 文 献

彼得·德鲁克，2006. 管理的实践[M]. 齐若兰，译. 北京：机械工业出版社.
陈浩，2014. 绩效考核与薪酬激励精细化设计必备全书[M]. 北京：中国华侨出版社.
陈维政，李贵卿，毛晓燕，2017. 劳动关系管理：理论与实务[M]. 2 版. 北京：科学出版社.
陈远敦，陈全明，2001. 人力资源开发与管理[M]. 北京：中国统计出版社.
程国平，罗玲，2019. 管理学原理[M]. 4 版. 武汉：武汉理工大学出版社.
董克用，2011. 人力资源管理概论[M]. 3 版. 北京：中国人民大学出版社.
杜映梅，2006. 职业生涯管理[M]. 北京：中国发展出版社.
方雯，2017. 工作分析与职位评价[M]. 西安：西安电子科技大学出版社.
符成成，2019. 劳动法与劳动关系管理[M]. 北京：中国人民大学出版社.
韩淑娟，赵凤敏，2000. 现代企业人力资源管理[M]. 合肥：安徽人民出版社.
胡华成，2019. 薪酬管理与设计全案[M]. 北京：清华大学出版社.
黄勇荣，2017. 人力资源战略与规划精选案例评析[M]. 北京：科学出版社.
加里·德斯勒，1999. 人力资源管理[M]. 6 版. 刘昕，吴雯芳，等译. 北京：中国人民大学出版社.
金延平，2021. 人员培训与开发[M]. 2 版. 大连：东北财经大学出版社.
劳埃德·拜厄斯，莱斯利·鲁，2012. 人力资源管理[M]. 9 版. 李业昆，译注. 北京：人民邮电出版社.
梁裕楷，袁兆亿，陈天祥，1999. 人力资源开发与管理[M]. 广州：中山大学出版社.
刘素华，2012. 劳动关系管理[M]. 杭州：浙江大学出版社.
刘远我，2015. 人才测评：方法与应用[M]. 3 版. 北京：电子工业出版社.
刘郑恒，2015. 企业劳动关系管理实务[M]. 北京：中国劳动社会保障出版社.
龙立荣，2002. 职业生涯管理的结构及其关系研究[M]. 武汉：华中师范大学出版社.
罗宾斯，等，2004. 管理学[M]. 7 版. 孙健敏，等译. 北京：中国人民大学出版社.
罗伯特·卡普兰，大卫·诺顿，2005. 战略地图：化无形资产为有形成果[M]. 刘俊勇，孙薇，译. 广州：广东经济出版社.
罗斯·斯帕克曼，2019. 大数据与人力资源：Facebook 如何做人才战略规划[M]. 谢淑清，译. 杭州：浙江大学出版社.
蒙迪，诺埃，1998. 人力资源管理[M]. 6 版. 葛新权，等译. 北京：经济科学出版社.
米尔科维奇，2014. 薪酬管理[M]. 11 版. 成得礼，译. 北京：中国人民大学出版社.
聂伟进，汪卫平，2021. 基于柯氏模型的高职教师培训评价体系构建[J]. 教师教育研究，33（2）：31-37.
诺伊，等，2013. 人力资源管理：赢得竞争优势[M]. 7 版. 刘昕，译. 北京：中国人民大学出版社.
潘辉，2019. HR 劳动关系经典管理案例[M]. 北京：中国法制出版社.
乔继玉，2021. 人力资源规划操作指南[M]. 北京：人民邮电出版社.
仇雨临，2010. 员工福利管理[M]. 2 版. 上海：复旦大学出版社.
苏文平，2018. 大学生职业生涯规划与就业创业指导[M]. 北京：中国人民大学出版社.
孙琳，2009. 基于战略的 KPI 绩效管理体系设计——以 M 公司为例[J]. 中国人力资源开发，（5）：73-76.
孙晓平，季阳，2019. 薪酬激励新实战：突破人效困境[M]. 北京：机械工业出版社.
天外伺朗，2007. 绩效主义毁了索尼[J]. 招商周刊，（4）：34-35.
王忠军，龙立荣，2007. 西方职业生涯成功研究现状及展望[J]. 经济管理，（13）：86-91.
文跃然，2013. 薪酬管理原理[M]. 2 版. 上海：复旦大学出版社.
文跃然，2017. 人力资源战略与规划[M]. 2 版. 上海：复旦大学出版社.
吴小立，唐超，2021. 培训与开发：理论、方法及实训[M]. 北京：中国人民大学出版社.

萧鸣政，2002. 工作分析的方法与技术[M]. 5 版. 北京：中国人民大学出版社.
徐笑君，2008. 职业生涯规划与管理[M]. 成都：四川人民出版社.
闫飞龙，2018. 人力资源管理[M]. 北京：中国人民大学出版社.
闫轶卿，2020. 薪酬管理从入门到精通[M]. 2 版. 北京：清华大学出版社.
叶红春，2016. 职业生涯管理[M]. 武汉：湖北人民出版社.
余凯成，陈维政，1997. 人力资源开发与管理[M]. 北京：企业管理出版社.
袁声莉，毛忞歆，2014. 工作分析与职位管理[M]. 北京：科学出版社.
约翰·布德罗，瑞文·杰苏萨森，大卫·克里尔曼，2016. 未来的工作：传统雇用时代的终结[M]. 毕崇毅，康至军，译. 北京：机械工业出版社.
曾双喜，2021. 培训效果“评估难”破解有道[J]. 人力资源，（19）：76-77.
张德，2016. 人力资源开发与管理[M]. 5 版. 北京：清华大学出版社.
赵曙明，2021. 人力资源战略与规划[M]. 5 版. 北京：中国人民大学出版社.
赵曙明，赵宜萱，2018. 薪酬管理：理论、方法、实务[M]. 北京：人民邮电出版社.
赵永乐，2018. 人力资源规划[M]. 3 版. 北京：电子工业出版社.
周三多，陈传明，鲁明泓，2014. 管理学原理与方法[M]. 5 版. 上海：复旦大学出版社.
周文霞，2020. 职业生涯管理教程[M]. 北京：中国人民大学出版社.
朱勇国，2014. 工作分析[M]. 2 版. 北京：高等教育出版社.
朱舟，2001. 人力资源管理教程[M]. 上海：上海财经大学出版社.
祝士苓，2007. 工作分析与组织设计[M]. 北京：中国劳动社会保障出版社.